आगे अन्धी गली है

[जीवन के अन्तिम दो वर्षों में लिखे कुछ लेख]

आगे अन्धी गली है

[जीवन के अन्तिम दो वर्षों में लिखे कुछ लेख]

प्रभाष जोशी

सम्पादक
सुरेश शर्मा

राजकमल प्रकाशन

ISBN : 978-81-267-1940-2

मूल्य : ₹995

पहला संस्करण : 2010
दूसरा संस्करण : 2014
पहली आवृत्ति : 2023

प्रकाशक : राजकमल प्रकाशन प्रा.लि.
1-बी, नेताजी सुभाष मार्ग, दरियागंज
नई दिल्ली-110 002

शाखाएँ : अशोक राजपथ, साइंस कॉलेज के सामने, पटना-800 006
पहली मंजिल, दरबारी बिल्डिंग, महात्मा गांधी मार्ग, प्रयागराज-211 001
1, अनमोल सोराबजी संतुक लेन, धोबी तलाव, मरीन लाइंस, मुम्बई-400 002

वेबसाइट : www.rajkamalprakashan.com
ई-मेल : info@rajkamalprakashan.com

मुद्रक : राजकमल प्रेस
नई दिल्ली-110 002

AAGE ANDHI GALI HAI
by Prabhash Joshi
Edited by Suresh Sharma

सम्पादकीय

प्रभाष जोशी, जिन्दगी के आखिरी 6 दिन

'आगे अन्धी गली है' में प्रभाष जोशी की जिन्दगी के अन्तिम दिनों का लेखन है। जीवन के आखिरी वर्षों में वे मीडिया तथा सामाजिक संघर्ष के विभिन्न मोर्चों पर पहले जैसे ही सक्रिय थे। 'जनसत्ता' में वे समय-समय पर समाचार विश्लेषण के अलावा अपना लोकप्रिय कॉलम 'कागद कारे' लिख ही रहे थे। कुछ चैनलों पर चुनाव तथा तात्कालिक सामाजिक-राजनैतिक मुद्दों पर टिप्पणियाँ भी कर रहे थे। लेकिन लेखन के मोर्चे पर वे दो और काम कर रहे थे, जो अत्यन्त महत्त्वपूर्ण हैं। वे 'प्रथम प्रवक्ता' और 'तहलका' में कॉलम लिख रहे थे। ये कॉलम अपने समय की धड़कनों के जीवन्त दस्तावेज हैं। इस पुस्तक में इन दोनों ही पत्रिकाओं में छपे कॉलम संकलित हैं। कॉलम के आलेख 2008 और 2009 के बीच लिखे गए हैं। इनका विषय समकालीन राजनीति और समाज है।

जाने-माने पत्रकार राम बहादुर राय 30 जून, 2004 को 'जनसत्ता' से अलग हुए। 1 जुलाई, 2006 को उन्होंने 'प्रथम प्रवक्ता' के संपादक का पद सँभाला। राय साहब के आग्रह पर प्रभाष जी ने 'प्रथम प्रवक्ता' में 'लाग-लपेट' शीर्षक कॉलम लिखने की शुरुआत की। पहला कॉलम 1 फरवरी, 2008 को प्रकाशित हुआ। शीर्षक था–'नन्दीग्राम सीखने के लिए नहीं, सिखाने के लिए है।' इस कॉलम का अन्तिम लेख था–'कांग्रेस की जीत के मायने'। महाराष्ट्र, हरियाणा और अरुणाचल में हुए चुनावों में कांग्रेस को मिली जीत पर यह टिप्पणी है। अपनी यह टिप्पणी प्रभाष जी ने 28 अक्टूबर, 2009 को राय साहब को भेज दी थी जो 16 नवम्बर, 2009 के अंक में छपी। तब तक उनका निधन हो चुका था। इस कॉलम में प्रभाष जोशी के कुल 45 आलेख छपे हैं। इसी तरह संजय दुबे के सम्पादन में निकलनेवाले 'तहलका' में उन्होंने 31 अक्टूबर, 2008 से 30 जून, 2009 तक अपने कॉलम में 26 लेख

लिखे। 'तहलका' के कॉलम का शीर्षक था–'शून्य काल'। दोनों ही पत्रिकाओं के इन लेखों के आधार पर यह पुस्तक तैयार की गई है।

अपना कॉलम लिखने में प्रभाष जोशी ने हमेशा नियमितता बरती। लगभग दो दशकों तक चलनेवाला उनका कॉलम 'कागद कारे' हिन्दी पत्रकारिता में सम्भवतः सबसे लम्बे समय तक चलनेवाला कॉलम था। मुश्किल से एक-दो बार इस कॉलम की निरन्तरता भंग हुई। जब बाईपास सर्जरी के लिए वे मुम्बई के एक अस्पताल में थे तो उन्होंने बोलकर 'कागद कारे' लिखवाया था और कोशिश की थी कि कॉलम की साप्ताहिक निरन्तरता न टूटे। यह निरन्तरता उन्होंने 'प्रथम प्रवक्ता' और 'तहलका' में भी बरकरार रखी। 'आगे अन्धी गली है' प्रभाष जी के लगभग 6 दशकों की लेखकीय जिन्दगी के आखिरी दो वर्षों का दस्तावेज है। इन लेखों में भारतीय राजनीति और समाज में गतिरोध के कारणों का विश्लेषण किया गया है। उसके समाधान का रास्ता बताया गया है। किताब का शीर्षक भाजपा पर उनके एक लेख के शीर्षक के आधार पर रखा गया है। लेकिन प्रभाष जी अपने अन्तिम दो वर्षों के लेखन में भी बार-बार यह संकेत देते दिखाई देते हैं कि देश के तात्कालिक राजनैतिक नेतृत्व ने पूरे देश को वहाँ लाकर खड़ा कर दिया है जिसके आगे एक खतरनाक अन्धी गली है। क्या इस गली के पार कोई रास्ता भी है? प्रभाष जी का उत्तर सकारात्मक है। वे अपने इन लेखों में उन रास्तों की ओर संकेत करते हैं।

प्रभाष जोशी के जीवन का अन्तिम सप्ताह एक हद तक प्रवास में बीता। अपने लेखन में नियमितता के वे इतने आग्रही थे कि जिन्दगी के अन्तिम हफ्ते में भी बाहर जाने से पहले अपने लेखन की सारी जिम्मेदारियाँ पूरी करके गए। अक्टूबर के अन्तिम सप्ताह में उन्होंने राय साहब को अपना कॉलम सौंप ही दिया था। 'पच्चीस साल बाद भी' शीर्षक अपना अन्तिम 'कागद कारे' भी उन्होंने जनसत्ता को भेज दिया था, जो 1 नवम्बर, 2009 के अंक में छपा।

प्रभाष जी का अन्तिम आलेख है 'युवराज और धोनी ने जिता दिया'। यह उन्होंने 31 अक्टूबर, 2009 की आधी रात को निर्माण विहार, दिल्ली में बेटे सन्दीप जोशी के निवास पर लिखा था और उसी समय जनसत्ता को फैक्स कर दिया था। अगले दिन 1 नवम्बर को वे पटना, बनारस और लखनऊ की यात्रा पर निकल गए थे।

31 अक्टूबर को उनका बहुत व्यस्त दिन था। प्रभाष जोशी के बेटे

सन्दीप जोशी कहते हैं : इस तारीख को दिल्ली के फिरोज शाह कोटला में आस्ट्रेलिया-इंडिया के बीच एक दिवसीय मैच था। सन्दीप जी ने उनसे पूछा कि क्या वे मैच देखने जाएंगे? उन्होंने उत्तर दिया कि वे देर से पहुँचेंगे क्योंकि शनिवार होने के कारण उन्हें अपना कॉलम 'कागद कारे' लिखना है। कॉलम लिखकर वे मैच देखने साढ़े तीन बजे पहुँचे। थोड़े थके हुए थे लेकिन बहुत जोश के साथ मैच देखते रहे। मैच की एक पारी के आधे समय में सुनील गावस्कर से मुलाकात की। गावस्कर को उन्होंने याद दिलाया कि 1969 में वे इसी कोटला मैदान में अन्तर-विश्वविद्यालय मैच खेलने आए थे। मैच खत्म होने के बाद कुछ देर तक प्रेस बॉक्स में खड़े होकर उन्होंने पुरस्कार वितरण भी देखा। लगभग पौने 12 बजे निर्माण विहार के घर आए और मैच पर अपनी वह आखिरी टिप्पणी लिखी जिसका उल्लेख हम ऊपर कर चुके हैं। अगले दिन 1 नवम्बर की सुबह जनसत्ता के पहले पन्ने पर वह छपा।

इसके बाद सन्दीप जोशी उन्हें रात को 1 बजे वसुन्धरा वाले घर ले आए। अगले दिन प्रभाष जी को बांका के सांसद दिग्विजय सिंह के साथ पटना जाना था। सन्दीप वसुन्धरा ही रुक गए ताकि प्रभाष जी को अगले दिन सुबह दिग्विजय सिंह के यहाँ छोड़ सकें। 1 नवम्बर की सुबह जब सन्दीप जी की नींद खुली तो उन्होंने पाया कि प्रभाष जी जाग चुके हैं और कालू राम बामनिया का गायन सुन रहे हैं। प्रभाष जी साढ़े 10 तक तैयार हो गए। सन्दीप जी उन्हें दोपहर को दिग्विजय सिंह के यहाँ छोड़ आए। दोपहर के बाद प्रभाष जी और दिग्विजय सिंह, जसवन्त सिंह के साथ 4 बजे की फ्लाइट से पटना पहुँचे। वहाँ प्रभाष जी ने जसवन्त सिंह की जिन्नावाली बहुचर्चित पुस्तक के उर्दू संस्करण का लोकार्पण किया। पहली बार ऐसा हुआ कि प्रभाष जी इस बार जब पटना गए तो रजी साहब के गांधी संग्रहालय में न ठहरकर जसवन्त सिंह के कारण किसी होटल में ठहरे।

अगले दिन 2 नवम्बर की दोपहर को प्रभाष जोशी ट्रेन से बनारस के लिए अकेले चले। पुष्पराज उन्हें छोड़ने गए थे। राम बहादुर राय ने पुष्पराज से बात की। पुष्पराज ने राय साहब से कहा कि प्रभाष जी की गाड़ी 4 बजे बनारस कैंट पहुँचेगी। वहाँ कोई उन्हें उतार ले, ऐसी व्यवस्था कर दें। कैंट स्टेशन पर रूपेश पांडेय उन्हें लेने गए, जो 'प्रथम प्रवक्ता' से जुड़े हैं। प्रभाष जी स्टेशन से सर्व सेवा संघ के गेस्ट हाउस में गए। वहाँ अचानक उन्हें थोड़ी बेचैनी महसूस हुई। उनकी अन्तिम

बीमारी का यह पहला संकेत था। उन्होंने बेटे सन्दीप जोशी से दिल्ली फोन करके इंडिया टी.वी. के मित्र हेमंत शर्मा का फोन नं. लिया और उन्हें फोन किया। हेमन्त जी की पत्नी वीणा से उन्होंने बताया कि बेचैनी की वजह से उन्हें तकलीफ महसूस हो रही है। अच्छा नहीं लग रहा। ऐसी स्थिति में प्रभाष जी के ठहरने की दूसरी जगह व्यवस्था की गई। पूर्व विधायक झिंगन साहू के बेटे सर्व सेवा संघ के गेस्ट हाउस आए और उन्हें अपने घर ले गए। वहाँ वे थोड़ी ही देर में साहू जी के परिवार से घुल-मिल गए। टी.वी. देखते रहे। अच्छा महसूस किया। वहाँ कोई दवा भी ली।

अगले दिन 3 नवम्बर को प्रभाष जोशी साहू जी के यहाँ से सुबह चले और सर्व सेवा संघ के परिसर राजघाट पहुँचे। यहाँ सुबह साढ़े दस बजे 'हिन्द स्वराज' पर उनका और पवन गुप्त का भाषण था। रूपेश को उन्होंने बताया कि 'ड्राइवर ने जहाँ डीजल लेने के लिए गाड़ी मोड़ी थी वहाँ पर उन्हें हल्का-सा चक्कर आया था।' सर्व सेवा संघ में भी सीढ़ियाँ चढ़ते हुए वे भारीपन महसूस कर रहे थे, जैसे मूर्च्छित हो जाएंगे। प्रभाष जी की सेहत तेजी से गिरने का यह दूसरा संकेत था। इसके बावजूद वे 'हिन्द स्वराज' पर एक घंटा बोले। बोलकर 1 बजे मंच से उतरे तो काफी थकान महसूस कर रहे थे। उन्होंने आराम करने की इच्छा व्यक्त की। वहीं गेस्ट हाउस में उनके आराम करने का इन्तजाम किया गया। दो घंटे सोने के बाद वे 3 बजे जगे। इसके बाद उन्हें 30 किलोमीटर दूर मिर्जापुर के पास कैलहट कॉलेज में छात्राओं के बीच 'हिन्द स्वराज' पर ही भाषण देने जाना था। आयोजक कृष्णकान्त द्विवेदी से आग्रह किया गया कि प्रभाष जी की सेहत ठीक नहीं है, इसलिए वे उन्हें अपने कार्यक्रम में ले जाने का विचार छोड़ दें। लेकिन वे प्रभाष जी को ले जाने के लिए बैठे ही रहे। रूपेश ने प्रभाष जी को उनकी खराब होती तबीयत का हवाला देते हुए कार्यक्रम में न जाने की सलाह दी तो बोले, 'बेटा, जाने को कहा है तो जाएँगे। एक बार कमिटमेंट बदलने की आदत पड़ गई तो बार-बार ऐसा करने लगेंगे।' प्रभाष जी ने कार्यक्रम स्थगित नहीं किया। लड़कियों के कॉलेज में 'हिन्द स्वराज' पर देर तक बोले। वहाँ किसी को ऑटोग्राफ देते हुए प्रभाष जी ने कहा कि वे 13 से 22 नवम्बर के बीच हिन्द स्वराज जरूर पढ़ें और उन्हें पत्र लिखें। रूपेश जी के अनुसार, 'प्रभाष जी का कहना था कि जिस तरह हम अपने पुरखों को याद करने के लिए कार्तिक

माह में आकाशदीप जलाते हैं और देव दीपावली मनाते हैं, उसी तरह अपने एक पुरखे गांधी जी को याद करने और हिन्द स्वराज में बताए उनके रास्ते पर चलने के लिए हम 13 से 22 नवम्बर के बीच हिन्द स्वराज का पाठ करें क्योंकि गांधी जी ने इसी बीच 'हिन्द स्वराज' लिखा था।' (प्रथम प्रवक्ता, 1 दिसम्बर, 2009, पृ. 14)

कैलहट कॉलेज से शाम साढ़े पाँच बजे प्रभाष जोशी लखनऊ के लिए चले। लेकिन बनारस के करीब पहुँचते-पहुँचते फिर घबराहट महसूस हुई। सेहत के गिरते जाने का यह तीसरा संकेत था। प्रभाष जी ने लखनऊ की यात्रा स्थगित कर दी। कहा, कल सुबह लखनऊ के लिए चलेंगे। इस निर्णय के बाद वहीं अवधूत आश्रम के घाट में रुके। खिचड़ी खाई और रात्रि विश्राम किया। रूपेश पांडेय बताते हैं : इस रात वे प्रभाष जी के कमरे में ही सोए। जब डॉक्टर बुलाने को कहा तो बोले, 'बेटा, बस दवा खत्म हो गई है। यह ले आओ। बाकी सब ठीक है।' उन्होंने यह भी कहा कि 5 तारीख को मणिपुर जाना है। वहाँ न जाकर उस दिन चेकअप कराएँगे। रात में पूर्व सांसद वीरेन्द्र सिंह भी मिलने आए थे। 2 दिसम्बर को उनकी बेटी के विवाह में आने का वादा किया।

अगले दिन 4 नवम्बर को सुबह 6 बजे लखनऊ के लिए चले। वहाँ भी 'हिन्द स्वराज' पर भाषण देना था। गोविन्दाचार्य को भी इस कार्यक्रम में शिरकत करनी थी। वे बनारस में ही थे। प्रभाष जी ने उन्हें भी साथ ले लिया। सुबह से 1 बजे लखनऊ पहुँचने तक वे गोविन्दाचार्य से कार में बात करते रहे। गोविन्दाचार्य बताते हैं : बनारस से लखनऊ की दूरी सड़क मार्ग से लगभग 6 घंटे है। इतना समय प्रभाष जोशी के साथ बिताना मेरे लिए अनूठा अवसर था। पहले उन्होंने मेरे कामों के बारे में पूछताछ की। मैंने उन्हें बताया कि किस तरह मैं पिछले नौ वर्षों से देश में बौद्धिक, रचनात्मक और आन्दोलनात्मक गतिविधियों में लगी सज्जन शक्तियों से संवाद बनाने की कोशिश कर रहा हूँ...। हमारी बातचीत काफी लम्बी और बेबाक रही। उस पूरी बातचीत में मेरे लिए बहुत-कुछ सीखने और समझने को था। प्रभाष जी की यह खासियत थी कि वे योजनाएँ ऐसी बनाते कि जैसे अगले सौ साल तक जीना हो। लेकिन साथ ही उसके क्रियान्वयन के लिए टीम बनाने और लोगों को सहेजने-समझाने की इतनी गम्भीर कोशिश करते जैसे उन्हें जीने के लिए आज का ही दिन मिला है। (प्रथम प्रवक्ता, 1 दिसम्बर, 2009, पृ. 9) गोविन्द जी का कहना है कि प्रभाष जी ने अपनी इस यात्रा में

अपने सात कामों का जिक्र किया था जिनको वे पूरा करना या कराना चाहते थे। वे गांधीवाद के बीज-मंत्र 'हिन्द स्वराज' पुस्तक के इस 100वें साल में उस पर देश भर में चर्चा-परिचर्चा चाहते थे। मीडिया द्वारा पैसे लेकर रिपोर्ट छापने या प्रसारित करने क़े जघन्य कृत्य के खिलाफ आवाज उठाना चाहते थे। देश में मूल्यों और मुद्दों की राजनीति हो, इसकी कोशिश में थे। उनकी इच्छा थी कि राम बहादुर राय के साथ मैं बिहार आन्दोलन से जुड़े तथ्यों का संकलन करूँ जिससे उसका समग्र इतिहास लिखा जा सके। रामनाथ गोयनका के जीवन और कार्य पर भी लेखनी चलाना चाहते थे। लोक जीवन की परम्पराओं के अध्ययन की भी उनकी योजना थी। वे देशज शब्दों यानी बोलियों के शब्दों को हिन्दी शब्दकोश में समाहित करने की व्यवस्था करना चाहते थे। गोविन्दाचार्य का कहना है कि प्रभाष जी के न रहने पर उनका सुझाया यह काम अब उनके जीवन का उद्देश्य बन गया है।

लखनऊ पहुँचने से कुछ ही समय पहले राम बहादुर राय ने रूपेश पांडेय को फोन मिलाया। प्रभाष जी मोबाइल नहीं रखते थे। चूँकि रूपेश प्रभाष जी और गोविन्दाचार्य के साथ ही उस कार में थे इसलिए राय साहब ने उन्हें फोन किया कि प्रभाष जी से बात कराएँ। रूपेश जी ने प्रभाष जी से राय साहब की बात कराई। राय साहब ने उनसे तबीयत का हाल पूछा और पाया कि प्रभाष जी काफी उत्साह में हैं। उन्होंने राय साहब को बताया कि वे पूरे रास्ते गोविन्दाचार्य जी से बात करते आए हैं और उनकी थकान मिट गई है। उन्होंने राय साहब से तय किया कि आज ही देर शाम को या अगले दिन वे उनसे मिलेंगे। लेकिन यह मिलना फिर कभी नहीं हुआ। प्रभाष जी और राय साहब की यह अन्तिम बातचीत थी। असल में राय साहब को भी इस कार्यक्रम के लिए लखनऊ जाना था। लेकिन अपनी सेहत की जाँच आदि के कारण वे इस कार्यक्रम में शामिल नहीं हो पाए थे। प्रभाष जी तो चाहते थे कि राम बहादुर जी पटना भी उनके साथ चलें। 1 बजे प्रभाष जी लखनऊ पहुँचे। वहाँ लेखक डॉ. मनसा पांडे के घर भोजन का इन्तजाम था। भोजन करने के बाद वे सवा तीन बजे जय नारायण स्नातकोत्तर महाविद्यालय पहुँचे जहाँ हिन्द स्वराज पर संगोष्ठी थी।

प्रभाष जोशी ने अपने भाषण में कहा : आज पर्यावरण में ग्लोबल वार्मिंग की समस्या सभ्यता के सबसे बड़े संकट के रूप में सामने आने वाली है। अति मॉडर्न टेक्नोलॉजी से उपजी नकारात्मक आधुनिकता

एक दिन हमारी सभ्यता को नष्ट कर देगी। हमारी पुरानी सभ्यताओं के नष्ट होने की वजह इसी ढर्रे की स्थितियाँ रही होंगी। प्रभाष जी ने कहा कि दुनिया की प्रकृति और समाज में जो असन्तुलन है, उसे गांधी जी के 'हिन्द स्वराज' के रास्ते पर चलकर ठीक किया जा सकता है और मानवता की उम्र लम्बी की जा सकती है।

प्रभाष जोशी के जीवन का यह अन्तिम भाषण था।

कार्यक्रम 6 बजे समाप्त हुआ। प्रभाष जी कार्यक्रम के संयोजक अंशुमाली शर्मा और रूपेश पांडेय के साथ 'जनसत्ता' के दफ्तर जाकर वहाँ पुराने साथियों से मिले। जनसत्ता से निकलकर प्रभाष जी 8 बजे हवाई अड्डे पहुँचे। विमान देर से उड़ा। दिल्ली देर से पहुँचे। बेटे सन्दीप जोशी उन्हें लेने पालम एअरपोर्ट पहुँचे थे। प्रभाष जी की पत्नी को जब पता चला था कि यात्रा के दौरान प्रभाष जी की तबीयत गड़बड़ हो गई है तो उन्होंने यह निर्णय लिया था कि उन्हें हवाई अड्डे से सीधे डॉक्टर के पास ले जाएंगी। लेकिन विमान लेट होने के कारण यह सम्भव नहीं हो सका। अकेले सन्दीप जी ही हवाई अड्डे पहुँचे। सन्दीप जी बताते हैं : पापा अपनी अटैची खुद उठाना चाहते थे। कार में बैठे तो कुमार गंधर्व सुनते हुए अपने में रमे रहे।

रात में साढ़े 11 बजे वे अपने निर्माण विहार वाले घर में पहुँचे जहाँ बेटे सन्दीप जोशी अपने परिवार के साथ रहते हैं। उनकी पत्नी उमा हैं। बेटा माधव और बेटी मुमल। जैसे ही प्रभाष जी ने घर में प्रवेश किया, उमा जी ने उन्हें पानी दिया। उन्होंने मेथी के पराठे बनाए थे। प्रभाष जी ने उसे 'अथाना' अर्थात् अचार के साथ खाया। सन्दीप जी से अगले दिन के आस्ट्रेलिया और भारत के मैच के बारे में चर्चा की। प्रभाष जी उस कमरे में गए जहाँ पत्नी उषा जी सो रही थीं। उषा जी ने आँखें खोलीं और पूछा : 'जहाज बहुत लेट था?' 'हाँ, काफी लेट।' इतना कहकर प्रभाष जी फिर ड्राइंग रूम लौट आए और दीवान पर लेट गए। नवम्बर का आरम्भ था। दिल्ली में गुलाबी जाड़ा पड़ने लगा था। उमा जी ने मोटी रजाई लाकर उन्हें उढ़ा दी। प्रभाष जी थके हुए थे। जल्दी सो गए।

अगले दिन 5 अप्रैल को सवेरे जगे। पौत्र माधव स्कूल जा रहे थे। प्रभाष जी के पास जाकर बोले : 'बाबा, यह स्वेटर अब पुराना हो गया है, नया चाहिए।' प्रभाष जी ने उन्हें कहा : 'कल दिला देंगे।' और स्कूल जा रहे माधव और मुमल को दरवाजे तक छोड़ा। जाते-जाते माधव ने कहा : 'बाबा, आज जाना मत।' 'देखेंगे,' प्रभाष जी ने उत्तर दिया।

मुमल ने जाते-जाते बाबा को सुबह-सुबह आया अखबार पकड़ा दिया था। प्रभाष जी ने मुमल से वादा किया कि आनेवाले रविवार को वे उसके लिए बादाम का हलवा बनाएंगे। परिवार के सबसे बड़े सदस्य से सबसे छोटे सदस्य की यह आखिरी मुलाकात थी। आखिरी वादा था...

प्रभाष जी अखबार लेकर कमरे में आ गए और उमा जी ने लाकर चाय दी। पत्नी उषा जी जग चुकी थीं। उन्होंने भी प्रभाष जी के साथ चाय पी। चाय पीते-पीते प्रभाष जी ने फोन की डायरी निकाली और अनेक मित्रों से लम्बी बातें कीं। पटना के रजी भाई और श्रीकान्त, अहमदाबाद के प्रकाश भाई, बीकानेर के शुभू पटवा और तहलका के संजय दुबे और उनकी पत्नी से भी बात हुई। संजय जी की पत्नी ने उन्हें खाने पर आमंत्रित किया। इसके साथ ही मुम्बई में रह रहीं बेटी सोनल से भी बात हुई। उन्होंने सोनल जी से कहा कि अगले महीने जाड़े की छुट्टियों में वे सपरिवार पति उदय जी और बच्चे राघव और राधा के साथ दिल्ली आएँ। बेटी के साथ दिल्ली से जैसलमेर जाना तय हुआ। फिर जोधपुर और बीकानेर होते हुए दिल्ली लौटने का प्रोग्राम बना। सोनल जी ने पापा से रिजर्वेशन करा लेने के लिए कहा। नाश्ते में उमा जी ने प्रभाष जी को पोहे बनाकर खिलाए। उसी दौरान उमा जी ने पूछा कि गांधी जी द्वारा 'हिन्द स्वराज' लिखे तो सौ साल हो गए, एकदम आज से उसे आप कैसे जोड़ेंगे। प्रभाष जी ने कहा–यही तो करना है। इस किताब में आज के भारतीय समाज के संकट का हल छिपा हुआ है। थोड़ी देर रुककर उन्होंने बी.जी. वर्गीस को भी फोन मिलाया। किसी विषय पर विचार-विमर्श करते रहे। इस बीच राम बहादुर राय उनसे फोन पर लगातार सम्पर्क करने की कोशिश करते रहे। चूँकि प्रभाष जी काफी लोगों से लगातार बातचीत कर रहे थे इसलिए राय साहब को उनका फोन इंगेज मिलता रहा। उनकी बात नहीं हो पाई।

प्रभाष जी को अपना चेकअप कराना था, लेकिन वह सम्भव नहीं हुआ क्योंकि बृहस्पतिवार होने के कारण उनके चिकित्सक डॉक्टर दवे का क्लीनिक बन्द था। उन्हें आज के ही दिन अर्थात् 5 नवम्बर को मणिपुर भी जाना था। उसे उन्होंने अगले दिन के लिए टाल दिया कि चेकअप करवाकर ही जाएँगे।

नाश्ते और फोन के बाद थोड़ी निश्चिन्तता हुई तो बाल बनवाने के लिए निकले। सीढ़ियों से नीचे उतरे तो जूस बेचनेवाला दिख गया।

उन्होंने 4 ग्लास जूस बनाने के लिए कहा। दो ग्लास उन्होंने ग्राउंड फ्लोर पर रहनेवाली मैडम को भिजवाए। बाकी दो में एक खुद पिया और एक के लिए उषा जी को आवाज दी। उषा जी को थोड़ा विस्मय हुआ क्योंकि इस तरह नीचे बुलाकर जूस पीने का आग्रह वे कभी नहीं करते थे...।

प्रभाष जी बाल बनवाने कार से गए। वहाँ देर होती इसलिए कार वापस भेज दी। थोड़ी देर बाद पैदल लौटे। सीढ़ियाँ चढ़कर ड्राइंग रूम में पहुँचे तो देखा छोटी बहन श्यामा जयपुर से आ चुकी हैं। उषा जी बताती हैं : दोनों गले मिले। दोनों की आँखों में आँसू थे। भाई ने बहन को बहुत लाड़ किया। बोले, अब 10-15 दिन मैं तुम्हें जाने नहीं दूँगा।

1 बजे पत्नी और छोटी बहन के साथ निर्माण विहार से चले और वसुन्धरा के अपने फ्लैट में पहुँचे। थके लग रहे थे। तुरन्त अपने बिस्तर पर चले गए। उषा जी ने एक सेब काट कर दिया तो खा लिया। फिर सोने लगे। उषा जी कहती हैं, इसी समय मैंने मेड से दही मँगवाया। उसमें नमक-जीरा डालकर छाछ बनाई। फिर जैसे बच्चे को नींद से जगाकर कुछ पीने को देते हैं वैसे ही उन्हें उठाकर छाछ पिलाई। इसके बाद वे गहरी नींद में सो गए।

5 बजे उठे तो भारत-आस्ट्रेलिया का मैच देखने के लिए टी.वी. के सामने बैठ गए। सचिन बैटिंग कर रहे थे और चमत्कारी तरीके से रनों की बौछार करते जा रहे थे। प्रभाष जी एक ही साथ विस्मित और उत्तेजित थे।

उषा जी ने पूछा : कुछ खाओगे?

प्रभाष जी ने मना करते हुए कहा : सबके साथ रात में खाएंगे।

उषा जी ने प्रभाष जी के लिए मखाने तले। तीन सेब काटे। प्रभाष जी ने चाय के साथ इन्हें खाया। फिर सचिन की धुआँधार बल्लेबाजी में रम गए। इसी बीच अपने पौत्र माधव की चिन्ता हुई। उन्होंने उसे निर्माण विहार फोन किया कि उसकी मम्मी अभी घर लौटी या नहीं।

इसी समय उषा जी की कुछ सहेलियाँ आ गईं। उषा जी ने प्रभाष जी से पूछा कि थोड़ी देर कीर्तन गा लें?

प्रभाष जी ने टी.वी. पर निगाह टिकाए हुए ही कहा : गा लो...

उषा जी और सहेलियों ने दो-तीन 'गुरु' गाए। कीर्तन समाप्त होने के बाद उषा जी फल और सब्जी लेने बाजार चली गईं। थोड़ी देर बाद

लौटीं तो खाना बना।

प्रभाष जी मैच देखने में तन्मय थे। इसी बीच पौने नौ बजे उन्होंने खाना खाया। रोटी तथा मेथी और लौकी की सब्जी। उषा जी ने अपनी ननद श्यामा जी के लिए मिर्ची भूनी थी। प्रभाष जी को यह इतनी पसन्द आई कि दुबारा माँगी। उषा जी कहती हैं कि बाकी दिनों से आधी रोटी ज्यादा खाई। प्रभाष जी की जिन्दगी का यह अन्तिम खाना था।

खाते हुए टी.वी. पर सचिन का पराक्रम भी देखते जा रहे थे। खाते-खाते उन्होंने उषा जी से कहा : 'बीनू...मुझे टी.वी. देखते-देखते खाना नहीं चाहिए।'

उषा जी ने कहा : 'फिर क्यों देखते हैं? बन्द कर देती हूँ।'

'अरे नहीं, स्क्रीन पर सचिन एक बार फिर इतिहास बना रहा है। इसे देखना एक उपलब्धि है। मैंने जीवन भर सिर्फ यही शौक तो पाला है। देखने दो न बीनू...!' प्रभाष जी ने पत्नी से निवेदन की मुद्रा में कहा था। खाना खत्म करने के बाद उन्होंने उषा जी से थोड़ा ज्यादा ठंडा पानी माँगा। दवा ली और फिर मैच में डूब गए।

15 मिनट बाद उषा जी ने देखा कि वे चम्मच से डायजीन पी रहे थे। यह देखकर उन्हें थोड़ी चिन्ता हुई। थोड़ी देर बाद उन्होंने कम्पोज माँगा तो किसी खतरे की आशंका हुई। उन्होंने कहा : कम्पोज नहीं है, 'सर्विटेट' ले लो। इसी बीच सचिन 175 पर आउट हो गए। प्रभाष जी सोफे से उठकर अपने कमरे में आ गए। टी.वी. ऑन ही रहने दिया।

उनकी तबीयत तेजी से खराब हो रही थी। इसी दौरान एक बार उन्होंने उषा जी से कहा : 'मुझको छोड़ो, स्कोर देखकर बताओ।' उषा जी गुस्सा हो गईं। बोलीं : मुझे नहीं जाना स्कोर देखने। हार-जीत होती रहती है। मैं टी.वी. में पत्थर मार दूँगी। पहले अपनी सेहत देखो...पति-पत्नी की शायद यह अन्तिम बातचीत थी। 46 साल लम्बा साथ छूटनेवाला था।

समय तेजी से भाग रहा था। सन्दीप जी पिता के पास वसुन्धरा ही आ रहे थे। उन्होंने रास्ते से प्रभाष जी को फोन किया—तबीयत कैसी है? इस सवाल का उत्तर न देकर प्रभाष जी ने प्रश्न किया : 'मैच का क्या हुआ यार?' सन्दीप जी बताते हैं कि प्रभाष जी की आवाज में उत्साह था लेकिन हड़बड़ी भी लग रही थी। सन्दीप जी ने उनसे फोन पर कहा : 'मैच तो हम हार गए पर आप कैसे हो?' सन्दीप जी को पिता से कोई उत्तर मिलता, उससे पहले फोन पर उषा जी की आवाज

आ गई–'सन्दीप, जल्दी आ, पापा बेहोश हो गए हैं!'

प्रभाष जी की छोटी बहन श्यामा उनके पास ही थीं। प्रभाष जी अपने बिस्तर पर अर्द्धचेतन अवस्था में बैठे थे। श्यामा जी उनकी गर्दन और पीठ सहला रही थीं। इसी बीच उषा जी कम्पोज के बदले सर्विटेट लेकर आईं और उनके मुँह में रखा। लेकिन उसे वे निगल नहीं पाए। टेबलेट मुँह में ही रह गया। अचानक कहानी खत्म हो गई। लगभग बैठे-बैठे यायावर प्रभाष जोशी महायात्रा पर निकल गए।

सन्दीप जोशी बताते हैं : जब वसुंधरा के फ्लैट पर पहुँचा तो पापा को गाड़ी में लिटाया जा रहा था। लगा देर हो गई। दिल के आसपास झटके देने की कोशिश की पर कोई फायदा नहीं हुआ। तेज रफ्तार से उन्हें लेकर नरेन्द्र मोहन अस्पताल पहुँचे। लेकिन वाकई देर हो गई थी। वहाँ के डॉक्टर ने पूछा : 'पेसमेकर निकाल दें या रहने दें?' मुझे हिम्मत हारने के लिए इतना काफी था।

सन्दीप जी ने डॉ. दवे को फोन किया। उन्होंने अस्पताल के डॉक्टर से बात करने के बाद बताया कि ऐसा लगता है पेसमेकर जवाब दे गया। शायद 'एक्साइटमेंट' ज्यादा होगी। सन्दीप जी कहते हैं : सचिन की शानदार तेज पारी ने इतना उत्साहित किया कि पापा का पेसमेकर फेल कर दिया। सचिन के आउट होते ही पापा मैच छोड़कर कमरे में चले गए थे। सचिन की इस रोमांचक पारी को अपनी चेतना में सँजोए हुए उन्होंने आखिरी साँस ली...

जिन्दगी के अन्तिम पल तक निरन्तर सक्रिय प्रभाष जोशी बहुत सारे अधूरे काम छोड़ गए हैं। उन्हें पूरा करना हम सबकी सामूहिक जिम्मेदारी है, ताकि हम लोकविरोधी इस समय को समाज के पक्ष में मोड़ सकें।

इस पुस्तक के लिए मित्रवर राम बहादुर राय जी ने सम्पादन सामग्री सौंपी, इसके लिए मैं उनका दिल से आभारी हूँ। मैंने पूरी कोशिश की है कि राय साहब की परिकल्पना के अनुरूप यह पुस्तक बन सके।

सम्पादन के दौरान प्रभाष जोशी की पत्नी उषा जोशी का मातृवत् स्नेह और सहयोग मिला। सन्दीप जोशी और उनकी पत्नी उमा जोशी ने भी बराबर सहायता की। सोपान जोशी से भी सम्पर्क हुआ। प्रभाष जी के परिवार के इन सब स्नेही जनों का मैं आभारी हूँ। यहाँ प्रभाष जी की बेटी सोनल जोशी की भी याद आ रही है जिनके मुम्बई वाले फ्लैट

में जाकर मैंने प्रभाष जी के साथ उनके 'कागद कारे' कॉलम के सम्पादन की रूपरेखा को अन्तिम रूप दिया था।

मित्र अशोक महेश्वरी से प्रभाष जी का गहरा लगाव था। महेश्वरी जी भी उन्हें अतिरिक्त सम्मान देते थे। राजकमल के दफ्तर में प्रभाष जी का समय-समय पर आना और मिष्टान्न आदि खुद न खाकर हम लोगों के लिए अच्छे नाश्ते का इन्तजाम करना हमेशा याद रहेगा। अशोक जी प्रभाष जी के अधिकांश कृतित्व को सामने ला रहे हैं, यह अत्यन्त महत्त्वपूर्ण कार्य है।

सम्पादन के दौरान डॉ. राधिका शर्मा, तथागत प्रकाश और नवागत प्रकाश ने अनेक स्तरों पर मेरी सहायता की। सबका दिल से आभारी हूँ।

–सुरेश शर्मा

8 जुलाई, 2010

अनुक्रम

प्रभाष जोशी, जिन्दगी के आखिरी 6 दिन *5*

नन्दीग्राम सीखने के लिए नहीं, सिखाने के लिए है 21
नकली नौटंकी के बावजूद 25
पर्थ के बाहर और भी पिच हैं 29
नन्दीग्राम में मानवाधिकार 33
कुजंग पान पर इस्पात की धार 37
पितामह कहो कि धन्य भवो 41
एक गेंदबाज का बादशाह होना 45
चूके अवसरों की महादेवी 49
राहुल के अंदेशे से दुबलीं मायावती 53
प्रतीक में करना, प्रतीक में जीना 57
नन्दीग्राम का सबक सीखें तब ना! 61
मनोरंजन उद्योग का नया मैदान 65
कुएँ और खाई के बीच 69
जयचन्द और मीरजाफर समाजवादियों के भेस में 73
बहुमत चाहिए? खरीद लो! 77
खुदीराम देखें तो...! 81
न सेना से, न साम्प्रदायिकता से 85
मनोनीत प्रधानमंत्री का देश 89
नया दिनकर दिखेगा : शताब्दी दिनकर 93
बहुकेन्द्रीय विश्व की सम्भावना देखिए 97
सोलह वर्ष के एक और लड़के की खोज 101
सिंहासन खाली है लेकिन हम अभी बैठे नहीं हैं 105
इतना सबक भी न सीखे तो 109

मंडल का नाहक बदनाम मसीहा 113
मीडियाई युद्धोन्माद के बावजूद 118
क्योंकि पूँजीवाद का सत्यम मिथ्या है 122
मीडिया स्वयंभू नहीं है 126
मसजिद के मलबे से किसका घर बनेगा? 131
जवानी का टोटका 135
स्लमडॉग मिलेनियर पर तो कांग्रेस का कॉपीराइट है 139
खेल की राष्ट्रीय शर्म 144
हिन्दी और रोजगार के नाम पर 148
मीडिया मुद्दे बनने नहीं दे रहा? 152
काले पैसे की काली खबरें 156
नेहरू और मनमोहन सिंह भाई माफ करो 160
न माया में न राम में 164
जिनने भुगता वे बोले 168
फल के पकने तक 172
'शर्म-अल-शेख' की शर्म 176
विकास में आदिवासी 180
एक बालक तानाशाह का हठ 184
नौकरशाही का हथियार–सूचना आयोग 188
नए राजनेताओं का कैटल क्लास 192
लोकलाज से सामाजिक ऑडिट या कानून से 196
कांग्रेस की जीत के मायने 200
नानावती ने नई तलवार दी है 204
ये विष बीज तो हिन्दुत्व में ही है 208
हिन्दू हिंसा हिंसा न भवति 212
महाकाली सत्ता में बाबा विश्वनाथ 216
जो देश खेलता नहीं जीतता नहीं 220
गठबन्धन के धर्म और सम्प्रदाय 223
समझ बूझ बन चरना, हिरना 226
स्लमडॉग की भारतीय पूँछ 230
चुनाव से बड़ी इंडियन प्रीमियर लीग 234
गावस्कर को शाहरुख की नसीहत 237
पार्टी के टेकों पर मजबूत नेता 241

गठबन्धन की राजनीति गई, गठबन्धन शाश्वत है 245
प्रेस परिषद और चुनाव आयोग, कार्रवाई तो करनी पड़ेगी 249
साम्राज्यवाद और सामन्तवाद का प्रतीक? 253
समलैंगिकता समानता की विषमता 256
निजता को बेचने का झूठा धंधा 260
मरे जिन्ना लाख के 264
मुनाफे का बीसमबीस 268
सादगी इनके लिए पाखंड क्यों है 272
दिवाले के बावजूद दिवाली 276
हम नमक सत्याग्रही 280
आगे अन्धी गली है 284
ओडीशा क्यों नहीं 291

परिशिष्ट

पच्चीस साल बाद भी 295
युवराज और धोनी ने जिता दिया 299

अन्त में

कुरुक्षेत्र के कई सव्यसाची 301

नन्दीग्राम सीखने के लिए नहीं, सिखाने के लिए है

बुद्धदेव बनकर ग्यारह महीने बाद नन्दीग्राम पहुँचे। वे पछतावे से भरे हुए थे। उनकी जबान पर प्रार्थना थी और वे माफी माँग रहे थे। वे घावों पर मरहम लगाने आए थे और चाहते थे कि अब जो शान्ति कायम हुई है वह बनी रहे–"आप लोगों के साथ हमने भी भुगता है। अब इस इलाके में राहत और निर्माण के काम होने चाहिए। मैंने प्रशासन को कह दिया है कि पार्टी का कोई विचार नहीं होना चाहिए और ग्यारह महीनों में जिनके भी घर जले हैं जिनके भी यहाँ कोई घायल हुआ या मरा है, सबको मुआवजा मिलना चाहिए।"

लेकिन पश्चिम बंगाल के मुख्यमंत्री जो मुआवजा नन्दीग्राम में बँटवा रहे थे वह हाईकोर्ट के आदेश और सुप्रीम कोर्ट के समर्थन से दिया जाने वाला मुआवजा नहीं था। यह माकपा की तरफ से बँटने वाला मुआवजा था जिसमें प्राथमिकता उन परिवारों को दी गई जिनके सत्ताईस कार्यकर्ताओं के मारे जाने का दावा पार्टी की तरफ से किया जा रहा था। बुद्धदेव व भट्टाचार्जी ने नन्दीग्राम के लिए एक करोड़ के राहत पैकेज की घोषणा की है। इससे उन सबके राहत और पुनर्वास का इन्तजाम किया जाना है जो ग्यारह महीने के संघर्ष और हिंसा की लपेट में आए हैं।

मुख्यमंत्री ने अपनी पार्टी के लोगों से भी कहा कि विपक्ष के लोगों के साथ बुरा व्यवहार न करें। उनके दिल जीतने की कोशिश करें। शान्ति सिर्फ पुलिस और सीआरपीएफ के जवानों को तैनात करके ही कायम नहीं रखी जा सकती। "मैं अपनी पार्टी के कार्यकर्ताओं से कहना चाहता हूँ कि वे अपने विरोधियों का दिल जीतें और उन्हें अपनी तरफ कर लें। विपक्ष के लोग भी मारे गए हैं। मैं सभी मौतों पर दुख प्रकट करने और उनके लिए माफी माँगने आया हूँ। अब हम सब हिंसा खत्म करें। हम सब शान्ति से जीना चाहते हैं।" बुद्धदेव भट्टाचार्जी ने सुन्दरवन विकास प्राधिकरण के मुख्य सचिव की अगुवाई में नन्दीग्राम के स्वास्थ्य, शिक्षा, खेती और संचार के विकास के लिए एक समिति भी बना दी है जिसने काम करना शुरू कर दिया है।

शान्ति और मेल-मिलाप की यह कोशिश दरअसल नवम्बर के दूसरे सप्ताह से

ही शुरू हो गई थी जब नन्दीग्राम पर पार्टी काडर के फिर से हुए कब्जे को पार्टी नेताओं ने शान्ति का लौटना बताया था। "अब वहाँ एक नई सुबह हो गई है।"– एक नेता ने कहा था। यानी नन्दीग्राम में शान्ति और नई शुरुआत तभी हो सकती थी जब पूरे इलाके पर वापस माकपा का राजनीतिक कब्जा हो जाए। इसलिए कहना पड़ेगा कि नन्दीग्राम में शान्ति की नई सुबह लाने का श्रेय माकपा के उस हथियारबन्द काडर की कार्रवाई को दिया जा रहा है जो 7 नवम्बर से 13 नवम्बर तक चली। विरोध करने और पार्टी लाइन छोड़ने की सजा उन लोगों को दी गई जो भूमि उच्छेद प्रतिरोध समिति बनाकर माकपा के चंगुल से बाहर निकल गए थे। सशस्त्र कार्रवाई से जो शान्ति कायम की गई थी उसे अब राहत, पुनर्वास और मेल-मिलाप की समझदारी से बनाए रखने की इस कोशिश की शुरुआत गए महीने ही बुद्धदेव भट्टाचार्जी ने की थी जब दिल्ली आकर मीडिया के सामने उन्होंने कहा कि ईंट का जवाब पत्थर से देने की बात कहना उनकी गलती थी। मुख्यमंत्री होते हुए वे लोगों को हमारे और उनके बीच नहीं बाँट सकते। नन्दीग्राम उनकी राजनीतिक और प्रशासनिक विफलता का परिणाम है।

बुद्धदेव भट्टाचार्जी का नन्दीग्राम जाना हिंसक राजनीतिक कार्रवाई से पाई गई शान्ति को बनाए रखकर पिछले ग्यारह महीनों में देश भर में हुई बदनामी को घटाना और उन बौद्धिकों की सहानुभूति और समर्थन फिर पाना है जो सरकार और पार्टी को छोड़ गए हैं। इसलिए माफी माँगने, मरहम लगाने और राहत बाँटने के अलावा मुख्यमंत्री ने ऐसी कुछ और बातें भी कहीं जो दरअसल नन्दीग्राम के बाहर जाती हैं। जैसे उन्होंने 14 मार्च को पुलिस गोलीबारी की बात कही, जिसे हाईकोर्ट ने अनुचित और असंवैधानिक करार दिया था और जिसके खिलाफ पश्चिम बंगाल सरकार सुप्रीम कोर्ट गई थी। सुप्रीम कोर्ट ने हाईकोर्ट की इस टिप्पणी को निकालने से इनकार किया और जो मुआवजा हाईकोर्ट ने देने का निर्देश दिया था, उसे भी कायम रखा। इस गोलीबारी में चौदह लोग मारे गए थे। बुद्धदेव की सरकार ने इस गोलीबारी की नोटिस नहीं ली और न ही मारे गए लोगों, घायलों और बलात्कार से पीड़ित औरतों को कोई मुआवजा ही दिया गया।

लेकिन अब नन्दीग्राम जाकर बुद्धदेव भट्टाचार्जी ने कहा–"मुझे अगर मालूम होता तो उस दिन मैं पुलिस नहीं भेजता। मैं हालात को सामान्य होने देने के लिए कुछ दिन और इन्तजार करता। मैं समझता था कि लोगों को पुलिस के गाँवों में जाने और वहाँ अपने कैम्प बनाने से कोई एतराज नहीं होगा। सभ्य समाज में कोई सरकार लोगों को मारने के लिए पुलिस नहीं भेजती। मैंने तो हालत सामान्य करने को पुलिस भेजी थी, लेकिन मामला ही बिगड़ गया। ऐसा नन्दीग्राम जैसा अनुभव हमें पहले कभी हुआ नहीं था।" आपको याद होगा कि 14 मार्च की गोलीबारी पर राज्यपाल

गोपाल कृष्ण गांधी ने यही कहा था कि अपने ही लोगों को गोली मारने के लिए कोई सरकार पुलिस को नहीं भेजती। सभ्य समाज में यह स्वीकार नहीं किया जा सकता। लेकिन तब माकपा के नेताओं ने ऐसा बयान देने के लिए राज्यपाल की निन्दा की थी। केन्द्र से यह माँग तक की गई थी कि इस राज्यपाल को वापस बुलाया जाए। अब नन्दीग्राम जाकर बुद्धदेव ने यही बात मंजूर की, क्योंकि अदालतों से लेकर सभी जिम्मेदार और लोकतांत्रिक मंचों से इस गोलीबारी की निन्दा की गई है। और अब किसी तरह भी इसका बचाव नहीं किया जा सकता। लेकिन फिर भी बुद्धदेव की कोशिश है कि हम मानें कि इस साजिश का उन्हें कतई पता नहीं था। पुलिस भेजकर वे नादानी में फँस गए।

अब आप हम सब जानते हैं कि 14 मार्च को पुलिस नन्दीग्राम में हालत को सामान्य करने को नहीं भेजी गई थी। पुलिस के साथ माकपा के हथियारबन्द काडर थे। तीन दिन तक दोनों की इस सम्मिलित कार्रवाई की कोलाघाट में योजना बनाई गई थी। तैयारी में बड़े पुलिस अफसर और प्रशासनिक अफसर शामिल थे और पुलिस को आगे करके नन्दीग्राम पर कब्जा करने की यह पहली कोशिश थी। नन्दीग्राम के लोग जानते थे कि पुलिस किन दो रास्तों से घुसेगी और काडर उसके संरक्षण में क्या करेंगे। इसलिए उनने सिर्फ सड़कें खोद दी थीं, उन पर बड़ी-बड़ी बाधाएँ भी खड़ी कर दी थीं। यह मानकर कि औरतों और बच्चों पर पुलिस लाठी-गोली नहीं चलाएगी, औरतों-बच्चों को पूजा और नमाज सुनने में लगाया गया था। फिर भी पुलिस और काडर ने जो किया उसका भयावह वर्णन कई बार छप चुका है। उसके फोटू हैं, फिल्म है और एक-एक ब्योरा दर्ज किया गया है। महिलाओं के साथ जो हुआ वह तो हमला करने वाली सेनाएँ भी नहीं करतीं। महाश्वेता देवी और मेधा पाटकर से पूछिए कि माकपाई काडर कितना वहशी हो सकता है। जिन महिलाओं के साथ बलात्कार और वहशी यौन उत्पीड़न हुआ वे सोनाचुड़ा, गोकुलनगर और अधिकारीपाड़ा में अब भी आपको अपने घाव दिखा सकती हैं। दरअसल 14 मार्च को पुलिस को अपने साथ लेकर माकपा काडर वही करने नन्दीग्राम गया था जो उनने पुलिस को हटाकर 7 से 13 नवम्बर की कार्रवाई में हासिल किया। कब्जा और शान्ति।

बुद्धदेव भट्टाचार्जी ने दुख प्रकट करके माफी भले ही माँगी हो, वे सभ्य और जिम्मेदार तो लोकतांत्रिक जरूरतों के कारण बन रहे हैं। वे अब भी मानने को तैयार नहीं हैं कि एक लोकतंत्र में किसानों को अपनी जमीन उद्योग के लिए देने से इनकार करने का अधिकार है, या कि अगर सत्तारूढ़ पार्टी उनके वैधानिक और उचित अधिकारों की रक्षा न करे तो लोग दूसरी पार्टी में जा सकते हैं। माकपा काडर ने नन्दीग्राम में किसानों को बता दिया है कि औद्योगिकीकरण की योजना को वे ना नहीं कर सकते और माकपा छोड़कर तृणमूल या कांग्रेस या किसी और पार्टी में नहीं

जा सकते। नन्दीगाम में बुद्धदेव ने कहा–"माने या न माने। पश्चिम बंगाल में विकास की रफ्तार रोकी नहीं जा सकती। कई कॉरपोरेट घरानों, उद्योग समूहों और विदेशी कम्पनियों ने राज्य सरकार को उद्योग-धन्धों के प्रस्ताव भेज रखे हैं और उनको अमल में लाया जाएगा।" बुद्धदेव ने कहा–"हमारी सरकार नन्दीग्राम में जमीन नहीं लेने वाली हैं। अगर कोई भूमि उच्छेद होने ही नहीं वाला है तो प्रतिरोध समिति बनाए रखने की जरूरत क्या है? मैं विपक्ष से अपील करूँगा कि वह प्रतिरोध समिति को शान्ति समिति में परिवर्तित करे और इस तरह अब जो सन्तुलन कायम हुआ है उसे स्थिर करने में मदद करे। हमें अब और गड़बड़ नहीं चाहिए। बुद्धदेव ने सभा में बताया कि जो केमिकल हब नन्दीग्राम में बनना था उसे अब नयाचार द्वीप में बनाया जाएगा। हमें अब सिर्फ केन्द्र सरकार से अनुमति की प्रतीक्षा है।

"विपक्ष के प्रचार में आ जाना हास्यास्पद है कि हम जबरन जमीन ले लेंगे। पिछले तीस साल में हमने ऐसा कभी किया है? लेकिन इतनी बात साफ-साफ समझ लेनी चाहिए। केमिकल हब तो बंगाल में हम बनाएँगे ही। नन्दीग्राम में नहीं तो नयानार में।"–बुद्धदेव भट्टाचार्जी ने घोषणा की।

यानी नन्दीग्राम से न बुद्धदेव भट्टाचार्जी ने कोई सबक लिया है, न पश्चिम बंगाल सरकार ने, न मार्क्सवादी कम्युनिस्ट पार्टी ने। सेज का विरोध करते हुए भी पश्चिमी बंगाल में सेज वे बनाएँगे। औद्योगिकीकरण साम्यवादी हो या पूँजीवादी। वामपन्थियों को होड़ में टिके रहना है। ऐसी होड़ भले ही साम्यवाद और जनता के हित के विरुद्ध हो।

(प्रथम प्रवक्ता, 16 जनवरी, 2008)

नकली नौटंकी के बावजूद

बेनजीर की हत्या की जाँच करने में मुशर्रफ ने इंग्लैंड के स्कॉटलैंड यार्ड को शामिल कर लिया है। इसलिए नहीं कि वे सचमुच जानना चाहते हैं कि हत्यारा या हत्यारे कौन हैं और उनने बेनजीर की हत्या क्यों की? बल्कि इसलिए कि किसी विदेशी जाँच एजेंसी को नहीं लगाते तो यह जाँच पाकिस्तान में और विदेशों में भी कतई विश्वसनीय नहीं होती। राष्ट्रपति मुशर्रफ और उनके प्रशासन की देखरेख में काम करने वाली किसी भी संस्था में जनता का भरोसा नहीं है। ज्यादातर लोग मानते हैं कि बेनजीर को मरवाने में मुशर्रफ का सीधे-सीधे नहीं तो सेना या आईएसआई का हाथ जरूर है। मुशर्रफ अब कह रहे हैं कि सुरक्षा को लेकर उनने जो सलाह दी थी बेनजीर ने उसका पालन नहीं किया। लेकिन जिस आसानी से बेनजीर की हत्या हुई उससे साफ है कि सुरक्षा का अच्छा और असरकारी इन्तजाम नहीं किया गया था। यह इन्तजाम करना तो मुशर्रफ की ही जिम्मेदारी थी। जाँच शुरू हो गई है लेकिन उसके नतीजे के इन्तजार में कोई नहीं है। रोज एक नया फुटेज निकलकर आ रहा है और रोज एक नई थेयरी। लोगों को अगर लग रहा है कि यह लीपापोती असली हत्यारे या हत्यारों को बचाने के लिए की जा रही है तो कोई अचरज की बात नहीं। पाकिस्तान में हुई किस राजनीतिक हत्या का सत्य निकलकर लोगों तक पहुँचा है? वहाँ तो लगता है कि हर हत्यारा अपने पहले वाले हत्यारे के नक्शे-कदम छुपाने के लिए नई हत्या करता है। जहाँ हत्या से राजनीति की जाती है वहाँ हत्याओं का सिलसिला लगातार चलता है। पाकिस्तान में पहले प्रधानमंत्री की हत्या सन् 51 में इसी लियाकत बाग में हुई थी जहाँ बेनजीर मारी गईं।

राष्ट्रपति मुशर्रफ के तहत काम करने वाले चुनाव आयोग ने चुनाव की तारीख 6 जनवरी से बढ़ाकर 18 फरवरी कर दी है। यानी चुनाव छह हफ्ते आगे खिसका दिया गया है। बेनजीर की पाकिस्तान पीपुल्स पार्टी को यह बिलकुल गवारा नहीं था। बेनजीर के पति आसिफ अली जरदारी 6 जनवरी को ही चुनाव चाहते थे ताकि लोग बेनजीर की ताजा कब्र पर वोट के फूल चढ़ा सकें। जरदारी का कहना था कि मुल्क में जो हिंसा हो रही है और अराजकता फैली हुई है, उसे मतदान से ही शान्त किया

जा सकता है। कोई शक ही नहीं कि वे अपनी पत्नी की हत्या को वोट से मिलने वाली सत्ता में भुनाना चाहते थे। लेकिन चुनाव आयोग ने ठीक ही किया। बेनजीर की हत्या से पाकिस्तान जिस हालत में आ गया था उसमें स्वतंत्र, निष्पक्ष और उचित चुनाव सम्भव नहीं था। बेनजीर की वसीयत पर चलते हुए उनकी पार्टी ने उनके 19 वर्ष के बेटे बिलावल को अपना अध्यक्ष बना लिया है। आसिफ अली जरदारी सह अध्यक्ष हो गए हैं और बिलावल को भुट्टो की विरासत के लिए तैयार करेंगे। बिलावल ऑक्सफर्ड में पढ़ते हैं और चूँकि ज्यादातर विदेश में ही रहकर पले-बढ़े हैं इसलिए पाकिस्तान की राजनीति को नौसिखिए की तरह भी नहीं जानते। जब तक वे खुद बागडोर नहीं सँभालते, उनकी ओर से उनके पिता राजनीति करेंगे, जो बेनजीर के दूसरे कार्यकाल में मंत्री थे और मिस्टर टेन परसेंट के नाम से जाने जाते थे। दस प्रतिशत कमीशन लेने की मशहूरी या खूबी के कारण ही उन्हें सात-आठ साल जेल की हवा खानी पड़ी। बेनजीर पर लगे भ्रष्टाचार के अनेक आरोपों में जरदारी का योगदान कम नहीं है। पहले बीवी के परदे के पीछे से उनने काम किया, अब बेटे को आगे करके करेंगे।

हो सकता है कि छह हफ्ते का वक्त निकल जाने के कारण चुनाव पर बेनजीर की हत्या का वह असर नहीं पड़े जो 8 जनवरी को पड़ता। फिर भी पीपुल्स पार्टी बेजनीर की शहादत से सत्ता में पहुँच सकती है। नवाज शरीफ बेनजीर के खाक-ए-सुपुर्द होने के वक्त हाजिर थे और भुट्टो के परिवार से उनने बहुत सहानुभूति जताई है। लेकिन चुनाव के आगे खिसका दिए जाने और आग पर राख जमने से वे खुश ही हुए होंगे। वे निश्चित ही जानतें हैं कि अमरीका और मुशर्रफ की लोकतंत्र की योजना की कर्ता तो बेनजीर ही थीं। उनके हटा दिए जाने के बाद नवाज शरीफ अपने आप अमरीका के पसन्दीदा उम्मीदवार नहीं बन जाते। फिर मुशर्रफ ने ही नवाज शरीफ को सत्ता से हटाकर देश-निकाला दिया था। सुप्रीम कोर्ट की मदद से वे पाकिस्तान आए थे तो कोर्ट की फिकर किए बिना मुशर्रफ ने उन्हें हवाई अड्डे से ही वापस रवाना कर दिया था। लगता नहीं कि मुशर्रफ उन्हें प्रधानमंत्री बनने देंगे। अमरीका का भरोसा अब भी मुशर्रफ में जितना है उतना और किसी में नहीं। मुशर्रफ और नवाज शरीफ में से किसी एक को चुनना हो तो कहने या बताने की जरूरत नहीं कि अमरीका किसे चुनेगा। पाकिस्तान के लोग भले ही नवाज शरीफ को चुन लें लेकिन अमरीका को तो ऐसा आदमी चाहिए जो न तो आणविक अस्त्रों को जिहादियों के हत्थे चढ़ने दे, न इस्लामी आतंकवादियों से जंग में ठंडक आने दे। अमरीका के ये दोनों हित तो सेना और मुशर्रफ ही पूरे कर सकते हैं। जनता का चुना गया आदमी उसके किस काम का? इसलिए अगर नवाज शरीफ ने सचमुच तय कर लिया है कि वे मुशर्रफ के राष्ट्रपति रहते प्रधानमंत्री नहीं बनेंगे तो फिलहाल तो

उनके लिए कोई मौका नहीं है। अमरीका मुशर्रफ को हटाए जाने पर भी राजी होगा तो तभी जब उसे सेना के नए सेनापति पर भरोसा हो जाए। कोई जनता का निर्वाचित प्रतिनिधि पाकिस्तान का सर्वेसर्वा हो जाए, यह अमरीका को मंजूर नहीं होगा। तालिबान से अफगानिस्तान में लड़ने और पाकिस्तान की सत्ता जिहादियों के हाथों में न जाने देने के लिए अमरीका को पाकिस्तानी सेना चाहिए। इसके लिए वह पाकिस्तान में नागरिक सत्ता को कतई हावी होने नहीं देगा।

पाकिस्तान में अल्लाह के अलावा आर्मी और अमरीका की चलती है। अल्लाह जो भी चाहता हो, अमरीका नहीं चाहता कि पाकिस्तान में सेना काबिज न रहे। सेना को भी यह कतई गवारा नहीं होगा कि चुनाव के जरिए ऐसी नागरिक शक्तियाँ उभरकर आएँ जो सचमुच नागरिक सत्ता को निर्णायक बना सकें। पाकिस्तान में जो स्थिति है उसमें सेना ही चुनाव करवा सकती है। मुशर्रफ ने तो कह भी दिया है कि सेना ही चुनाव करवाएगी। तो 18 फरवरी का पाकिस्तान का आम चुनाव भारत की नगर पालिकाओं या पंचायतों के चुनावों से ज्यादा महत्त्वपूर्ण नहीं होगा। मुशर्रफ और सेना का सत्ता के हत्थे पर मजबूत पंजा बना रहेगा। जो चुने जाएँगे उन्हें इन्हीं के मातहत जैसा भी हो और जितना भी हो, लोकतंत्र चलाना होगा। लोकतंत्र को किसी देश की सत्ता और जीवन पद्धति चलाने का सक्षम और कारगर औजार समझने वालों को पाकिस्तान का चुनाव कितना उत्साहित और उत्तेजित करेगा! यह चुनाव सचमुच खानापूरी की कवायद है। पाकिस्तान की जनता को मुशर्रफ की सैनिक तानाशाही अब कबूल नहीं थी और वह बड़े और बुनियादी बदलाव के लिए खदबदा रही थी। इसलिए अमरीका ने मुशर्रफ की सैनिक वर्दी उतरवाई। उन्हें नागरिक कपड़े पहनवाए। और बेनजीर के जरिए लोकतंत्र की नौटंकी खेलने की तैयारी की। बेनजीर की हत्या से चुनाव की नौटंकी भी नकली हो गई है। क्योंकि 18 फरवरी के चुनाव से पाकिस्तान की राजनीतिक और सत्ता की स्थिति में कोई फर्क नहीं पड़ने वाला है। चुनाव करवाए जा रहे हैं क्योंकि जनता को झाँसा देना है कि पाकिस्तान लोकतंत्र की तरफ एक मजबूत और अर्थवान कदम उठा रहा है। बेनजीर को श्रद्धांजलि देते हुए भी राष्ट्रपति बुश ने कहा था कि बहुत बुरा हुआ लेकिन इससे लोकतंत्र बहाली की प्रक्रिया नहीं रुकनी चाहिए। यानी अमरीका चाहता है कि भले ही नकली नौटंकी हो लेकिन वह होनी चाहिए ताकि लोग मुशर्रफ की जान के पीछे न पड़ें और इस इलाके में अमरीका के मंसूबे पूरे होने दें।

तो पाकिस्तान सत्रह करोड़ पाकिस्तानियों का देश है या अमरीका की विदेश नीति के नाटक का एक मंच। आप बहुत आसानी से देख सकते हैं कि वहाँ अपने देश में ही पाकिस्तान की जनता कितनी अप्रासंगिक है। जनता खूब जोर मारे तो कभी उसके शासक, कभी उसकी सेना और अक्सर अमरीका उसे झुनझुना पकड़ा देते हैं।

उनकी अगर चल गई तो सेना और अमरीका मिलकर पाकिस्तान को आतंकवाद खत्म करने के नाम पर जंग का मैदान बना देंगे। तालिबान ने जो हालत अफगानिस्तान की कर दी उससे भी गई-गुजरी हालत पाकिस्तान की हो जाएगी। इसे समझकर ही समझदार पाकिस्तानियों ने भारत से मेल-मिलाप की पहल की थी। क्योंकि भारत और पाकिस्तान के बीच तनाव और संघर्ष जितना कम होगा उतना ही पाकिस्तान उग्रवादियों और जिहादियों की पकड़ से दूर रहेगा। और उग्रवादी और जिहादी जितने कमजोर होंगे अमरीका के लिए दखल देने का बहाना उतना ही कम होगा। लेकिन लगता है कि पाकिस्तानी सेना और अमरीका नहीं चाहते कि पाकिस्तान में स्थिति सामान्य हो और वहाँ लोकतंत्र आए। भारत के लोकतंत्र को उजाड़ने के लिए भी जिहादी लगातार भेजे जा रहे हैं। भारत के मुसलमानों को जिहादियों का रक्षक और समर्थक बनाकर उन्हें हिन्दुओं से भिड़ा देने की साजिश पाकिस्तानी सेना की है और उसके पीछे कौन है, इसे समझना मुश्किल नहीं है। पाकिस्तान की बदकिस्मती और बरबादी में भारत के लिए कितने खतरे छुपे हुए हैं, उन्हें भी समझने का यही मौका है।

(प्रथम प्रवक्ता, 1 फरवरी, 2008)

पर्थ के बाहर और भी पिच हैं

पर्थ में भारत का जीतना ऐतिहासिक और गजब की संघर्षशीलता का उदाहरण तो था ही। लेकिन क्या पर्थ तीर में तुक्का ही था या अपने क्रिकेट में आ रहे किसी बुनियादी बदलाव की ओर भी इशारा करता है जिस पर जीतने के उत्साह में हम ध्यान नहीं दे रहे हैं? हम यही आकलन करने में लगे हैं कि यह कितनी बड़ी विजय थी। पहले तो जीत ही इतनी दुर्लभ हुआ करती थी कि जो भी मिले हम उसी का उत्सव महीनों मनाया करते थे। अब जब-तब या किसी सीरीज में एकाध टेस्ट जीत जाते हैं तो कई दिनों तक चटखारे मारते हुए यही विचार करते रहते हैं कि यह बड़ी थी या वह। पैमाने और कसौटियाँ भी कई ढूँढ़ लाते हैं। कोई नई पराजय फिर हमारे उत्साह पर पानी फेरती है और हम अगली विजय की उम्मीद में जीने लगते हैं।

पर्थ में पूरी दुनिया की मानी हुई तेज और गेंद को खूब उछाल देने वाली पिच है। इसीलिए वहाँ आस्ट्रेलिया पर भारत की जीत इतनी चौंकाने वाली और महत्त्वपूर्ण मानी जा रही है। इस बात को भी जरा खोलकर समझना चाहिए। अपने देश या पूरे ही भारतीय उपमहाद्वीप में ऐसी मिट्टी है कि जो हवा-पानी उस पर क्रिकेट खेलने की पिच को मिलता है वह उसे बाँधकर इतना सख्त नहीं करता कि गेंद उस पर टप्पा खाने के बाद न सिर्फ तेजी से निकले बल्कि उछले भी बहुत। अब पहले यह समझ लेना चाहिए कि तेजी से निकलने का क्या मतलब है। टप्पा खाने के बाद गेंद की वह रफ्तार नहीं रहती जो हवा में होती है। टप्पा खाने के बाद हर पिच या मैदान गेंद की कुछ गति घटा देता है। भारत की पिचों पर गेंद धीमी आती है, का मतलब यह हुआ कि उसकी गति बहुत घट जाती है; और नीची रह जाती है, का अर्थ यह हुआ कि ज्यादा उछलती नहीं। बल्लेबाज के घुटने या कभी-कभी कमर तक आ जाती है।

पर्थ में क्या होता है कि गेंद की गति तो घटती है लेकिन उतनी नहीं जितनी भारतीय उपमहाद्वीप या इंग्लैंड की पिचों पर। मिट्टी की बनावट कहिए या स्वभाव या सख्ती, कि टप्पा खाने के बाद दुनिया की और किसी पिच से पर्थ में गेंद तेजी से आती या निकलती है। वह उछलती भी ज्यादा है। पिच के बीच में तेजी से टप्पा

खाए तो बल्लेबाज ही नहीं, विकेट कीपर के भी सिर पर से निकल जाती है। कहते हैं आस्ट्रेलिया का एक आदिवासी गेंद करता नहीं 'फेंकता' था। पर्थ की पिच पर उसकी 'फेंकी' गई गेंद विकेट कीपर के सिर पर से भी ऐसी निकली कि मैदान पर टप्पा खाए बिना बाउंड्री के पार हो गई। यानी बाई या वाइड का छक्का हो गई। ऐसी उछाल तो रबर के टेनिस की गेंद में भी नहीं होती। और यह भी मत मानिए कि पर्थ में 'ऐसी' पिच बनाई जाती है। पर्थ के अलावा आस्ट्रेलिया में भी पर्थ जैसी पिच 'बनाई' नहीं जा सकती। आमतौर पर आस्ट्रेलिया की सभी पिचों पर गेंद टप्पा खाने के बाद भारत या ब्रिटेन से ज्यादा तेज निकलती और उछलती है। लेकिन पर्थ की तो अपनी ही रफ्तार और उछाल है।

ऐसी पिच पर भारत की पिचों पर जन्मे और खेल-खेल के बड़े हुए बल्लेबाजों को बड़ी मुश्किल होती है। धीमी और नीची रहने वाली पिचों की आदत होने के कारण वे खेलने में देर कर जाते हैं। फिर बल्ला सीधा रखने के आदी होते हैं, इसलिए गेंद उनके बल्ले से लगकर स्लिप में या विकेट कीपर या लेग स्लिप के हाथ में जाती है या ऊपर से निकल जाती है। नीची रहने वाली गेंदों को सीधे बल्ले से खेलना बेहतर रहता है लेकिन उछलती या उड़ती गेंद को तो आप आड़े बल्ले से ही मार सकते हैं। इसलिए पर्थ पर भारतीय बल्लेबाजों की तकनीक और स्वभाव, दोनों की अग्नि परीक्षा होती है। होती तो दुनिया भर के बल्लेबाजों की है लेकिन भारतीयों की खास, क्योंकि इतनी धीमी और नीची पिचें दुनिया में और कहीं पाई नहीं जातीं जितनी भारतीय उपमहाद्वीप में। (भारत के बल्लेबाजों के लिए तो पर्थ सचमुच ही बिल्कुल टेढ़ा आँगन है। आस्ट्रेलिया वाले सचिन तेंदुलकर की प्रतिभा का लोहा इसलिए मानते हैं कि अठारह बरस की उमर में जब वे पहली बार पर्थ में खेले तो 114 रन ठोंक के आए। उनके पहले तेज गोलंदाजी के हमारे सबसे अच्छे दो बल्लेबाजों, सुनील गावस्कर और मोहिन्दर अमरनाथ, ने पर्थ में शतक बनाए हैं। पर्थ भारतीय पिचों के स्वभाव और चरित्र से बिल्कुल विपरीत किस्म की पिच है।

आस्ट्रेलियाई पिचों पर जो भी तेजी और उछाल होती है, पर्थ में वह सबसे ज्यादा और सबसे प्रभावकारी होती है। उसके गोलंदाज और बल्लेबाज वहाँ खेलने के अभ्यास के कारण निपुण होते हैं। और इसीलिए पर्थ आस्ट्रेलियाई क्रिकेट का सबसे मजबूत किला माना जाता है। जब वेस्टइंडीज के पास चार तूफानी गोलंदाज हुआ करते थे और इसके पहले जब विश्व क्रिकेट में इंग्लैंड का बोलबाला हुआ करता था तभी पर्थ पर आस्ट्रेलिया को हार का मुँह देखना पड़ता था। नहीं तो आस्ट्रेलिया से पर्थ में पार पाना असम्भव ही रहा है। हम जो अभी वहाँ जीते हैं तो हमारी तो पहली जीत है ही, आस्ट्रेलिया वहाँ कोई ग्यारह साल बाद हारा है।

भारत इसलिए नहीं जीता कि उसके पास तूफानी गोलंदाज आ गए हैं। पर्थ में

भारत के सबसे तेज गोलंदाज उन्नीस बरस के ईशान्त शर्मा थे, जो 140 किलोमीटर से तेज एकाध गेंद ही कर पाते हैं। रुद्र प्रताप सिंह और इरफान पठान तो 120 से 135 किलोमीटर की रफ्तार से ही गेंद करते हैं। जबकि आस्ट्रेलिया के ब्रेट ली इस समय दुनिया के सबसे तेज गोलंदाज हैं। वे 150 किलोमीटर जाने वाली गेंद कर चुके हैं। उनकी औसत रफ्तार 140-145 होती है। बाएँ हाथ के मिचेल जॉन्सन भी 140 से ऊपर गेंद करते हैं। नए आए शॉन टैट और भी तेज गति की गेंदें कर सकते हैं। चौथे माइकल क्लार्क ही 120 से 135 की गति वाले गोलंदाज हैं। फिर भी क्या हुआ कि आस्ट्रेलियाई बल्लेबाज, जो तेज गोलंदाजी खेलते हुए बच्चे से जवान होते हैं, भारतीय गोलंदाजों के सामने टिक नहीं पाए। आस्ट्रेलिया पहली पारी में 292 और दूसरी में 340 रन ही बना सका, जबकि भारत ने 330 और 274 रन बनाए।

इसका कारण यह हुआ कि जिस गति पर भारतीय गोलंदाज गेंद करते हैं उस पर गेंद हवा में लहराती और टप्पा खाने के बाद सीवन से घूमती है। ऐसी गेंदें अगर ठीक सामने पड़ें तो कोई भी बल्लेबाज चकमा खा जाता है। भारतीय गेंदबाजों को ज्यादा अनुभव नहीं है। ईशान्त उन्नीस, आरपी बाईस और पठान तेईस बरस के हैं। फिर भी तीनों ने बहुत सधी हुई और सटीक गेंदबाजी की। मैच में आरपी ने छह, पठान ने पाँच और ईशान्त ने तीन विकट लिये। यानी बीस में से चौदह। स्पिनरों ने छह–चार कुंबले और दो सहवाग ने लिये। हमारे तीनों तेज गेंदबाज स्विंग और सीम के भी वैसे उस्ताद गेंदबाज नहीं हैं जैसे इंग्लैंड में होते हैं। लेकिन अनुभव ज्यादा न होने के बावजूद उनने गेंद को लहराने और टप्पा खा के घूमने के लिए अच्छा मौका दिया। गेंद हमेशा बल्लेबाजों के सामने रखी। इसीलिए वे अपनी टीम को जिता पाए।

आस्ट्रेलिया के गोलंदाज जिस रफ्तार की गेंद करते हैं उस पर वह हवा में लहराकर सीवन से घूमती नहीं। वे ज्यादा तेज करते हैं और उछालने के लिए कंधों के जोर से गेंद को पिच पर मारते हैं। आस्ट्रेलिया की परिस्थितियों में ऐसी ही गोलंदाजी ज्यादा प्रभावशाली होती है। लेकिन पर्थ में तीन दिन बादल घिरे रहे और वातावरण थोड़ा भारी रहा। गेंद को लहराने और घुमाने में ये परिस्थितियाँ ज्यादा काम की होती हैं। ऐसा नहीं कि हमारे बल्लेबाजों ने रन न बनाए हों। जिन 72 रनों से हम जीते वे हमारे बल्लेबाजों के ही बनाए हुए थे। लेकिन हमारे गेंदबाजों की लहराती और घूमती गेंदों पर आस्ट्रेलिया के बल्लेबाज टिक नहीं पाए। आप कह सकते हैं कि हमारे गेंदबाजों की लहराती और घूमती गेंदबाजी आस्ट्रेलिया की तेज गोलंदाजी से ज्यादा असरकारी और जिताऊ साबित हुई।

लेकिन क्या लहराने और सीवन से घूमने वाली गेंदें तूफानी तेज गोलंदाजी की स्थायी काट हो सकती हैं। यानी क्या गेंदें सब जगह लहराने और घूमने की खूबी

रखती हैं और क्या ऐसी गेंदबाजी हमें सब जगह जिता सकती है? जवाब है—नहीं। तेज यानी सचमुच तेज गोलंदाजी तो धीमी से धीमी पिच पर भी विकेट निकाल सकती है। लेकिन गेंद हर जगह लहराती और घूमती नहीं। पर्थ में भी नई गेंद जितनी लहराई और घूमी उतनी पुरानी नहीं। फिर आस्ट्रेलिया के बल्लेबाज स्विंग और सीम के उतने अच्छे खिलाड़ी नहीं हैं जितने अंग्रेज या भारतीय। इंग्लैंड में तो स्विंग और सीम का वैसा ही बोलबाला होता है जैसा भारत में स्पिन का। लेकिन बाकी देशों में जीतने के लिए तो अपने पास दो तूफानी गोलंदाज होने ही चाहिए। आज वे हमारे पास नहीं हैं। स्विंग और सीम तो तीन-चार गेंदबाज कर लेते हैं। असली बदलाव तो तभी आएगा जब दो तूफानी गोलंदाजों के साथ दो स्विंग और सीम, और दो स्पिनर—एक ऑफ और एक लेग स्पिनर, होंगे और जरूरत के हिसाब से हम पाँच गेंदबाज खेलाएँगे।

(प्रथम प्रवक्ता, 16 फरवरी, 2008)

नन्दीग्राम में मानवाधिकार

अरन जानते हैं कि भूमि उच्छेद प्रतिरोध समिति 5 जनवरी, 2007 को बनाई गई थी। इसके पहले 28 दिसम्बर, 2006 को हल्दिया विकास प्राधिकरण की तरफ से नोटिस निकली थी कि सलीम ग्रुप के केमिकल परिसर के लिए नन्दीग्राम की 27 और खेजूरी की दो मौजा भूमि का अधिग्रहण किया जाएगा। आप यह भी जानते हैं कि नन्दीग्राम माकपा का बहुत पुराना गढ़ रहा है। इसलिए इस नोटिस का विरोध करने वाले किसान और खेत मजदूर भी माकपा के ही थे जैसे कि सरकार की औद्योगिकीकरण की नीति पर अमल करवाने वाले भी माकपा के ही काडर थे। विरोध करने वाले कालीचरण पुर पंचायत समिति के दफ्तर पर पहुँचे थे और वहाँ उनकी समर्थन करने वालों से झड़प हुई। पुलिस बुला ली गई थी और पुलिस से भी उनकी झड़प हुई। वामपन्थी काडर में पड़ी यह फूट ही तृणमूल कांग्रेस, कांग्रेस और दूसरी पार्टियों को एक समिति बनाकर जमीन लेने का विरोध करने को प्रेरित करती रही। सरकार समर्थक कह रहे थे कि जमीन देना चाहिए और जिनकी जमीन और मजदूरी जा रही थी वे विरोध कर रहे थे। इनकी हिंसक झड़प 7 जनवरी को हुई जिसमें पाँच लोग मारे गए। खेजूरी के बाराटोल पर भी हमला हुआ जिसमें माकपा नेता शंकर सामन्त को उनके घर में ही जला दिया गया। इसी घर से बम फेंके जा रहे थे, गोलियाँ चलाई जा रही थीं।

तभी से खेजूरी का इलाका माकपा का गढ़ हुआ और नन्दीग्राम ब्लॉक एक की पाँच ग्राम पंचायतों के इलाके को भूमि उच्छेद प्रतिरोध समिति ने माकपा काडर और पुलिस प्रशासन के 'हमले' से सुरक्षित कर लिया। सड़कें काट दी गईं और जगह-जगह पेड़ काटकर गिरा दिए गए। सन् 42 में भारत छोड़ो आन्दोलन के दौरान भी नन्दीग्राम के लोगों ने ऐसा ही किया था ताकि अंग्रेजों का पुलिस प्रशासन वहाँ आ न सके। अपनी ही सरकार के पुलिस प्रशासन के साथ लोगों ने ऐसा क्यों किया? भूमि अधिग्रहण और केमिकल परिसर के समर्थकों को खदेड़कर खेजूरी क्यों भेज दिया? क्योंकि जैसा कि मानवाधिकार आयोग ने भी माना है, लोगों का पुलिस प्रशासन की निष्पक्षता में भरोसा नहीं रह गया था। माकपा काडर ने भी अपने ही

लोगों के साथ हिंसा की थी।

आयोग ने ठीक ही कहा है कि नन्दीग्राम की यह किलाबन्दी असंवैधानिक थी। कोई भी इलाका पुलिस प्रशासन की पहुँच से बाहर नहीं किया जा सकता। ऐसा नहीं हो सकता कि कानून का राज चलाने वाली एजेंसियों के लिए अपने ही देश का कोई इलाका अभेद्य कर दिया जाए। पुलिस प्रशासन को पूरा अधिकार था कि वह नन्दीग्राम में कानून का राज कायम करे, लेकिन यह ऐसे तो नहीं किया जा सकता जैसे नन्दीग्राम विदेश का कोई टुकड़ा हो, जिस पर अपनी पुलिस को हमलावर सेना की तरह कब्जा करना हो। 14 मार्च को पुलिस पूरी तैयारी के साथ माकपा काडर को आगे करके दो जगहों से घुसी और उसने पूजा करते और नमाज पढ़ते औरतों-बच्चों पर लाठी-गोली की बरसात कर दी। औरतों के साथ वहशी बरताव किया गया। बलात्कारों की तो हद हो गई। पुलिस और काडर, जैसे लोगों से बदला ले रहा हो। गोलीबारी में 14 लोग मारे गए। कानून का राज सारे कायदे-कानून तोड़कर तो कायम नहीं किया जा सकता।

इसीलिए कोलकाता हाईकोर्ट ने इस गोलीबारी कों अनुचित और असंवैधानिक करार दिया। मरने वालों, घायलों और बलात्कार पीड़ित औरतों को मुआवजा देने का आदेश दिया। अब आप देखिए कि आठ महीने तक पश्चिम बंगाल सरकार ने 14 मार्च की घटनाओं को लेकर कुछ नहीं किया था। वह अपने को जैसे जिम्मेदार मानती ही नहीं थी। वह मानती थी कि नन्दीग्राम के लोगों को उनके किए की सजा मिली है। इसलिए वह सुप्रीम कोर्ट जाकर हाईकोर्ट का आदेश खारिज करवाने में लगी रही। सुप्रीम कोर्ट ने माना कि गोलीबारी असंवैधानिक थी और पीड़ित लोगों को ठीक ही मुआवजा दिया गया है। सच तो यह है कि नन्दीग्राम एक सत्तारूढ़ पार्टी के काडर का राजनीतिक बदला है। दोनों ही तरफ से कानून और संविधान के धुर्रे बिखेरे गए। भूमि उच्छेद प्रतिरोध समिति तो कोई सरकारी एजेंसी नहीं थी, लेकिन पश्चिम बंगाल की सरकार और सत्तारूढ़ माकपा को तो कानून और संविधान का पालन करना चाहिए था।

नन्दीग्राम पर फिर से कब्जा करने की माकपा के काडर की हिंसक कार्रवाई का आयोग की रपट में प्रामाणिक वर्णन है। 14 मार्च की घटनाओं का ब्योरा तो मीडिया ने तभी दे दिया था, क्योंकि वह वहाँ मौजूद था। लेकिन 6 से 12 नवम्बर, 2007 की कार्रवाई माकपा काडर ने ऐसी योजना बनाकर की कि बाहर का कोई आदमी या एजेंसी वहाँ पहुँच ही नहीं सके। रपट कहती है–बाहरी लोगों और अपराधियों की मदद से माकपाई काडर ने किलेबन्दी को तोड़ा और नन्दीग्राम पर फिर से कब्जा किया। 6 से 12 नवम्बर की कार्रवाई में 7 लोग मारे गए, 32 घायल हुए, जिनमें 16 पुलिस वाले थे। जो पहले खदेड़े गए थे, वे वापस आए पर भूमि उच्छेद प्रतिरोध

समिति के ढाई हजार समर्थक भगा दिए गए। 11 नवम्बर को केन्द्र ने सीआरपीएफ की छह कम्पनियाँ भेजीं। 12 नवम्बर को उनने फ्लैग मार्च किया। धीरे-धीरे स्थिति सामान्य हुई।

पश्चिम बंगाल सरकार की रपट से पता चला कि 560 घर पूरी तरह बरबाद हुए और 399 मकानों को नुकसान हुआ। लेकिन, मानवाधिकार आयोग की जाँच समिति ने पाया कि सरकार ने तेखाली चौकी से पुलिस 6 नवम्बर को हटा ली थी, जिससे फिर से कब्जा करने में सुविधा हुई। पुलिस पूरी तरह से माकपाई काडर के साथ थी। तेखाली के एक पुलिस बंकर पर माकपा का झंडा लहरा रहा था। माकपा काडर ने खाली घरों पर कब्जा कर लिया है और अब वे मुआवजे की माँग कर रहे हैं जैसे वही उनके मालिक हों। आयोग ने इन उजड़े हुए घरों को उनके असली मालिकों को सौंपने और उन्हें ठीक से मुआवजा देने के लिए एक समिति बनाई है।

लेकिन चूँकि राज्य सरकार ने 6 नवम्बर को माकपाई काडर के हमले को रोकने की अपनी प्राथमिक जिम्मेदारी नहीं निभाई, इसलिए हमले में मारे गए लोगों और बरबाद हुई जायदाद का जिम्मा उसे लेना चाहिए। कोलकाता हाईकोर्ट ने 14 मार्च की गोलीबारी में मारे गए लोगों, घायलों और बलात्कार पीड़ित महिलाओं को जो मुआवजा दिया है, वैसा ही 6 से 12 नवम्बर के शिकार लोगों को भी दिया जाना चाहिए। बरबाद हुए मकानों के लिए सरकार ने जो मुआवजा घोषित किया है, वह पर्याप्त नहीं लगता। उसका ठीक से निर्धारण होना चाहिए और वह सही लोगों को मिलना चाहिए। दरअसल, 6 से 12 नवम्बर की कार्रवाई को मुख्यमंत्री बुद्धदेव भट्टाचार्य ने न केवल उचित ठहराया था, बल्कि यहाँ तक कहा था कि विरोधियों को ईंट का जवाब पत्थर से दिया गया है। जैसे वे पश्चिम बंगाल के मुख्यमंत्री नहीं, किसी प्राइवेट सेना के मुखिया हों और माकपा बाकायदा जिम्मेदार सत्तारूढ़ पार्टी न होकर डकैतों और गुंडों का गिरोह हो।

इसलिए आयोग ने रपट में कहा है कि सत्तारूढ़ पार्टी को पक्षपात और पूर्वाग्रह के बिना राज करने के अपने संवैधानिक कर्तव्य को हमेशा याद रखना चाहिए। उसे अपने समर्थकों के गैरकानूनी कारनामों को कभी सहना या बढ़ावा नहीं देना चाहिए। पुलिस और प्रशासन को राजनीतिक प्रभाव से अपने को हमेशा दूर रखना चाहिए। सत्तारूढ़ पार्टी से मेल-मिलाप पुलिस प्रशासन में लोगों के विश्वास को खत्म कर देता है और इससे ही ऐसी परिस्थितियाँ पैदा होती हैं जो कि बड़ी आसानी से रोकी जा सकती थीं। आयोग कहता है कि विपक्ष की पार्टियों को सरकार की ऐसी नीतियों का विरोध करने का पूरा हक है, जिन्हें वे लोगों के लिए हानिकारक मानती हैं। इन नीतियों के खिलाफ वे जनमत बनाने के आन्दोलन भी कर सकती हैं, लेकिन यह हमेशा शान्तिपूर्ण होना चाहिए। लोगों को गैरकानूनी काम में तो लगाना ही नहीं

चाहिए। लोकहित के लिए सत्तारूढ़ पार्टी और विपक्ष में लगातार संवाद चलता रहना चाहिए। आयोग ने प्रेस को भी कहा है कि उसे सन्तुलन और निष्पक्षता बनाए रखना चाहिए। आयोग को गलत लगा कि प्रेस ने आन्दोलनकारियों के नन्दीग्राम को काटकर रखने के असंवैधानिक कार्य पर जरूरी जोर नहीं दिया।

लेकिन आयोग ने सेज या उद्योग के लिए खेती की जमीन के अधिग्रहण की बात भी उठाई है। उसका कहना है कि किसानों की रोजी का एक अकेला साधन अगर खेती है तो सिर्फ मुआवजा देने से ही काम नहीं चल सकता। उनके वैकल्पिक रोजगार, पुनर्वास और भविष्य की भी चिन्ता करनी पड़ेगी। यह जरूरी है कि लोगों को पूरे विश्वास में लिया जाए। अगर और कहीं भूमि मिल सकती हो, जहाँ वे खेती कर सकें, तो उन्हें बसाना चाहिए। कारखानों में उन्हें शेयर देने और उनके परिवार के एक सदस्य को नौकरी देने का भी विचार होना चाहिए। मुआवजे का ठीक से निवेश हो सके, इसमें भी किसानों की मदद की जा सकती है, लेकिन क्या सरकार को खेती-किसानी की सचमुच चिन्ता है?

(प्रथम प्रवक्ता, 1 मार्च, 2008)

कुजंग पान पर इस्पात की धार

दोपहर बाद लोग आने शुरू हुए और देखते-दखते चौराहे जैसी दिखती वह जगह आमसभा में भर गई। आते वक्त दिखा नहीं था कि वहाँ एक बहुत पुराना और फैला हुआ वट वृक्ष था। उसी के तने के पास मेजों को लगाकर मंच बनाया गया था। एक लाउडस्पीकर भी लग गया था। आदमी लोग तने और जमीन में जाती शाखाओं पर बैठे थे और औरतों की गिनती में कम थे। औरतें सड़क जैसी दिखती जगह के पार खाली जगह में ठसकर बैठी थीं। सभा में उनकी उपस्थिति ही बड़ी नहीं थी, नारों पर उनकी हुंकार और मंच से कही गई बातों पर उनकी प्रतिक्रिया भी बढ-चढ़कर होती थी। जब हम आए थे तो उनने उलूक ध्वनि निकालकर इलाके के फूलों से स्वागत किया था।

यह पटना था। ओड़ीशा के जगतसिंहपुर जिले के एरसामा ब्लॉक की ढिनकिया पंचायत का एक गाँव। अभी 12 फरवरी को पुलिस प्रशासन यहाँ जबरदस्ती सामाजिक-आर्थिक सर्वे करना चाहता था। दो दिन तक सर्वे करने वाले कोशिश करते रहे, लेकिन लोगों ने उन्हें घुसने नहीं दिया। लोगों का आरोप है कि सर्वे करने के नाम पर सरकार और पोस्को के दलाल आते हैं और लालच और धमकियाँ देकर लोगों के निश्चय और कारखाने के विरोध को तोड़ने की कोशिश करते हैं। उन्हें गाँव से दूर रखना ही उचित है। गाँव वालों ने हर रास्ते पर फाटक लगा रखे हैं और अवरोध खड़े कर रखे हैं। बाहर वालों का आना-जाना मुश्किल है। इस ब्लॉक के इन गाँवों की नाकेबन्दी ढाई साल से चल रही है।

इसके जवाब में पुलिस प्रशासन ने इस पूरे इलाके की ही नाकेबन्दी कर रखी है। हम आए तो त्रिलोचनपुर के बाहर लगी पुलिस चौकी पर हमारी गाड़ियों को रोका गया। हमारा नाम, पता और आने का प्रयोजन लिखा गया। टेलीफोन पर किसी से पूछा गया और उससे अनुमति मिलने पर ही हमें जाने दिया गया। लोगों का कहना है कि यह नाकेबन्दी काफी समय से चल रही है। हम उन्हें गाँवों के अन्दर नहीं आने देते और वे हमें बेरोक-टोक बाहर जाने नहीं देते। उन्हें शक है कि बाहर वाले हमें आकर भड़काते हैं या पोस्को के कारखाने का हमारा विरोध बाहरी मदद पर चल रहा

है। वे नहीं जानते कि यह हमारी जमीन, जंगल और धरोहर है और हम इसे कारखाने के नाम पर छीनने नहीं देंगे। जैसा कि पटना की उस सभा में लोग कह रहे थे–''हमारे खून से गीली हुई धरती पर ही वे कारखाना बना सकेंगे।''

गाँव के लोगों और निर्वाचित सरकार के लगाए गए पुलिस प्रशासन के बीच भरोसे की यह निपट कमी और भिड़े रहने की यह तैयारी हमारे लोकतंत्र के लिए खतरे की घंटी है। लोग मानते हैं कि न यह पुलिस हमारी है, न प्रशासन के लोग हमारे कल्याण में लगे हैं। उलटे ये विकास के नाम पर विदेशी कारखाने लगाने में लगे हैं और हमारे उजड़कर बेघरबार और गैररोजगार हो जाने की इन्हें कोई फिकर नहीं है। पुलिस प्रशासन और सरकार वाले कहते हैं कि ये अपनी जमीन खेती और वनोपज को ज्यों का त्यों बनाए रखने के स्वार्थ में विकास को रोक रहे हैं। इन्हीं के पढ़े-लिखे लड़कों को रोजगार देने के लिए हम कारखाने लगा रहे हैं। औद्योगिकीकरण के बिना अब यह देश आगे नहीं बढ़ सकता। जगतसिंहपुर के लोगों से सहानुभूति रखने वाले ओड़ीशा मानवाधिकार आयोग के अध्यक्ष ने भी हमसे कहा–''जमीन के नीचे की संपदा के उपयोग का भी कोई रास्ता तो निकालना ही पड़ेगा न।''

दरअसल, इस इलाके में इस्पात बनाने का कारखाना लगाने का समझौता ओड़ीशा सरकार ने दक्षिण कोरिया की पोहांग स्टील कम्पनी पोस्को से 2005 के जून महीने में किया। कम्पनी ओड़ीशा के क्योंझार और सुन्दरगढ़ जिलों में खदानें खोदकर लोहा निकालेगी, जिसे जगतसिंहपुर के कारखाने में इस्पात बनाया जाएगा। कम्पनी जटाधारी नदी के मुहाने पर निजी बन्दरगाह भी बनाएगी, जिसका इस्तेमाल निर्यात के लिए किया जाएगा। कम्पनी कारखाने और उसके पास बनाए जाने वाले नगर के लिए महानदी के जोबरा बराज से पानी लेगी, जिसके लिए दो पाइप लाइनें डाली जाएँगी। इसमें कुल 52812 करोड़ का विदेशी पूँजी निवेश होगा, जो कि देश में अब तक किए गए निवेश में सबसे बड़ी है। पूरी योजना के तीन अंग हैं–खदानें, कारखाना, सड़क-रेल-बन्दरगाह आदि का आधारभूत ढाँचा काम करने वालों के रहने का नगर और पानी की सप्लाई व्यवस्था।

इस कारखाने और नगर के लिए सरकार पोस्को को जगतसिंहपुर जिले में चार हजार एकड़ जमीन देगी। सरकार का कहना है कि इसमें से सिर्फ 438 एकड़ भूमि ही किसानों की निजी जमीन है। बाकी की 3562 एकड़ जमीन सरकार कहती है उसकी है, जिस पर जंगल है और जो सरकारी रेकॉर्डों में अनाबादी इलाका है। लेकिन जो सरकारी खातों में जंगल और अनाबादी बताई गई है, वह जमीन दरअसल पीढ़ियों से खेती के काम में आ रही है। वहाँ पान होते हैं जो कि संसार भर में कुजंग पान के नाम से मशहूर हैं। वहाँ सुपारी और नारियल के पेड़ हैं। काजू और केवड़े की झाड़ियाँ हैं। खूब धान होता है और लोग झींगा मछली की भी खेती करते हैं। ये सारे

उत्पादक काम वहाँ की जलवायु और जमीन के कारण होते हैं। कुजंग पान और कहीं नहीं हो सकता।

समस्या यह है कि खेती और वनोपज की यह जमीन, वहाँ रहने और खेती करने वालों के नाम नहीं है। पीढ़ियों से वहाँ रहने और खेती करने वाले लोगों ने इस जमीन पर मिल्कियत के पट्टे की अर्जियाँ दीं, लेकिन उनके नाम नहीं चढ़े। ये लोग बरसों से गैरकानूनी कब्जे का हर्जाना भरते आ रहे हैं, जिसकी उनके पास रसीदें भी हैं। लेकिन 1984 में राजस्व विभाग ने जो खाते बनाए, उनमें सिर्फ उसी जमीन पर दावा माना गया है, जिस पर खेती होती है और लगातार बस्तियाँ बसी हुई हैं। काजू और केवड़े जैसी वनोपज, मछली पालने के तालाब, जलाऊ लकड़ी, चरागाह आदि के अधिकार माने नहीं गए हैं।

पोस्को को यह जमीन कारखाने के लिए देने की बात कहने के पहले सरकार ने सिर्फ अपने रेकॉर्ड देखे। जमीन पर स्थिति क्या है, इसे गणित में लिया ही नहीं गया। उसने मान लिया कि तीन पंचायतों–गड़कुजंग, नुआगाँव और ढिनकिया के गाँवों पर कारखाना बनने से 471 परिवार उजड़ेंगे। कम्पनी तो 450 ही बताती है, लेकिन पंचायतों और वहाँ रहने वाले लोगों का कहना है कि चार हजार परिवारों के कोई बाईस हजार लोग तो कारखाने से ही उजड़ जाएँगे। इनमें से ज्यादातर लोगों के नाम मिल्कियत के कोई पट्टे नहीं हैं यानी उन्हें मुआवजा तक नहीं मिलेगा। उन्हें ठीक जगह बसाए जाने के अधिकार की तो कोई बात ही नहीं है। फिर पान की खेती में लगे लोगों को तो कुजंग पान पैदा करने वाली जमीन और वातावरण तो कहीं मिलेगा नहीं। कारखाना यहीं बना तो कुजंग पान तो विलुप्त हो जाएगा। झींगा मछली, सुपारी, नारियल, काजू और केवड़े की खेती करने का मौका भी उन्हें कहीं मिलेगा नहीं।

सरकार और कम्पनी का दावा है कि पूरी योजना में 13 हजार लोगों को सीधे और 35 हजार लोगों को दूसरे रोजगार मिलेंगे। कम से कम 18 हजार लोग कारखाना बनाने में लगेंगे, लेकिन लोगों का कहना है कि हमने हीराकुंड बाँध और इंडियन ऑयल निगम की योजनाएँ देखी हैं। वहाँ हम में से किसी को भी नौकरी नहीं मिली। त्रिलोचनपुर में ऑयल डिपो बनाया गया। गाँव की जमीन ली गई। गाँव के एक आदमी को नौकरी नहीं मिली। पोस्को हमारी जमीन में से लोहा निकालकर कारखाने में इस्पात बनाएगा, बाहर भेजेगा। हम उजड़कर कहाँ जाएँगे? पीढ़ियों से जो काम कर रहे हैं, वह नहीं कर सकेंगे। मुआवजा नहीं मिलेगा। पुनर्वास नहीं होगा। उजड़कर उमर भर भटकने के बजाय अपनी जमीन पर डटकर जीने-मरने की लड़ाई लड़ने के अलावा हमारे पास चारा क्या है?

इसलिए जगतसिंहपुर के ये किसान ढाई साल से अपनी नाकेबन्दी किए बैठे हैं।

सरकार ने बिजली बन्द कर दी। किरोसिन का तेल देना रोक दिया। और तो और, स्कूलों के बच्चों को दिया जाने वाला दोपहर का भोजन भी नहीं आता। विरोध करने वालों के नेताओं पर बीसियों केस दर्ज हैं। उनमें से कई लोग भूमिगत हो गए हैं। जिस दिन भी सरकार आगे बढ़ेगी, भयंकर रक्तपात होगा। एक और नन्दीग्राम, बल्कि नन्दीग्राम से कहीं बड़ा और भयावह नन्दीग्राम, क्योंकि वहाँ तो लोग नौ महीने ही टिक सके। यहाँ ढाई साल तो हो ही गए। लोगों, खासकर महिलाओं का निश्चय गजब है।

जैसा कि ओड़ीशा के मानवाधिकार आयोग के अध्यक्ष ने कहा कि भूमि के गर्भ से लोहा निकालकर इस्पात तो बनाना होगा। हमारा पूरा मध्यवर्ग और विकासवादी कहेंगे कि इस विकास की कीमत भी चुकानी होगी। कोई नहीं सोचता कि यह कीमत वही क्यों चुकाते हैं जिनके पास जल, जंगल और जमीन के अलावा कुछ नहीं है। और ऐसा क्यों होता है कि इस विकास में से उन्हें कुछ नहीं मिलता जो कीमत चुकाकर उजड़ गए। कुजंग पान घर की सुपारी के साथ चबाती हुई पटना की वे महिलाएँ पूछ रही हैं—हमारे आँगन को ही इस्पात क्यों काटता है? हम पान और पानी वालों के भी कुछ बुनियादी मानवाधिकार हैं।

(प्रथम प्रवक्ता, 16 मार्च, 2008)

पितामह कहो कि धन्य भवो

मनमोहन सिंह को आप राजनीति के लिए नहीं जानते। उन्होंने खुद ही मंजूर किया है कि वे दुर्घटना से राजनीति में हैं और उनका प्रधानमंत्री होना भी दुर्घटना ही है। वे अपनी विनम्रता और आत्म-महत्त्वहीनता के लिए जाने जाते हैं। अगर उनमें थोड़ी भी राजनीति और महत्त्वाकांक्षा होती तो खड़ाऊं प्रधानमंत्रित्व के लिए मनोनीत नहीं किए जाते और चार साल से निर्विघ्न उस पद को सुशोभित नहीं कर पाते। उनके जैसा स्थितप्रज्ञ प्रधानमंत्री भारतीय लोकतंत्र में नहीं हुआ। देश के उद्योग व्यापार और नवदौलतिए मध्ववर्ग के वे सबसे प्रिय प्रधानमंत्री हैं, क्योंकि उन्हें कमाने-खाने और दौलत बनाने के जैसे और जितने मौके मनमोहन सिंह ने दिए हैं, किसी ने नहीं दिए थे। भारत में दौलत बनाने और उसे सब लोगों के साथ न बाँटने में जो एक सहज अपराधबोध पाया जाता है, उससे आज के धनपतियों को मुक्त करने और विलासिता में रँभाने का साहस भी मनमोहन सिंह ने ही पैदा किया है। इसलिए विषमता के उल्लू पर बैठी लक्ष्मी के इस अनन्य सेवक को भारत का पूँजी वर्ग कृतज्ञता से सिर नवाता है।

लेकिन मनमोहन सिंह राजनीति भी कर सकते हैं। या यों कहें कि करने की कोशिश करते हैं। लेकिन वैसी ही और उसी दर्जे की जैसी अपने राजा-महाराजाओं के दरबार के नवरत्न किया करते थे। चुटकी लेने और चुहलबाजी करने से ज्यादा यह राजनीति कुछ नहीं करती। सब जानते हैं कि असली राजनीति तो राजा या रानी ही कर सकते हैं। दरबारियों के हाथ तो फूल बरसाना या कीचड़ उछालना ही होता है। वे ज्यादा से ज्यादा दरबार में अपनी जगह ऊँची कर सकते हैं। यह मनमोहन सिंह के सेवक दरबारी होने का सबूत है कि सोनिया गांधी को चार साल में उनसे कोई शिकायत नहीं हुई। वे दरबार में भी दूसरों के लिए ऐसे खतरनाक कभी नहीं हुए कि सब मिलकर उन्हें उखाड़ने में लग जाते। ऐसा दंतहीन और विषविहीन प्रधानमंत्री पहले कभी हुआ नहीं था। इसलिए अटल बिहारी वाजपेयी को भारतीय राजनीति का भीष्म पितामह कहने और उन्हें दलगत राजनीति से ऊपर उठकर अमरीका से आणविक समझौते का समर्थन करने का आग्रह करने के पीछे

मनमोहन सिंह की कोई बड़ी राजनीति नहीं थी। इसमें भारतीय राजनीति में अटलजी के योगदान और स्थिति की भी कोई गहरी समझ नहीं थी। इसमें विपक्ष के नेता और प्रधानमंत्री पद के भाजपाई उम्मीदवार लालकृष्ण आडवाणी को चुटकी लेने और अमरीका से आणविक समझौते के भाजपाई विरोध को नाकुछ करने की छोटी-मोटी इच्छा भर थी। आडवाणी को तिलीलिली करने और अटलजी की जय-जयकार करने से न तो भाजपा में कोई दरार पड़ती है, न आडवाणी की स्थिति हास्यास्पद होती है। सब जानते हैं कि अटलजी न सिर्फ सक्रिय राजनीति से संन्यास ले चुके हैं, उनकी सेहत भी अब ऐसी नहीं रह गई है कि लोक-विमर्श में कोई हस्तक्षेप कर सकें। उनकी तरफ से कोई बयान भी कभी आया नहीं है कि मनमोहन सिंह की सरकार ने अमरीका से जो आणविक समझौता किया है उसे भाजपा या देश को स्वीकार कर लेना चाहिए।

यह अमरीकियों का दावा है कि अटल सरकार तो मौजूदा समझौते से बहुत कम पर तैयार थी। थी कि नहीं, यह जनता नहीं जानती, क्योंकि उस सरकार ने देश को सूचित नहीं किया था। लेकिन अमरीका ने ऐसा ही मनमोहन सिंह को भी कहा है। तभी तो उन्होंने भाजपा नेताओं को कहा था कि जो आपकी सरकार ने शुरू किया था, उसे ही हमने पूरा किया है। उन्होंने और अमरीकियों ने मिलकर भाजपा को बहुत समझाने की कोशिश की है कि यह वही समझौता है जो आप करने को तैयार थे और आइए अब इसका समर्थन कीजिए ताकि भारत का कल्याण हो सके। समझौते की वकालत करने आए हर अमरीकी ने जाकर लालकृष्ण आडवाणी की देहरी पर मत्था टेका है। उन्होंने भारत में छपवाया भी है कि थोड़े-बहुत हेरफेर से भाजपा तैयार हो जाएगी। भाजपा को अमरीका से आणविक समझौता करने में कोई एतराज नहीं है। वह इस समझौते के खिलाफ है क्योंकि उसे लगता है कि इससे भारत की आणविक संप्रभुता अमरीका के घर गिरवी हो जाएगी। समझौते की इस समझ में भाजपा एक है और राष्ट्रीय स्वयंसेवक संघ भी उसके साथ है।

लेकिन अमरीकी ब्रजेश मिश्र के बयान और इंटरव्यू को उछाल रहे हैं। अब अटल बिहारी वाजपेयी के ये सरकारी हनुमान न तो अटलजी की तरफ से बोल रहे हैं न वे भाजपा के हैं, न उस पार्टी के किसी तबके की ओर से बोलते हैं। वे ज्यादा से ज्यादा एनडीए सरकार के प्रधानमंत्री के सहायक थे। वह सरकार गई तो उसके साथ ब्रजेश मिश्र की भूमिका और हैसियत भी गई। लेकिन वे समझौते के पक्ष में हैं और इसलिए अमरीकी ही नहीं, प्रधानमंत्री भी उनकी दुहाई दे रहे हैं। ब्रजेश मिश्र से न अटलजी हिलते हैं, न भाजपा डगमग होती है। उनका उद्धरण देकर मनमोहन सिंह अमरीकी लाइन को आगे बढ़ा रहे थे पर भाजपा को तो निश्चित ही नाराज

कर रहे थे। भाजपा ब्रजेश मिश्र के रास्ते नहीं चलेगी।

अमरीका की यह भी कोशिश है कि अपनी घरेलू राजनीति को ताक पर रखकर समझौते का समर्थन करने में भाजपा मनमोहन सिंह का साथ दे। इस अमरीकी लाइन को कुछ भारतीय संपादक और अखबार भी आगे बढ़ा रहे हैं। अमरीका को इसकी चिन्ता नहीं है कि समझौते के बाद भारतीय राजनीति का क्या होगा। भारतीय नेता और पार्टियाँ अपने लोगों की नजर में अविश्वसनीय होकर गिरें तो वे भारतीय कॉरपोरेट के जरिए इस देश का लोकतंत्र चलाएँ। इसलिए अमरीका और उनके समर्थकों को चिन्ता नहीं है कि अमरीका से समझौते पर एक होने के बाद कांग्रेस और भाजपा एक दूसरे की प्रतिद्वंद्विता में राजनीति कैसे कर सकेंगी। अमरीका से समझौता कोई ऐसा राष्ट्रीय संकट तो नहीं है जो राष्ट्र के नाते भारत के अस्तित्व को मुश्किल में डाल रहा हो। इसलिए भाजपा और कांग्रेस का साथ होना आपद्धर्म नहीं बन सकता।

लेकिन आर्थिक विकास के लिए कांग्रेस और भाजपा को साथ हो जाना चाहिए, ऐसा सदुपदेश इंग्लैंड में जा बसे और लॉर्ड हो गए मेघनाद देसाई जैसे अर्थशास्त्री भी देते हैं। इन लोगों के लिए भारत एक आर्थिक कारक है। एक राष्ट्र नहीं, जो अपनी राष्ट्रीय अस्मिता से अपनी अर्थनीति को परिभाषित करता है। ऐसी समझ और इच्छा तो भारतीय राजनेताओं को ही हो सकती है जो राष्ट्र बनने की लोकतांत्रिक राजनीतिक प्रक्रिया को समझते हैं और लोगों की अपनी अवधारणाओं को फलीभूत करने को राजनीति करते हैं। यह मेघनाद देसाई जैसे भारत को छोड़कर चले गए लोगों की समझ में नहीं आएगा कि कांग्रेस अब भी भारत के लोगों की एक आत्मछवि में भारत को गढ़ने में लगी है। उसी तरह भाजपा भारत की हिन्दुत्ववादी छवि में भारत को बनाना चाहती है। दोनों पार्टियों की भारत की क्रान्तिदृष्टि भिन्न ही नहीं एक दूसरे के विपरीत भी है। इसलिए इनकी राजनीति भी एक दूसरे से अलग होगी ही।

अब मेघनाद देसाई या मनमोहन सिंह जैसे अर्थशास्त्री समझते हैं कि भारत के लोग, पार्टियाँ और उनके नेताओं के हाथ में कुछ है ही नहीं जो वे अपनी-अपनी राजनीति अपने ढंग से कर सकें। विश्व की आर्थिक शक्तियाँ भारत को बनाने में लगी हुई हैं और उन पर भारत की राजनीति और लोकतांत्रिकता का कोई बस नहीं है। इसलिए भारत के नेताओं और पार्टियों को अपनी गली छोड़कर संसार की आर्थिक शक्तियों के साथ हो जाना चाहिए ताकि जल्दी से जल्दी भारत का पुनरुद्धार हो सके। यह प्रक्रिया अगर भारत के दस प्रतिशत लोगों को सुपर अमीर बनाकर बाकी के नब्बे प्रतिशत लोगों को उनके उपनिवेश बना दे तो बना दे, भारत इसमें क्या कर सकता है। इस आर्थिक विकास का मूलमंत्र समता तो है नहीं। ग्रोथ

ही है। और ग्रोथ सबमें समान और न्यायोचित रूप से बँट सके, इसकी कोई व्यवस्था या इच्छा भी इस विकास में नहीं है।

अमरीका से नागरिक आणविक समझौते का सस्ती और सबके लिए पर्याप्त बिजली से कोई लेना-देना नहीं है। आणविक बिजली से बीस साल में देश की छह प्रतिशत माँग भी पूरी नहीं होगी। यह बिजली के बहाने भारत की आणविक क्षमता को अमरीका से नत्थी करना है। इसीलिए कोई न कोई अमरीकी भारत आकर एक डेडलाइन बता जाता है और जो लोग अमरीका से जुड़कर धन्य होना चाहते हैं, वे घबराने लगते हैं कि कहीं यह सोने में सुहागे जैसा मौका छूट न जाए। लेकिन मनमोहन सिंह अटलजी को भीष्म पितामह बनाएँ या वामपन्थियों से महाभारत करें, समझौते पर दस्तखत नहीं होंगे। करने की जल्दी करेंगे तो जनता इन्हें चुनाव में रास्ता दिखा देगी। देख लेना।

(प्रथम प्रवक्ता, 1 अप्रैल, 2008)

एक गेंदबाज का बादशाह होना

जब बल्लेबाज राहुल द्रविड़ ने तय कर लिया कि वे कप्तानी छोड़ेंगे क्योंकि वह उनकी बल्लेबाजी पर असर डाल रही है तो चुनने वालों, बोर्ड और क्रिकेट प्रेमियों का ध्यान सचिन तेंदुलकर पर गया। सचिन भी बल्लेबाज और दो बार पहले भी कप्तानी कर चुके थे। कप्तानी में उनका रिकॉर्ड कोई बहुत अच्छा नहीं था। महान खिलाड़ी जरूरी नहीं कि अच्छा कप्तान भी हो। दोनों बार उन्होंने कप्तानी से त्यागपत्र दिया था, क्योंकि या तो उन्हें वैसी टीम चुनकर नहीं दी गई जैसी वे चाहते थे या साथी खिलाड़ियों का रवैया वैसा नहीं था जैसा कि युवा कप्तान उम्मीद कर रहे थे। तब से सचिन का नाम कप्तानी के लिए कई बार आया पर वे उदासीन ही बने रहे। द्रविड़ के कप्तानी छोड़ने से उपजे संकट में फिर सचिन से उम्मीद की गई कि वे बागडोर सँभाल लेंगे। पूरी नहीं तो सिर्फ टेस्ट टीम की। वन डे में महेंद्र सिंह धोनी को आजमाया जा सकता है। लेकिन टेस्ट में तो अनुभवी कप्तान ही चाहिए। और सचिन से ज्यादा अनुभवी कौन है।

दो और बल्लेबाज थे। सौरभ गांगुली ने जोरदार वापसी की थी और उनके दम-खम के सभी कायल थे। वे देश के सबसे सफल कप्तान भी रह चुके थे। उनके चाहने वाले माँग भी कर रहे थे कि उन्हें फिर से कप्तान बनाया जाए तभी ग्रेग चैपल के आने के बाद से उनके साथ हुए अन्याय का निराकरण होगा। लेकिन उन्हें वापस लाने वाली चयन समिति उन्हें फिर बागडोर सौंपने को तैयार नहीं थी। बोर्ड में जमा नया सत्ता समीकरण भी उनके पक्ष में नहीं था। लक्ष्मण का नाम भी कुछ हलकों में उठा था। आस्ट्रेलिया के लोग उनकी बल्लेबाजी पर लट्टू हैं। उन्होंने लक्ष्मण का नाम आगे बढ़ाया। लेकिन भारतीय क्रिकेट में लक्ष्मण को कप्तानी कर सकने वाला कभी माना नहीं गया। अगर बल्लेबाजी में ऐसी बुरी तरह डब्बा न हुए होते तो सहवाग का नाम भी चलता। पर उनकी तो टीम में जगह ही पक्की नहीं थी तो उनके सिर ताज कौन रखता। बल्लेबाजों में सचिन ही सबसे सही उम्मीदवार थे। इसलिए उन्हीं पर सबकी निगाहें थीं।

काफी समय विचार करने के बाद सचिन तेंदुलकर ने मना कर दिया। लेकिन

उन्होंने अनिल कुंबले का नाम सुझाया जैसा कि सन् 2000 में सौरभ गांगुली का बताया था। तब जा के अनिल कुंबले को भारत की कप्तानी मिली।

यह राम कहानी मैंने क्यों कही? आप निश्चित ही जानते हैं कि गए साल यह नाटक हुआ था और आप में से कई लोगों को मालूम ही होगा। फिर भी मैंने चार सौ शब्द लगाए सिर्फ यह बताने के लिए कि अपने देश में क्रिकेट का बादशाह बल्लेबाज है। उसी के आसपास भारत का क्रिकेट घूमता है और यह भी ध्यान में रखिए कि ऐसा इसलिए नहीं है कि वन डे और ट्वेंटी-20 बल्लेबाजों का खेल है। जब सीमित ओवरों का विचार भी नहीं आया था और समय ब्रिटिश साम्राज्य की तरह फैला हुआ था, और हाथी की चाल से चलता था तब भी बल्लेबाजी के लिए खेल होता था। गेंदबाज राजा-महाराजा को मारने के लिए गेंद करते थे। डंडा उड़ जाने पर माफी माँगते थे। बाउंसर मारना तो राजद्रोह माना जाता और बल्लेबाज को खेलने न देने वाली गेंदबाजी करना देश-निकाले की सजा दिलवा सकती थी। इसी कारण भारत में महान तेज गेंदबाजों की परम्परा नहीं पनपी। सारा जोर धीमी और घूमने वाली गेंदबाजी पर रहा। भारतीय क्रिकेट में गेंदबाज नौकरी पर गेंद फेंकने को लगाए जाते थे। बल्लेबाज राजा-महाराजा और अच्छा बल्लेबाज उनका जागीरदार हुआ करता था। गेंदबाज अकसर नीची जातियों के गरीब लोग हुआ करते थे। अंग्रेज साथ खेलते तो वे सम्राट या उसके प्रतिनिधि होते थे, इसलिए वे भी बल्लेबाज ही होते।

ऐसी परम्परा में पनपकर और फिर सामन्तवाद से लोकतंत्र में और अब लोकतंत्र से बाजारवाद में आ जाने पर भी भारतीय क्रिकेट से बल्लेबाज का दबदबा घटा नहीं है। बाजार तो बिकाऊ चीज को ही सबसे ज्यादा भाव देता है। इसलिए देख लीजिए कि पिछले महीने जो खिलाड़ियों की नीलामी हुई उसमें सबसे ज्यादा रकम सबसे बड़े बल्लेबाज और धाकड़ बल्लेबाज को मिली। महेंद्र सिंह धोनी को। वार्न, ग्लेन मैग्रा, मुरली, कुंबले आदि महान गेंदबाज बल्लेबाजों के सामने टिके ही नहीं। यह पढ़ना आपको अजीब लगेगा। लेकिन सामन्तवादी चलन को सबसे ज्यादा पोषण बाजारवादी अर्थव्यवस्था में मिलता है। राजा की जगह पूँजीपति ले लेता है और पूँजी में वही दैविक शक्ति मान ली जाती है जो पहले राजा में मानी जाती थी। तो आप कह सकते हैं कि राजा-महाराजाओं के जमाने में गेंदबाज की जैसी अनदेखी होती थी, बाजार के जमाने में उससे कुछ ज्यादा ही हो गई है।

इसलिए भी अनिल कुंबले का टेस्ट टीम का कप्तान बनना, इतना सम्मान और इतना आदर पाना और अब सैंतीस बरस की उम्र में मुकुट माथे पर सजना सचमुच चकित कर देने वाली बात है। ऐसा नहीं कि उनने पहले कप्तानी नहीं की थी। कर्नाटक की सफल कप्तानी वे खूब कर चुके थे और समझदारों को मालूम भी था कि उनमें वे सभी गुण हैं जो एक अच्छे कप्तान में होने चाहिए। फिर भी आप देखिए

कि अजहर के बाद जिन्हें साधिकार कप्तान बनाया जाना चाहिए था उन अनिल कुंबले की तरफ नजर नहीं गई और उनसे छोटे और कम अनुभवी सचिन तेंदुलकर, सौरभ गांगुली और राहुल द्रविड़ को कप्तानी दी गई और जब ये तीनों कप्तानी करके खुँट गए और एक अधिकारी बल्लेबाज ने सुझाया तो उन्हें बनाया गया। अब उन्होंने आस्ट्रेलिया में बता दिया कि वे मैदान पर ही नहीं उसके बाहर भी कितने बड़े कप्तान हैं। जब सिडनी टेस्ट में अंपायरी और आस्ट्रेलियाई खिलाड़ियों की बदतमीजी और बचकाने रवैए से आग लगी हुई थी तब कप्तान कुंबले ने सिर्फ एक पंक्ति कही और उससे पूरा आस्ट्रेलिया अपने कप्तान पोंटिंग और उनकी टीम से खफा हो गया। मैच के बाद कुंबले ने कहा–"वहाँ मैदान में एक ही टीम खेल की भावना से खेल रही थी।" कुंबले को यह भी नहीं कहना पड़ा कि वह हमारी टीम थी।

लेकिन इतना कहने से सहानुभूति तो मिल जाती, वह सम्मान नहीं मिलता जो खेल के मैदान में पराक्रम दिखाने से मिलता है। अगला टेस्ट पर्थ में था जहाँ आस्ट्रेलिया को कोई मार नहीं पाता है। कोई भी बाहरी कप्तान होता तो टॉस जीत कर आस्ट्रेलिया को बल्लेबाजी करने बुलाता। कुंबले ने खुद बल्लेबाजी का फैसला किया। बल्लेबाजों ने कप्तान को सही साबित किया। फिर गोलंदाजों ने ऐसी गेंदबाजी की जैसी कभी नहीं की थी। भारत ने आस्ट्रेलिया को पर्थ की तेज और उछाल देने वाली पिच पर हरा दिया। भारत ने तो खैर वहाँ कभी जीत पाई ही नहीं थी। आस्ट्रेलिया भी वहाँ दस साल बाद हारा था। उसके किले में उसे हराकर कुंबले ने आस्ट्रेलिया को बता दिया कि सिडनी में रोनटाली करके जीते हो। हम यों ही हारने और टूटने वाली टीम नहीं हैं। एडीलेड का टेस्ट भले ही ड्रॉ हुआ और भारत टेस्ट सीरीज 1.2 से हारा हो। सर फ्रेंक वॉरल के बाद अनिल कुंबले ही वह कप्तान थे जो हार कर भी बड़े माने गए और जिनकी नैतिक विजय असली से भी ज्यादा वजनदार मानी गई। उनका काम धोनी की टीम ने वन डे में आस्ट्रेलिया को हराकर पूरा किया।

आस्ट्रेलिया के दौरे पर सबसे ज्यादा विकेट लेने वाले कुंबले नहीं थे, हालाँकि अपना छह सौवाँ विकेट उन्होंने वहीं लिया। उन्होंने इंग्लैंड में शतक बनाकर अपने को वार्न और मुरली से अलग खड़ा कर लिया था। आस्ट्रेलिया में उन्होंने अर्धशतक भी नहीं बनाया। और ठंडे और मृत आँकड़ों में देखें तो टेस्ट सीरीज जीत कर क्या बराबर भी करके नहीं आए। फिर भी भारतीय क्रिकेट में पहली बार एक गेंदबाज को ऐसा सम्मान और आदर मिल रहा है जो अब तक सिर्फ बल्लेबाजों या ऑलराउंडरों को मिलता रहा है। चेन्नई में दक्षिण अफ्रीका के खिलाफ पहले टेस्ट में उन्हें 1500 हीरों से जड़ी गेंद भेंट की गई जिसमें 600 से ज्यादा विकेटों के प्रतीक लाल माणिक्य लगे होंगे। तीन सौ ग्राम की इस गेंद की कीमत 27 लाख रुपए है।

आजकल क्रिकेट में बह रहे पैसे को देखते हुए यह कोई बहुत बेशकीमती भेंट नहीं है। लेकिन अठारह साल खेलने के बाद उन्हें जो आदर, सम्मान और प्रेम अपने देश से मिल रहा है उसका तो कोई मोल हो ही नहीं सकता।

अनिल कुंबले भारत के अकेले और विश्व इतिहास के तीसरे गेंदबाज हैं जिन्होंने छह सौ से ज्यादा विकेट लिये। मुरली और वॉर्न के बाद उनका नम्बर है। इन दोनों ने सात सौ का आँकड़ा पार किया। कुंबले ऐसा करते आज तो नहीं लगते। पर वे अकेले महान स्पिन गेंदबाज हैं जिन्होंने टेस्ट में शतक बनाया है। जिम लेकर के बाद वे दूसरे गेंदबाज हैं जिन्होंने एक पारी के दसों के दसों विकेट लिये हैं। भारत को जितने मैच कुंबले ने जिताए हैं उतने और किसी भी खिलाड़ी ने नहीं। वे सच्चे मायने में भारतरत्न हैं और अभी उनका खेल चलने वाला है।

(प्रथम प्रवक्ता, 16 अप्रैल, 2008)

चूके अवसरों की महादेवी

सोनिया गांधी कांग्रेस की अध्यक्षता के सबसे चुनौती भरे साल में हैं। इसके पहले 2004, 1998 और 1999 के वर्षों में भी कांग्रेस अध्यक्ष के रूप में वे चुनावों में उतरी हैं। 1998 में तो उनके अध्यक्ष होने का औचित्य ही यह बताया गया था कि मध्यावधि में वे कांग्रेस को सौ से ज्यादा सीटें दिलवा लाईं। नहीं तो सीताराम केसरी के अध्यक्ष रहते चारों ओर डर था कि कांग्रेस अपने संसदीय जीवन के सबसे बुरे प्रदर्शन में उतर जाएगी। केसरी कांग्रेस और देश की राजनीति को सोनिया गांधी से निश्चित ही बेहतर समझते थे। उनका सारा जीवन कांग्रेस और नेहरू गांधी परिवार की चाकरी में बीता था। उन्हें बड़ा गर्व था कि कांग्रेस का पैसा उनके पास आता है और ऐसी उनकी प्रामाणिकता है कि इन्दिराजी ने कभी संदेह नहीं किया। इसके बावजूद इन्दिरा और राजीव राज में उन्हें वह सम्मान कभी नहीं मिला जो नरसिंह राव ने सरकार और पार्टी दोनों में दिया। फिर भी जब 1996 में कांग्रेस और नरसिंह राव हार गए तो केसरी की नेहरू-गांधी वफादारी ने जोर मारा और वे बहूजी की तारीफ में जुट गए। उन्हें जैसा लहूलुहान करके सोनिया गांधी ने कांग्रेस की अध्यक्षता ली, उसे एक बूढ़े सेवक की त्रासदी ही कहा जाएगा। आज कांग्रेस में सीताराम केसरी का कोई नाम तक नहीं लेता। याददाश्त ही नहीं राजनीति में लोगों की कृतज्ञता भी बहुत छोटी और तात्कालिक होती है।

कांग्रेस में सत्ता की सहज स्वाभाविक ही नहीं अधिकारिणी केन्द्र भी वही हैं, इसका विश्वास सोनिया गांधी को पहले से था। मई, 1991 में जब राजीव गांधी आतंकवादियों के हाथों मारे गए और कांग्रेस में अध्यक्ष और प्रधानमंत्री पद दोनों ही खाली हो गए तो वफादारों का बड़ा जोर था कि सोनिया गांधी उनकी शोभा बढ़ाएँ। वे तैयार नहीं हुईं तो इसलिए नहीं कि वे जानती नहीं थीं कि ये दोनों पद उनके ही हैं। इसलिए भी नहीं कि उनमें विश्वास की कमी थी। वे पति की हत्या से स्तब्ध रह गई थीं और भारत के सार्वजनिक राजनीतिक जीवन में उनका संदर्भ एकाएक खो गया था। राजीव गांधी ही उन्हें इंग्लैंड और इटली के उनके घर से भारत लाए थे और उन्हीं के घर से उनका संसार शुरू हुआ था। वे नहीं चाहती थीं कि राजीव

गांधी राजनीति में जाकर परिवार के पारम्परिक पद पर बैठें। लेकिन पहले संजय गांधी की विमान दुर्घटना में मौत और फिर इन्दिरा गांधी की उन्हीं के घर में हत्या ने राजीव और सोनिया की जिन्दगी बदल दी।

फिर एक दिन अचानक राजीव गांधी के साथ उनके संसार के भी चिथड़े उड़ गए। एक-एक टुकड़ा बटोरने और उसे फिर जोड़ने में समय लगा। कोई सात साल का। लेकिन कांग्रेस में ऐसा उनका अचल स्थान था कि प्रधानमंत्री नरसिंह राव अकसर कहते थे, "ये कांग्रेस वाले मुझे सत्ता का अधिकारी समझते ही कहाँ हैं। मैं तो नाजायज घुसपैठिया हूँ। सत्ता की अधिकारिणी तो वही हैं जो पीछे से चाबी घुमाती रहती हैं।" जैसे भाजपा वाले उन्हें विदेशी मानकर लगातार हमले करते थे वैसा ही कहकर शरद पवार कांग्रेस से अलग हो गए। उन्होंने राष्ट्रवादी कांग्रेस बनाई। कांग्रेस के आगे राष्ट्रवादी लगाकर उनने बताया कि सोनिया गांधी और उनकी कांग्रेस को वे क्या समझते हैं।

लेकिन कांग्रेस की वफादारी ने सोनिया गांधी को बाहर के विरोधियों से निपटने की ताकत दी। दस साल पहले अध्यक्ष बनने और पार्टी को चलाने में उन्हें ऐसी कोई मुश्किल नहीं हुई जो दूसरी पार्टियों के अध्यक्षों को होती है। भाजपा में अटल बिहारी वाजपेयी और लालकृष्ण आडवाणी भी उतने निर्द्वंद्व और सर्वोच्च नहीं रहे जितनी सोनिया गांधी दस साल से कांग्रेस में हैं। लेकिन जैसी पार्टी में थी वैसी उनकी जगह देश की राजनीति और सार्वजनिक जीवन में नहीं थी। इसका एक कारण तो यह रहा कि पहले वे सास इन्दिरा गांधी की परछाईं और फिर पति राजीव गांधी की अनुगामिनी रहीं। उनके बाद नरसिंह राव और फिर अटल बिहारी वाजपेयी के जमाने में राजनीति ऐसी बदली कि नेहरू-गांधी परिवार की उत्तराधिकारिणी की कोई बड़ी हैसियत और आवाज नहीं रह गई। मंडल-कमंडल की राजनीति में कांग्रेस ही लगभग हाशिए पर उतर गई थी। सोनिया गांधी हस्तक्षेप करके उसे बदल सकें, ऐसी न उनकी खुद की राजनीति थी, न कांग्रेस की।

सोनिया गांधी को मौका मिला सन् 2004 में। भारत उदय और इंडिया शाइनिंग की चकाचौंध से आत्ममुग्ध एनडीए ने चुनाव छह महीने पहले करवाए। जिनका इंडिया शाइन कर रहा था, वे माने बैठे थे कि अटल बिहारी वाजपेयी की सरकार वापस आएगी। लेकिन जो किसान, मजदूर और गरीब लोग वंचित किए गए थे वे झाँसे में नहीं आए। उनके सामने आम आदमी की बात करने वाली कांग्रेस ही थी। और कांग्रेस ही सबसे बड़ी पार्टी बनकर निकली। उसी के आसपास नया गठबन्धन बना। कांग्रेस अब तक गठबन्धन राजनीति से दूर थी। बल्कि गठबन्धन सरकारों को लोकतांत्रिक शासन के लिए ठीक नहीं समझती थी। सन्, 67 से उसका सामना गैर-कांग्रेसवादी विपक्षी गठबन्धनों से हो रहा था। राम मनोहर लोहिया जानते थे कि

विभाजित विपक्ष की छोटी-छोटी पार्टियाँ कभी भी कांग्रेस को सत्ता से हटा नहीं पाएँगी। इसलिए उन्होंने जनसंघ और कम्युनिस्टों तक से हाथ मिलाया जिनकी विचारधाराओं से वे सहमत नहीं थे। लेकिन गैर-कांग्रेसवाद उनके रहते राज्यों में ही अपना असर दिखा पाया। केन्द्र में फिर भी कांग्रेस की ही सरकार रही। इन्दिरा गांधी ने लोहिया के जाने के बाद कांग्रेस का ही महाविभाजन किया और इस तरह अपनी पार्टी ही नहीं, अपना विपक्ष भी बनाया।

लोहिया का गैर-कांग्रेसवाद का सपना उनके जाने के दस साल बाद पूरा हुआ। जेपी के गुजरात और बिहार आन्दोलनों ने विपक्ष को इकट्ठा किया और उसकी आग से पिघलकर जो संयुक्त विपक्ष खड़ा हुआ और सन् 77 के चुनाव में जीता, उसने पहली बार कांग्रेस को दिल्ली की सत्ता से हटाया। लेकिन गैर-कांग्रेसवाद जनता पार्टी को ज्यादा देर नहीं चला पाया। दो साल में ही गैर-कांग्रेसी सरकार टूट गई। इन्दिरा गांधी की जीत ने जनता पार्टी में मिली पार्टियों को फिर अलग कर दिया। इन्दिरा गांधी की हत्या ने उनके बेटे राजीव गांधी को ऐसे बहुमत की जीत दिलाई जैसी जवाहरलाल नेहरू को भी नहीं मिली थी।

राजीव गांधी को सन् 89 में फिर एक गैर-कांग्रेसी गठबन्धन ने पराजित किया। इस बार जनता दल को बाईं ओर से वामपन्थी भी मदद कर रहे थे। दाएँ से भारतीय जनता पार्टी तो थी ही। राजीव गांधी की सन् 84 की जीत के बाद कोई बीस साल तक किसी एक पार्टी को बहुमत नहीं मिला था। सन् 2004 में भी कांग्रेस सिर्फ सबसे बड़ी पार्टी थी, बहुमत उसे भी नहीं मिला था। लेकिन सोनिया गांधी ने कांग्रेस को अकेले चलने की प्रतिज्ञा से निकाला। पहली बार उनकी अगुवाई में संयुक्त प्रगतिशील गठबन्धन बना, जिसने उन्हें अपना अध्यक्ष ही नहीं, प्रधानमंत्री पद का उम्मीदवार भी बनाया। अब सोनिया गांधी के प्रधानमंत्री होने के रास्ते में कोई बाधा नहीं थी। लेकिन भाजपा उन्हें अब भी विदेशी मूल की होने के कारण प्रधानमंत्री के संवैधानिक पद के अयोग्य मानती थी। भारत का संविधान उन्हें रोक नहीं रहा था। लेकिन उन्हें लगा कि उनके प्रधानमंत्री बनने से देश दो टुकड़ों में बँटेगा। सोनिया गांधी ने अपने बेटे-बेटी से भी पूछा और वे भी उनसे सहमत हुए कि इस सम्भावना और इस कीमत पर उन्हें प्रधानमंत्री नहीं बनना चाहिए। बड़े नाटकीय वातावरण में सोनिया गांधी ने प्रधानमंत्री पद ठुकरा दिया।

इस त्याग ने सोनिया गांधी को भारत के जनमानस और राजनीति में वह जगह दी जो उन्हें अपनी पार्टी कांग्रेस में प्राप्त थी। उनके बनाए मनमोहन सिंह प्रधानमंत्री बने। उन्हें ऐसा नैतिक प्रभामंडल मिला जो उस समय अटल बिहारी वाजपेयी के पास भी नहीं था। वे एकदम सबसे बड़ी नेता हो गईं। यूपीए की प्रधानमंत्री न बनकर वे सरकार से ऊपर उठ गईं। एक तरह से अपने गठबन्धन की नैतिक पथप्रदर्शिका

और अधिष्ठात्री देवी हो गईं। सत्ता से ऊपर उठने पर उनके लिए वह रास्ता खुला जो महात्मा गांधी और जयप्रकाश नारायण को इस देश के सार्वजनिक जीवन के शिखर पर मिला हुआ है।

वहाँ से सोनिया गांधी चाहतीं या उनमें क्षमता होती तो वे पतनशील और दिग्भ्रमित कांग्रेस का पुनरुद्धार कर सकती थीं। इन्दिरा गांधी ने सन् 69 में कांग्रेस को तोड़कर उसके लिए नया मैदान बनाया और उसमें नई जान फूँकी। वह उनके राजनीतिक कौशल का पराक्रम था। प्रधानमंत्री पद छोड़ने से सोनिया गांधी को जो नैतिक शक्ति और ऊँचा स्थान मिला था, उससे वे कांग्रेस का कायाकल्प कर सकती थीं। वे देश भर में घूम-घूमकर वे जड़ें ढूँढ़कर निकाल सकती थीं जो कभी कांग्रेस की हुआ करती थीं और जिन्हें सींचकर फिर पनपाया जा सकता था। वे सचमुच लग जातीं तो मंडल-कमंडल की राजनीति से देश को निकालकर भूमंडल की राजनीति खड़ी कर सकती थीं। जैसे कभी दुनिया में भारत को खड़ा करके मोहनदास करमचन्द गांधी ने उसकी पुनर्व्याख्या की थी वैसे ही सोनिया गांधी उसे भूमंडलीकरण के जमाने में नई पहचान, नई भूमिका और नई व्याख्या दे सकती थीं। लेकिन चार साल के बीते वक्त ने बता दिया है कि वे यह सब नहीं कर सकतीं। अब तो यही देखना है कि वे कांग्रेस को फिर सबसे बड़ी पार्टी भी बना सकती हैं या नहीं।

(प्रथम प्रवक्ता, 1 मई, 2008)

राहुल के अंदेशे से दुबलीं मायावती

राहुल गांधी के दलित प्रेम से मायावती इतनी घबरा क्यों गई हैं? दूसरे नेताओं की तरह वे कोई जड़विहीन हवाई नेता नहीं हैं जो मीडिया में लगातार बने रहने के कारण नेता हो गई हों। बल्कि, अगर किसी का जनाधार मीडिया के प्रचार या दुष्प्रचार से कतई प्रभावित नहीं होता तो वे मायावती ही हो सकती हैं। जितना ठोस और लगभग स्थायी जनाधार मायावती का है, उतना तो शायद ही किसी क्षेत्रीय नेता का होगा। आज की अपनी राजनीति में मायावती का तो दबदबा ही इसलिए है कि वे चाहे जिसे वोट डलवा सकती हैं, लेकिन उनके वोट बैंक पर कोई डाका डालने या सेंध मारने की हिमाकत नहीं कर सकता। अपने इसी दलित जनाधार के कारण वे किसी की कोई परवाह किए बिना अपने एजेंडे पर लगी रहती हैं। लेकिन राहुल गांधी बुंदेलखंड के दलितों के घर क्या गए कि मायावती लगभग बौखला गई हैं।

राहुल गांधी की सबसे बड़ी राजनीतिक ताकत उनका राजीव और सोनिया गांधी का बेटा होना और नेहरू गांधी परिवार का उत्तराधिकारी होना है। वे अपने पिता और चाचा के चुनाव क्षेत्र अमेठी से कांग्रेस के सांसद हैं और कांग्रेसियों के दबाव के कारण महासचिव बना दिए गए हैं। जैसी राजनीतिक ट्रेनिंग उनकी दादी इन्दिरा गांधी को कांग्रेस और देश के पहले प्रधानमंत्री जवाहरलाल नेहरू के आँगन और पिछवाड़े में मिली थी, वैसी राजीव गांधी को नहीं मिली। एक तो खुद राजीव और उनकी पत्नी सोनिया नहीं चाहती थीं कि वे राजनीति में जाएँ। फिर माँ की मदद करने को संजय गांधी थे ही, जो राजनीति करने को बहुत उत्सुक थे। वह तो विमान दुर्घटना ने संजय को उठा लिया और राजीव के लिए ऐसी परिस्थिति पैदा की कि उन्हें राजनीति में आना ही पड़ा। सन् 1981 में वे आए और अक्टूबर, 1984 में इन्दिरा गांधी की उन्हीं के घर में उन्हीं के अंगरक्षकों ने हत्या कर दी। यानी इन्दिरा के स्कूल में सीखने को राजीव को कुल तीन साल मिले।

राहुल गांधी ने बहुत छुटपन में अपने काका संजय की दुखद मृत्यु देखी। और फिर उनकी दादी की स्तब्ध कर देने वाली हत्या उन्हीं के घर में हुई। मौत के साये और सुरक्षा की दमघोंटू व्यवस्था में राहुल का बचपन बीता। दादी की हत्या के सात

साल बाद पिता राजीव की हत्या चुनावी आमसभा के पहले हुई। राहुल और उनकी बहन प्रियंका के बचपन और चढ़ती जवानी का, इन मृत्युओं के सदमे और सुरक्षा के कड़े पहरे में जो भी राजनीतिक प्रशिक्षण हो सकता था, हुआ। जो माँ न अपने पति को राजनीति में जाने देना चाहती थी, न खुद कभी जाना चाहती थी, उसे एक शत्रुतापूर्ण वातावरण में राजनीति में आना पड़ा। सोनिया गांधी अपने बेटे-बेटी को वैसी राजनीतिक ट्रेनिंग तो दे ही नहीं सकती थीं जैसी जवाहरलाल ने अपनी बेटी इन्दिरा गांधी और इन्दिरा गांधी ने अपने बेटों को दी होगी।

परिवार पर मँडराते मौत के साये और सुरक्षा की अनिवार्यता से सीमित सार्वजनिक जीवन से राहत विदेश में शिक्षा से ही मिल सकती थी। राहुल ने वही पाई। अपने देश और परिवार के राजनीतिक जीवन में सहभागिता बहुत कम हुई। अमेठी से चुनाव लड़कर ही वे राजनीतिक सामाजिक जीवन में आ सके। यहाँ भी उनकी भूमिका पहले से निश्चित थी। जमीन की धूल-धक्कड़ से उठकर संघर्ष करते हुए ऊपर पहुँचने वाले जननेता का जीवन उनका नहीं था। देश के जीवन की जिन असलियत की समझ उनमें पनपने वाले व्यक्ति को सहज ही मिल जाती है, वह राहुल गांधी को नहीं मिली है।

इसलिए भले ही देर से, पर अब वे दलितों के घर जाकर उनकी हालत देखने, उनके साथ खाना खाने और उनकी खटिया पर सो रहे हैं तो उन्हें वह प्रशिक्षण मिल रहा है जिसके बिना कोई भी भारत जैसे देश में राजनीति में टिका नहीं रह सकता। कांग्रेस वाले इसे उनकी भारत की खोज कह रहे हैं। लेकिन सच पूछिए तो राहुल गांधी जमीनी राजनीति का ककहरा सीख रहे हैं। इस सीख का वे क्या करेंगे या उनके यह क्या काम आएगी, यह तो उनकी सीखने की काबिलियत और करने की क्षमता पर निर्भर करेगा; लेकिन यह अच्छा है कि जिस राहुल गांधी को अपने जन्म की घटना के कारण राजनीति में सक्रिय होना ही है, वे जमीनी हकीकत भी जान लें और उनका राजतिलक यों ही नहीं हो जाए। इस अनुभव से उनका भला तो होगा लेकिन इससे कांग्रेस और राजनीति को क्या मिलेगा, अभी कोई कह नहीं सकता। वे निश्चित ही जननेता बनने के रास्ते पर चल निकले हैं। अभी बने नहीं हैं।

अपने अकेले बूते पर राहुल गांधी क्या कर सकते हैं, इसका अंदाज अभी जनता को हुआ नहीं है। उत्तर प्रदेश के विधानसभा चुनाव में उनकी सक्रियता और प्रचार ने कोई गुल नहीं खिलाए हैं। गुजरात के चुनाव पर भी उनके होने का कोई असर नहीं हुआ है। चुनाव जिता सकने या अपनी पार्टी की हालत सुधार सकने का कोई करिश्मा उनने दिखाया नहीं है। सांसद के नाते भी सार्वजनिक विमर्श में उनका कोई योगदान नहीं है। वे इतना कम बोलते हैं कि उनका बोलना ही खबर हो जाता है। वे क्या बोलें और कैसे बोलें, इस पर लोगों का ध्यान जाता ही नहीं। अमेठी वे जरूर

जाते रहते हैं और अपने चुनाव क्षेत्र के काम भी करवाने में लगे रहते हैं, लेकिन उस पारम्परिक और पारिवारिक चुनाव क्षेत्र में नेहरू, गांधी जैसे राजनीतिक परिवार के उत्तराधिकारी की इतनी सक्रियता तो सहज और स्वाभाविक ही है।

सांसद, कांग्रेस के महासचिव और राजनीतिक उत्तराधिकारी होने के नाते अब तक उनने अपना कोई ऐसा स्वतंत्र जनाधार खड़ा नहीं किया है कि किसी भी सत्तारूढ़ राजनेता के लिए खतरे खड़े कर सकें। फिर मायावती तो कल्याण सिंह के बाद पन्द्रह साल में पहली राजनेता हैं जिनने उत्तर प्रदेश में बहुमत प्राप्त किया है। उनने जातियों और समुदायों का ऐसा चमत्कारी समीकरण जमाया है कि उनकी सफलता से अच्छे-अच्छे और काँइयाँ सोशल इंजीनियर हतप्रभ रह गए हैं। उनके जिस बहुजन समाज से बामन पहले निकाल दिए गए थे, उसमें अब वे आदर की जगह घेरे हुए हैं। मुसलमान और दूसरी दलित और छोटी जातियाँ भी उनके बहुजन समाज में आन मिली हैं। उनने ऐसा सामाजिक समीकरण जमाया है जो पहले कभी इन्दिरा गांधी का हुआ करता था। तब उसके शिखर पर ब्राह्मण नेतृत्व हुआ करता था, अब दलित है। इतने वर्षों में हुए सामाजिक-राजनीतिक परिवर्तनों का यह परिणाम है। जातियों और समुदायों का ऐसा राजनीतिक गठबन्धन बनाने वाली और अपने दलित जनाधार में सुरक्षित मायावती को राहुल जैसे मोरपंखी राजनेता से डर क्यों लगना चाहिए? वे इतनी असुरक्षित क्यों लग रही हैं?

राहुल गांधी उत्तर प्रदेश के पिछड़े और सदा से सूखे से ग्रस्त रहने वाले बुंदेलखंड में गए। दलित के घर खाना खाया और वहीं खटिया पर सोए। उनने देखा कि ग्रामीण रोजगार गारंटी योजना के तहत गरीबों को काम नहीं मिलता। दूसरी सरकारी योजनाओं का लाभ भी दलितों और गरीबों तक नहीं पहुँचता। यह कोई मायावती के राज में होने के कारण नहीं हो रहा है। राहुल के पिता राजीव गांधी ने भी प्रधानमंत्री के नाते पाया था कि जो एक रुपया वे दिल्ली से भेजते हैं, उसके पन्द्रह पैसे ही लोगों तक पहुँच पाते हैं। बाकी के पच्चासी पैसे बीच वाले ले जाते हैं। तब से अब तक हालत कोई बदली नहीं है बल्कि और खराब ही हुई है। राहुल ने गाँव वालों से कहा था कि ऊपर शिकायत क्यों नहीं करते? गाँव वालों ने कहा कि ऊपर वाले सुनते कहाँ हैं? राहुल उन्हीं को लेकर आयुक्त जगमोहन से मिलने गए तो कहा गया कि प्रतिनिधिमंडल के साथ ही आ सकते हो। सब मिलने जाएँगे, ऐसी माँग करते हुए राहुल गांधी सड़क पर ही धरने में बैठ गए। आयुक्त आखिर सभी से मिले। राहुल ने किसी दलित की बेटी के ब्याह में मदद करने, किसी बीमार महिला का इलाज करवाने, अनाथ बच्चों को हॉस्टल में पढ़वाने जैसे वादे किए। चौपाल पर बैठकर सबसे बात की। उनकी समस्याएँ समझीं। सुलझाने की कोशिश करने का निश्चय दिखाया। इन कोशिशों से बुंदेलखंड जरूर मीडिया के ध्यान में आया, पर इनसे दलितों

का समाधान हो गया हो, ऐसा तो नहीं हुआ।

लेकिन मायावती ने जाकर सार्वजनिक सभा में कहा कि राहुल गांधी दलित के घर आकर खाते और सोते तो जरूर हैं, लेकिन घर जाकर सुगंधित साबुन से नहाते हैं। शैंपू करते हैं और उन्हें धूप-अगरु से शुद्ध किया जाता है। झाँसी के जिस दौरे पर राहुल धरने पर बैठ गए थे, उसके बाद मायावती ने कहा कि–'राहुल गांधी को दलितों के बीच जाकर घड़ियाली आँसू बहाने और संकीर्ण राजनीति करने का नाटक बन्द करना चाहिए। हमने उत्तर प्रदेश के लिए केन्द्र से 80 हजार करोड़ की जो सहायता माँगी है, उसे दिलाने में अपने प्रभाव का इस्तेमाल करना चाहिए। दो-तीन महीनों में वह सहायता नहीं मिली तो बहुजन समाज पार्टी दिल्ली की सरकार से समर्थन वापस ले लेगी। चिट्ठी सीधे राष्ट्रपति और यूपीए के अध्यक्ष को भेज दी जाएगी।' इस धमकी पर ही मायावती रुक नहीं गईं। उनने यूपीए और कांग्रेस को भी बहुत भला-बुरा कहा।

क्या राहुल गांधी के बुंदेलखंड के दौरे और दलितों के घर जाने, खाने और सोने से ऐसा राजनीतिक भूचाल आ रहा है कि मायावती का सिंहासन डोलने लगे? क्या दलित इससे मायावती का साथ छोड़कर कांग्रेसी युवराज के साथ हो जाएँगे? क्या वे राम के अवतार हैं कि उनके पाँव रखते ही दलित की कुटिया महल हो जाएगी? दलितों की समस्याओं को क्या ऐसे ही अवतार की जरूरत है? मायावती लोकसभा के दोनों और विधानसभा के तीनों उपचुनाव शान से जीती हैं फिर भी उन्हें अपना सिंहासन रेत पर खड़ा क्यों लग रहा है?

(प्रथम प्रवक्ता, 16 मई, 2008)

प्रतीक में करना, प्रतीक में जीना

सुबह-सुबह टेलीफोन पर बीमार आवाज में अनुपम मिश्र ने बताया। कहा कि अंत्येष्टि आदि के बारे में राही जी बताएँगे। तड़के निर्मला देशपांडे ने आखिरी साँस छोड़ी थी। दोपहर तक अंत्येष्टि हो जानी चाहिए। अपने यहाँ शव को रखे रखना अच्छा नहीं माना जाता। लेकिन शाम तक गांधी निधि के मंत्री रामचन्द्र राही का फोन नहीं आया। मुझे लगा अंत्येष्टि हो गई होगी। पर रात को राही जी ने फोन किया कि कल सुबह दस बजे लोदी रोड के बिजली श्मशान में अंत्येष्टि होगी और दोपहर बाद अपने लोगों की शोक-सभा।

तब तक टीवी वाले मनमोहन सिंह आदि कांग्रेसी लोगों के अन्तिम दर्शन करने आने के चित्र दिखाने लगे थे। न हों निर्मला जी के घर-परिवार वाले, उनके मित्रों और मिलने-जुलने वालों की तो कोई कमी नहीं थी। हरिजन सेवक संघ की अध्यक्ष के नाते उनका निवास वहीं किंग्सवे कैम्प में था। लेकिन वे रहती शाहजहाँ रोड पर थीं, जहाँ उन्हें राज्यसभा की मनोनीत सदस्य होने के कारण निवास मिला था। जब मनोनयन हुआ था तो वे लुटियन की नई दिल्ली में बँगले की कोशिश कर रही थीं ताकि उसके लॉनों पर खूब लोग इकट्ठे हो सकें।

जन सम्पर्क और लोक संग्रह निर्मलाजी के स्वभाव में था। राजनीति और कॉरपोरेट में रहने वाले लोगों को ऐसे निवास अच्छे लगते हैं जहाँ लोग आसानी से पहुँच सकें और जहाँ से आना-जाना सहज हो। इसलिए निर्मला बेन किंग्सवे कैम्प के उत्तरी छोर के बजाय बीच नई दिल्ली में रहती थीं। वहीं से उनका संसार चलता था। उनने मुझे कई बार आने को कहा, लेकिन न इस निवास न पहले की सांसदी के निवास में कभी जा पाया। सच कहूँ, मुझे उनका मनोनीत सांसद होना कभी नहीं सुहाया। आप जानते हैं कि आजकल मनोनयन एक ऐसी मेहरबानी का समझौता है जिसे स्वाभिमानी व्यक्ति को नहीं करना चाहिए।

टूटा हाथ पूरे प्लास्टर में होने के बावजूद जल्दी तैयार हो गया था और नौ बजे निकल भी गया था। लेकिन यही समय होता है जब पूर्वी दिल्ली बेतहाशा दक्षिण और मध्य दिल्ली की तरफ दौड़ती सड़कों पर होती है। वसुंधरा से लोदी रोड श्मशान

पहुँचने में दस बज गए। सड़क पर ही उतरकर अन्दर गया, तब तक अंत्येष्टि पूरी हो गई थी। फिर भी तेजी से बिजली वाले श्मशान में गया। वहाँ कोई चिता तो थी नहीं जिसकी परिक्रमा करके पंच लकड़ी देता और प्रणाम करता। बिजली वाला श्मशान मिनटों में राख करके एक छोटा-सा कलश थमा देता है।

यही तो मैं देखना चाहता था कि शांभवी मिश्र कैसे उन्हें मुखाग्नि देती है। बिजली के दाह में तो मुखाग्नि नहीं होती जिससे बाद में परिक्रमा करके पूरी चिता सुलगाई जा सके। उसमें तो एकदम लाखों वॉट बिजली पूरे शरीर को देते हैं जो लगते ही खाक कर देती है। बाद में अखबार में छपे फोटू देखकर समझ में आया कि दरभंगा के सामाजिक कार्यकर्ता विभूति मिश्र की ग्यारह साल की बेटी शांभवी ने अंत्येष्टि के पहले के कर्मकांड बाहर पूरे किए। इस तरह बेटी से अंत्येष्टि करवाने या मुखाग्नि लेने की निर्मला बेन की इच्छा पूरी की गई। प्रतीकात्मक रूप में मुझे लगता है कि यह ठीक ही हुआ। निर्मला बेन का सारा काम प्रतीक में ही किया गया था। जीना भी प्रतीक में ही था।

वीआईपी चले गए थे, लेकिन अब भी वहाँ काफी लोग थे। कांग्रेस के लोग, उनसे जुड़ी संस्थाओं के लोग और कुछ गांधी संस्थाओं के पदाधिकारी/सार्वजनिक जीवन के आशीष नन्दी, पार्थो मुखर्जी जैसे लोग भी थे। यह ठीक ही है कि जिन लोगों के बीच निर्मला बेन दिल्ली में कोई पैंतीस साल रहीं, वे उनको अन्तिम विदा देने आए। वे राजनीतिक इलाकों में गांधी की महिला मानी जाती थीं और कांग्रेस के अलावा भारतीय कम्युनिस्ट पार्टी और भारतीय जनता पार्टी के लोगों से भी उनका मिलना-जुलना चलता था। गांधी संस्थाओं और सामाजिक कार्यों में उन्हें राजनीतिक पव्वा रखने वाली माना जाता था।

थोड़ा-सा कपाल दिखाने वाली सिंधी टोपी पहने एक सज्जन भी घूमते दिख रहे थे। वे पाकिस्तान से आए प्रतिनिधिमंडल के रहे होंगे। पाकिस्तान के लोगों से दोस्ती निर्मला बेन का एक मिशन जैसा ही था। वे वहाँ खूब जाती रहती थीं और हिन्दू-मुस्लिम सौहार्द की सिपाही कही जाती थीं। तनाव और संघर्ष के हर मौके और स्थान में उन्हें शान्ति सैनिक की अपनी भूमिका दिखती थी। पाकिस्तान, नेपाल, श्रीलंका, म्याँमार सब के संघर्ष की आग पर ठंडा पानी डालने को वे लालायित रहती थीं। पंजाब, कश्मीर, असम, तमिलनाडु के आतंकवाद के दिनों में भी वे सूराख और दरारें ढूँढ़ती रहती थीं, जिनसे शान्ति और सद्भावना के कामों का रास्ता खोला जा सके। इसलिए इन इलाकों के लोग भी उन्हें आखिरी सलाम करने आए थे। शान्ति सेना और उसमें स्त्री शक्ति की भूमिका विनोबा के प्रिय कार्यक्रम थे। हालाँकि जिन लोगों ने विनोबा की प्रेरणा से बनी शान्ति सेना में उम्र भर काम किया, उनसे निर्मला बेन की नहीं बनी। विनोबा का पवनार आश्रम तो एक तरह का स्त्री शक्ति पीठ ही था। लेकिन वहाँ भी इन्दिरा

गांधी से सर्वोदय की खटपट के वर्षों में निर्मला बेन का आना स्वागत के लायक नहीं होता था। निर्मला बेन की छोटी बहन कुसुम देशपांडे अब भी वहीं रहती हैं।

कुछ चैनल वाले अब भी वहाँ घूम रहे थे और जाने-माने लोगों से पूछ रहे थे। एक-एक करके वे मेरे पास भी आए। ऐसे चैनल के ऐसे लोग जिनसे अपनी बातचीत होती रहती है, लेकिन आज उनसे बात करने की मेरी इच्छा नहीं थी। मैं जानता हूँ कि उनको कैसी बाइट की तलाश थी। वैसी बातें करने में कोई खास हर्ज भी नहीं था। लेकिन मुझे लगा कि क्यों मुझे दुनियादारी और मुँह दिखाने की बात करनी चाहिए? जरूरी नहीं कि जो कुछ मुझे लगता है या जैसा भी मेरा निष्कर्ष है, उसे आज के ही दिन और टीवी वालों को बताऊँ। हमारे शिष्टाचार में यह भी है कि मरने वाले के बारे में सम्मान से बोला जाए। वैसा मैं नहीं बोल सकता हूँ तो चुप तो रह ही सकता हूँ। राही जी की बुलाई शोक-सभा में भी नहीं गया, क्योंकि वहाँ भी बोलने को कहा जाता और सिर्फ श्रद्धांजलि देकर बैठा नहीं जा सकता था।

एक सभा गांधी स्मृति में भी रखी गई थी। सरकार की तरफ से होने वाले वार्षिक कर्मकांड में निर्मला बेन गांधी वालों की तरफ से आगे रहा करती थीं। वे उस राजघाट समिति की भी पदाधिकारी हुआ करती थीं जिसने अमरीकी राष्ट्रपति बुश के कुत्तों को समाधि के चारों तरफ सूँघने के लिए घूमने दिया। विरोध करने वालों ने पूछा तो निर्मला बेन चुप रहीं। अमरीकी और भारतीय सुरक्षा व्यवस्थाएँ फिर भी अड़ जातीं तो निर्मला बेन कह सकती थीं कि राष्ट्रपति बुश न जाएँ तो गांधी का कोई अपमान नहीं हो जाएगा। कुत्ते घुमाने से तो यह कम ही अपमानजनक होता। जिनकी सुरक्षा इतनी सर्वोपरि है वे क्यों जाएँ गांधी समाधि पर? लेकिन निर्मला बेन के होते सरकार ने गांधी समाधि को 2 अक्टूबर और 30 जनवरी के दिन भी वीवीआईपियों के लिए सुरक्षित कर दिया। आम लोगों की तरफ से निर्मला बेन ने एक बार भी कड़ा रुख अपनाया हो, ऐसा कभी नहीं हुआ।

इसलिए कहना पड़ेगा कि निर्मला बेन का दिल्ली में होना और सक्रिय रहना सरकार से गांधी के काम करवाने के लिए उतना नहीं था जितना गांधी के काम सरकारी ढंग से होने देने में मदद करने को था। वे सरकार के काम की थीं। और सिर्फ कांग्रेस के लिए ही नहीं, भाजपा और भाकपा के लिए भी। गांधी के ढंग या गांधीय प्रामाणिकता या गांधी के आग्रह पर जोर देकर उसे मनवाने का निश्चय निर्मला बेन ने नहीं दिखाया। वे शायद जानती थीं कि राजनीति वालों को गांधी की पड़ी नहीं है और यह भी शायद वे जानती थीं कि उनकी भूमिका अनिवार्य नहीं है। उनके बिना सरकार का काम मजे में चल जाएगा। तभी तो वे विदेश जाते मनमोहन सिंह को फूल देने हवाई अड्डे पहुँच जाती थीं। मनमोहन सिंह कांग्रेस की राजनीति करते हुए प्रधानमंत्री नहीं हुए हैं, इसलिए सार्वजनिक जीवन में निर्मला बेन जैसी

गांधीवादी महिला का क्या फायदा है, नहीं जानते। उन्हें तो गांधी परिवार से निर्मला बेन की सजावटी निकटता का सम्मान करना होता था।

इसी कारण निर्मला बेन गांधी के विचारों और काम वालों के लिए छद्म गांधीवादी थीं। सन् 74 में जब जेपी को मजबूर होकर इन्दिरा गांधी के भ्रष्टाचारी शासन के विरुद्ध आन्दोलन छेड़ना पड़ा तो निर्मला बेन कांग्रेस के उन लोगों की तरफ से सक्रिय हो गईं, जो विनोबा और जेपी को अलग करके सर्वोदय की नैतिक शक्ति को खत्म करना चाहते थे।

सच है कि विनोबा सरकार के खिलाफ आन्दोलन के पक्ष में नहीं थे। लेकिन आजादी के बाद वे सरकार की नीतियों और कामों को बेकार मानते और कहते हुए भी निर्वाचित सरकार के विरुद्ध आन्दोलन करने को तैयार नहीं होते थे। वे हमेशा अपने ढंग से अपना काम करने पर जोर देते थे। सर्वेषाम् अविरोधेन। जेपी को सन् 74 में साफ लगा कि सिर्फ रचना के काम से परिवर्तनकारी शक्ति जागृत नहीं होगी। उनने विनोबा से बात भी की। लेकिन क्षेत्र से संन्यास लेकर सन् 69 में वापस पवनार आने और फिर सूक्ष्म में प्रवेश कर जाने के बाद बाहर के यथार्थ से विनोबा का बहुत कम सम्बन्ध रह गया था। राजनीति में फैले भ्रष्टाचार का तो उन्हें अंदाज भी नहीं था। उनने जेपी को जो ठीक लगता था, करने दिया, लेकिन उनके साथ नहीं हुए। पर वे कोई इन्दिरा गांधी की तरफ भी नहीं थे।

तब सर्वोदय आन्दोलन, जो जेपी के साथ था और जिसके कारण उन्हें राजनीतिक पार्टियों पर निर्भर नहीं रहना पड़ता था, उसे तोड़ने के लिए इन्दिरा गांधी ने निर्मला देशपांडे और वसन्त साठे का इस्तेमाल किया। निर्मला बेन खुद इन्दिरा गांधी के काम आने को उत्सुक थीं। गांधी संस्थाओं में यों भी उन्हें कोई खास स्थान नहीं मिलता था और विनोबा के क्षेत्र संन्यास के बाद सर्वोदय आन्दोलन में भी उनकी पूछ नहीं रह गई थी। आन्दोलन वाले सरकार के सहयोग के लिए अपनी प्रखरता छोड़ने को तैयार नहीं थे। निर्मला बेन को सरकार का साधु सहयोगी बनने में हिचक नहीं थी। विनोबा हों न हों, निर्मला बेन जेपी के आन्दोलन के खिलाफ थीं। उन्हें लगता था कि जेपी विनोबा की सर्वोदयी धरोहर को राजनीति में बरबाद कर रहे हैं।

आन्दोलन के लोग जेपी के साथ थे, इसलिए उसमें फूट नहीं पड़ी। निर्मला बेन ने जरूर ऐसा माहौल बनाया कि जैसे विनोबा इन्दिरा गांधी की तरफ हों। यह झूठ था इसलिए पवनार आश्रम की महिलाओं में निर्मला बेन अमान्य हुईं। इन्दिरा गांधी बावजूद इमरजेंसी के, पराजित हुईं। उनकी पराजय में भी निर्मला बेन उनके साथ थीं। लेकिन जेपी के निधन और सर्वोदय आन्दोलन के श्रीहीन होने के बावजूद निर्मला बेन गांधी वालों में स्वीकार नहीं हुईं। वे दिखावे के प्रतीक कार्य करने को ही रह गई थीं।

(प्रथम प्रवक्ता, 1 जून, 2008)

नन्दीग्राम का सबक सीखें तब ना!

अगर आप तय कर चुके हैं कि खेती की उपजाऊ जमीन कारखाने लगाने, औद्योगिक और रहवासी बस्तियाँ बसाने और मनोरंजन पार्क विकसित करने के लिए ले ली जानी चाहिए तो दलील करना बेकार है। लेकिन अगर आपने दिमाग खुला रखा है और नए आते तथ्यों पर विचार करने को तैयार हैं तो जरा इन बातों पर गौर कीजिए। पश्चिम बंगाल के नन्दीग्राम और सिंगूर में हुए पंचायत चुनाव में मार्क्सवादी कम्युनिस्ट पार्टी (माकपा) हार गई है। वहाँ पंचायत तीन स्तरों पर काम करती है—ग्राम पंचायत, फिर पंचायत समिति और उसके ऊपर जिला परिषद। माकपा इन तीनों स्तरों पर हार गई है और नन्दीग्राम, सिंगूर में तीनों स्तरों पर गाँव वालों ने तृणमूल कांग्रेस के लोगों को चुन लिया है।

आप जानते होंगे कि नन्दीग्राम वाले पूर्वी मिदनापुर जिले और सिंगूर वाले हुगली जिले पर बरसों से माकपा का वर्चस्व है। ऐसा कि ये जिले उसके गढ़ माने जाते थे। पिछले विधानसभा और लोकसभा चुनावों में यहाँ के लोगों ने वामपन्थी मोर्चे के उम्मीदवारों को ही जिताया था। विधानसभा में भारी बहुमत पाने के बाद ही मोर्चे ने अपनी नई औद्योगिक नीति बनाई थी। देशी-विदेशी पूँजीपतियों को उद्योग लगवाने को बुलाया था। पश्चिम बंगाल में पूँजी लगाने के लिए तरह-तरह की रियायतें दी थीं। उनका लाभ लेते हुए टाटा ने सिंगूर में जनता की छोटी कार बनाने का कारखाना लगाने और इंडोनेशिया के सलीम ग्रुप ने नन्दीग्राम में विशेष आर्थिक क्षेत्र बनाकर केमिकल परिसर विकसित करने का तय किया। इन दोनों के लिए भूमि अधिग्रहण करने का निश्चय सरकार ने किया। वामपन्थी सरकार के उद्योग मंत्री निरुपम सेन ने साम्यवादी आँख झपकाए बिना कहा कि हम 1894 के अंग्रेजों के बनाए कानून के तहत भूमि अधिग्रहण कर रहे हैं, क्योंकि टाटा का कारखाना और सलीम का केमिकल परिसर 'लोकहित' में है। निजी पूँजी और निजी उद्योग को लोकहित में बताने का साहस एक वामपन्थी सरकार ही कर सकती थी।

सिंगूर में भूमि अधिग्रहण शुरू हुआ। कुछ ने खुशी-खुशी और कई किसानों ने मजबूरी में जमीन दी। अपनी दो-दो, तीन-तीन फसलें देने वाली भूमि को न देने पर

कई किसान अड़ गए। उनका निश्चय देखकर ममता बनर्जी और उनकी तृणमूल कांग्रेस आन्दोलन में उतरी। देखते-देखते सिंगूर खेती की उपजाऊ भूमि को उद्योग के लिए दिए जाने के विरोध का आन्दोलन बनकर देश भर में मशहूर हो गया। टाटा को जमीनें देने के लिए वामपन्थी सरकार ने अपने ही किसानों पर लाठी-गोली चलाई। जबरन जमीन ली और कारखाने का काम शुरू करवाया, क्योंकि कई दूसरी जगहें छोड़कर टाटा ने यहाँ अपना कारखाना लगाने की कृपा की थी और यह कारखाना सरकार की प्रतिष्ठा और औद्योगिक नीति की विश्वसनीयता की कसौटी बन गया था।

सिंगूर का विवाद चल ही रहा था कि हल्दिया विकास प्राधिकरण ने सलीम ग्रुप के केमिकल परिसर के लिए नन्दीग्राम में भूमि अधिग्रहण की नोटिस निकाली। जो किसान बरसों से माकपा के काडर में थे, उन्हीं ने इसका विरोध किया। वे अपनी खेती की जमीन देकर बेकार नहीं होना चाहते थे। उनके खिलाफ उन्हीं की माकपा के काडर और सांसद लक्ष्मण सेठ खड़े हो गए। सरकार की औद्योगिक नीति पर अमल के पक्षधर भूमि देने से इनकार करने वाले किसानों से भिड़ गए। पहली हिंसा में सात लोग मारे गए। फिर मार्च में पुलिस और काडर ने मिलकर कब्जे की कोशिश की तो चौदह लोग मारे गए। नन्दीग्राम पर फिर से कब्जा करने की माकपा काडर की हिंसक कोशिश में पिछले नवम्बर में चार लोग मारे गए। इस तरह साल भर के संघर्ष में कुछ पच्चीस लोगों की जान 2007 में गई। सरकार ने फरवरी में ही ऐलान कर दिया था कि भूमि नहीं ली जाएगी। केमिकल परिसर नहीं बनेगा। लेकिन लोगों ने विश्वास नहीं किया। साल भर की हिंसक झड़पों और जबरन कब्जा कर लेने के बाद भी जो किसान माकपा से निकल गए थे लौटकर नहीं आए।

नन्दीग्राम और सिंगूर दोनों ही जगह पंचायत चुनाव में मौका मिलते ही किसानों और भूमिहीन मजदूरों ने ग्राम पंचायत, पंचायत समिति और जिला परिषद में तृणमूल कांग्रेस के लोगों को कमान सौंप दी। तृणमूल कांग्रेस और विपक्ष की पार्टियों ने भूमि उच्छेद प्रतिरोध समिति और संघर्ष समिति बनाकर भूमि अधिग्रहण के विरुद्ध आन्दोलन चलाया था। कुल पश्चिम बंगाल में वामपन्थी मोर्चे ने देहात पर अपना कब्जा नहीं गँवाया है। सत्रह में से तेरह जिला परिषदों पर अब भी उसके लोग जीते हैं। कुल 3200 ग्राम पंचायतों में से उसे 1633 पर जीत मिली है और विपक्ष को 1463 पर। लेकिन सन् 2003 में उसने 2303 ग्राम पंचायतों में विजय पाई थी और विपक्ष ने सिर्फ 917 पर। इसी तरह पिछले चुनाव में वामपन्थी मोर्चे ने 284 पंचायत समितियों पर कब्जा किया था और विपक्ष को 329 में से सिर्फ 45 पंचायत समितियाँ ही मिली थीं। इस बार वामपन्थी मोर्चे के पास सिर्फ 189 समितियाँ रह गईं और विपक्ष को 140 मिल गईं। 11 से 18 मई तक तीन दौर में हुए पंचायत चुनावों में

वामपन्थी मोर्चा हारा तो नहीं है। लेकिन पिछले तीस साल में उसे इतना बड़ा झटका भी कभी लगा नहीं था।

अब वाममोर्चा के बिमान बोस, श्यामल चक्रवर्ती और निरुपम सेन जैसे बोलकार कह रहे हैं कि हो सकता है कि इतने सालों से जमा हो रहे लोगों के गुस्से और उनकी शिकायतों को समझने में हमसे गलती हुई हो? हमारा अहंकार और हमारी उद्दंडता और हमारे भटकाव हमारे रास्ते में आए हों। हो सकता है लोगों को हमारे काम करने के तरीके पसन्द नहीं आए हों? लेकिन इसका मतलब यह तो कतई नहीं है कि लोगों ने औद्योगिकीकरण के खिलाफ वोट दिया है। ऐसा होता तो मुर्शिदाबाद कांग्रेस से वाम मोर्चा छीन नहीं सकता था; और जिस पुरुलिया में दस हजार एकड़ वर्धमान में साढ़े आठ हजार एकड़ और पश्चिम मिदनापुर में ढाई हजार एकड़ जमीन ली जा रही है, वहाँ वाम मोर्चे की जोरदार जीत नहीं हो सकती थी। दूसरे लोगों का कहना है कि हार तो सत्ता में होने का खामियाजा है। भुगतना ही पड़ता है। तृणमूल ऐसी कई सीटों पर कई ऐसे इलाकों में जीत गई, जहाँ ममता बनर्जी न गई थीं, न पार्टी ने कोई प्रचार किया था। लोग सत्तारूढ़ वाम मोर्चे से नाराज थे, इसलिए उसके खिलाफ वोट देकर लोगों ने सजा दी।

अब आप जानते हैं कि सत्ता में होने का खामियाजा ऐसा मोटा और लंबा-चौड़ा एक कंबल है जिसमें लोगों की सभी झुलसन दबाई जा सकती है। हो सकता है कि वाम मोर्चे से लोग इसीलिए नाराज हों कि वह सत्ता में था। लेकिन सत्ता में होने के फायदे भी हैं। आप सारे साधन लगाकर लोगों को समझा सकते हैं कि आपने जो किया वह क्यों किया। सत्ता की एजेंसियों को तैनात करके आप लोगों को अपनी तरफ रखने की कोशिश भी कर सकते हैं। लेकिन वाम मोर्चे ने ये लोकतांत्रिक तरीके अपनाने के बजाय पहले तो पार्टी का डंडा चलाया और लोग फिर भी नहीं माने तो उन्हें हिंसा और भय फैलाकर जबरन काबू में करने की कोशिश की। सिंगूर और नन्दीग्राम दोनों ही जगह वाम मोर्चा, खासकर माकपा के काडर के ही लोग थे। लेकिन उनको मनाने या उनके विरोध का सम्मान करने के बजाय पार्टी और सरकार ने उन्हें हिंसक तरीके से मार-पीट करके लाइन में लाने की कोशिश की। पंचायत चुनाव के ये नतीजे सबूत हैं कि लाठी, गोली और बम से एक लोकतंत्र में आप लोगों की राय और विरोध को कुचल नहीं सकते। इस मायने में सिंगूर और नन्दीग्राम लाठी, गोली और बम पर वोट की जीत के खंडपीठ हैं। वहाँ लोगों ने बता दिया कि उन्हें अपने हितों के लिए अपनी राय और पार्टी से अपनी वफादारी बदलने का बुनियादी लोकतांत्रिक अधिकार है। कोई पार्टी उन्हें मार-पीटकर लाइन में लगाने पर मजबूर करेगी तो उसे वे गद्दी से उतार देंगे।

और कहीं रहा हो या न रहा हो, नन्दीग्राम और सिंगूर में तो खेती की भूमि का

उद्योग के लिए अधिग्रहण ही साल-डेढ़ साल से संघर्ष का और पंचायत चुनाव का खास मुद्दा था। वाम मोर्चा दूसरी जगहों पर भी हारा है। लेकिन यहाँ तो निस्संदेह वह भूमि अधिग्रहण की जबरन कोशिश के कारण हारा है। सिंगूर और नन्दीग्राम में वही जीते हैं जो टाटा के कारखाने और सलीम ग्रुप के केमिकल परिसर के लिए अपनी खेती की जमीन नहीं देना चाहते थे। उनकी जीत लोकतंत्र की जीत है, क्योंकि सरकार की औद्योगिकीकरण की नीति अगर उन्हें भूमिहीन और बेकार बना रही थी और वे नहीं होना चाहते थे, इसलिए उनने वाम मोर्चे को तीनों मैदानों से खदेड़ दिया। यहाँ तो कोई नहीं कह सकता कि उसने सत्ता में होने का खामियाजा भुगता। वह जबरन भूमि अधिग्रहण करना चाहता था और लोगों ने उसे रोका। उसने हिंसा और भय फैलाया तो लोगों ने उसे लोकतांत्रिक तरीके से बाहर कर दिया। यहाँ कोई कहे कि लोगों ने औद्योगिकीकरण के खिलाफ वोट नहीं दिया तो वह न सिर्फ झूठ बोल रहा है, अपने आपको खुशफहमी में बरगला भी रहा है।

तृणमूल की ममता बनर्जी ने कहा–"नतीजे बताते हैं कि लोग वाम मोर्चे से कितने नाराज थे। लोगों ने उन्हें अच्छा सबक सिखाया है।" लेकिन ये लोग कभी सबक लेते हैं? नहीं लेते, ममता दी! लेकिन सत्ता में बैठे लोग जनता का सबक लेते कब हैं? तभी, जब सत्ता में नहीं होते। तभी तो वाम मोर्चे के बोलकार कह रहे हैं कि खेती की भूमि का उद्योग के लिए अधिग्रहण नहीं रुकेगा। मत रोको। लोग इन्हें लोकसभा चुनाव में बता देंगे।

(प्रथम प्रवक्ता, 16 जून, 2008)

मनोरंजन उद्योग का नया मैदान

अपने पन देश के बड़े व्यापारियों ने क्रिकेट और बॉलीवुड का जबरदस्त मसाला तैयार किया और उसे इंडियन प्रीमियर लीग के बीसमबीस मैचों से बेचा। पैंतालीस दिन तक खेले गए उनसठ मुकाबलों को स्टेडियमों और टीवी पर जितने लोगों ने देखा, एक अंदाज है कि दुनिया के किसी भी क्रिकेट मुकाबले, वनडे विश्व कप या टेस्ट सीरीज को नहीं देखा था। कमाई और मनोरंजन, दोनों के हिसाब से लीग का पहला साल सुपर हिट गया है। पूरे परिवार के लोग या तो मैच देखने स्टेडियम गए या घरों में बैठक जमा के टीवी के सामने बैठे। न सिर्फ फिल्में दर्शकों का इन्तजार करती रहीं, टीवी चैनलों के लोकप्रिय सीरियल भी ठप पड़े रहे। पूरे पैंतालीस दिन तक बीसमबीस का ऐसा जुनून देश पर चढ़ा रहा कि जब फाइनल हो गया तो लोग पूछने लगे कि अब शाम को क्या करेंगे। मनोरंजन का ऐसा शून्य, कहते हैं बीसमबीस ने पैदा कर दिया।

सिर्फ पैंतालीस दिन क्रिकेट खेलने का इतना पैसा खिलाड़ियों को कभी मिला नहीं था। कई खिलाड़ियों की तो साल भर की कमाई एक दिन में हो गई। उन्नीस साल से कम उमर वाले भारतीय खिलाड़ी, जो विश्व कप जीत के आए थे, उनकी तो चाँदी ही हो गई। तीन साल खेलने के करार से उन्हें इतने रुपए मिल गए, जितने उनके मास्टरों को उमर भर पढ़ाने या बालकों को नौकरी करने पर भी नहीं मिलते होंगे। लेकिन इन पैसों से भी ज्यादा मूल्यवान उन्हें खेलने के मौके मिले। देश और दुनिया के नामी खिलाड़ियों के साथ एक ही टीम में खेलने और एक ही ड्रेसिंग रूम में बैठने और उन्हें तैयारी करते हुए देखने का अवसर मिला। सबसे बड़े मंच पर खेलने का इससे बेहतर अनुभव और कहीं मिल नहीं सकता था। लीग चलाने वालों ने शर्त रखी थी कि हर टीम को उन्नीस साल से कम के चार खिलाड़ी लेने होंगे। इस तरह बत्तीस होनहार खिलाड़ी लीग में आए। यह बात अलग है कि खिलाड़ी के विकास के नाते बीसमबीस का खेल उनके कितने काम आएगा!

लीग में अपने पड़ोसी पाकिस्तान और श्रीलंका के अलावा जिंबाब्वे, दक्षिण अफ्रीका, न्यूजीलैंड, आस्ट्रेलिया और वेस्टइंडीज के बड़े-छोटे खिलाड़ी भी आए। सिर्फ

इंग्लैंड के खिलाड़ी नहीं आ पाए, क्योंकि अपनी काउंटियों से उनका करार अप्रैल से शुरू होता है और इस लीग के मैच 18 अप्रैल से 1 जून तक चलने वाले थे। लेकिन इसमें कोई शक नहीं कि इंग्लैंड के भी श्रेष्ठ खिलाड़ी इसमें खेलने को लालायित थे। सच पूछिए तो लीग में पैसा ही इतना है कि कोई भी खिलाड़ी हाथ आजमाने को व्याकुल हो जाए। आस्ट्रेलिया के एंड्र्यू साइमंड्स को महेंद्र सिंह धोनी के बाद सबसे बड़ी रकम में 'खरीदा' गया था। उनकी ही टीम के कप्तान रिकी पोंटिंग, मैथ्यू हेडन, गिलक्रिस्ट और ग्लेन मेकग्रा को कम पैसे मिले थे, जबकि वे सभी ज्यादा प्रतिष्ठित और ज्यादा बड़े खिलाड़ी हैं। साइमंड्स ने कहा कि इस बात पर अपनी टीम के सामने वे शर्मिंदगी में पड़ गए। लीग में पैसे की जो बरसात है उसमें नहाने को सभी मचल रहे हैं। इसलिए लीग ने यह संकट पैदा कर दिया है कि खलाड़ी अपने राज्य/काउंटी या देश की तरफ से खेलना पसन्द करेंगे या लीग की टीम की तरफ से।

इंग्लैंड के खिलाड़ियों को छोड़ दें, तो दुनिया भर के सर्वश्रेष्ठ खिलाड़ी इस लीग में खेलने को आए। आस्ट्रेलिया के कप्तान पोंटिंग, दक्षिण अफ्रीका के कप्तान स्मिथ, न्यूजीलैंड के कप्तान विटोरी, श्रीलंका के कप्तान जयवर्धने और पाकिस्तान के कप्तान शोएब मलिक, सब के सब लीग की टीमों में साधारण खिलाड़ी की तरह खेले। वेस्टइंडीज के पिछले तीनों कप्तान शिवनारायण चन्द्रपाल, क्रिस गेल और रामनारायण सरवन भी खेलने आए थे। हालाँकि चोटों और आस्ट्रेलिया से टेस्ट खेलने के कारण तीनों ही जल्द वापस भी गए। शेन वार्न, ग्लेन मेकग्रा और शॉन पोलक अन्तरराष्ट्रीय क्रिकेट से रिटायर होने के बावजूद लीग में खेले। वार्न की टीम राजस्थान रॉयल्स तो लीग विजेता ही हुई। वार्न की कप्तानी का इसमें कोई कम योगदान नहीं था। मेकग्रा और पोलक सबसे किफायती गोलंदाजों में थे। दुनिया भर के सबसे अच्छे और महान खिलाड़ियों का भारत में इस तरह नीलाम बोली के बाद इकट्ठा होना गजब का अजूबा था। पचास साल पहले इंग्लैंड के पहले दर्जे के खिलाड़ी भी भारत नहीं आते थे, कॉमनवेल्थ की टीमें बनानी पड़ती थीं जिनमें ज्यादातर ऐसे खिलाड़ी होते थे जिन्हें या तो टेस्ट खेलने का मौका नहीं मिलना था या जो अपने कैरियर की शुरुआत कर रहे थे। अब सब भारत में खेलना चाहते हैं, क्योंकि पैसा यहीं है।

पैसे के अलावा बॉलीवुड के ग्लैमर ने भी लोगों को लुभाया। बादशाह कहे जाने वाले शाहरुख खान तो कोलकाता की नाइट राइडर्स टीम के मालिक ही थे। उनने न सिर्फ अपनी टीम को आगे बढ़ाने के विज्ञापन किए, वे सदल-बल कोलकाता के ईडन गार्डंस के मैदान पर टीम का उत्साह बढ़ाने और दर्शकों को खेल में लाने में भी लगे रहे। अपनी टीम के वे इतने नजदीक हो गए कि डग आउट और ड्रेसिंग रूम में भी टिके रहना चाहते थे। आईसीसी के भ्रष्टाचार निरोधी दस्ते ने उन्हें मैच

के दौरान टीम से मिलने से रोका तो उनने हंगामा मचा दिया। आखिर लीग के कमिश्नर ललित मोदी ने बाकायदा प्रेस कांफ्रेंस करके कहा कि विशेष पास दिए जाएँगे, जिनसे मालिक अपनी टीम के साथ पन्द्रह मिनट डग आउट में रह सकेंगे। लेकिन इससे शाहरुख खान को लगा बुरा कम नहीं हुआ। वे आगे के मैचों में नहीं दिखे। उनकी टीम सेमीफाइनल में भी पहुँच नहीं पाई।

आईपीएल बॉलीवुड और कॉरपोरेट का कैसा मिला-जुला शो था, यह मोहाली की टीम से दिखता था। इस टीम की मालकिन थीं अभिनेत्री प्रीति जिंटा और बराबरी का हिस्सा था नेस वाडिया का। नेस उद्योगपति नस्ली वाडिया के बेटे हैं। नेस और प्रीति की दोस्ती जग जाहिर है। वे शादी भी करने वाले हैं। मोहाली की टीम के मैचों में न सिर्फ ये दोनों साथ दिखते, बल्कि डग आउट में साथ बैठकर टीम का हौसला बढ़ाते। आप कहेंगे कि यह 'डग आउट' क्या होता है? यह मैदान की बाउंड्री के बाहर टीम के बैठने की जगह बनाई जाती है, जिसमें बेंच और कुर्सियाँ होती हैं और ऊपर आधी-सी छत। यह फुटबॉल और हॉकी से क्रिकेट में लाई गई है, ताकि पैवेलियन से आने-जाने में समय बरबाद न हो। बीसमबीस तीन घंटे का तमाशा है और इसकी रफ्तार तेज होती है। डग आउट में खिलाड़ी तैयार बैठे रहते हैं, ताकि मौका आते ही मैदान पर आ जाएँ। कोई खिलाड़ी, जो खेल न रहा हो, बेतार के तार से कमेंट्री करने वालों से बात करता रहता है।

मोहाली के डग आउट में प्रीति और नेस दोनों होते थे और टेलीविजन और प्रेस वालों के केन्द्र होते थे। नेस और ललित मोदी पर मोहाली की पुलिस ने सार्वजनिक स्थान पर सिगरेट पीने का आरोप भी लगाया। नेस और मोहाली के पुलिस अफसर के बीच आखिर तक खटपट चली। इसी जोड़ी को श्रीसन्त को हरभजन के थप्पड़ वाले मामले को भी निपटाना पड़ा। हरभजन पंजाब के हैं, पर तब मुम्बई इंडियंस की कप्तानी कर रहे थे। और प्रीति मुम्बई की हैं, लेकिन पंजाब की टीम की मालकिन हैं। उनने कहा भी कि अगर मैं मोहाली की मालकिन नहीं होती तो नीली पोशाक में मुम्बई के साथ होती। मेरा सबसे चहेता खिलाड़ी तो सचिन तेंदुलकर है। पर क्या करूँ आज तो मेरी वफादारी बँटी हुई है। प्रीति ने अपने खिलाड़ियों और कप्तान युवराज का खूब खुल के उत्साह बढ़ाया। उनकी उपस्थिति उनकी टीम में बड़ी प्रीतिकर थी। सेमी फाइनल में प्रीति की टीम को धोनी की चेन्नई की टीम ने हराया, वह भी मुम्बई में जो कि प्रीति का घर है।

बॉलीवुड का किस्सा इतना ही नहीं था। मुम्बई की टीम को आगे बढ़ाने के विज्ञापन–दुनिया हिला देंगे हम–ऋतिक रोशन ने किए। और दिल्ली की टीम डेअरडेविल्स के राजदूत अभिनेता अक्षय कुमार थे। कैटरीना कैफ विजय माल्या की टीम रॉयल चैलेंजर्स की राजदूत बनी फिरती थीं। सभी मैचों में बॉलीवुड के

अभिनेताओं और अभिनेत्रियों की अच्छी-खासी भीड़ हुआ करती थी। मैच सोनी वाले दिखा रहे थे तो कैमरा को तो मनोरंजन के सितारों पर लगना ही था। दर्शकों का उत्साह बढ़ाने और मन बहलाने के लिए विदेशों से चीयर गर्ल्स को बुलाया गया था। आईपीएल के जरिए इस अमरीकी चलन को क्रिकेट में चलाने की कोशिश की गई। छोटे-छोटे कपड़ों में अंग दिखाने वाली लड़कियाँ जब नाचने लगीं तो सबसे पहले मुम्बई के नेताओं ने विरोध किया। फिर कोलकाता की सड़कों पर विरोध हुआ। फिर हैदराबाद और चेन्नई में मनचले दर्शकों ने नाचने वाली लड़कियों से छेड़छाड़ की। आवाज उठी कि पूरे के पूरे परिवार मैदान पर खेल देखने आते हैं और उनके लिए यह अशोभनीय है। फिर भी कुछ लोग लगे रहे कि हमारी फिल्मों में और हमारे टीवी पर जब यह दिन-रात होता है तो क्रिकेट में चीयर गर्ल्स को रोकना पाखंड है। लेकिन जनमत के सामने या तो चीयर गर्ल्स को हटना पड़ा या कपड़े पहनने पड़े।

आईपीएल बीसमबीस क्रिकेट का टूर्नामेंट ही नहीं था। भारत के पैसे वालों ने इसके जरिए बताया कि वे क्या कर सकते हैं। इतने बड़े पैमाने पर क्रिकेट का व्यापारीकरण पहले नहीं हुआ था। इसमें उद्योगपति व्यापारियों ने करोड़ों रुपयों में टीमें खरीदीं। खिलाड़ियों को नीलाम बोली में खरीदा गया। एक-एक टीम एक-एक खिलाड़ी और एक-एक मैच पर करोड़ों के वारे-न्यारे हुए। मीडिया ने कमाया। क्रिकेट से जुड़े पत्रकारों और कमेंटेटरों ने भी कमाया। क्रिकेट को क्या मिला, यह अभी देखना है। लेकिन मनोरंजन उद्योग को एक नया मैदान मिल गया है, इसमें कोई शक नहीं।

(प्रथम प्रवक्ता, 1 जुलाई, 2008)

कुएँ और खाई के बीच

छब्बीस जून आती है..., इमरजेंसी के लगने की तारीख और मैं आदतन देश के लोकतंत्र और पत्रकारिता की नब्ज टटोलने लगता हूँ। राज चलाने का संकट लगभग वैसा ही है जैसा इन्दिरा गांधी के सामने था।

आज के शासकों से भी शासन नहीं चल रहा है। वे उलटकर इमरजेंसी नहीं लगा रहे तो इसलिए नहीं कि लगाना नहीं चाहते। उनके पास इतनी सत्ता ही नहीं है कि लगा सकें। भारत की जनता ने इसका इन्तजाम कर लिया है कि न तो किसी एक नागरिक को सर्वोच्च होने दो न इतनी सत्ता सौंपो की इमरजेंसी लगा सके। सत्ता का यह विकेन्द्रीकरण न व्यवस्था ने किया है, न राजतंत्र ने। अब भी अपरिहार्य राजनीतिक कारणों से कोई इन्दिरा गांधी जैसी और जितनी सत्ता बटोर ले तो व्यवस्था में वे सारे हथियार मौजूद हैं जिनका इस्तेमाल करके इन्दिरा गांधी ने इमरजेंसी लगाई थी।

सबक जनता ने सीखा है। इमरजेंसी के विरुद्ध उसने व्यवस्था की है कि राजनीतिक तंत्र का इतना विखंडन कर दिया जाए कि किसी एक पार्टी और एक नेता के पास इतनी सत्ता ही न रहे कि वह लोकतंत्र को निलंबित करके प्रेस के मुँह पर ताला लगा सके। इन्दिरा गांधी के बाद उनके बेटे की सत्ता ने भ्रष्टाचार के आरोपों में विश्वसनीयता खोई। सन् 89 के चुनाव में जनता ने राजीव गांधी को सत्ता से उतारकर पटिये पर बैठा दिया। उसके बाद से आज तक किसी पार्टी और नेता को बहुमत नहीं मिला है।

नरसिंह राव की कांग्रेसी सरकार अल्पमत की थी और रही। देवगौड़ा और गुजराल को पार्टियों की जुगाड़ लगानी पड़ी। अटल बिहारी वाजपेयी दो बार प्रधानमंत्री हुए लेकिन दो कार्यकाल पूरे नहीं कर पाए और दोनों बार भाजपाई गठबन्धनों के प्रधानमंत्री हुए। उनके बाद मनमोहन सिंह तो खुद गठबन्धन बनाने वाले प्रधानमंत्री भी नहीं हैं। गठबन्धन बनाने वाली सोनिया गांधी ने उन्हें मनोनीत किया है। वे तो जनता से सीधे चुने गए प्रतिनिधि भी नहीं हैं। उनकी राजनीतिक सत्ता उतनी और वैसी ही है कि जितनी और जैसी सरकार के बैठाए किसी नौकरशाह की होती है।

भारतीय जनता पार्टी का यह आरोप गलत नहीं है कि मनमोहन सिंह से प्रधानमंत्री के पद और उसकी सत्ता का जितना पतन हुआ है उतना पहले कभी हुआ नहीं था। हम सब मानते हैं कि यह लोकतंत्र के लिए ठीक नहीं है कि जिनके पास राजनीतिक सत्ता हो वह सीधे राज न कर रहा हो और जो सरकार चला रहा हो उसके पास राजनेता की सत्ता नहीं नौकरशाह को मिला सत्ता का आदेश हो। सच्चे लोकतंत्र में राजनीतिक सत्ता और शासन का यह द्वैत चल नहीं सकता। आज भी अपने को लगता है कि यह आपद् धर्म में हो रहा है। लेकिन इसका नतीजा यह है कि कोई भी निर्णय और कार्यक्रम ठीक से लागू नहीं होता। सरकार के निर्णय और कार्यक्रम में राजनीतिक सत्ता की ताकत नहीं है।

अमरीका से परमाणु समझौता प्रधानमंत्री का निश्चय है। वामपन्थी अगर उसका विरोध कर रहे हैं तो गठबन्धन समझौते के साथ वहीं तक है जहाँ तक सरकार नहीं टूटती। सरकार और समझौते में से गठबन्धन को अगर किसी एक को चुनना पड़े तो वह सरकार को बचाएगा। ऐसा क्यों हुआ कि प्रधानमंत्री ने गठबन्धन की आम सहमति के बिना अमरीका से समझौता करने का निश्चय कर लिया। और एक बार मंत्रिमंडल ने तय कर लिया तो उससे बाहर रहने वाले वामपन्थी समझौते का विरोध क्यों कर रहे हैं? वामपन्थियों को गठबन्धन से बाहर करके सरकार समझौते पर अन्तिम मुहर लगाने का साहस क्यों नहीं करती? सिर्फ इसलिए नहीं कि इससे सरकार गिर जाएगी, इसलिए भी कि पूरा गठबन्धन समझौते के साथ नहीं है। सहयोगी पार्टियों को उससे ऐतराज नहीं है। वामपन्थियों को है। इसलिए समझौता लटका हुआ है और बार-बार संकट खड़ा करता है।

पिछले बारह साल से हम गठबन्धन धर्म की बातें सुनते आ रहे हैं। गठबन्धन ठीक से चलता रहे इसलिए भाजपा ने अपने सबसे प्रिय कार्यक्रम भी छोड़ दिए। अनुच्छेद 370, समान नागरिक संहिता आदि ही नहीं, अयोध्या में राम मन्दिर बनाने के मामले में भी उसने सत्ता का उपयोग नहीं किया। पूरा संघ परिवार इस पर उससे कुपित हो गया। उसने अपने ही नेताओं को कुर्सी के लिए धर्म से धोखा करने वाला कहा। लेकिन अटल बिहारी वाजपेयी ने कहा कि देश जब अकेली भाजपा को बहुमत देगा, राम मन्दिर तो तभी बन सकता है। वे जानते थे कि उनके गठबन्धन की दूसरी पार्टियाँ राम मन्दिर बनाने के मुद्दे पर उनके साथ नहीं रहेंगी। संघ परिवार के बिना भाजपा एक राजनीतिक पार्टी के रूप में भी बच नहीं सकती। फिर भी आप देखिए कि गठबन्धन के लिए वाजपेयी ने अपने परिवार को ही दुखी और नाराज करने का खतरा मोल लिया।

लेकिन अमरीका से समझौते के मामले में आप प्रधानमंत्री मनमोहन सिंह की जिद देखिए। वे तो बाकायदा जनता से निर्वाचित प्रतिनिधि भी नहीं हैं। नरसिंह राव

ने वित्त मंत्री बनाया था तब भी राज्यसभा में थे और सोनिया गांधी ने प्रधानमंत्री बनवाया तब भी। जिस गठबन्धन के कारण वे प्रधानमंत्री हैं, वह भी कांग्रेस अध्यक्ष सोनिया गांधी का बनाया हुआ है। सारी दुनिया जानती है कि वे एक जननेता की तरह खुद अपने बहुमत से नहीं, बहुमत वाले एक राजनीतिक गठबन्धन के कारिंदे की तरह प्रधानमंत्री का काम कर रहे हैं। वे खूब अच्छी तरह जानते हैं कि जिन वामपन्थियों के कारण गठबन्धन की सरकार है, वे समझौते को किसी भी हालत में स्वीकार नहीं करेंगे। गठबन्धन की दूसरी पार्टियाँ भी उसके पक्ष में उतनी नहीं हैं जितना कि उन्हें उससे ऐतराज नहीं है। सच पूछिए तो सोनिया गांधी की दीवार न हो तो पूरी कांग्रेस पार्टी भी समझौते के लिए लड़ने खड़ी नहीं होगी। फिर सदा से हुकुम बजाने की ख्वाहिश वाले मनमोहन सिंह क्यों अड़े हुए हैं कि समझौता तो होना ही चाहिए?

क्या सोनिया गांधी समझौते के लिए जोर दे रही हैं? आप देखेंगे कि पिछली बार गुब्बारा फूलते-फूलते फटने पर आया था तो सोनिया गांधी ने ही हवा निकालते हुए कहा कि सरकार चलती रहेगी। अब फिर मामला बढ़कर संकट बना है तो सहयोगी पार्टियों के नेताओं ने सोनिया गांधी को जाकर कह दिया है कि उन्हें समझौते से ऐतराज नहीं है लेकिन सरकार चलनी चाहिए। गठबन्धन धर्म का पालन करते हुए सोनिया गांधी अगर समझौते को कार्यरूप देने पर जोर नहीं देंगी तो वामपन्थी समर्थन वापस नहीं लेंगे और हो सकता है चुनाव लड़ने के लिए गठबन्धन भी बना रहे। सोनिया गांधी ही गठबन्धन की कर्ता हैं, उन्हीं को फैसला करना होगा। लेकिन आप देखिए कि राम मन्दिर को लेकर भाजपा ने अपने गठबन्धन और उसकी सरकार पर ऐसा संकट नहीं बने रहने दिया था।

क्या इस कारण कि गठबन्धन चलाने की कला में भाजपा ज्यादा समझदार और अनुभवी है और कांग्रेस और सोनिया गांधी कच्ची? यह भी एक कारण है। लेकिन इससे भी बड़ा कारण भारत के कॉरपोरेट और अमरीका का दबाव है। हम सब जानते हैं कि समझौता करने में भारत से ज्यादा उत्सुक अमरीका है और भारत के पूँजी और उद्योग और व्यापार करने वाले भी बहुत चाहते हैं कि यह समझौता हो जाए क्योंकि यह उनके लिए कमाई के नए रास्ते खोलेगा। इस समझौते से बीस साल में भी भारत की छह प्रतिशत बिजली जरूरतें पूरी नहीं होने वाली हैं और जो बिजली मिलेगी वह बेहद महँगी। फिर भी समझौते को राष्ट्रहित के सबसे बड़े सेवक के रूप में बेचा जा रहा है क्योंकि आजकल कॉरपोरेट हित ही राष्ट्रहित है।

मित्रो, यह लेख मैं अमरीका से परमाणु समझौते और मनमोहन सिंह की सरकार पर नहीं लिख रहा हूँ। मैंने कहा था कि इमरजेंसी न लग सके इसका इन्तजाम जनता ने कर दिया है–राजनीतिक सत्ता का विकेन्द्रीकरण करके। यह तो बिल्कुल ठीक

हुआ है कि अब इमरजेंसी लगा सकने लायक सत्ता जनता ने किसी नेता और पार्टी के पास नहीं छोड़ी है। लेकिन इससे अपनी राजनीति विखंडित होकर इतनी कमजोर भी हो गई है कि अपने ही देश का कॉरपोरेट अमरीका जैसी आर्थिक शक्ति से हाथ मिलाकर अपने और उस देश के हित में भारत को चलाने की कोशिश करे। इतना साफ हो जाने के बाद भी कि भारत की संसद का बहुमत इस समझौते के साथ नहीं है और राजनीतिक आम सहमति भी विरुद्ध है, अपना मीडिया, निहित स्वार्थ और मनमोहन सिंह इसे करवाने पर उतारू हैं। बल्कि लगता है कि ऐसी ताकतें हैं जो मनमोहन सिंह को इस समझौते के लिए सरकार को कुरबान कर देने के लिए उकसा रही हैं और मनमोहन सिंह ने इसे अपनी प्रतिष्ठा का सवाल बना लिया है।

वामपन्थियों के बावजूद अगर यह समझौता हो जाता है तो यह भारत के राजनीतिक तंत्र और संसद की पराजय होगी। इमरजेंसी लगने से भारत के लोकतंत्र और संसद के लिए यह कोई कम हानिकारक नहीं होगा। जनता ने कुएँ में गिरने से तो अपने को बचा लिया है लेकिन बचाने के तरीके ने खाई में गिरने का खतरा बढ़ा दिया है। इसके प्रति भी सचेत होने की जरूरत है।

(प्रथम प्रवक्ता, 16 जुलाई, 2008)

जयचन्द और मीरजाफर समाजवादियों के भेस में

भारतीय राजनीति के कुछ सबसे छोटे सौदेबाज और दलाल मनमोहन सिंह की सरकार को बचाने में लग गए हैं। लगता है बचा भी ले जाएँगे, क्योंकि जितना और जैसा देसी-विदेशी धन इस सरकार को बचाए रखने के लिए दिल्ली, दूसरे महानगरों और राज्यों की राजधानियों में खुले आम घूम रहा है, उससे दस-बीस वोटों का इन्तजाम तो हो ही जाएगा। कांग्रेस में बहुमत की खरीद-बिक्री करने वाले उस्ताद सौदागरों की यों भी कमी नहीं है। फिर उनकी मदद के लिए अमर सिंह जैसा आदमी भी लगा हुआ है जिसने राजनीतिक कैरियर ही जनता में काम करके और उसके विश्वास और समर्थन से नहीं, उद्योग व्यापार में राजनेताओं की और राजनीति में उद्योग व्यापार की दलाली करके बनाया है। दिल्ली में ऐसा कोई राजनीतिक और सत्ता का गलियारा नहीं है जहाँ अमर सिंह की पहुँच और जरिया न हो। जो घोषित रूप से उनके राजनीतिक विरोधी भी माने जाते हैं वहाँ भी बेधड़क जाकर अमर सिंह अपना काम करवा लेते हैं।

पैसे से चलने वाला लोकतंत्र जैसा अमर सिंह ने साधा है, उनके पहले प्रमोद महाजन ने साधा था। सब जानते हैं कि सन् 98 में चन्द्रबाबू नायडू को वामपन्थियों और जनता दल के चंगुल से निकालकर अटल बिहारी वाजपेयी की सरकार बनाने में प्रमोद महाजन ही तैयार करके ले आए थे। सन् 98 से 2004 तक चन्द्रबाबू ने सरकार से बाहर रहकर उसका जो दोहन किया, वह केन्द्र सरकार के पचास-साठ साल के इतिहास में अनोखा और अद्‌भुत माना जाएगा। वे जिसे चाहते उसे किसी भी पद पर नियुक्त करवाते थे और हर योजना के लिए पैसे ले जाते थे। वे विश्वबैंक के पोस्टर नायक थे और बरसों तक नम्बर एक मुख्यमंत्री कहलाते रहे। उनके जैसा पव्वा तो यूपीए की सरकार में वामपन्थियों का कभी नहीं रहा। वामपन्थी सिद्धान्त के नाम पर हल्ला मचाते और बदनाम होते रहे, चन्द्रबाबू नायडू चुपचाप अपने काम करवा लेते थे। कोई सैद्धांतिक आग्रह उनके पास नहीं था। वे सिर्फ यही चिन्ता करते थे कि भाजपा के साथ के कारण कहीं उनके मुसलमान वोट न टूट जाएँ। उन्हें प्रमोद महाजन और अटल बिहारी वाजपेयी ने ऐसा साध के रखा कि छह साल में चन्द्रबाबू

को कोई शिकायत नहीं हुई। अटलजी और चन्द्रबाबू की सरकारों को आखिर जनता ने ही गिराया।

प्रमोद महाजन की दलाली में फिर भी नफासत थी। फिर वे राष्ट्रीय स्वयंसेवक संघ और भाजपा में रहे थे, इसलिए सैद्धांतिक नहीं तो वैचारिक आग्रह उनके थे। भले ही दिखाने के रहे हों लेकिन अंबानी घराने से लेकर अटल बिहारी वाजपेयी और लालकृष्ण आडवाणी के रसोई घर तक उनके तार बिछे हुए थे। वे सेवा से बड़ों की मेहरबानी कमाते थे और इस सेवा में तन-मन-धन सब लगा देते थे। राजनीतिक उपकार करने में वे हमेशा ध्यान में रखते थे कि असामी ठीक से यथायोग्य करके जाए और इस तरह करे कि नाहक किसी की बदनामी न हो। इसलिए आखिर तक उनकी राजनीति सम्मान से चलती रही और दलाली भी। फिर भी आप देखिए कि उनके छोटे भाई ने ही उन्हें मारा। और उनकी हत्या में पैसा और औरत दोनों ही कारक बने। अपने यहाँ सदियों के अनुभव से कहावत निकली है कि जो जैसा करता है वैसा ही भरता है। जो पैसा और औरत प्रमोद महाजन को राजनीति में चढ़ाकर काम करवाने वाला आदमी बना गए थे, उन्हीं ने उनको खत्म भी किया। फिर भी कहना पड़ेगा कि प्रमोद महाजन नहीं होते तो अटल बिहारी वाजपेयी की सरकार न बनती न ऐसी मजे में चलती। प्रमोद महाजन ने सौदा ठीक किया था।

क्या अगले महीने जब अगस्त का क्रान्तिकारी महीना आएगा तो हम कह सकेंगे कि अमर सिंह ने मनमोहन सिंह की सरकार बचा दी और अमरीका से आणविक समझौता भी करवा दिया? सिद्धान्त और राजनीति धरे रह गए और एक दलाल ने सौदा करके सरकार और समझौते दोनों को बचा लिया। तब अमर सिंह का करिश्मा प्रमोद महाजन के चन्द्रबाबू को पटाने और अटल सरकार बनवा लेने से भी बड़ा होगा। अमर सिंह ने सिर्फ मुलायम सिंह यादव को ही तैयार नहीं किया। एक महीने तक तो वे राष्ट्रीय अन्तरराष्ट्रीय राजनीति के सबसे बड़े कार्यकर्ता हो गए। न सिर्फ भारत के उद्योग-व्यापार उनके अहसानमन्द हुए, अमरीका में बुश की सेवा में लगे पूँजीपति और उद्योग-व्यापार भी खुश हो गए। आखिर इन दोनों के बीच सौदा मनमोहन सिंह ने पटाया था। और भारत के वामपन्थी उसे रोक रहे थे। वामपन्थियों को हाशिए पर सरकाकर उन्हें सरकार के मामले में अप्रासंगिक और निरर्थक बनाने का करिश्मा अमर सिंह ने कर दिखाया, जो इतने वर्षों से वामपन्थियों के आशीर्वाद से मुलायम सिंह यादव को धर्मनिरपेक्ष और समाजवादी बनाए हुए थे। अब वामपन्थियों को ठेंगा दिखाकर अमर सिंह ने मुलायम को ही कांग्रेस में ला के बैठा दिया। राम मनोहर लोहिया का गैर कांग्रेसवाद चालीस साल चलकर कांग्रेस में विलीन हो गया। क्या यही गैर-कांग्रेसवाद की तार्किक परिणति है?

आपको निश्चित ही याद होगा कि सन् 2004 के लोकसभा चुनाव के नतीजे

आने के बाद सबसे बड़ी पार्टी की नेता के नाते सोनिया गांधी गठबन्धन बनाने में लगी थीं। तब गठबन्धन में आई पार्टियों के नेताओं का भोजन सोनिया गांधी के घर पर था। उस डिनर बैठक में अमर सिंह भी कॉमरेड सुरजीत के साथ बिना बुलाए आ गए थे। हालाँकि मुलायम सिंह यादव की समाजवादी पार्टी ने अच्छी-खासी सीटें जीती थीं और वह संयुक्त प्रगतिशील गठबन्धन में शामिल होने के बहुत उपयुक्त पार्टी थी, लेकिन सोनिया गांधी ने न सिर्फ दूरी बनाए रखी थी, यह भी साफ बता दिया था कि अमर सिंह बिना बुलाए आए थे और उनका ऐसा आना सोनिया गांधी को कतई पसन्द नहीं आया है।

अपमानित किए गए अमर सिंह फिर भी अपनी पार्टी का समर्थन यूपीए की सरकार को घोषित किए रहे। सोनिया गांधी और कांग्रेस अभी-अभी तक मायावती के समर्थक बने हुए थे। वह तो बहन जी कांग्रेस की कीमत पर प्रधानमंत्री बनने की महत्त्वाकांक्षा पर खुलकर खेलने लगीं तब कांग्रेस ने हाथ खींचा। अमर सिंह और मुलायम सिंह तब भी कोई बहुत स्वागत योग्य नहीं हो गए थे। दस जनपथ से बड़े बेआबरू होकर निकाले गए अमर सिंह तब अमरीका गए। दो साल से वे और मुलायम अमरीका से आणविक समझौते पर कांग्रेस की बात मानने को तैयार नहीं थे। वे वामपन्थियों की तरह धौंस तो नहीं दे रहे थे कि समझौता किया तो हम समर्थन वापस ले लेंगे। समाजवादी पार्टी के समर्थन पर सरकार टिकी भी नहीं थी। लेकिन मोटे तौर पर माना जाता था कि वे वामपन्थियों के साथ हैं और चुनाव के पहले उनसे मिलकर दूसरी छोटी पार्टियों के साथ तीसरा मोर्चा बनाएँगे। इस तरह अगले चुनाव में तीन मोर्चे होंगे। एक कांग्रेस का, दूसरा भाजपा का और तीसरा वामपन्थियों का। लेकिन अमरीका यात्रा ने तो मुलायम सिंह की अनुमति से अमर सिंह को बिलकुल बदल ही दिया। वे सौदे करने में मशहूर हैं और कहा जाता है कि अमरीका में भी उनका बुश के लोगों से समझौता हो गया है। व्यंग्य में लोग यह भी कहते हैं कि अमर सिंह की हैसियत अब ऐसी है कि वे अमरीकी लोगों को पैसा दे सकें। क्यों? सोनिया गांधी पर दबाव डालने के लिए कि वे अमर सिंह और मुलायम सिंह को दोस्त मानें और वामपन्थियों से पीछा छुड़ाने के लिए समाजवादी पार्टी की मदद लें। मुलायम सिंह यादव और अमर सिंह को मायावती और सीबीआई से बचाने का यही एक सम्मानजनक रास्ता है। देशहित के आणविक समझौते और सरकार को बचाकर जो पुण्य वे कमाएँगे उससे उनके सारे पाप धुल जाएँगे।

जो हो, जिन सोनिया गांधी ने बिन बुलाए मेहमान को बाहर कर दिया था, वही अमर सिंह उनके गठबन्धन की सरकार और उनके बनाए प्रधानमंत्री की प्रतिष्ठा बचाने ऐन मौके पर भारत में अवतरित हो गए। अमरीका ने यह राजनीतिक सौदा करवाया या अपने हित स्वार्थ के कारण सोनिया गांधी खुद ही तैयार बैठी थीं, यह

तो भगवान ही जानता है। लेकिन ईमानदारी और सिद्धान्त के पक्के सोनिया गांधी और मनमोहन सिंह ने अवसरवादिता में आयाराम-गयाराम को भी मात दे दी। कहते हैं मजबूरी और राजनीति सब सिखा देती है। धूल-धक्कड़, कीचड़-पत्थर और लेन-देन की राजनीति के ऊपर माने और बताए गए इन दोनों राजनीतिविहीन और सिद्धान्तप्रिय नेताओं ने अमरीका से समझौता और अपनी सरकार को बचाने के लिए नरसिंहराव और अटल जी जैसी सौदेबाजी कर दिखाई।

अमर सिंह और मुलायम सिंह सरकार, कांग्रेस और अमरीका से निश्चित ही पूरी कीमत वसूलेंगे। अमरीका यह समझौता करने में भारत से भी ज्यादा उत्सुक है, क्योंकि इसके जरिए वह भारत की आणविक शक्ति पर अपना नियंत्रण तो करेगा ही, उसके उद्योग-व्यापार को भी यहाँ कमाई का अच्छा मौका मिलना निश्चित है। भारत उसके खेमे में लगभग शामिल होगा, यह उसके कूटनीतिक हित में है। देश में इतने राजनीतिक विरोध के बावजूद अमरीका से समझौता कर लेना मनमोहन सरकार को अपने देश की राजनीति से ऊपर और देश के उद्योग-व्यापार को पूरे राष्ट्र के हित से सर्वोपरि होने का मौका भी देगा। यानी देश को बिजली देने के नाम पर उन्हीं के हित स्वार्थ पूरे होंगे, जिन्हें भारत के गरीब और वंचित लोगों की कोई फिकर नहीं है। लेकिन सबसे घातक तथ्य यह है कि लोकतंत्र की राजनीति के सूत्र अमरीका के हाथ में होंगे और भारत के राजनेता उसके हितों के कठपुतले। जयचन्द और मीरजाफर समाजवादियों के नाम पर काम करेंगे।

(प्रथम प्रवक्ता, 1 अगस्त, 2008)

बहुमत चाहिए? खरीद लो!

मनमोहन सिंह और उनकी सरकार और कांग्रेस और देश के प्रभुवर्ग के लिए यह कोई चिन्ता की बात नहीं है कि बहुमत कैसे मिला। ठीक-ठाक बहुमत मिल गया यही उनके लिए सबसे महत्त्वपूर्ण है। इसलिए लोकसभा के दो दिन के सत्र को पीछे सरकाकर बल्कि उसकी याद को भी लगभग मिटाकर वे आगे के काम में लग गए हैं। काम भी बहुत बड़े-बड़े हैं। अमरीका से आणविक समझौते को क्रियाशील करना है और आर्थिक सुधारों की प्रक्रिया को तेज करना है। वामपन्थियों का फच्चर निकल गया है तो अब वे सब काम कर लेने हैं जो चार साल से ठंडे बस्ते में पड़े हुए थे। समय सिर्फ आठ महीने का है। चुनाव के बाद क्या होगा कौन जानता है।

लोकसभा में मतदान के पहले जो हुआ उसकी निन्दा यह भी कर रहे हैं। उसे दुर्भाग्यपूर्ण बता रहे हैं। उसकी निष्पक्ष जाँच की माँग भी कर रहे हैं लेकिन ऐसे जैसे उससे इनका कोई लेना-देना ही नहीं हो। जैसे वह सब भाजपा का किया-धरा हो। उन्हीं के तीन सांसदों ने हजार के नोटों की गड्डियाँ लहराकर सदन और लोकतंत्र पर कालिख पोती हो और इस पूरे प्रकरण में जो भी कुछ हुआ हो उस पर कानूनी कार्रवाई होनी चाहिए।

क्या वह सचमुच भाजपा का किया गया स्टंट था और उसका इरादा मतदान को रोकना या सरकार की विजय पर काला सवालिया निशान लगाना था? क्या एक करोड़ के वे नोट भाजपा के उन तीन सांसदों ने खुद ही इकट्ठे किए थे और उन्हें किसी तरह सदन में ले जाकर इसलिए लहरा रहे थे कि बहुमत पाने की सरकार की स्थिति को बदनाम किया जा सके? मतदान के पहले सदन में जो होता हुआ देश और दुनिया ने देखा वह महज राजनीतिक नौटंकी थी जिससे अपने लोकतंत्र को बदनाम करने की कोशिश की गई? और उसे ऐसा ही मानकर खारिज करना चाहिए और अपने काम में लग जाना चाहिए?

लेकिन आप सरकार की जीत के आँकड़े देखें और उनका विश्लेषण करें तो पाएँगे कि अगर विपक्ष के चौदह सांसद क्रॉस वोटिंग नहीं करते और चार वोट देते और तीन गैरहाजिर नहीं रहते तो सरकार कभी जीत ही नहीं सकती थी। तब सरकार

के विश्वास मत के पक्ष में दो सौ इकसठ होते और उसके विरुद्ध दो सौ सत्तर। अगर समाजवादी पार्टी के छह और कांग्रेस के कुलदीप बिश्नोई सरकार के खिलाफ वोट नहीं देते और अपनी पार्टियों का निर्देश मानते तो भी सरकार जीत नहीं सकती थी, क्योंकि तब भी उसके पक्ष में दो सौ अड़सठ होते और विपक्ष के दो सौ सत्तर। यानी सरकार की जीत विपक्ष के सांसदों के वोट देने और न देने से निश्चित हुई है। विपक्ष में से ऐसा करने वाले सबसे ज्यादा सांसद भाजपा के थे।

अब यह दावा अभी तक नहीं किया गया है कि मनमोहन सिंह ने शुभ करम करने का जो वर शिवा से माँगा था, उसका ऐसा असर हुआ कि ये सांसद अपनी पार्टी लाइन और निर्देश तोड़कर सरकार के साथ हो गए। सरकार की तरफ से ऐसा दावा नहीं किया गया, न अमरीका से समझौते पर अपना हृदय परिवर्तन हो जाने की बात किसी सांसद ने की है। कांग्रेस में अन्तर्रात्मा का बड़ा ऊँचा स्थान है और वहाँ भी इसका मतलब यही है कि सौदा हो गया है। कांग्रेस के किसी प्रवक्ता ने अब तक घोषणा नहीं की कि विश्वास मत पर सांसदों ने अपनी अन्तर्रात्मा की आवाज सुनी और उसके अनुसार वोट दिया। दावा सिर्फ जीत का किया गया है। उसे प्रभावकारी भी बताया गया है। लेकिन इसे अन्तर्रात्मा की विजय तो किसी ने भी कहा नहीं है।

तो फिर अपनी पार्टी लाइन के खिलाफ वोट देना, वोट देने को कहे जाने के बावजूद वोट नहीं देना और सदन से अनुपस्थित हो जाना, विचारधारा या मुद्दे के कारण नहीं हुआ। राजनीतिक कारणों से भी नहीं हुआ, क्योंकि अभी तक किसी ने कहा नहीं है कि मैं या हम राजनीति बदल रहे हैं। तो फिर यह सब जो हुआ और जिसके कारण सरकार जीती वह घोड़ा मंडी में खरीदी-बिक्री के कारण हुआ होगा, जिसके दावे सरकार और उसके सहयोगी और विपक्ष की सभी पार्टियाँ और नेता कई दिनों से करते आ रहे थे। दरअसल, इसका सिलसिला उसी दिन से शुरू हो गया था जब अमरीका से लौटे अमर सिंह को सुरक्षा सलाहकार एम.के. नारायणन ने समझाया था और मुलायम सिंह से बात करने के बाद वे अमरीका से समझौते पर सरकार का समर्थन करने को तैयार हो गए थे।

अमर सिंह को अब तक किसी ने भूल से भी किसी वैचारिक या सैद्धांतिक निष्ठा का दोषी नहीं बताया है। मुलायम सिंह जरूर समाजवादी अखाड़े के पट्ठे रहे हैं और राम मनोहर लोहिया के नाम पर दंड-बैठक लगाकर दाँवपेंच लड़ते रहे हैं। पर पिछली बार जब वे उत्तर प्रदेश के मुख्यमंत्री हुए तो दिल्ली में भाजपाई गठबन्धन का राज था और सब जानते हैं कि उनकी सरकार अटल-आडवाणी के आशीर्वाद से बनी और चली। बाबरी मस्जिद ध्वंस के मामले में मुलायम की सरकार ने आडवाणी पर नरम रवैया अपनाया और कुल मिलाकर उत्तर प्रदेश में भाजपा के कामकाज होने दिए।

इस समझौतावादी रवैए के चलते उनके अपने बाहुबलियों ने भी मुलायमराज का अच्छा लाभ लिया। खुद मुलायम सिंह का रवैया 'खाओ और खाने दो' का रहा, इसलिए राजधानी भले ही लखनऊ में रही हो, सारे प्रदेश में खुला खेल फर्रुखाबाद का ही रहा। इस सबका लाभ मायावती को मिला और सन् 2007 के विधानसभा चुनाव में उनने अकेले ही बहुमत पा लिया।

राज में होने और कमाने-बनाने के लोभ में मुलायम सिंह यादव ने अपने सभी पुराने समाजवादी मित्र और सिद्धान्त और संस्कार खो दिए। जैसे लालू प्रसाद यादव ने बिहार में संपदा बनाई थी वैसी ही मुलायम सिंह यादव की बनी। जैसी उनकी दुर्गति हुई थी वैसी ही मुलायम सिंह की होने लगी। सुप्रीम कोर्ट में एक जनहित याचिका पर कोर्ट ने सीबीआई से कहा कि आय से अधिक संपत्ति के आरोपों की जाँच की जाए। ऊपर से मायावती उनके पीछे पड़ गईं। प्रशासनिक और राजनीतिक तौर-तरीकों से उनने उत्तर प्रदेश में मुलायम सिंह के राजनीतिक और आर्थिक आधार की खुदाई शुरू कर दी। अब पहले के समाजवादी मुलायम सिंह रहे होते तो राजनीतिक लड़ाई लड़ लेते। पर अब मैदानी लड़ाई लड़ने की हिम्मत और इच्छा दोनों ही उनमें खत्म हो गई है। अमर सिंह ही इन्हें बचा सकते थे। और अमर सिंह तो शुरू से ही सौदेबाजी और दलाली का धन्धा करते रहे हैं। वही उनकी राजनीति और रोजी है। उनने मुलायम सिंह का मनमोहन सिंह और सोनिया गांधी से सौदा करवा दिया। समाजवादी पार्टी के उनतालीस सांसद सरकार और अमरीका से करार को वामपन्थियों के वार से बचाएँगे, बदले में सरकार उन्हें सीबीआई और मायावती से बचाएगी। बाकी के सौदों की दलाली अमर सिंह की होगी।

इस तरह सरकार और करार मुलायम सिंह से सौदे पर ही बचने वाले थे। इसमें सिद्धान्त, सरकार की विदेश नीति, देश की ऊर्जा, सुरक्षा जैसे राजनीतिक मुद्दों का कहीं सवाल नहीं था। सन् 2005 में जब मनमोहन सिंह समझौते पर बुश से बात करके आए थे तभी से मुलायम सिंह और उनकी पार्टी इसके विरुद्ध थी। समाजवादी मुलायम हमेशा अमरीका और खुले बाजार की पूँजीवादी अर्थव्यवस्था के खिलाफ रहे हैं। गैर-कांग्रेसवाद उनकी राजनीति का पहला सिद्धान्त और कारक रहा है। कांग्रेस और भाजपा दोनों से दूरी और दोनों का विरोध उनके स्वतंत्र राजनीतिक अस्तित्व की पहली शर्त रहे हैं।

कांग्रेस और अमरीका से करार के साथ जाने की बात करते वक्त मुलायम सिंह ने समाजवाद और गैरकांग्रेसवाद को छोड़कर खुले बाजार के अमरीकी पूँजीवाद को मंजूर करने की बात कभी कही नहीं। यह भी नहीं कहा कि यह उत्तर भारत की सामाजिक शक्तियों का नया मेल-मिलाप है और नया राजनीतिक समीकरण बनाया जा रहा है। उनने यह भी नहीं कहा कि कांग्रेस से हमारा सौदा हो गया है। लेकिन

सब जानते हैं कि मुलायम सिंह ने क्या सौदा किया और अमर सिंह को क्या दलाली मिली है। अब सरकार और अमरीका से करार को बचाने का पहला सौदा मनमोहन सिंह ने मुलायम सिंह से किया। फिर भी उनका बहुमत नहीं होना था। विपक्ष के जिन चौदह सांसदों से सौदा हुआ, आँकड़े बताते हैं कि उन्हीं से सरकार और करार बचे। यानी चाहे समाजवादी पार्टी का समर्थन हो चाहे विपक्ष के चौदह सांसदों का, सौदेबाजी से ही मनमोहन सिंह को बहुमत मिला है।

जब से सरकार ने घोषणा की कि हम संसद में बहुमत साबित करेंगे, आरोप चिनगारियों की तरह निकल रहे थे कि सांसद खरीदे जा रहे हैं। भारत की कम्युनिस्ट पार्टी के महासचिव ए.बी. बर्धन तो इतने दिन से कह रहे थे कि पच्चीस करोड़ का भाव चल रहा है। मायावती के दृश्य में आने के बाद समझा जा रहा था कि समाजवादी पार्टी को तोड़ने या उसके सांसदों को अपनी तरफ खिसकाने में उनके संसाधन लग रहे हैं। छह सांसद समाजवादी पार्टी से टूटे भी। लेकिन संसाधन तो सबसे ज्यादा सरकार और उसके मित्रों के पास ही थे। उसी पर खरीदी करने के आरोप लग रहे थे और सरकारी लोग कह रहे थे कि सबूत बताइए। इसीलिए वे तीन भाजपाई सांसद नोटों की गड्डियाँ लेकर सदन में घुस गए और उनने नोटों की गड्डियाँ लोकतंत्र के गर्भगृह में लहराईं। दावा किया कि यह पेशगी उन्हें अमर सिंह और सोनिया गांधी के राजनीतिक सचिव अहमद पटेल से मिली है, वोट न देने के नौ करोड़ के एवज में।

लोकसभा की टेबल पर नोटों की गड्डियाँ हमारे लोकतंत्र में बहुमत के बिकाऊ होने की बानगी भर हैं। अब हम परमाणु ईंधन के लिए दुनिया के अमीर देशों से लेनदेन करने वाले हैं। क्या दुनिया के अमीर हमारे लोकतंत्र को खरीद नहीं सकेंगे? जब अमर सिंह मुलायम सिंह को बिकवा सकते हैं और विपक्ष के कम से कम चौदह सांसद खरीदे जा सकते हैं, तो किसी दिन पूरा सदन क्यों नहीं? शर्मनाक प्रश्न है, पर यक्ष्य प्रश्न है।

(प्रथम प्रवक्ता, 16 अगस्त, 2008)

खुदीराम देखें तो...!

अखबार में अभी यह विज्ञापन देखकर मैं बहुत विचलित और कातर हो गया हूँ। और रूँधे गले और डबडबाई आँखों से अपने आप से पूछ रहा हूँ कि निहायत मासूम दिखने वाला उन्नीस वर्ष का वह खुदीराम बोस–इक बार बिदाय दाओ माँ, घूरे आशी–कहकर क्या इसलिए फाँसी पर झूल गया था कि एक दिन इक्कीस वोट खरीदकर मनमोहन सिंह बहुमत जीत लेगा। अपनी माँ से फिर आने का वायदा करके गया वह खुदीराम बोस आज लौटकर आए और 15 अगस्त के दिन हमसे पूछे कि सौ साल पहले मैं हँसते-हँसते फाँसी पर क्यों चढ़ गया था? इसलिए कि तुम सौदेबाजी और खरीद-बिक्री करके राज चलाने के लिए आजाद होगे? मेरी जान की यह कीमत लगाई आप लोगों ने?

मैं जानता हूँ कि यह हद दर्जे की भावुकता है। लेकिन अपनी आजादी के बासठवें जन्मदिन पर भी क्या आप भावुक नहीं होते? भावुकता के बिना क्या अंग्रेजों से इतनी लंबी और मुश्किल लड़ाई यह देश लड़ सकता था? खुदीराम बोस, भगत सिंह, राजगुरु, आजाद क्या बिना भावुकता के अपनी जन्मभूमि की स्वतंत्रता के लिए जान दे सकते थे? अपनी माँ और अपनी जन्मभूमि पर कुरबान होने की भावना क्या किसी सौदे और दलाली से आती है? क्या यह लोकसभा में मनमोहन सिंह का–शुभ करमन से कबहुँ न टरौं–की झूठी प्रतिज्ञा लेना है जो बेहद अपवित्र खरीद-बिक्री से पूरी होती है? महात्मा गांधी और उनके साथ के करोड़ों देशभक्तों ने ऐसे ही दोगलेपन से भारतमाता की जय बोलकर लाठियों और गोलियों का सामना किया होता तो वे विश्व बैंक की तिजोरी में सुरक्षित पड़े सड़ रहे होते। जरा अपनी छाती पर हाथ रख के पूछिए कि आजादी के लिए लड़ने और उसे बनाए रखने के लिए भावुकता अधिक चाहिए या मनमोहन सिंह और सोनिया गांधी का ठंडा, लिजलिजा, हिसाबी सिनिकपन?

मुझे मालूम है कि राज चलाने के लिए भावुकता की नहीं, हिसाबी दिमाग और काम निकालने के व्यावहारिक उपायों की भी जरूरत होती है। साम, दाम, दंड, भेद। लेकिन ऐसे ही तो अंग्रेजों ने साम्राज्य बनाया और चलाया था। प्लासी की 1757

की लड़ाई नवाब के सेनापतियों को रिश्वत से खरीदकर जीती और 1947 में हिन्दुओं को मुसलमानों से लड़ाकर दो देश बनाकर गए। 1857 में कितने भारतीयों को मारा और उनसे ज्यादा लोगों को भ्रष्ट किया, इसका अंदाज तो पिछले साल हमने लगाया ही है। दूसरों के देश में जब लुटेरे लूटपाट के लिए जाते हैं तब उन्हें चिन्ता नहीं होती कि वे क्या कर रहे हैं। लेकिन राज करने का क्या एक अंग्रेज तरीका ही है? अगर वही है तो हमने अंग्रेजों को निकाल बाहर क्यों किया? इसलिए कि उनकी जगह पर उन्हीं के तरीके से हम अपने ही लोगों पर राज कर सकें? अपने लोगों के आदेश पर अपने ही देश का राज, क्या आप ऐसी नैतिक गैर-जिम्मेदारी से चलाते हैं कि लोगों के लिए कोई आदर्श साबुत बचे ही नहीं। जिसमें बहुमत खरीदा जा सकता हो उस लोकतंत्र की फिकर लोग किस सम्मान भाव से करेंगे? तीस साल पहले जेपी और लोगों ने इमरजेंसी की लड़ाई लड़ ली। लेकिन ऐसे बिकाऊ बनाए जा रहे लोकतंत्र के लिए कौन अपनी जान देने आगे आएगा? जो खरीद सकते हैं, अपनी नागरिक आजादियाँ खरीद लेंगे। बाकी के लोग अपनी ही सरकार माई-बाप की मेहरबानी पर घिघियाकर जिएँगे। पैसे के लिए पैसे वालों का लोकतंत्र पैसे से चलेगा। तब आप खुदीराम बोस को नहीं, धीरूभाई अंबानी को याद करेंगे।

तब क्या यह अपना भारत सचमुच आजाद देश रह जाएगा? आजकल बाहर जाना, उपनिवेश बनाना और राज चलाना इतना महँगा और मुश्किल हो गया है कि दुनिया पर राज करने वालों ने पुराना साम्राज्यवादी तरीका छोड़ दिया है। सूचना क्रान्ति के जमाने में अब जरूरी भी नहीं रह गया है कि वे अपनी भौतिक उपस्थिति और हथियारों से अपना उपनिवेश चलाएँ। पुराने साम्राज्यवादी देश एशिया, अफ्रीका और लैटिन अमरीका से जो संपदा लूटकर लाए थे और जिसे उनने बड़ी जुगत से जमा करके ब्याज से कई गुना बढ़ा लिया है, उग्गत की उस पूँजी के लिए अमरीका को आगे करके उनने दुनिया भर के रास्ते खुलवा लिए हैं। यह पूँजी अब कहीं भी कैसे भी लगकर कमाई करती है। कमाई अपने घर भेजती है। जहाँ कहीं ज्यादा कमाई दिखाई देती है वहीं जाकर लगती है। किसी की नहीं होती। लौटकर यह अप्सरा अपने स्वर्ग में ही आती है।

यह वित्तीय पूँजी अठारह से बीसवीं सदी तक की साम्राज्यवादी सैनिक शक्ति से कहीं अधिक टिकाऊ और शक्तिशाली है। उस सैनिक शक्ति को भय और आतंक फैलाकर राज जमाना होता था और डंडे और छल से ही राज करना होता था। वित्तीय पूँजी भय नहीं फैलाती। आतंक नहीं मचाती। लालच जगाती है। उसे जगाए रखने और पालने-पोसने के लिए अमीरी और शान-शौकत का लगातार स्वाद चखाती रहती है। भय से ज्यादा टिकाऊ और ताकतवर लालच होता है। भय तो डंडा उठने पर

खत्म हो जाता है। डंडा बना भी रहे तो धीरे-धीरे आदमी को उसकी आदत हो जाती है, लेकिन लालच लग जाने के बाद कभी कम नहीं होता। आदमी उसे जितना सन्तुष्ट करने की कोशिश करता है, उतना ही वह बढ़ता जाता है। इसलिए अनुभवी लोगों ने कहा कि सारी दुनिया भी एक आदमी के लालच का पेट नहीं भर सकती।

इसलिए दुनिया पर राज करने वालों ने भय को म्यान में रखकर लालच की तलवार से राज करने का निश्चय किया है। इससे उनकी जान-माल की हानि भी नहीं होती। उनकी पूँजी जाकर मचलते लोगों का संसार बसाती है। उनका घर-बार बनाती और उनके बाल-बच्चे पैदा करती है। उन्हें इतना पालतू और सुख-सुविधाओं का गुलाम बनाती है कि उनका स्वराज अपने आप समाप्त हो जाता है। उनमें अपना राज अपने आप चलाने और अपने पर अपना ही राज रहने का निश्चय ही खत्म हो जाता है। जब लोग ऐसे हो जाएँ तो यह पूँजी अपनी याद और अपने बाल-बच्चे छोड़कर अप्सरा की तरह अपने स्वर्ग में देवताओं के साथ रमण करने लौट आती है।

उसके छोड़े हुए लोग फिर भी कहते हैं कि चली गई तो क्या हुआ। वह जो संसार बनाकर छोड़ गई है वह हमारी लक्ष्मी की कंगाली से तो कई गुना बेहतर है। हम लक्ष्मी की जगह उस अप्सरा की पूजा भी करेंगे तो एक दिन उसके स्वर्ग जैसा संसार बना लेंगे। हमें अपनी कंगाल लक्ष्मी नहीं, वह अप्सरा ही चाहिए। जब वे ऐसा मानने और कहने लगेंगे तब वे वित्तीय पूँजी के मालिकों के गुलाम हो जाएँगे। ये गुलाम खाते-पीते होंगे। पढ़े-लिखे होंगे। पूँजी की दुनिया में अपनी जगह बनाने वाले होंगे। अपने ही लोगों को लूटने और उन पर छल-कपट और झूठ-पाट से राज करने में उन्हें कोई शर्म नहीं होगी। वे जानते हैं, और कोई सवाल करेगा तो वे यही जवाब देंगे कि दुनिया पर राज करने वाले देवताओं ने इसी तरह भारत पर भी राज किया था। और, भारत का अपने पर स्वराज करने का अपना तो कोई तरीका है नहीं। इसलिए इस देश को अराजकता में टुकड़े-टुकड़े होने देने के बजाय हम उन्हीं की तरह राज कर रहे हैं जिनने इस देश को राष्ट्र बनाकर इतने साल रखा।

इसे व्यंग्य मत समझिए। ऑक्सफोर्ड में पढ़े मनमोहन सिंह प्रधानमंत्री बनने के बाद वहाँ कहकर आए कि हमें जो अंग्रेजी आपने सिखाई थी उसी के कारण सूचना क्रान्ति में हम इतने आगे हैं। और आप जो संस्थाएँ बनाकर हमें दे आए थे उन्हीं से हम अपना लोकतंत्र चला रहे हैं। अब इसमें क्या अचरज कि जैसे लॉर्ड क्लाइव ने प्लासी की लड़ाई में नवाब के सेनापतियों को खरीद लिया था वैसे ही मनमोहन सिंह ने विपक्ष के इक्कीस सांसदों को मोल लेकर सरकार बचाई और अमरीका से करार करने का अधिकार पा लिया। आज आप अपने शासकों और राज करने के उनके तौर-तरीकों को समझें तो साफ हो जाएगा कि ब्रिटिश साम्राज्य के राजगुरु मैकाले

के वे कितने सच्चे सपूत और शिष्य हैं। ऐसे ही लोगों की पीढ़ियाँ पैदा होती रहें इसलिए अंग्रेजों ने कोई दो सौ साल राज किया। बाबर की औलाद के पीछे तो संघ वाले पड़े रहते हैं। लेकिन क्लाइव और मैकाले के सपूतों में हमारा विश्वास अटूट है।

बीएसई सेंसेक्स यानी मुम्बई के शेयर बाजार को आप देखें तो विदेशी वित्तीय पूँजी की अप्सरा का बनाया संसार आपके सामने अपनी पूरी जगमगाहट में स्पष्ट हो जाएगा। वहाँ 80 प्रतिशत से ज्यादा यही पूँजी लगी हुई है और हमारा मीडिया उसका नाच दिन में बीसियों बार दिखाता रहता है। आठ से दस प्रतिशत की वृद्धि दर उसके कारण है। नहीं तो अठारह वर्ष से खेती और पिछले कुछ साल से औद्योगिक उत्पाद तो गिरता ही जा रहा है। अर्थव्यवस्था लगातार बड़ी होती जा रही है। लेकिन उसमें आम लोगों का हिस्सा तेजी से कम हो रहा है। खरबपतियों की संख्या पिछले चार साल में छह गुना बढ़ी है। लेकिन सिर्फ बीस रुपया रोज पाने वालों की गिनती चौरासी करोड़ से ज्यादा हो गई है। अपने स्वभाव के मुताबिक इस अर्थव्यवस्था ने अमीरों को और अमीर तथा गरीबों को और गरीब बनाया है। इसलिए यह देश अपने ही दस प्रतिशत पैसे वाले शासकों का उपनिवेश बन रहा है। दस प्रतिशत अमीर अमरीका के गुलाम हैं। हम उनके भी गुलाम के गुलाम। जी हाँ, आजादी के इकसठवें साल में।

इसलिए माफ करें। उस मासूम खुदीराम बोस का दुधमुँहा चेहरा देखकर मैं इतना कातर और भावुक हो गया। एक बार विदा दो माँ, मैं फिर आऊँगा। आओ खुदीराम बोस! आओ!! और देखो कि तुम्हारे जैसे भारतमाता के बेटे फाँसी पर चढ़ गए। क्या इसलिए कि क्लाइव और मैकाले के बेटे हम पर राज करें? 15 अगस्त तुम्हें बहुत दुखी करेगा खुदीराम!

(प्रथम प्रवक्ता, 1 सितम्बर, 2008)

न सेना से, न साम्प्रदायिकता से

पाकिस्तान के उन पुराने सेनापति मसूद ने एनडी टीवी पर प्रणोय रॉय और बरखा दत्त से कहा, अमेरिकियों की तरह आप भी बात तो लोकतंत्र की करते हैं पर भरोसा आपको भी पाकिस्तानी सेना पर ही है। बहस इस बात पर हो रही थी कि परवेज मुशर्रफ के जाने के बाद भारत और पाकिस्तान के बीच चल रही शान्ति वार्ता पर कितना असर पड़ेगा। भारत के सुरक्षा सलाहकार नारायणन ने कहा था कि मुशर्रफ गए तो आतंकवादियों और उनके भारत के खिलाफ उपयोग की सेना की रणनीति पर खराब असर पड़ेगा। मुशर्रफ ने सेना और आतंकवादियों पर लगाम कस रखी थी। यानी भारत से शान्ति वार्ता चलाए रखने में मुशर्रफ के जनरल होने और पाकिस्तानी सेना पर काबू रखने का बड़ा योगदान था। और यह धारणा भारत में लगभग सभी जगह है और सहज स्वीकार्य है।

इस धारणा के पीछे जाहिर है कि यह विश्वास है कि पाकिस्तान में सच्ची सत्ता सेना के पास होती है। और जो भी सेना पर नियंत्रण रखता है वही वहाँ सचमुच सत्तावान होता है। इसीलिए कहावत है कि पाकिस्तान को तीन ए यानी अल्लाह, अमेरिका और आर्मी चलाते हैं। अमेरिका ने अपने रणनीतिक हितों की खातिर पाकिस्तान में शुरू से सेना को मजबूत करके सैनिक तानाशाहों का समर्थन किया है। एक तो सेना और सैनिक तानाशाहों को नियंत्रित करना आसान होता है और दूसरे अमेरिका के सामरिक हित वही पूरे कर सकते हैं। इसलिए अपने को दुनिया का सबसे शक्तिशाली और रईस लोकतंत्र बताने वाले अमेरिका ने पाकिस्तान में लोकतंत्र और जनता के स्वाभाविक नेताओं को बढ़ावा और समर्थन नहीं दिया।

माना जाता है कि बेनजीर भुट्टो अमेरिका का आशीर्वाद लेकर आई थीं। इस परिवर्तन का कारण अमेरिकी प्रशासन में यह शक था कि आतंक के खिलाफ अमेरिकी युद्ध में मुशर्रफ डबल रोल खेल रहे हैं। वे आतंकवादियों खासकर तालिबान और अलकायदा का भी साथ देते हैं और उनके विरुद्ध मुहिम में शामिल भी हैं। मुशर्रफ के बने रहने और जिंदा रहने की शायद यही मजबूरी थी। लेकिन अमेरिका को मुशर्रफ की मजबूरी से सहानुभूति नहीं थी। वह चाहता था कि मुशर्रफ

आतंकवादियों के विरुद्ध पाकिस्तानी धरती से अमेरिका को सीधी कार्रवाई करने दे। मुशर्रफ ऐसा करते तो न सिर्फ आतंकवादी, पाकिस्तान की जनता भी उनको बर्दाश्त नहीं करती। पाकिस्तान में कुछ वर्षों से घोर अमेरिका विरोध की सुनामी आई हुई है। अमेरिका ने मुशर्रफ को छोड़ देने के निश्चय के बाद ही बेनजीर भुट्टो को आशीर्वाद देकर भेजा था। अमेरिका को लगता था कि उन्हें लोकतांत्रिक मुखौटे की तरह इस्तेमाल करके ज्यादा अच्छी तरह काम किया जा सकता है।

बेनजीर के परिदृश्य से हटाए जाने में मुशर्रफ का हाथ हो या न हो, उनके खिलाफ महाभियोग लाने में भी अमेरिकी प्रेरणा नहीं रही होगी। आसिफ जरदारी और नवाज शरीफ दोनों ही अपने-अपने कारणों से मुशर्रफ से हिसाब साफ करने को कसम खाए बैठे थे। अगर अमेरिका का पहले जैसा वरदहस्त होता तो मुशर्रफ फिर भी निपटने की कोशिश करते। लेकिन वे जानते थे कि उन्हें जाना होगा। मुशर्रफ का जाना अमेरिकी रवैए में बदलाव आने के कारण ही हुआ। भारत के प्रशासक इसे जानते तो हैं पर उनमें से पाकिस्तान पर स्वतंत्र और भारतीय समझ कितनों की है?

ज्यादातर लोग अमेरिका की रेडीमेड राय को मंजूर कर लेते हैं। इसलिए अपने सरकारी प्रतिष्ठान में भी पाकिस्तान की सच्ची सत्ता सेना के हाथ में ही मान ली जाती है।

अब आप पाकिस्तान का इकसठ साल का इतिहास देखें तो पाएँगे कि वहाँ न सिर्फ जनता के चुने गए शासकों ने कुछ ही साल और वह भी आधा-अधूरा राज ही किया है। ज्यादातर तो सैनिक तानाशाह ही राज करते रहे हैं। जब तथाकथित लोकतंत्र रहा तब भी असल सत्ता तो सेना के हाथ ही रही। यह सिर्फ व्यवस्था का दोष नहीं है। पाकिस्तान के बनने, बने रहने और वहाँ के लोगों के स्वभाव में ही लोकतंत्र की सहज अनिवार्यता में विश्वास नहीं है। तभी तो वहाँ के समाज और प्रशासन में सेना को ऐसी अहम भूमिका मिली हुई है। वहाँ सेना के रहने के लिए देश चाहिए। और देशों में देश के लिए सेना चाहिए। पाकिस्तानियों को लगता है कि सेना नहीं रहेगी तो वे एक राष्ट्र नहीं रहेंगे।

पाकिस्तान का बनना ही इतना नकली और झूठा था कि अपने एक स्वतंत्र और स्वयंसिद्ध देश, समाज और राष्ट्र होने का सहज विश्वास लोगों में नहीं है। कहने की जरूरत नहीं कि भारत में मुसलमान एक अलग राष्ट्र है और हिन्दू अलग, यह धारणा ही अंग्रेजों की चलाई यूरोपीय धारणा है। बांग्लादेश का पाकिस्तान से अलग एक राष्ट्र हो जाना सबूत है कि भारत में द्विराष्ट्र सिद्धान्त कितना झूठा है। सावरकर और संघ वालों ने भी यह धारणा यूरोप और अंग्रेजों से ली। इसलिए पच्चासी साल हो गए हिन्दुत्व वाले हिन्दू राष्ट्र के विचार को हिन्दू समाज ने बावजूद इस्लामी पाकिस्तान और बांग्लादेश के इसे प्रतिक्रिया में भी स्वीकार नहीं किया। भारत ने अपना स्वभाव

और चरित्र नहीं बदला। इसलिए सेना और सरकार से निरपेक्ष वह देश और वैदिक अर्थों में राष्ट्र बना हुआ है। राष्ट्र राज्य की अवधारणा यूरोपीय है और भारतीय स्वभाव को वह आज भी सहज स्वीकार नहीं है।

पाकिस्तान भी सहज देश होने की कोशिश में लगा हुआ है। पहले ब्रिटेन के कारण वह अपने में सहज नहीं हो पाता था और फिर अमेरिका के कारण। लेकिन 9/11 ने पाकिस्तान को बदल दिया। अमेरिका ने जो इस्लाम विरोधी रवैया अपनाया और जिस तरह उसने ईराक और अफगानिस्तान को तबाह किया उससे पाकिस्तानियों को लगा कि एक दिन वह पाकिस्तान को भी नष्ट कर देगा। इस भय ने पाकिस्तान के लोगों को भारत से अपने सदियों पुराने रिश्ते जोड़ने और बड़े भाई के साथ रहने को प्रेरित किया। पाकिस्तानियों में आए इस बदलाव के कारण ही मुशर्रफ भारत से शान्ति वार्ता चलाने और लोगों को मिलने-जुलने देने को मजबूर हुए। सिर्फ पाकिस्तानी सैनिक तानाशाह, सेना और वहाँ के नेता ही नहीं ब्रिटेन और फिर अमेरिका के भी हित स्वार्थ इसी में थे कि भारत और पाकिस्तान दुश्मन बने रहें। 9/11 ने इनके हित बदल दिए हैं और इसलिए भारत और पाकिस्तान के लोग फिर वैसे ही रहने के लिए धीरे-धीरे खुल रहे हैं जैसे एक देश में सदियों से रहते आए हैं।

इस बदलाव का श्रेय सेनापति मसूद ठीक ही मुशर्रफ को नहीं देना चाहते। जो लोग पाकिस्तानी समाज में आए इस बदलाव को समझते हैं, वे इसे सेना के गौण होने और आजाद लोकतांत्रिक भावना के जोर मारने की मिसाल मानते हैं। सही है कि इससे सेना और आतंकवादियों के इरादे नेक नहीं हो जाएँगे। और इस कारण हमें इन दोनों से निपटने को तैयार रहना चाहिए। लेकिन इस धारणा को भी छोड़ देना चाहिए कि सेना ही पाकिस्तान की मालिक है। पाकिस्तान के मालिक उसके लोग ही हैं और वहीं हमें भूलना नहीं चाहिए कि हमारे बिगड़े और बिछड़े भाई हैं।

पाकिस्तान में भी भारत को लेकर ऐसी ही एक झूठी और गलत अवधारणा है। वहाँ माना जाता है कि भारत से पाकिस्तान के सम्बन्ध तभी ठीक होंगे जब भारत में भाजपा का राज होगा। कुछ साल गठबन्धन में ही सही, भाजपा ने भारत में राज कर लिया है। लेकिन पाकिस्तान से तब भी सम्बन्ध कोई सुधरे तो नहीं। लेकिन जैसे हम सेना को पाकिस्तानी स्वभाव और मत का प्रतिनिधि मानते हैं। वैसे ही पाकिस्तानी भाजपा और हिन्दुत्ववादियों को भारत का असली मन और चेहरा मानते हैं। हम सब जानते हैं कि जिन मुसलमानों ने भारत का विभाजन करवा के पाकिस्तान बनवाया वे भी द्विराष्ट्रवाद के वैसे ही बेटे थे जैसे कि हिन्दू राष्ट्र वाले हिन्दुत्ववादी। जिन्ना और सावरकर अंग्रेजों का एक ही खेल खेल रहे थे और इसलिए एक दूसरे के दुश्मन थे। विभाजन के बाद इन दोनों ने यह दुश्मनी जारी भी रखी।

अखंड भारतवादियों के विरुद्ध पाकिस्तान को बनाए रखने के लिए 'मुसलमान

अलग राष्ट्र हैं' नारा लगाने वाले ही सेना और सैनिक तानाशाही को अपने अलग राष्ट्र बनाए रखने की शर्त मानते रहे। भारत में अगर भाजपा का राज हो तो पाकिस्तानियों को लगता है कि वे सन्तुष्ट और जिम्मेदार होंगे और पाकिस्तान को निगलने पर आमादा नहीं होंगे। फिर चूँकि उनने मान रखा है कि हिन्दुत्ववादी ही हमारे दुश्मन हैं इसलिए जब भी हो, दोस्ती तो उन्हीं से करनी पड़ेगी। भारतीयों को हिन्दू-मुस्लिम मानने और लड़ाने का रवैया अंग्रेजों का है। उनके सच्चे बेटे दोनों तरफ हैं। उन्हीं की चलाई हुई ये धारणाएँ हैं कि पाकिस्तान की मालिक सेना है और भारत के मालिक हिन्दुत्ववादी। हम भारतीय जानते हैं कि हिन्दुत्ववादी भारत में कितने नगण्य और कितने हाशिए पर हैं।

लेकिन पाकिस्तानियों को यह तभी समझ में आएगा जब वे अपना भय और दुश्मनी छोड़ेंगे। अमेरिका के भय ने पाकिस्तानियों को इतना तो समझा दिया है कि पाकिस्तान को भारतीय नहीं अमेरिका नष्ट कर सकता है। इसलिए वे भारत के साथ खड़े होने को तैयार हैं। हमें इस मौके को कतई गँवाना नहीं चाहिए। अगर पाकिस्तानी मिलाने को हाथ आगे बढ़ाते हैं तो हमें उन्हें गले लगाना चाहिए। प्रेम और समानता जितने मिलाते हैं कई बार भय और दुश्मनी ज्यादा अच्छी तरह मिला देते हैं। दिक्कत बस एक ही है कि भारत आजकल अमेरिका के जितने निकट आ रहा है उतना पहले कभी नहीं था। इससे कुछ दिक्कतें होंगी। लेकिन हमें पाकिस्तान को अमेरिका से कम महत्त्व नहीं देना चाहिए। वह हमारी आर्थिक और कूटनीतिक जरूरतें पूरी नहीं करता। लेकिन उसके सामाजिक और राजनीतिक हित अमेरिका से ज्यादा बड़े और महत्त्वपूर्ण हैं।

लेकिन क्या हम अपने हितों के स्वतंत्र और मजबूत रक्षक रह गए हैं? अमेरिका से मुक्त और निरपेक्ष हमारी दृष्टि है? जरा मनमोहन सिंह से पूछ लेना। वे विश्व बैंक के पेंशनर हैं।

(प्रथम प्रवक्ता, 16 सितम्बर, 2008)

मनोनीत प्रधानमंत्री का देश

टीवी पर कहीं सोनिया गांधी को कहते सुना कि वियेना में जीत पर मनमोहन सिंह को बधाई दी जानी चाहिए। ऐसा ही जॉर्ज बुश का कहा अखबारों में पढ़ा। क्या जीत हुई है वियेना में?

वहाँ परमाणु उपकरण और ईंधन देने वाले देशों के समूह ने भारत से परमाणु व्यापार करना मंजूर कर लिया। सन् 74 में जब भारत ने पोखरण में पहली बार परमाणु परीक्षण किया था और इस तरह घोषित किया था कि हमने भी परमाणु अस्त्र बना लिया है तब से इन देशों ने परमाणु बिरादरी से हमें बाहर कर दिया था। हमें परमाणु प्रौद्योगिकी और ईंधन देने पर पाबंदियाँ लगा दी गई थीं। दुनिया के दूसरे विकसित देशों में जो आणविक विकास हो रहा था उससे हमें अलग कर दिया गया था। अब यह दुराव और अलगाव खत्म कर दिया गया है। नागरिक प्रयोजनों के लिए उपकरण और ईंधन अब हम किसी से भी खरीद-बेंच सकते हैं।

चौंतीस वर्षों से चला आ रहा यह अलगाव या जात बाहर किया जाना सोनिया गांधी कहती हैं कि प्रधानमंत्री मनमोहन सिंह ने खत्म करवाया इसलिए सारे देश को उन्हें बधाई देनी चाहिए। लेकिन खुद मनमोहन सिंह बेचारे ऐसे निष्काम योगी हैं कि अपने किए या ना किए का न तो श्रेय लेते हैं न बदनामी। वे चुप रहते हैं और दूसरे ही उनकी बल्ले-बल्ले करते रहते हैं। सोनिया गांधी को ही नहीं जॉर्ज बुश को भी भारत के लिए ऐसा ही प्रधानमंत्री चाहिए था। ऐसा मुखौटा प्रधानमंत्री कि जिसे पहनकर या आगे करके जिसे जो करना हो मजे में कर सके।

जैसे सब जानते हैं कि वियेना में जीता भारत नहीं अमेरिका है। मनमोहन सिंह नहीं जीते बुश हैं। भारतीय राजनय नहीं अमेरिकी राजनय ने इन देशों को बिना किसी शर्त के भारत से व्यापार की मंजूरी दिलवाई है। नहीं तो न्यूजीलैंड, ऑस्ट्रिया, आयरलैंड जैसे देशों ने भी इतने और ऐसे फच्चर फँसा दिए थे कि बिना शर्त कोई बात बनती ही नहीं। इन पिद्दी और इनके जैसे देशों को मार-ठोंक के रास्ते पर कौन लाया? अमेरिका। सबसे बड़ा अड़ंगा चीन लगा रहा था। उसके हूजिंताओं को सीधे किसने फोन किया? राष्ट्रपति बुश ने। इसलिए जानने वाले मानते हैं कि भारत को

मंजूरी अमेरिका ने दिलाई। सच पूछिए तो भारत को परमाणु व्यापार की छूट दिलवाने में भारत से ज्यादा अमेरिका की दिलचस्पी थी। आखिर भारत व्यापार किससे करेगा? अमेरिका से। तभी तो विदेश मंत्री प्रणब मुखर्जी ने कोंडालिसा राइस को आश्वस्त किया कि जब तक अमेरिकी संसद 1-2-3 समझौते को पास नहीं कर देती, भारत रूस और फ्रांस से परमाणु व्यापार नहीं करेगा। मंजूरी भले ही मिल गई हो लेकिन दिलवाई तो अमेरिका ने है। इसलिए भारत से व्यापार का पहला हक तो अमेरिकी कम्पनियों का ही है।

तभी तो जानकार और समझदार कहते हैं कि भारत से परमाणु करार से ज्यादा हित तो अमेरिका के सधते हैं। इससे मन्दी पड़ती उसकी अर्थव्यवस्था में नई जान आएगी। अब तक गुट निरपेक्ष रहा भारत उसके खेमें में होगा और भविष्य में उसको पछाड़ने वाला प्रतिद्वंद्वी बनने के बजाय उसका सहायक बनकर चीन से निपटने में उसका सहयोगी होगा। नागरिक कार्यों के लिए परमाणु सहयोग करके अमेरिका ने एक पत्थर से तीन चिड़ियाओं को गिराकर पिंजरे में बैठा लिया है। इसके बावजूद भारत बाहर निकलकर उड़े तो उड़ जाए। जैसी मंजूरी दिलवाई है वेसी ही पाबंदियाँ फिर लगवा देंगे। चौंतीस साल में परमाणु मामलों में वह आत्मनिर्भर नहीं हुआ और पोखरण दो कर लेने के बाद भी परमाणु बिरादरी में आने को मरा जा रहा था तो अब क्या तीर मार लेगा? बिना किसी के आसरे हुए दुनिया में उसे ठीक नहीं लगता तो आने दो अपने खेमे में। हम उसका पूरा उपयोग करेंगे। भारत में ऐसे लोग दिन दुगुने और रात चौगुने बढ़ते जा रहे हैं जो अमेरिकी हितों में ही भारत के हित देखते हैं। मनमोहन सिंह उन सबकी अगुआई करते हैं। इसलिए वियेना में जीत पर उन्हें बधाई दी जानी चाहिए। मनमोहन सिंह भारत में अमेरिका के सबसे बड़े राजदूत हैं।

मनमोहन सिंह पर अमेरिका इतना मेहरबान हो तो यह तो समझा जा सकता है। लेकिन सोनिया गांधी उन्हें इतना श्रेय देने को क्यों उत्सुक हैं? क्योंकि मनमोहन सिंह से बड़ा निष्काम सेवक उन्हें इस देश में कोई मिल नहीं सकता। जब उन्हें बहुत साफ-साफ समझ आ गया कि भारत को एक दूसरे से लड़वाए बिना वे इस देश की प्रधानमंत्री नहीं हो सकतीं तो मनमोहन सिंह उनके बड़े काम आए। वे मनोनीत हो कर मनोनीत प्रधानमंत्री की तरह काम करने को तैयार हो गए। सवा चार साल में उनने साबित किया कि मैडम ने उनमें जो विश्वास जताया था वह एकदम सौ फीसदी सही था। एक बार भी मनमोहन सिंह ने अपना प्रधानमंत्री आप होने और अपने नेता खुद होने की कभी कोई कोशिश नहीं की। उन्हें हमेशा याद रहा कि उन्हें मैडम ने प्रधानमंत्री बनाया है और जब वे चाहें उन्हें गिरा मनमोहन सिंह बना सकती हैं। ऐसा निराकांक्षी और निरभिमानी सेवक सोनिया गांधी कभी और कहीं पा नहीं सकती थीं। राहुल गांधी के गद्दी सँभालने तक प्रधानमंत्री पद को निष्कंटक और तैयार रखने

में मनमोहन सिंह का योगदान सचमुच अद्भुत और अविस्मरणीय है।

लेकिन मनमोहन सिंह का राजनीतिक उपयोग ही नहीं है। वे भारत में आर्थिक सुधारों के जनक हैं। वे एक ऐसा उदार पूँजीवादी देश भारत को बना रहे हैं जिसमें राहुल गांधी का प्रधानमंत्री बनना सहज और सुसम्भव हो। सोनिया गांधी जानती हैं कि अमेरिका के सद्भाव के बिना न तो वे खुद भारत में इतनी अनिवार्य बनी रह सकती हैं, न राहुल गांधी प्रधानमंत्री हो सकते हैं। सीधे अमेरिका का सद्भाव पड़ना और बनाए रखना आज के भारत में भी राजनीतिक रूप से वांछनीय नहीं है। इसलिए यही सबसे ठीक है कि एक गैर-राजनीतिक व्यक्ति अमेरिका के सद्भाव का इन्तजाम किए रखे। मनमोहन सिंह अमेरिका और उसकी देखरेख में चल रहे अन्तरराष्ट्रीय वित्तीय और आर्थिक संस्थानों के चहेते हैं। अमेरिका से परमाणु करार भी भारतीय पूँजी और उद्योग के अमेरिकी पूँजी और उद्योग से जुड़ जाने का एक नया उपक्रम ही है। सब जानते हैं कि 1-2-3 करार से भारत और अमेरिकी पूँजी और उद्योग एक सम्मिलित महायोजना में लग जाएँगे। यह सहयोग नेहरू गांधी परिवार के सत्तावान बने रहने में बहुत उपयोगी होगा। राजीव गांधी और उनके बेटे राहुल गांधी जवाहरलाल नेहरू और इन्दिरा गांधी की समाजवादी धरोहर के वाहक नहीं हैं। भारत के नए पूँजीवादी सपने के ध्वजावाहक हैं।

मनमोहन सिंह सोनिया गांधी और अमेरिका के प्रति अपनी उपयोगिता बनाए रखने में सच्चे और ईमानदार हैं। इसलिए दोनों चाहते हैं कि वे सफल प्रधानमंत्री बने रहें और दोनों उन्हें ऐसी बातों का भी श्रेय देते रहते हैं जिनसे उनका लेना-देना भी नहीं होता। जैसे 22 जुलाई को मनमोहन सिंह का लोकसभा में विश्वास मत जीतना। सारा देश जानता है कि जिन उन्नीस वोटों से सरकार जीती उनका विपक्ष से प्रबन्ध किन लोगों ने किया था और किन तरीकों से किया था। लेकिन कहा तो यही गया कि मनमोहन सिंह ने बहुमत जीता। और उनको चारों तरफ से बधाइयाँ दी गईं जैसी अब वियेना में भारत की जीत पर दी जा रही हैं, भले ही सब जानते हैं कि वहाँ जीत तो अमेरिका ने दिलाई है।

त्रासदी यही है कि मनमोहन सिंह की सफलता देश के लिए भारी विफलता का कारण बनती है। प्रधानमंत्री के नाते वे तब तक हरकत में भी नहीं आते जब तक कि उन्हें बनाने वाले उन्हें सजग नहीं करते। जम्मू जलता रहा और कश्मीर अलग जलता रहा। दोनों एक दूसरे के खिलाफ भी उबलते रहे। जम्मू वालों ने कश्मीर का रास्ता रोक दिया। कश्मीर वाले पाकिस्तान का रास्ता पकड़ने लगे और घाटी में आजादी की माँग और चीख-पुकार होने लगी। दिल्ली में बैठे उदारवादी कश्मीर को आजाद करने का उपदेश देने लगे जिसका मतलब था कि कश्मीर अगर पाकिस्तान में मिलना चाहता है तो मिलने दो। हम कौन होते हैं फौज की ताकत से उसे भारत

में रखने वाले। मामला अमरनाथ के यात्रियों की सुविधाओं से शुरू होकर कश्मीर के अलग होने तक पहुँच गया पर प्रधानमंत्री की पहल और भूमिका कहीं दिखाई नहीं दी। एक लोकतंत्र में सर्वोच्च राजनीतिक नेतृत्व भी कुछ करता है, ऐसा लगा ही नहीं।

उधर उड़ीसा में नक्सलवादियों ने विश्व हिन्दू परिषद के लक्ष्मणानन्द सरस्वती और उनके साथियों की हत्या कर दी। विश्व हिन्दू परिषद ने इसे ईसाइयों का कारनामा माना और उन पर और उनके चर्चों पर हमला बोल दिया। गाँव के गाँव जला दिए। बीसियों लोग मारे गए। उड़ीसा में भाजपा गठबन्धन सरकार में है। इससे विश्व हिन्दू परिषद ने ईसाइयों के विरुद्ध धर्मयुद्ध छेड़ दिया। जिन लोगों का सरस्वती की हत्या से कोई लेना-देना ही नहीं था, वे भी मारे गए। लगा कि गोधरा के बाद का गुजरात उड़ीसा में हो के रहेगा। गरीब आदिवासी ईसाई जंगल में भाग गए। केन्द्र ने स्थिति नवीन पटनायक पर छोड़ दी और मुख्यमंत्री ने पुलिस पर। मनमोहन सिंह का प्रधानमंत्री होना उड़ीसा में भी दिखाई नहीं दिया।

बिहार में तो गजब ही हो गया। कोसी तटबन्ध तोड़कर ढाई सौ साल पुराने रास्ते पर बह चली। कोई एक सौ बीस मील के इलाके में प्रलय हो गया। कोई चालीस लाख लोग पानी में डूबने-उतराने लगे। लेकिन मनमोहन सिंह के कान पर जूँ तक नहीं रेंगी जब तक कि पहले लालू प्रसाद यादव और फिर नीतीश कुमार ने आ कर बताया नहीं कि कोसी क्या सर्वनाश कर रही है। लालू की राजनीति को बिहार में फिर जमाने के लिए केन्द्र ने धन और अनाज और आपदा प्रबन्धन का जुगाड़ किया। केंद्रीय मंत्री लालू और पासवान राज्य सरकार को निकम्मी बताते रहे। और राज्य सरकार जैसे कोसी में डूबती रही। कई गाँव, कस्बे और शहर मिट गए। इसे राष्ट्रीय आपदा घोषित किया गया। लेकिन राष्ट्रीय प्रयत्नों को संगठित और संचालित करने वाला कोई राष्ट्रीय नेतृत्व दिखाई नहीं दिया।

प्रधानमंत्री परदे के पीछे से वियेना जीत रहे थे। वियेना में अमेरिका लगा था। सोनिया गांधी लगी थीं। इसलिए मनमोहन सिंह लगे थे। ये बिहार के लोग कौन हैं? कोसी कैसी नदी है? इनने किसे मनोनीत किया है जो मनमोहन सिंह को बताए कि जम्मू-कश्मीर, उड़ीसा और बिहार भी उसी भारत में हैं जिसके प्रधानमंत्री वे मनोनीत किए गए हैं।

(प्रथम प्रवक्ता, 1 अक्टूबर, 2008)

नया दिनकर दिखेगा : शताब्दी दिनकर

उनके गाँव सिमरिया से लेकर पटना और दिल्ली तक रामधारी सिंह दिनकर की जन्म शताब्दी देश भर में मनी। लेकिन शताब्दी वर्ष का प्रारंभ करते हुए समालोचक मैनेजर पांडेय ने सिमरिया में गए साल जो कहा था वह अब भी लागू है–"दुनिया के देशों में शताब्दी वर्षों का जैसा भी गम्भीर उपयोग होता हो हिन्दी में तो प्रायः शताब्दी वर्ष खाओ-पीओ वर्ष के रूप में मनाया जाता है। जन्मशती वर्ष में दिनकर का पुनर्मूल्यांकन होना चाहिए।" हुआ? दिनकर की रचनावली तक तो शताब्दी वर्ष में निकल नहीं पाई। अब सुनता हूँ कि दिनकर जी के वारिसों में सहमति हुई है और अगले साल अप्रैल में उनकी पुण्यतिथि तक लोकभारती प्रकाशन से रचनावली आ जाएगी। नन्दकिशोर नवल उस पर काम कर रहे हैं।

पुनर्मूल्यांकन तो क्या दिनकर का अभी ठीक से मूल्यांकन भी नहीं हुआ है। एक कारण तो यही है कि उनका सम्पूर्ण वाङ्मय सुलभ नहीं है। उनके और उनके काव्य और गद्य के बारे में हम जो भी कहते हैं वह उनके रहते उनके व्यक्तित्व और छिटपुट कविता के असर से उपजा है। इसमें भी जो जिसे अपने लिए उपयोगी लगता है उसी को वह दिनकर का सत्व बता देता है। सबसे दयनीय उदाहरण सिमरिया में ही समापन समारोह में देखने को मिला। कार्यक्रम के बीच में बिहार के कोई मंत्री भोला बाबू आए। मंच पर बैठाए गए। उनसे बोलने को नहीं कहा गया। अध्यक्षीय भाषण देते हुए समालोचक विश्वनाथ त्रिपाठी ने मंच पर बैठे महानुभावों के नाम लिये। उन्हें मालूम नहीं था कि जो आकर बैठे हैं वे कौन हैं क्योंकि समारोह में बोलने आए लोगों को जानकारी नहीं थी कि कोई मंत्री भी आने और बोलने वाले हैं। इसलिए त्रिपाठीजी ने कहा कि आप जो भी हों महत्त्वपूर्ण होंगे।

कार्यक्रम चल रहा था। अध्यक्षीय भाषण हो रहा था कि ये मंत्री महोदय भोला बाबू मंच से उतर गए। उनके साथ लवाजमा था और सभा में बैठे कुछ लोग भी उठकर उनके साथ हो गए। वे पंडाल के बाहर तक पहुँच गए। वे निश्चित ही बहुत नाराज थे। एक तो उनसे बोलने को कहा तक नहीं गया, दूसरे उन्हें अध्यक्ष ने इस तरह संबोधित किया। समिति के पदाधिकारी उन्हें मना कर लाए। चूँकि अध्यक्षीय

भाषण हो चुका था इसलिए घोषणा की गई कि वे धन्यवाद देंगे। धन्यवाद क्या देने वे सुनाने उठे थे। उनने कहा कि वे निमंत्रित हैं। और यही क्यों। गए साल जब दिल्ली में कर्ण सिंह की अध्यक्षता में दिनकर शताब्दी शुरू हुई थी और जिसमें मुरली मनोहर जोशी बोले थे उसमें उन्हें विशेष वक्ता के नाते बुलाया गया था। सत्ता की अनदेखी करके कोई काम नहीं हो सकता। फलाँ कलेक्टर नहीं होते तो जीरो माइल पर दिनकर की भव्य प्रतिमा नहीं लगती। पटना में लोगों ने अपने चन्दे से दिनकर की छोटी मूर्ति लगाई थी उसकी जगह मुख्यमंत्री ने ग्यारह फीट की मूर्ति लगाकर उसका अनावरण किया।

फिर वे जोश से दिनकर की कविता पर बोलने लगे। बच्चों के लिए दूध लाने की कविता पर इतने भावुक हो गए कि राजमार्ग पर सूअर और कुत्तों के साथ कचरे में से खाने की चीजें बीनते बच्चों को देख अपने दुखी होने की बात बताने लगे। साठ साल में कुछ नहीं होने का रोना रोते हुए उन्हें याद नहीं रहा कि वे खुद भी मंत्री हैं और इस हालत की कुछ जिम्मेदारी उन पर भी है। उन्हें शर्म आनी चाहिए कि वे मंत्री हैं और पटना में बच्चे सूअरों और कुत्तों से होड़ कर रहे हैं। सत्ता का रुतबा दिखाने वाले मंत्री को इतनी तो तमीज नहीं कि बच्चों को दूध न मिलने का एक सबसे बड़ा कारण राजनेताओं की लूट है। उनका स्वार्थी और लालची होना है। दिनकर ने इन और ऐसे सत्ता वालों के विरुद्ध कितना लिखा है! और यही सत्ता वाले दिनकर पर बोलने का अधिकार जताते हैं। सिमरिया के गाँव वालों ने अपने महाकवि की जन्म शताब्दी अपने साधनों से मनाई। सरकार की कोई मदद नहीं ली। जनता का पराक्रम और सत्ता की अवहेलना सत्ता वालों से बरदाश्त नहीं होती।

दिनकर की जन्मशताब्दी देश भर में मने और उनके साहित्य का नए सिरे से आकलन हो, इसकी पहल और जिम्मेदारी बिहार सरकार को लेनी चाहिए थी। न सिर्फ इसलिए कि बिहार पर दिनकर का पहला अधिकार था। इसलिए भी कि नीतीश कुमार और सुशील कुमार मोदी दोनों ही बिहार आन्दोलन के बेटे हैं और जेपी का वह आन्दोलन दिनकर की कविता की आखिरी लाइन–सिंहासन खाली करो कि जनता आती है–से प्रेरित था। दिनकर ने यह कविता–जनतंत्र का जन्म–26 जनवरी 1950–के लिए लिखी थी, जिस दिन इस देश ने अपना संविधान लागू किया था। संविधान तो चल गया लेकिन सिंहासन अब तक खाली नहीं हुआ है कि जिस पर जनता जाकर बैठ सके। बल्कि जनता को सिंहासन पर बैठाने वाले उस आन्दोलन से जन्मे नेता ही सिंहासन पर काबिज हो गए हैं। और जनता को बरगलाने के लिए उसकी खस्ता हालत का ऐसे वर्णन करते हैं जैसे उसके लिए वह खुद जिम्मेदार है। भोला बाबू का भाषण अभी सुनाया ही है। सिमरिया में वे बेचारे हम सबके मंच से चले जाने के बाद भी बोलते रहे।

अब अगर हमारे सार्वजनिक विमर्श का यह हाल है तो आप कैसे उम्मीद कर सकते हैं कि साहित्य में मूल्यांकन और पुनर्मूल्यांकन का सिलसिला चले। दिनकर ओज के, शौर्य के और प्रखर राष्ट्रीयता के कवि थे। उन्हें हम सब राष्ट्रकवि कहते हैं। लेकिन ऐसे दिनकर आजादी के पहले के कवि थे। आजाद भारत में जल्द ही उन्हें दिखाई देने लगा कि जिनके लिए आजादी लड़ के जीती गई है वे हाशिए के हाशिए पर ही हैं और हमारी लोकतांत्रिक सत्ता चलाने वालों का चरित्र वही लॉर्ड क्लाइव और मैकाले के लोगों का है। दिनकर सरकारी नौकरी छोड़कर सन् 52 में कांग्रेस की तरफ से राज्यसभा में आ गए थे। दो कार्यकाल यानी बारह साल राज्यसभा में रहे और दिल्ली में रहते हुए सत्ताधारियों के चरित्र को उनने नजदीक से देखा और गहराई से समझा। दिल्ली पर लिखी उनकी कविताएँ आजादी से और उसमें राज करने वालों से उनके मोहभंग की इबारत हैं। लेकिन उनके भी बहुत पहले यानी आजादी की पहली वर्षगाँठ पर उनने एक कविता लिखी थी–ऊपर सब स्वाँग, कहीं कुछ नहीं सार, केवल भाषण की लड़ी तिरंगे का तोरण। कुछ से कुछ होने को तो आजादी न मिली, वह मिली गुलामी की ही नकल बढ़ाने को।...टोपी कहती है, मैं थैली बन सकती हूँ। कुरता कहता है मुझे बोरिया ही कर लो। ईमान बचाकर कहता है आँखें सबकी, बिकने को हूँ तैयार, खुशी हो जो दे दो।

लेकिन इससे भी पहले सन् 46 में उनने 'कुरुक्षेत्र' लिखा था। यह हिंसा और युद्ध का औचित्य ठहराने वाला उतना नहीं जितना अन्याय और असमानता के विरुद्ध लिखा गया काव्य है। उसमें उनने पूछा–पापी कौन? मनुज से उसका न्याय चुराने वाला, या कि न्याय खोजते विघ्न का शीश उड़ाने वाला? और फिर जैसे अपने निष्कर्ष की तरह बताया–शान्ति नहीं तब तक जब तक सुख भाग न नर का सम हो, नहीं किसी को बहुत अधिक हो, नहीं किसी को कम हो। आजादी के अन्याय और असमानता मिटाने में विफल होने से बहुत निराश और दुखी रहने लगे थे। यह स्वर बाद की उनकी कविताओं में बहुत मुखर हो गया था। 'हारे को हरिनाम' उनका अन्तिम संग्रह है। इसी शीर्षक की कविता में वे कहते हैं–दहक उठे जो अंगारे बन नए, कुसुम कोमल सपने थे। अन्तर में जो गाँस मारकर गए अधिक सबसे अपने थे। अब चल उसके द्वार सहज जिसकी करुणा है। और कहाँ, किसका आँसू कब थमा? हृदय आकुल मत होना। इसी संग्रह की पहली कविता है–राम तुम्हारा नाम। राम, तुम्हारा नाम कंठ में रहे, हृदय जो कुछ भेजो, वह सहे, दुख से त्राण नहीं माँगूँ।

अक्सर कहा जाता है कि दिनकर ने ये कविताएँ अपने बड़े बेटे की मृत्यु और अपार पारिवारिक कलह और क्लेश के कारण लिखीं। जब वे हार गए तो उनने हरिराम कहा। लेकिन आज फिर ये कविताएँ आप पढ़ें तो इनमें निजी त्रासदी और

दुख नहीं मिलेगा। आजादी के गरीबों, वंचितों, बेरोजगारों और अन्याय को दूर करने में विफल होने और लोकतंत्र की बागडोर लोक के बजाय सत्ताधीशों और धनपतियों के हाथ में जाने की उनकी निराशा और पीड़ा भी बहुत बड़ी थी। उनने सोच-समझकर कांग्रेस पार्टी को अपनाया था और राजनीति की सक्रियता छोड़ने वाले जयप्रकाश नारायण तक का मखौल उड़ाया था। लेकिन देखिए कि सन् 74 में वे इन्दिरा गांधी के साथ नहीं–भ्रष्टाचारी व्यवस्था के विरुद्ध आन्दोलन करने निकले जयप्रकाश के साथी हो गए थे। जेपी अपना इलाज करवाने दक्षिण गए थे और रामनाथ गोयनका के घर हिक्स बँगलो में ठहरे थे। वहीं गंगाशरण सिंह यानी गंगा बाबू के साथ दिनकर भी पहुँचे थे।

तिरुपति के दर्शन करने गए और वहाँ अपना सब कुछ चढ़ाकर भगवान से माँगा कि मेरे जो भी साल बचे हैं प्रभु जयप्रकाश को दे दे। लौटकर आए। भगवान ने उनकी इच्छा पूरी करने में देर नहीं लगाई। रात को दिल का दौरा पड़ा और अस्पताल जाते-जाते चले गए। राम तुम्हारा नाम कविता की आखिरी पंक्तियाँ हैं–

देख तुम्हारे मृत्यु दूत को डरूँ नहीं,
न्योछावर होने में दुविधा करूँ नहीं
तुम चाहो, दूँ वही
कृपण हो प्राण नहीं माँगूँ।

राम तुम्हारा नाम कंठ में रहे यही दिनकर ने माँगा था। न्योछावर होने में दुविधा करूँ नहीं। नहीं की। अपनी उमर जयप्रकाश को देकर चले गए। जयप्रकाश नारायण इसके बाद पाँच साल और जिए। लोकतंत्र को बहाल करवा के और जनता के सिंहासन पर जाने की सम्भावना दिखाकर वे भी गए। जेपी के आखिरी पाँच साल सार्थक संघर्ष और उसकी सफलता के वर्ष थे। वे अगर दिनकर के दिए हुए वर्ष थे तो कहना होगा कि खूब दिए गए थे। यह बात अलग है कि जेपी के साथ भी उनके साथियों ने वही किया जो इकतीस साल पहले गांधी के साथ किया था। तब भी दिनकर ने कहा था–क्षमा करो देवाधिदेव अपराधी किसका, कौन? इच्छा राम! प्रधान तुम्हारी; दोष हमारे गौण। फूँक जगत के कर्णकुहर में देव तुम्हारा नाम, क्षमा करो देवाधिदेव, आया, आया हे राम!

दिनकर को जरा आज अपने देश की अशान्ति, अन्याय और विषमता में पढ़ के देखो। तुम्हें नया दिनकर दिखाई देगा। शताब्दी दिनकर!!

(प्रथम प्रवक्ता, 16 अक्टूबर, 2008)

बहुकेन्द्रीय विश्व की सम्भावना देखिए

प्रणब मुखर्जी और कोंडालिजा राइस ने अमेरिका के साथ भारत के आणविक सहयोग के जिस करार पर दस्तखत किए हैं वह न तो वो करार रह गया है न वह अमेरिका जिससे तीन साल पहले समझौता हुआ था। अमेरिकी संसद से जिस तरह यह करार पास हुआ उससे वे सब शंकाएँ सही निकलीं जो वाम मोर्चे और भाजपा ने इसकी आलोचना में कही थीं। भारत अगर अणु विस्फोट करेगा तो अमेरिका न सिर्फ अणु ईंधन देना बन्द कर देगा, वह अणु ईंधन और आणविक तकनीकी न देने के लिए दूसरे देशों को भी कहेगा।

यानी वे सब पाबंदियाँ वापस लगाई जाएँगी जो चौंतीस साल पहले पोखरण में किए गए अणु विस्फोट के बाद लगाई गई थीं। आज हम उन्हीं पाबंदियों के उठने का जश्न मना रहे हैं। खुश हैं कि हम उस छोटे से आणविक क्लब में प्रवेश पा गए हैं जिसमें सिर्फ औद्योगिक और सामरिक रूप से विकसित देश हैं और जो आपस में अणु व्यापार करते हैं। कहा जा रहा है कि इससे हमारा आणविक अलगाव दूर होगा और अणु ऊर्जा के विकास में हम आधुनिकतम तकनीकी का इस्तेमाल कर सकेंगे।

लेकिन क्या इन पाबंदियों के लगने और दुनिया के अणु शक्ति सम्पन्न देशों से अलगाव हो जाने का भारत पर बहुत विपरीत असर हुआ? इन पाबंदियों और इस अलगाव के बावजूद भारत ने कोई चौबीस साल बाद फिर अणु विस्फोट किए और एक नहीं चार किए। तब अटल बिहारी वाजपेयी की सरकार को बने कुछ ही महीने हुए थे। इसका मतलब कि विस्फोट करने का निर्णय भले ही प्रधानमंत्री वाजपेयी ने किया हो, इन परीक्षणों की तैयारी पहले से ही हो गई थी। बल्कि माना जाता है कि परीक्षण नरसिंह राव के जमाने में ही होने वाले थे लेकिन अमेरिका को खबर लग जाने या उसके रोक दिए जाने के कारण वे नहीं किए जा सके।

जिन चौबीस वर्षों में इन परीक्षणों की तैयारी हुई, वे कोई राजनीतिक स्थिरता के स्वर्ण वर्ष नहीं थे। सन् 74 में इन्दिरा गांधी ने पहला अणु परीक्षण करवाया। भारत ने विश्व को पहली बार बताया कि उसके पास भी अणु अस्त्र हैं और उसे अब इसके उपयोग की प्रणाली विकसित करनी है। लेकिन इसके बावजूद इन्दिरा गांधी कोई

इतनी लोकप्रिय नहीं हो गईं कि उनके विरुद्ध खदबदाता विरोध समाप्त हो गया हो। बल्कि सन् 74 के उन्हीं महीनों में पहले गुजरात और फिर बिहार में जन-आन्दोलन उठ खड़े हुए। पोखरण के साल भर बाद ही इन्दिरा गांधी को जून, 75 में इमरजेंसी लगानी पड़ी। इमरजेंसी उठी ही तब जब वे सत्तर के चुनाव में गद्दी से उतार दी गई थीं। इसके बाद के दो-ढाई साल जनता सरकार के अस्थिरता के साल थे। सन् 80 में इन्दिरा गांधी लौट के आईं तो दूसरी तरह की अस्थिरता के वर्ष शुरू हुए।

इन्दिरा गांधी जान गई थीं कि गरीबी हटाने और समाजवाद लाने की उनकी राजनीति अपनी सारी विश्वसनीयता खो चुकी है। जनता जमाने की अस्थिरता ने उन्हें फिर से सत्ता दिला तो दी है लेकिन इसे बनाए रखने के लिए उन्हें नई राजनीति बनानी पड़ेगी। तब इन्दिरा गांधी ने साम्प्रदायिकता को सत्ता में रहने के खतरनाक औजार की तरह इस्तेमाल करना शुरू किया। जम्मू-कश्मीर में हिन्दू-मुसलमान को आपस में भिड़ाया। पंजाब में अकालियों की साम्प्रदायिता को अन्दर से ही चुनौती देने के लिए सन्त भिंडरावाले को खड़ा किया। सिख आतंकवाद और मुसलिम साम्प्रदायिकता से निपटने के लिए विश्व हिन्दू परिषद को हिन्दुत्व की ओर ढकेला। और इस तरह देखते-देखते साम्प्रदायिकता राजनीति की मुख्य लेकिन खतरनाक प्रेरणा हो गई। गरीबी-अमीरी और समाजवाद के सवाल राष्ट्रीय विमर्श से बाहर हो गए। साम्प्रदायिक पहचान का संघर्ष ही मुख्य हो गया।

सिख साम्प्रदायिकता ने इन्दिरा गांधी की जान ले ली। अपने ही सिख अंगरक्षकों द्वारा प्रधानमंत्री का अपने घर में ऐसे प्रतिशोध से मारा जाना देश में एक ऐसे आंतरिक संकट की सूचना दे गया जिसने राजीव गांधी जैसे निपट नौसिखिए को चार सौ पन्द्रह सांसदों का बहुमत दिला दिया। हमारे अल्पसंख्यक हमारे राज्य को नष्ट करने पर तुले हुए हैं और इसलिए हिन्दुओं को एक हो जाना चाहिए, यह हिन्दुत्ववादी भय सन् 84 के चुनाव में राष्ट्रीय स्वयंसेवक संघ ने देश में फैलाया और कांग्रेसियों ने इस भावना को बढ़ाने में मदद की। सन् 84 के सिख विरोधी दंगे इस चुनाव के पहले हो चुके थे और उसमें कांग्रेसियों का हाथ सबको मालूम था। इन्दिरा गांधी की हत्या का बदला कांग्रेसियों ने सिखों से वैसे ही लिया था जैसे अठारह साल बाद गोधरा का बदला हिन्दुत्ववादियों ने गुजरात के मुसलमानों से लिया। कोई अचरज नहीं कि 84 के चुनाव के बाद स्वर्णमन्दिर के मुख्य ग्रंथी ने अमृतसर में मुझे कहा–यह साम्प्रदायिक जनादेश है। हिन्दुओं ने इन्दिरा गांधी के बेटे को इतना बड़ा बहुमत देकर हमें संदेश दिया है।

राजीव गांधी ने अरुण नेहरू की देखरेख में उस साम्प्रदायिक राजनीति को जारी रखा जिसकी शुरुआत इन्दिरा गांधी ने सत्ता में वापसी के बाद की थी। शाहबानो

के मामले में सुप्रीम कोर्ट के फैसले को उलटकर कट्टर मुसलमानों की बात मानना और फिर बाबरी मस्जिद-राम जन्मभूमि विवाद में हिन्दुत्ववादियों को खुश करने के लिए ताला खुलवाना उसी राजनीति के फैसले थे। वह तो तमिल आतंकवादियों के हाथों राजीव गांधी की भयावह मृत्यु थी जिसने भारतीय जनता पार्टी को सन् 91 में ही सत्ता में आने से रोका। चुनाव के ठीक बीच में आतंकवादियों के हाथों एक और लेकिन भूतपूर्व प्रधानमंत्री के मारे जाने से लोग ठिठक गए और इसलिए ठिठका हुआ ही जनादेश मिला। नरसिंह राव की अल्पमत और अल्पमति सरकार बनी जिसने बाबरी मस्जिद का ध्वंस देखा और देश के राजनीतिक समाज के साम्प्रदायिक ध्रुवीकरण की प्रक्रिया को तेज किया। नरसिंह राव ने ही हमारी अर्थव्यवस्था के भूमंडलीकरण की प्रक्रिया भी शुरू की। आज जो हम साम्प्रदायिक हिंसा और भूमंडलीकरण की शक्तियों को लड़ते-भिड़ते देख रहे हैं तो यह सब सन् 80 में इन्दिरा गांधी की शुरू की गई राजनीति का ही नतीजा है।

इन्दिरा गांधी के बाद के चौबीस वर्षों में हम आठ प्रधानमंत्री और तीन गठबन्धन सरकारें देख चुके हैं। अस्थिरता के इन घनघोर वर्षों में भी हमारा राष्ट्रीय आणविक कार्यक्रम बराबर चलता रहा है, नहीं तो दस साल पहले हम चार अणु परीक्षण नहीं कर सकते थे। अणु बिजली बनाने और पहुँचाने में हम जरूर सफल नहीं हुए हैं। लेकिन इसका कारण हमारे देश में यूरेनियम की कमी ही नहीं है। थोरियम की तकनीकी के विकास और उसके बेहतर उपयोग की देश में जितनी कोशिशें की जानी चाहिए थीं, की नहीं गईं। इसका कारण भी यह नहीं है कि देश में वैज्ञानिक समझ और आविष्कार की प्रवृत्ति नहीं है। हम दिमागी तौर पर पश्चिम की पहल पर काम करने के आदी हैं और इसलिए हमें अपने साधनों और अपनी आवश्यकताओं के अनुसार वैज्ञानिक शोध करने की प्रेरणा और हिम्मत नहीं होती। अणु विज्ञान और तकनीकी छोड़िए। हमारे कृषि वैज्ञानिक भी गेहूँ और चावल पर विदेशों में हुए शोध को आगे बढ़ाते रहते हैं। तिलहनों और दलहनों में हमारे कृषि वैज्ञानिकों ने ऐसा क्या काम और क्या मौलिक काम किया है कि दालों और खाने के तेल की हमारी अपनी जरूरतें आसानी से पूरी हो पातीं? दालों और खाने के तेल की जरूरतें तो खाँटी भारतीय हैं।

मैंने शुरू किया था कि न यह करार वो करार रह गया है न जिससे किया वह अमेरिका वो रह गया है। वॉल स्ट्रीट का दिवाला निकल जाने के बाद अमेरिका वह आर्थिक शक्ति नहीं बचा है जो तीन साल पहले बुश और मनमोहन सिंह के समझौते के समय था। अब यह आणविक समझौता और इसके तहत अमेरिका से अणु व्यापार अमेरिकी अर्थव्यवस्था की सेहत सुधारने के लिए ज्यादा जरूरी हो गया है। कोई तीस-

पैंतीस साल से अमेरिका का नागरिक कार्य का अणु उद्योग लगभग ठप पड़ा था। अपने देश में आखिर अणु भट्ठी अमेरिका ने सन् 73 में लगाई थी। अणु बिजली के उत्पादन और उपयोग में फ्रांस और रूस अमेरिका से बहुत आगे हैं। यही दो देश बहुत आतुर भी हैं कि भारत उनसे अणु व्यापार करे। अमेरिका ने हमें आणविक ईंधन और तकनीकी के व्यापार की जो छूट दिलवाई है उसका उपयोग हमें बहुकेन्द्रीय विश्व बनाने में करना चाहिए।

भारत इतने वर्षों से कह रहा है कि हमें यह एक ध्रुवीय संसार मंजूर नहीं है। हालाँकि भारत में ऐसे लोगों की कमी नहीं है जो अमेरिका की आर्थिक ताकत से लाभ पाकर उसके साथ हो जाने की वकालत करते रहते हैं। मनमोहन सिंह के जमाने में ऐसे लोगों का पव्वा अपने देश में बढ़ा ही था। अमेरिकी वित्तीय पूँजीवाद का गुब्बारा फट जाने के बाद भी ये लोग लगे हुए हैं गिनाने में कि अमेरिका से लगे रहने में आज भी भारत को कितने लाभ हैं और हमें क्यों उसके साथ लगे रहना चाहिए। लेकिन ठंडी सचाई यह है कि सबसे बड़ी आर्थिक शक्ति न रहने के बाद अमेरिका एक अकेला विश्व केन्द्र नहीं बचेगा। क्या भारत आणविक सहयोग के समझौते को एक बहुकेन्द्रीय विश्व बनाने का उपकरण बना सकता है। क्या हम सचमुच स्वतंत्रमना राष्ट्र हैं?

(प्रथम प्रवक्ता, 1 नवम्बर, 2008)

सोलह वर्ष के एक और लड़के की खोज

मैं मानता था कि ऐसा सिर्फ महात्मा गांधी ने किया है। जीते हुए उन पर जो घाव हुए उन्हें उनने अपने पदकों में पलट लिया। लेकिन सत्रह अक्टूबर को सारे रिकॉर्ड तोड़कर टेस्ट इतिहास में बारह हजार रनों के पार गए सचिन तेंदुलकर ने मोहाली में मीडिया से कहा—"आप पर पत्थर फेंके जाते हैं और आप उन्हें मील के पत्थरों में बदल लेते हैं। ये मेरे लिए गर्व की सबसे बड़ी घड़ियाँ हैं।"

सचिन तेंदुलकर मोहनदास करमचन्द गांधी की तरह बहुत मामूली बालक नहीं थे। मुम्बई में जो भी उन्हें क्रिकेट खेलते देखता, कहता कि यह तो जीनियस है। एक दिन बल्लेबाजी के सारे रिकॉर्ड तोड़ देगा। पन्द्रह बरस का था और शारदाश्रम स्कूल से हैरिस शील्ड में अपने लँगोटिया यार विनोद कांबली के साथ खेल रहा था। देखते-देखते दोनों ने रिकॉर्ड 664 रन बना दिए। कोच पारी घोषित करना चाहते थे लेकिन ये उनकी तरफ देखें ही नहीं। सीटी बजाएँ और गाएँ और मारते चले जाएँ। इतनी बड़ी भागीदारी तब भी विश्व रिकॉर्ड थी। दुनिया भर में खबर छपी और बच्चों के फोटू भी। उसी साल मुम्बई ने रणजी ट्रॉफी में खेलाया तो शतक ठोंक दिया। देवधर, ईरानी सब ट्रॉफियों के पहले मैच में शतक। तभी तो पाकिस्तान के दौरे पर जाने वाली भारतीय टीम में लेना पड़ा। भारत के लिए खेलने वाले सबसे कम उमर के खिलाड़ी बने।

ऐसे हाथो हाथ लिये गए और चमत्कारी बालक की तरह विस्मय से देखे गए सचिन तेंदुलकर दुनिया के पहले और अकेले खिलाड़ी हैं जिनने बचपन में जो होनहारी दिखाई उसे उन्नीस साल तक खेलकर सच्ची करके दिखाया है। दुनिया के सबसे अमीर क्रिकेट खिलाड़ी हैं और अपने देश में तो भगवान माने ही जाते हैं। कहीं भी खेलने उतरते हैं तो लोग खड़े हो जाते हैं। सुन्दर डॉक्टर पत्नी है। एक बेटा और एक बेटी है। इतने पूजित, सम्मानित और प्रशंसित खिलाड़ी को भी अपने गर्व की सबसे बड़ी घड़ियों में लगता है कि उन पर जो पत्थर फेंके गए थे उन्हें उनने मील के पत्थरों में बदल लिया। क्या उन्हें ऐसा लगना ठीक है? क्या उनकी शिकायत वाजिब है?

पिछले कुछ सालों से लोग कह रहे हैं कि तेंदुलकर में अब वो दम नहीं रहा। वे रिकॉर्ड के लिए खेल रहे हैं। जेफरी बॉयकॉट जैसे जानकार ने कहा कि विज्ञापनों से पैसे बनाते रहने के लिए खेल रहे हैं। इयन चैपल ने गए साल विश्व कप के बाद लिखा कि सचिन तेंदुलकर अपनी टीम को जिताने को खेल नहीं सकते तो उन्हें खेलना छोड़ देना चाहिए। जब भी वे कम रनों पर आउट हुए तो मीडिया ने माँग की कि उनकी जगह नए खिलाड़ी को मौका दिया जाए। आखिर देश कब तक सचिन तेंदुलकर को ढोएगा। अपना सब कुछ दाँव पर लगाकर खेलने वाले सचिन को ये बातें निश्चित ही पत्थर की तरह लगी होंगी। बचपन से सचिन खेल ही रहे हैं। खेलने के अलावा उनने कुछ किया नहीं है। खेल के अलावा जिन्दगी क्या होती है, जानते भी नहीं हैं। बचपन में क्रिकेट खेलने का अपना पूरा सामान पहनकर सोते थे। जिसने अपना बचपन भी बचपने में बिताने के बजाय जिम्मेदारी से क्रिकेट खेलने में बिताया हो, उससे आप कैसे उम्मीद कर सकते हैं कि फिट होते हुए भी वह खेलना छोड़ दे?

"किसी ने मुझसे कहा नहीं था कि तुम खेलो। मैं अपने आप और अपने आनन्द के लिए खेला और खेलता आ रहा हूँ। कोई मुझे कैसे और क्यों कहे कि खेलना छोड़ दो। मैं उन्नीस साल से खेल रहा हूँ और अपने बल को खूब जानता हूँ। सोलह साल की उमर में जब मैंने खेलना शुरू किया तो सामने कोई लक्ष्य नहीं थे। मैं बस खेलने का आनन्द लेना चाहता था। खेलता रहा तो यह सब तो एक दिन होना ही था।" सचिन ने कहा।

"सफलता तो एक प्रक्रिया है। इसमें खूब खून-पसीना करना होता है। कई चुनौतियों से गुजरना होता है। मुझे अच्छा लगता अगर (यह रिकॉर्ड) मैं पहले पूरा कर लेता। यह मेरे अकेले का रिकॉर्ड नहीं है। पूरे भारत का है। काफी बात हो रही थी। मैं रिकॉर्ड के लिए नहीं खेलता। लेकिन खेलता जाता हूँ तो रिकॉर्ड तो बनने ही हैं। दिमाग में चलता रहा है कि यह करना है। सभी मुझे इसकी याद दिला रहे थे।"

मैं जानता था कि (यह रिकॉर्ड) भी आएगा। हमेशा की तरह इसे मैं सीधा-सादा रखना चाहता था। अपनी आँख गेंद पर टिकाए हुए था रिकॉर्ड पर नहीं। यह यात्रा बड़ी अनोखी रही। खूब उतार-चढ़ाव वाली। हर कदम ने मुझे पहले से कुछ ज्यादा सिखाया। यह तो जीवन का चक्र है। सफलता-विफलता इसमें पैकेज की तरह आती हैं। कभी आप पर पत्थर फेंके जाते हैं और आप उन्हें मील के पत्थरों में बदल लेते हैं। ये मेरे लिए गर्व की सबसे बड़ी घड़ियाँ हैं।—सचिन ने सन्तोष से कहा।

लेकिन अब आगे क्या? पूछा गया। कौन जानता है? सचिन ने कहा—हो सकता है मेरे अन्दर सोलह साल का एक और लड़का हो—सचिन हँसे। कौन जानता है कल क्या हो? सारे रिकॉर्ड टूटने के लिए बनते हैं। मैं अभी खेलना छोड़ना नहीं चाहता। कोई क्या कहता है इसकी मुझे परवाह नहीं है। मेरे लिए तो टीम ही सब कुछ है।

मैं हमेशा आनन्द के लिए खेला हूँ। जब आप आनन्द के लिए खेलते हैं तो टीम के काम आते हैं। मैं अपने खेल को उलझाना नहीं चाहता। मुझे किसी को कुछ भी साबित करके दिखाना नहीं है। मुझे अभी खेलना अच्छा लग रहा है और मैं खेलता रहूँगा।

उस रात भी सचिन तेंदुलकर सोए नहीं थे। उन्नीस साल से टेस्ट मैच के पहले वे ठीक से सो नहीं पाते। "इसमें गड़बड़ कुछ नहीं है।" थकी मुस्कान से सचिन ने कहा–"यह तो बस टेस्ट मैच का दबाव है।" ऐसे दबाव में सचिन सोलह बरस की उमर से और उन्नीस साल से खेल रहे हैं। टेस्ट इतिहास के सबसे घातक लेग स्पिनर शेन वॉर्न ने उन्हें इसीलिए सौ की अपनी सूची में नम्बर एक पर रखा है। कोई खिलाड़ी ऐसे और इतने दबाव में नहीं खेल सकता जितने कि सचिन तेंदुलकर। फिर भी मैदान और उसके बाहर कोई खिलाड़ी इतना शान्त, सौम्य और सन्तुलित नहीं रहता जितने सचिन। इसीलिए तो मेरी सूची में वे सबसे ऊपर हैं–शेन वॉर्न ने लिखा है।

कोई शक ही नहीं कि सचिन तेंदुलकर ने भारत के सबसे बड़े क्रिकेट खिलाड़ी होने का काँटों का ताज बड़ी शान और लायकी से पहना है। सवा सौ करोड़ लोगों की उम्मीदें अपने कंधे पर लेकर वे खेलने उतरते हैं और आँकड़े गवाह हैं कि उनने बहुत कम बार लोगों को निराश किया है, नहीं तो 152 टेस्टों में 247 पारियाँ खेल कर भी वे 54.17 औसत से 12027 रन नहीं बना सकते थे। इतने टेस्ट और इतनी पारियाँ खेला हुआ कोई भी बल्लेबाज इतनी निरन्तरता से नहीं खेला है। ब्रायन लारा ने एक बार 400 और एक बार 375 रन बनाए और डॉन ब्रेडमैन के बाद वे दूसरे बल्लेबाज हैं जिनने दो सौ से ज्यादा रन की सात पारियाँ खेली हैं। सचिन ने लारा से टेस्ट भी इकतीस ज्यादा खेले हैं। फिर भी लारा की औसत 52 है। यानी लारा कभी शानदार तो कभी बहुत खराब खेलते रहे हैं। निरन्तरता में सिर्फ डॉन ब्रेडमैन ही सचिन से आगे हैं 99.94 के औसत से। लेकिन डॉन ने सिर्फ 52 टेस्ट खेले थे और सचिन 152 टेस्ट खेल चुके हैं।

फिर भी हम भारतीय सचिन से निराश होते हैं और उन्हें छोड़ देने को कहने लगते हैं क्योंकि हर बार वे शतक बनाकर क्यों नहीं लौटते? हम भूल जाते हैं कि सर डॉन ब्रेडमैन भी 80 पारियों में से 26 बार ही शतक बना सके थे। सचिन तेंदुलकर को हमने क्रिकेट के भगवान का दर्जा दे रखा है और हम मनुष्य बरदाश्त नहीं कर सकते कि हमारा भगवान फेल हो जाए। सचिन ने जिन्हें उन पर फेंके गए पत्थर कहा–वे ऐसी ही निराशा में कही गई बातें थीं। हमें और भी गर्व होना चाहिए कि लोगों के फेंके गए पत्थरों को सचिन ने मील के पत्थर बना लिये। सचिन तेंदुलकर ने न सिर्फ टेस्ट में सबसे ज्यादा रन बना लिये हैं, टेस्ट में सबसे ज्यादा शतक 39 भी उन्हीं के नाम पर हैं। वन डे में उनके सोलह हजार से भी ज्यादा रन हैं और शतक हैं 42, वन डे में कोई उनके आसपास भी फटक नहीं सकता। कहते हैं

36 शतक और 10239 रनों के साथ आस्ट्रेलिया के रिकी पोंटिंग टेस्ट में सचिन से आगे निकल सकते हैं। वे सचिन से एक साल छोटे हैं और अभी चार साल और खेल सकते हैं।

पिछले कुछ वर्षों में सचिन का खेल कुछ पिछड़ा है। दस साल खेल लेने के बाद 1999 में चेन्नई में पाकिस्तान के विरुद्ध खेलते हुए उनकी पीठ में दर्द हुआ। तब से टखने, कोहनी, उँगली, औरं कंधे पर लगी चोटों ने उन्हें न सिर्फ खेल से बाहर रखा, यह शंका भी खड़ी कर दी कि न जाने कब उनके शरीर का कौन सा हिस्सा जवाब दे जाएगा। ब्रेडमैन के बाद एक वही हैं जो उन्नीस साल से खेल रहे हैं। ब्रेडमैन भी 1928 से 1948 तक खेले लेकिन बीच में कुछ साल दूसरे महायुद्ध के कारण खेल नहीं हुआ था। फिर जब ब्रेडमैन पहला टेस्ट खेले तो बीस साल के हो चुके थे। सचिन ने पन्द्रह बरस की कच्ची उमर में प्रथम श्रेणी क्रिकेट खेलना शुरू किया और सोलहवें में टेस्ट। तब से वे प्रथम श्रेणी और वन डे के साथ टेस्ट भी अविराम खेलते आ रहे हैं। दूसरे किसी भी खिलाड़ी की तुलना में शरीर परिपक्व होने के पहले से वे खेलते आ रहे हैं। उनके शरीर में जो कच्चापन या किशोरपन रह गया वह अब उन्हें तकलीफ दे रहा है। इस अंदेशे में कि न जाने कब क्या हो जाए वे वैसे खुलकर खेल नहीं सकते जैसे पन्द्रह साल पहले खेलते थे।

इसलिए अब उनके खेलने में मारकर खेलने की वह जन्मजात आजादी नहीं रही जिसे देखते ही लोग जीनियस कह उठते थे। बल्ले की तेजी का वह घुमाव और पाँवों का वह हलकापन भी कम हो गया है जो उन्हें अपने आप गेंद की लाइन और टप्पे के पास पहुँचा देता था। हुनर में कोई कमी नहीं आई है बल्कि अनुभव के साथ हुनर का बेहतर उपयोग बढ़ा ही है। लेकिन अब वे औसतन ज्यादा खेलने लगे हैं। और प्रतिभा का अचानक विस्फोट लगभग गायब हो गया है। अब उनकी हर हरकत नपी-तुली और पहले से सोच-समझकर की गई लगती है। यह उनके खेल का सहज शास्त्रीय गुण ही है कि वह अब भी इतना सुन्दर और सन्तुलित लगता है। यह शरीर की अपनी सीमाएँ जान लेने और उसके अनुसार अपने खेल को ढाल लेने का परिणाम है कि सचिन अब भी खेले चले जा रहे हैं। बल्लेबाज के नाते उनका सबसे अच्छा साल गए सीजन में आस्ट्रेलिया में रहा जब 70.42 के औसत से उनने चार टेस्टों में 493 रन बनाए।

सचिन ने कहा कि कौन जानता है, सोलह साल का एक और लड़का उनमें हो। वे अभी 2011 के विश्व कप में खेलने और भारत को फिर विश्व कप जिताने के सपने में हैं। तब तक उन्हें 19 शतक और बनाने हैं। ग्यारह टेस्ट में और आठ वन डे में। अन्तरराष्ट्रीय शतकों के शतक के बिना सचिन का खेलना पूरा नहीं होगा।

(प्रथम प्रवक्ता, 16 नवम्बर, 2008)

सिंहासन खाली है लेकिन हम अभी बैठे नहीं हैं

क्रिकेट अपने देश में महज एक खेल अब नहीं रह गया है। मीडिया में उसकी उपस्थिति देखकर कोई भी कहेगा कि वह राष्ट्रीय सरोकार है इसीलिए इस बहस में शामिल होना पड़ रहा है कि आस्ट्रेलिया को 2-0 से हराकर क्या भारत क्रिकेट का विश्व विजेता हो गया है?

भारत हुआ हो या नहीं, आस्ट्रेलिया अब निश्चित ही विश्व विजेता नहीं रह गया है। और यह सिर्फ इसलिए नहीं कि हाल ही में खेली गई टेस्ट सीरिज में भारत ने उसे 2-0 से हरा दिया। सन् 98 में जब वह विश्व विजेता हुआ ही था तो मार्क टेलर एक शक्तिशाली टीम लेकर आए थे। उसमें वॉ बन्धु तो थे ही, शेन वार्न भी थे। उसे चेन्नई और कोलकाता में हराने के बाद भारत बंगलुरू में हार गया था। लेकिन सीरीज तो जीती ही थी।

फिर सन् 2001 में खुद स्टीव वॉ एक तगड़ी टीम लेकर आए। उनने भारत को अन्तिम सीमा–फाइनल फ्रंटीयर–कहा क्योंकि दुनिया के और सब देशों में वे अपना अश्वमेध कर आए थे। उनने मुम्बई का पहला टेस्ट बड़ी शान से जीता और कोलकाता भी जीत ही रहे थे कि भारत को फॉलोऑन दे दिया। लक्ष्मण और द्रविड़ ने मिलकर साढ़े तीन सौ से ज्यादा रनों की भागीदारी की। लक्ष्मण ने 281 रन बनाए जो तब किसी भी भारतीय का सबसे बड़ा स्कोर तो था ही किसी भी भारतीय द्वारा खेली गई सबसे महत्त्वपूर्ण और महान पारी भी आँकी गई। द्रविड़ ने 180 रन बनाए। आखिरी दिन हरभजन ने आस्ट्रेलिया की पारी ठंडी कर दी।

क्रिकेट इतिहास में सिर्फ तीसरी बार हुआ था कि पहली पारी में ढेर होने और फॉलोऑन खेलने पर मजबूर की गई टीम ने टेस्ट जीत लिया हो। कोलकाता की इस जीत से परवान चढ़ी भारतीय टीम ने चेन्नई में भी आस्ट्रेलिया को हराकर सीरीज जीत ली। चूँकि आस्ट्रेलिया के कप्तान स्टीव वॉ ने फाइनल फ्रंटीयर का बड़ा हल्ला मचाया था इसलिए उनके सीरीज हारने का भी बड़ा शोर मचा। लेकिन यह किसी ने नहीं कहा कि भारत विश्व विजेता हो गया है। इन दोनों ही दौरों पर आई आस्ट्रेलियाई टीमें बहुत ताकतवर थीं। उनसे सीरीज भारत ने फिर भी जीत ली थी।

अपने घर में भारत को हराना हमेशा ही मुश्किल रहा है फिर भी आस्ट्रेलिया को हराने वाली भारतीय टीम को विश्व विजेता नहीं कहा गया था।

अब ऐसा क्या हो गया है कि आस्ट्रेलिया के अखबार ही कह रहे हैं कि हम विश्व विजेता नहीं रहे। हमारी अपराजेयता का जो दबदबा पिछले बारह साल से बना हुआ था अब वह खत्म हो गया है। अब हमें पराजयों या टेस्टों के ड्रॉ होने के दौर से गुजरना पड़ेगा। दरअसल बरसों में यह पहली सीरीज है जब आस्ट्रेलिया ने एक टेस्ट भी नहीं जीता। समझदार लोग इसलिए भारत में उसकी 0-2 से हार को उसके पतन का सबूत मान रहे हैं क्योंकि आस्ट्रेलिया में पलटकर वार करने की ताकत नहीं दिख रही। हारने को तीन साल पहले इंग्लैंड में भी पोंटिंग की टीम एशेज़ हार गई थी। लेकिन तब भी उसने दो टेस्ट ड्रॉ करवाए तो एक जीता था। और एशेज हारने के बाद भी कोई कह नहीं रहा था कि आस्ट्रेलिया विश्व विजेता नहीं रहा। दरअसल अगले ही साल जब इंग्लैंड आस्ट्रेलिया के दौरे पर आया तो पाँचों ही टेस्टों में उसे हार का मुँह देखना पड़ा। इंग्लैंड की सारी खुशफहमी आस्ट्रेलिया ने निकाल दी।

लेकिन तब से हुआ यह है कि वॉर्न, मेकग्रा, गिलक्रिस्ट, लेंगर, मार्टिन आदि रिटायर हो गए। मैथ्यू हेडन फॉर्म से उतर गए। हसी, क्लार्क, कैटिच, हैडिन, जॉन्सन, स्टूअर्ट क्लार्क आदि जो इनकी जगह पर टीम में आए उनका प्रदर्शन ऐसा शानदार नहीं हुआ कि जाने वालों की कमी नहीं खलती। आस्ट्रेलिया में खिलाड़ी काफी खेल लेने के बाद देश की टीम में लिये जाते हैं और उनका प्रदर्शन उन्नीस-बीस भी हो तो बरदाश्त नहीं किया जाता है क्योंकि काफी ठोंक-बजाकर ही उन्हें लिया जाता है। अभी तीन साल पहले तक सबको लग रहा था कि आस्ट्रेलिया के पास खिलाड़ी तैयार बैठे हैं और मौका मिलते ही अपनी जगह वे पक्की कर लेंगे। लेकिन हम देख रहे हैं कि जिन्हें भी मौका दिया गया उनने ऐसा कुछ बना नहीं है कि अपनी टीम को वे गौरव के स्थान पर सुसज्जित और प्रतिष्ठित कर सकें। अचानक आस्ट्रेलिया की बेंचें खाली नजर आने लगी हैं और भविष्य अनिश्चित और धुँधला दिखाई दे रहा है।

टीम की हालत जब अनिश्चित और पतली होती है तो कप्तान को रणनीति रक्षात्मक बनाती पड़ती है। जिन स्थितियों में महज रवैए की आक्रामकता से बाजी पलट सकती है उनमें भी सावधानी से काम लेना पड़ता है और कई बार यह सावधानी निष्क्रियता दिखाई देती है। जैसे भारत के खिलाफ पहले टेस्ट में आस्ट्रेलिया हावी था। अगर गेंदबाज जहीर खान और हरभजन ने बल्लेबाजी करके भारत को फॉलोऑन से बचाया नहीं होता तो वह निश्चित ही वहाँ हार जाता और उसका असर पूरी सीरीज पर पड़ता। लेकिन जैसा कि बंगलुरू में भारत को बचाने वाले जहीर खान ने कहा है–आस्ट्रेलिया इतना रक्षात्मक था कि हमारी जोड़ी तोड़ने

में भी उसने सब कुछ झोंक नहीं दिया। हमारे खिलाफ भी वे रन रोकने में लगे हुए थे। उस टेस्ट के आखिरी दिन के पिच का इस्तेमाल करने वाले स्पिनर भी आस्ट्रेलिया के पास नहीं थे।

बंगलुरू में आस्ट्रेलिया का यह रवैया देखकर भारत न केवल टेस्ट बचा ले गया मोहाली से तो वह आस्ट्रेलिया पर हावी ही हो गया। मोहाली का पिच ऐसा था जो आस्ट्रेलिया की तेज गोलंदाजी के बहुत काम का साबित होना चाहिए था। लेकिन भारत के जहीर खान और ईशान्त शर्मा ने ली, क्लार्क, जॉन्सन और वॉटसन से ज्यादा धारदार गोलंदाजी की। खुद आस्ट्रेलियाई कोच नीलसन ने माना है कि भारतीय गेंदबाज ज्यादा समय तक दबाव बनाए रखने में सफल हुए। मोहाली में तो कुंबले की जगह अमित मिश्रा खेले थे जो पहली बार किसी टेस्ट टीम में लिये गए थे और मोहाली का पिच स्पिन गेंदबाजी को उतनी मदद नहीं करता जितनी तेज गोलंदाजी को। लेकिन मिश्रा अपने पहले ही टेस्ट की पहली पारी में पाँच विकेट ले गए। पोंटिंग ने अपने अकेले स्पिनर जेसन क्रेजा को तो खेलाया भी नहीं क्योंकि उनके पिटने का अंदेशा था। स्पिनर के नाते वाइट को लिया गया जो लेग स्पिन से बेहतर तो बल्लेबाजी कर सकते हैं। क्रेजा की जगह वाइट का खेलना पोंटिंग के रक्षात्मक रवैए का ही नतीजा था।

अपनी टीम की खामियों को ढँकने के लिए पोंटिंग पूरी सीरिज भर ओवर करने की गति को कम किए रहे ताकि भारतीय बल्लेबाजों को इतनी गेंदे ही मारने को नहीं मिलें कि खेल उनकी मुट्ठी से निकल सके। उनके गेंदबाज भी ऐसी गेंदबाजी करते रहे कि भारतीय बल्लेबाज भी आसानी से रन न बना सकें। कोशिश करें तो आउट हों। इस रणनीति का नतीजा यह निकला कि आखिरी टेस्ट के चौथे दिन चाय के बाद पोंटिंग को जल्दी-जल्दी ओवर निकालने वाले गेंदबाज लगाने पड़े और धोनी और हरभजन 108 रनों की साझेदारी करके भारत को जिताने की हालत में ले आए। विकेट निकालने के लिए पोंटिंग वाटसन, जॉन्सन और ली की उलट स्विंग चलवाते तो हो सकता है उन पर धीमी ओवर रेट के कारण एक टेस्ट का प्रतिबन्ध लग जाता। लगता तो लग जाता लेकिन वे टेस्ट जीत जाते तो सीरीज बराबरी पर ड्रॉ होती और बॉर्डर-गावस्कर ट्रॉफी आस्ट्रेलिया के ही पास रहती।

पोंटिंग ने पाबन्दी न लगने पर ध्यान दिया टेस्ट जीतने पर नहीं। एक आस्ट्रेलियाई कप्तान के लिए यह अजीब था क्योंकि विजय की एक निर्मम निर्लज्ज चाहत के बिना कोई आस्ट्रेलिया का कप्तान नहीं बनता। पोंटिंग की इसीलिए इतनी आलोचना हो रही है। कोच नीलसन कह रहे हैं कि नियम-कायदों का क्या कोई मतलब ही नहीं है? उन्हें आस्ट्रेलिया के कप्तानों की परम्परा से यह सवाल पूछना चाहिए। टीम और कप्तान में आक्रामकहीनता भी आस्ट्रेलिया के पतन का एक कारण माना जा रहा है।

लेकिन आस्ट्रेलिया पर 2-0 से जीत दर्ज करने वाली भारतीय टीम न सिर्फ आँकड़ों के गणित से दो नम्बर पर है। अभी वह न केवल इतनी निरन्तरता से जीत नहीं पाई है, न उसके पास वह आक्रमण है कि जो भी सामने आए उसे सपाट कर सके। मोहाली की जीत के बाद उसे दिल्ली टेस्ट जीतना चाहिए था। लेकिन आस्ट्रेलिया ने उसके 613 रनों के जवाब में 577 रन बना लिये। जिस आखिरी दिन के पिच पर उसे आस्ट्रेलिया से बल्लेबाजी करवानी चाहिए थी उस दिन वह मैच बचाने के लिए रक्षात्मक बल्लेबाजी करता रहा। उसकी न तेज गेंदबाजी चली, न स्पिन। विश्व विजेता टीमों का पहला गुण यह होता है कि जैसी भी पिच पर जो भी उसके सामने हो उसे सपाट करने की ताकत उसमें होती है। 70-80 की वेस्टइंडीज टीम के पास एक भी स्पिनर नहीं होता था और भारतीय उपमहाद्वीप में उसे पाटा विकेट दिए जाते थे। उसके चार तेज गोलंदाज फिर भी भारत, पाकिस्तान और श्रीलंका को हरा के जाते थे।

यह आस्ट्रेलियाई टीम जिसके पतन की इतनी बातें हो रही हैं यह भी सब तरफ जीतती थी। सही है कि तब शेन वॉर्न और मेकग्रा उसके पास थे जो कि दुनिया के चार सबसे सफल गेंदबाजों में गिने जाते थे। वॉ बन्धुओं के अलावा पोंटिंग, गिलक्रिस्ट, हेडन, लेंगर, मार्टिन आदि बल्लेबाज थे जिनमें से दो तो जोड़ी लगाकर जम ही जाते थे। भारत की टीम में से सचिन तेंदुलकर, द्रविड़, लक्ष्मण आदि रिटायर होने वाले हैं। गांगुली और कुंबले हो गए हैं। इन महान खिलाड़ियों की जगह लेने वाले अभी परखे नहीं गए हैं। सिर्फ कप्तान धोनी ही तैयार हैं। इसलिए भारतीय टीम सम्भावनाओं की टीम है। सिद्ध हुए बिना क्रिकेट में कोई माना नहीं जाता।

(प्रथम प्रवक्ता, 1 दिसम्बर, 2008)

इतना सबक भी न सीखे तो

मोटरगाड़ियाँ बनाने वाली तीन बड़ी अमेरिकी कम्पनियों के सबसे बड़े अधिकारी सरकार से पच्चीस अरब डॉलर माँगने वाशिंगटन गए। इस संकट में भी और पैसे माँगने भी वे सार्वजनिक वाहनों से नहीं गए। वे कम्पनी के प्राइवेट जेट विमानों से गए। बिल्कुल वैसे ही जैसे अपने व्यवसाय के बम-बम होते दिनों में जाया करते थे। उनकी इस फिजूलखर्ची और संवेदनहीनता की अमेरिका में भी बड़ी आलोचना और निन्दा हुई।

पच्चीस अरब डॉलर उन्हें मिले भी नहीं। उनसे कह दिया गया कि यह धन वे कैसे खर्च करेंगे इसकी ठोस और विस्तृत योजना बनाकर दो हफ्ते बाद आएँ। अगर इस बार भी धन उन्हें नहीं मिला तो जनरल मोटर्स, फोर्ड मोटर्स और क्राइसलर कम्पनियों को दिवाला निकालने के सिवाय कोई चारा नहीं बचेगा। साल भर से ये कम्पनियाँ लागत घटाने, खर्चे कम करने और काम करने वालों की संख्या घटाने के लगभग सभी उपाय कर चुकी हैं। फिर भी इनका कारोबार पटरी पर नहीं आया। उपभोक्ताओं को कार खरीदने के लिए पैसा उधार देने वाले लोग नहीं हैं। इस संकट में गाँठ का पैसा लगाकर गाड़ी खरीदने वाले लोग भी नहीं हैं। इसलिए गाड़ियों की बिक्री भी नहीं हो रही। जब गाड़ियों की माँग ही नहीं तो उत्पादन बढ़ाने का कोई मतलब नहीं। यानी कारोबार ठप। और कारोबार ठप तो ये कम्पनियाँ सरकारी मदद के बिना टिकी कैसे रह सकती हैं?

और सरकार कैसे मदद करे? करदाता पूछते हैं कि कम्पनी और कारोबार को इस तरह ठिकाने लगाने वाले ये बड़े अधिकारी किस काम के? इस संकट में भी और सरकार से भीख माँगने जाते हुए भी जब इन्हें समझ नहीं आता कि कम्पनी के विमान में जाना फिजूलखर्ची है तो ये जो धन इन्हें दिया जाएगा उसे भी ये ऐसी ही विलासिताओं पर बरबाद करेंगे। अपने कारोबार को डूबने से बचाने के लिए ये जो पैसा माँग रहे हैं, इन्हें न दिया जाए। इसीलिए सरकार ने उनसे कहा कि पैसा खर्च करने का पूरा ब्योरा बनाकर दो हफ्ते बाद आओ।

अमेरिका में कम्पनियों के बड़े अफसरों के अनाप-शनाप खर्च और मोटी-मोटी

तनखाहें आजकल बड़ी आलोचना के विषय बने हुए हैं। जब इनसे कम्पनी चली नहीं और उसे इतने बड़े-बड़े घाटों में इनने उतार दिया तो ये तनखाहें और अनाप-शनाप खर्च किसलिए? जनता की गाढ़ी कमाई का पैसा टैक्स में जाकर सरकार के पास जमा होता है। इसे देने में जनता को अपना पेट काटना पड़ता है। और जरूरतों को पूरा किए बिना ही छोड़ देना पड़ता है। ये पैसा उन निकम्मे अफसरों की विलासिताओं पर क्यों खर्च होना चाहिए जो अपनी कम्पनियों को डुबोने के लिए जिम्मेदार हैं?

मोटर कम्पनियों के बड़े अफसरों का सरकार से भीख माँगने जाते हुए भी विमानों का इस्तेमाल करना साफ बताता है कि बड़े अफसर अपने तौर-तरीकों से अपनी कम्पनी की हालत को नहीं जोड़ते। वे नहीं देखते कि उनकी कम्पनी के दिवाले निकलने में उनके बेहद खर्चीले लगभग बादशाही–तौर-तरीके भी जिम्मेदार हैं।

वे मानते हैं कि कम्पनी घाटे में हो या मुनाफे में उन्हें जो-जो देने का वादा कम्पनी ने किया है, बेरोकटोक मिलना चाहिए। क्योंकि ये उनका अधिकार है। वे सिद्धान्त से मानने को तैयार हैं कि उनके खर्च और उनकी तनखाहों का आखिरकार कम्पनी की हालत से लेना-देना है। लेकिन खुले बाजार के वित्तीय पूँजीवाद के पैरोकार यह भी मानते हैं कि लाभ हो और कम्पनी कमाए तो यह उनके कुशल प्रबन्धन के कारण है। और इसलिए उन्हें पूरा हिस्सा मिलना चाहिए। लेकिन कारोबार करते हुए कम्पनी घाटे में आ जाए तो उसे भरने की जिम्मेदारी सरकार की है।

इसी विश्वास के कारण मोटर कम्पनियों के बड़े अफसर जब सरकार से पैसे लेने जाते हैं तो उन्हें लगता है कि वे अपना हक माँगते आए हैं। इसीलिए वे अपने विमान में जाते हैं और उन्हें इस बात का रत्ती भर अहसास नहीं होता कि विमान के आने-जाने पर जो भारी खर्च होगा वह उसी कम्पनी पर आएगा जिसे डूबने से बचाने के लिए पैसा माँगने वे जा रहे हैं। कम्पनी को डूबने से बचाना तो सरकार का धर्म है। कम्पनी आखिर कारोबार करके समाज को सम्पन्न करने का ही काम कर रही थी। उसे बचाया नहीं जाएगा तो लाखों लोग रोजगार से हाथ धो लेंगे। अरबों डॉलरों का काम-काज बेकार हो जाएगा। अर्थव्यवस्था गड़बड़ाएगी और ग्रोथ रेट गिर जाएगी। ऐसा होगा तो नुकसान तो समाज और देश का ही होगा। सरकार का काम लोक कल्याण है। राज्य है ही कल्याणकारी कार्यों के लिए। इसलिए वह कम्पनियों का घाटा भरे और वित्तीय मदद देकर फिर ऐसी परिस्थितियाँ पैदा करे कि कारोबार पहले की तरह चल निकले। आखिर कारोबार के बिना अर्थव्यवस्था और देश चल थोड़े सकता है!

आप देखिए कि अमेरिका में यही हो रहा है। पिछले महीने यानी अक्टूबर में अमेरिकी संसद ने सात हजार अरब डॉलर की जमानती रकम संघीय कोष से

निकालने का तय किया था। अब यह बढ़कर आठ हजार अरब डॉलर हो गई है। यह रकम भारत के सकल घरेलू उत्पाद से भी ज्यादा है। लगभग इतनी ही रकम यूरोप के देशों ने भी अपने डूबते बैंकों और कारोबार को बचाने के लिए अलग निकालकर रखी है। फिर भी लोगों और बाजारों का विश्वास लौटकर नहीं आया है। उधार अब भी नहीं मिल रहा है, नकदी अब भी गायब है और इसलिए ऐसी मन्दी छाई हुई है जैसी कि सन् तीस की महामन्दी थी। अब तक जिन सरकारों को कॉरपोरेट नेता कह रहे थे कि वे पूरी तरह हट जाएँ और अर्थव्यवस्था का कामकाज उन्हें सौंप दें, वे अब सरकारों के पीछे पड़े हुए हैं कि जल्दी आगे आइए और सार्वजनिक पैसा लगाकर कारोबार में जान डालिए, नहीं तो करोड़ों लोगों का रोजगार छिन जाएगा और खाने के लाले पड़ जाएँगे।

यह संकट सरकारों का लाया हुआ नहीं है। उनकी जिम्मेदारी इतनी ही है कि जहाँ दखल देकर उन्हें नियमन करना था वहाँ वे हाथ पर हाथ रखे बैठी रहीं। उन पर ऐसे लोगों का दबदबा था जो मानते हैं कि बाजार अपनी गलतियाँ खुद सुधार लेता है इसलिए उसे अपना कामकाज करने देना चाहिए। किसी एजेंसी को दखल देने की कोई जरूरत नहीं है। लेकिन हमने देखा कि अमेरिका में घर-जायदाद में पैसे लगाने और उधारी चलाने में जो उदारवादी गड़बड़ हो रही थी, बाजार उसे ठीक नहीं कर पाया और आखिर एक दिन सारा संसार ही वित्तीय संकट की सुनामी में डूब गया।

इस वित्तीय संकट से दुनिया को उबारना तो पड़ेगा और इतना भी साफ है कि ऐसा सरकारें ही कर सकती हैं। उद्योग व्यापार व्यवसाय में अब इतना दम नहीं है कि घाटे को बरदाश्त करके उठ खड़े हों। सरकारों को भी मामला ठीक करने में बरसों लग जाएँगे। लेकिन सरकारों को जल्दी करने में लगाने वालों का रवैया ऐसा है कि जैसे जो भी हुआ है वह एक प्राकृतिक विपदा हो और उसे लाने में किसी का कोई हाथ, किसी की कोई जिम्मेदारी न हो। सरकारें जल्दी करें और यथास्थिति बहाल हो तो कारोबार पहले की तरह चले। लेकिन करोड़ टके का सवाल है कि क्या कारोबार पहले की तरह चलने दिया जा सकता है? क्या सरकारें उद्योग व्यापार व्यवसाय का पूरा घाटा भर कर उन्हें रास्ते पर लाने के बाद उन्हीं लोगों और तौर-तरीकों को सौंप सकती हैं जिनने यह संकट पैदा किया? क्या इन तौर-तरीकों और लोगों में कोई खराबी नहीं है? जो संकट आज पूरी दुनिया पर मँडरा रहा है वह अपने आप या प्रकृति के किसी दोष के कारण टूट पड़ा है या कॉरपोरेट के निर्बन्ध लालच की वजह से आया है? क्या आप सट्टाखोरी को इतनी व्यापक और बेलगाम होने दे सकते हैं कि वह हमारे संसार की अनिवार्य स्थिरता को ही तूफान में डालकर बरबाद कर दे?

आप पाएँगे कि जिन लोगों और तौर-तरीकों ने यह संकट दुनिया पर लादा है

उन्हें मौका दिया गया तो वे बेहिचक वही करेंगे जिसे करने से यह संकट आया है। उनके मन में कहीं यह दुविधा नहीं है कि यह हमारी गलतियों के कारण हुआ है। जिसे सट्टेबाजी की लत लग जाती है वह सब कुछ दाँव पर लगाने और गँवाने के बाद भी इसी उम्मीद में जीता है कि उसे फिर एक दाँव लगाने को मिले ताकि वह फिर सब कुछ जीत कर पहले जैसा धनवान हो जाए। उसे गँवाने का कोई पछतावा नहीं होता। आप देख सकते हैं कि अमेरिकी मोटर कम्पनियों के बड़े अफसरों को भी कोई पछतावा नहीं है। मेरिल लिंच, लेमन ब्रदर्स, एआईजी आदि के आला अफसरों को भी इसका कोई खेद नहीं है कि उनके किए का खामियाजा खरबों डॉलरों से करोड़ों लोग भर रहे हैं। क्या इन्हीं लोगों को दुनिया की वित्तीय व्यवस्था फिर चलाने को सौंपी जा सकती है?

पूँजीवाद की अपराजेयता में विश्वास करने वाले कह रहे हैं कि पहले भी ऐसे संकट आए हैं और पूँजीवाद ने उनसे पार पाया है। जैसा संकट अभी आया है वह तो खुले बाजार के वित्तीय पूँजीवाद के स्वभाव में है। और इसी स्वभाव से इस ऊँच-नीच से निपटा जा सकता है यानी एक जुआरी यह कभी नहीं मानेगा कि जुआखोरी में खराबी है और उससे गृहस्थी नहीं चलाई जा सकती। लेकिन दुनिया गृहस्थ है और वह गृहस्थी से ही चलती है। खेल के लिए एकाध दिन दिवाली पर सट्टाखोरी हो सकती है लेकिन वह हमेशा नहीं चल सकती। इसलिए वित्तीय पूँजीवाद पर अंकुश तो अब लगेगा। समाजवाद की मजबूरी भी बढ़ेगी कि हाड़तोड़ मेहनत करने वाला सट्टाखोरी से पैसा बनाने वाले से ज्यादा महत्त्व का है और उसे उसका दाय मिलना चाहिए। वित्तीय संकट अगर इतना जरूरी सबक भी अर्थव्यवस्था को सिखा नहीं पाए तो फिर यह दुनिया विषमता के नरक में डूबेगी।

(प्रथम प्रवक्ता, 16 दिसम्बर, 2008)

मंडल का नाहक बदनाम मसीहा

कांग्रेस और भारतीय जनता पार्टी में ही नहीं, उनके बाहर के राजनीतिक इलाकों में भी वीपी सिंह के मंडल आयोग लागू करने के फैसले को शंका की नजर से देखा गया। चन्द्रशेखर समेत ऐसे कई नेता थे जो मानते थे कि देवीलाल के राजनीतिक विद्रोह को कुचलने के लिए वीपी सिंह ने यह राजनीतिक चाल चली और अपनी राजनीति चमकाने के लिए भारतीय समाज को हमेशा के लिए बाँट दिया। मध्य या पिछड़ी जातियों को आरक्षण देकर उनने उत्तर भारत के सवर्णों को अपने से कितना नाराज कर लिया था, इसका अंदाज आप इसी से लगा सकते हैं कि राजपूतों की कई जातियाँ उन्हें अपना वर्ग शत्रु मानने लगी थीं। अब वे नहीं रहे तो इस सवाल पर नए सिरे से विचार करना चाहिए।

अपने देश में आजादी के बाद जो राजनीति चली है उसमें नेता मानकर चलता है कि जिस जाति का वह है, वह तो उसे हमेशा समर्थन देती रहेगी। जाति आधार एक नेता को राजनीति में एक ऐसा पक्का और जन्मजात आधार देता है जिस पर खड़ा होकर वह दूसरी जातियों के वोट पाने की जुगत में लगता है। आजादी के आन्दोलन में और महात्मा गांधी के नेतृत्व में एक नेता का जनाधार उसकी कुर्बानियों और लोक सेवा से बनता था। तब नेता कुल समाज का होता था और वह पाने नहीं लुटाने को सार्वजनिक जीवन में आता था। पाना तो उस वक्त सिर्फ आजादी थी और वह किसी एक वर्ग, जाति या क्षेत्र की नहीं होती थी। इसलिए तब राजनीति में जाति कोई निर्णायक या बड़ा कारक नहीं होती थी।

आजादी के बाद भी कुछ वर्षों तक राजनीतिक संगठन फिर भी पार्टियों और विचारधाराओं के जरिए होता रहा। फिर विचारधारा और पार्टियों की पकड़ कमजोर होती गई। बड़ी पार्टियों से ऐसे नेता छिटककर बाहर हुए जिनने अपने क्षेत्र, वर्ग और जाति को अपना आधार बनाया। द्रविड़ पार्टियाँ इसी आधार पर पनपीं और आंध्र में रामराव ने तेलगू देशम पार्टी खड़ी की। उत्तर भारत में लोकदल चौधरी चरण सिंह का दल था लेकिन दरअसल तो वह जाटों की पार्टी थी। किसान जाटों की सहयोगी जातियाँ भी लोकदल को समर्थन देती थीं। हरियाणा में जाट चौधरी देवीलाल के

इर्द-गिर्द इकट्ठे हुए। ओमप्रकाश चौटाला अपने पिता की धरोहर सँभाले हुए हैं और पश्चिम उत्तर प्रदेश में अजित सिंह चौधरी चरण सिंह की। पंजाब के जाट भी राजनीति में सक्रिय हैं लेकिन शिरोमणि अकाली दल के परचम तले। राजस्थान के जाट पहले कांग्रेस के साथ थे अब भाजपा के साथ भी हो जाते हैं।

जाटों की वर्ण व्यवस्था में कोई निश्चित और सम्मान की जगह तय नहीं है। भरतपुर में उनका राज ही होता था इसलिए वहाँ वे राजवंश ही हैं। लेकिन बाकी के क्षत्रिय राजस्थान में उनकी राजपूतों से खटपट चलती आई है। हरियाणा और पश्चिम उत्तर प्रदेश में भी दूसरी राज करने वाली जातियों से उनकी टक्कर होती रहती है। पंजाब, हरियाणा, राजस्थान और उत्तर प्रदेश में जाट आर्थिक, सामाजिक और राजनीतिक प्रभुत्व के लिए हमेशा चलायमान रहते हैं। बाकी के उत्तर प्रदेश और बिहार में यादवों का आर्थिक सामाजिक वर्चस्व है। राजनीति में पहले वे कांग्रेस के साथ हुआ करते थे। संघर्षशील होने के कारण बाद में समाजवादियों के आधार बन गए। फिर इन दोनों ही पार्टियों से उनका मोहभंग होने लगा। आज उत्तर भारत के दो बड़े नेता लालू प्रसाद और मुलायम सिंह दोनों ही यादव हैं। मुलायम सिंह की समाजवादी पार्टी इसी माने में समाजवादी है कि समाजवाद मुलायम सिंह का अतीत है। नहीं तो सब जानते हैं कि उत्तर प्रदेश के ज्यादातर यादव समाजवादी पार्टी में गोलबन्द हैं। मुसलमानों की मदद से यादव उत्तर प्रदेश में सत्तारूढ़ हो जाते हैं। इसलिए समाजवादी पार्टी सही माने में यादवों की पार्टी है।

लालू प्रसाद की पार्टी राष्ट्रीय जनता दल है जो जनता आन्दोलन में उनके अतीत का सूचक है। जनता आन्दोलन समाजवादियों के एक वर्ग का चलाया हुआ था जिसके सिरमौर जयप्रकाश नारायण हुआ करते थे। उनके बिहार आन्दोलन और उससे निकली जनता पार्टी ने पहली बार दिल्ली में गैर-कांग्रेसी सरकार बनाई और तीन साल में बिखर गई। लालू बिहार आन्दोलन से पैदा हुए नेता हैं जो जनता पार्टी से सांसद हुए थे। इस जनता पार्टी के कई टुकड़े हुए। एक टुकड़ा लालू प्रसाद यादव का राष्ट्रीय जनता दल है। मुलायम सिंह की समाजवादी पार्टी की तरह लालू का जनता दल भी बिहार के यादवों की पार्टी है और मुसलमानों को साथ लेकर बिहार पर पन्द्रह साल राज कर चुकी है।

जातीय आधार पर बनी एक और पार्टी है—बहुजन समाज पार्टी। यह अपने को कहती तो बहुजन की है पर है दरअसल दलितों की। बल्कि दलितों में भी चर्मकारों की जिसे कांशीराम ने सब दलितों की पार्टी बनाने की कोशिश की। पहले इसने सवर्णों को फटकार और गरियाकर दलितों को उनके विरुद्ध गोलबन्द किया। जब दलित अपनी पार्टी और उसके उम्मीदवारों को वोट देने लगे तो वे चुनकर विधानसभाओं और संसद में पहुँचने लगे। वहाँ उनने पाया कि सत्ता के

गणित में उनकी भूमिका सहायक की ही हो सकती है। उनकी अपनी संख्या इतनी नहीं होती कि सरकार बना या गिरा सके। इस या उस पार्टी के साथ मिलकर वे उलट-फेर तो कर सकते हैं लेकिन खेल तो उन्हें साथ की बड़ी पार्टी का ही खेलना है। तब कांशीराम ने कहा कि हमें मजबूत नहीं मजबूर सरकार चाहिए। ऐसी सरकार जिसका काम हमारे बिना चल नहीं सकता। ऐसी सरकारों में शामिल होकर दलित प्रतिनिधि सत्ता सुख तो भोग सके लेकिन उन्हें बाहरी कारणों पर निर्भर रहना जरूरी हुआ।

तब दलितों की पार्टी ने अपने को बहुजन समाज पार्टी कहना शुरू किया। सभी दलितों को मिला लिया जाए तो वे भारतीय समाज में बहुसंख्यक होंगे। गिनती के नाते यह सही है लेकिन सारे दलित इकट्ठे नहीं होते। कई बार देश में किसानों की एक पार्टी बनाने की कोशिश की गई। किसान देश में हर कहीं हैं और उनका बहुमत भी है लेकिन इतने वर्षों में एक पार्टी खड़ी नहीं हो सकी जिसे देश भर के किसानों का समर्थन मिला हो। इंग्लैंड की तरह मजदूरों की पार्टी बनाने की कोशिश भी यहाँ की गई लेकिन वह भी नहीं पनपी। एक जमाने में जनसंघ और फिर भाजपा बनियों यानी व्यापारियों की पार्टी कही जाती थी। लेकिन जब तक वह ऐसी बनी रही आम लोगों का समर्थन उसे नहीं मिला और वह हाशिए पर ही रही। आज कांग्रेस के बाद राष्ट्रीय पार्टी के नाते भाजपा का स्थान है तो इसलिए कि न तो वह बनियों की पार्टी है न बामनों की व्यवसाय और धन्धा-रोजगार हमारे समाज में जातियों को तोड़कर एक नहीं हो सकते। जातियाँ बनीं भले ही काम-धन्धों के कारण हों लेकिन हजारों वर्ष में वे सामाजिक संगठन की मजबूत कारक हो गई हैं। रोजगार अब उन्हें बना या मिटा नहीं सकता। जातियों की यह ताकत समझे बिना आप भारतीय समाज की ताकत और खामियों को समझ नहीं सकते।

ईसाई और मुसलमान समाजों में सामाजिक संगठन की जो भूमिका संगठित धर्म पूरी करते हैं, भारतीय समाज में वह भूमिका जाति को मिली हुई हैं। धर्म हमारे यहाँ नैतिक-आध्यात्मिक शक्ति के रूप में सब जगह स्वीकार्य है। पहले धर्म की यह स्थिति बनी या जाति की, कहा नहीं जा सकता। लेकिन धर्म यहाँ सभी धर्मों की तरह संगठित नहीं हुआ तो शायद इसलिए कि जाति सामाजिक संगठन में लगी हुई थी। संप्रदाय जाति को तोड़ नहीं पाए। लेकिन आप देखिए कि ईसाई और मुसलमान जैसे संगठित धर्म भी जाति के सामने एक रहकर टिक नहीं पाए। भारत में जिनने इस्लाम मंजूर किया या ईसाई धर्म उनके समाजों में जाति व्यवस्था तो वही चली आ रही है जो उनके हिन्दू रहने पर थी। इस्लाम और ईसाइयत में जाति का कोई स्वीकार भले न हो और सब समान रूप से इंसान माने जाते हों लेकिन भारत में उनके समाजों में जातिगत भेदभाव वही हैं जो उनमें आने वाले लोगों में पहले से थे।

इस जाति व्यवस्था के विरुद्ध संघर्ष कब से चला आ रहा है। कोई ढाई हजार साल से ज्यादा पहले तो संघर्ष भगवान बुद्ध ने ही किया था। वे जातिविहीन समाज बनाना चाहते थे और दलितों ने ही सबसे ज्यादा समर्थन उन्हें दिया। बुद्ध स्वयं क्षत्रिय थे। लेकिन कहा जाता है कि बुद्ध की इन कोशिशों से जाति व्यवस्था इतनी कुपित हुई कि उसने भगवान बुद्ध के धर्म को ही देश-निकाला दे दिया। आज भी आप देखते हैं कि जाति को तोड़ने की जितनी भी कोशिशें होती हैं उन्हीं को वह अपने को मजबूत करने के औजारों में बदल लेती हैं। भारतीय राजनीति में जाति प्रथा को जितना ही कोसा गया उतना ही उसने अपने को जमाकर मजबूत किया। यादवों की पार्टियाँ तो यादवपन को मजबूत करने के लिए ही हैं। मायावती की बहुजन समाज पार्टी दलितों को भी एक जातिविहीन समाज में बदलने में नहीं लगी है। उसका ध्येय दलित शक्ति को संगठित करना और सत्तारूढ़ बनाना है। ऐसा वह दलित चेतना को बढ़ाकर ही कर सकती है। दलित चेतना वर्ग चेतना उतनी नहीं है जितनी जाति चेतना। अगर आप मेरी जाति में मेरा निहित स्वार्थ पैदा करते हैं तो मैं जाति को तोड़ने का काम क्यों करूँगा।

भारतीय समाज में जाति की स्थिति और उससे पैदा हुए सामाजिक और राजनीतिक यथार्थ को अगर आप समझें और यह भी मान लें कि चाहे जितनी विषमता पैदा करती हो यह सम्भव नहीं कि इस जाति व्यवस्था को एक निश्चित समय सीमा में खत्म किया जा सके तो आप कोशिश करेंगे कि सभी जातियों को होड़ करने को एक समान समतल मैदान दिया जा सके। जिस तरह अनुसूचित जातियों और जनजातियों को संविधान में आरक्षण दिया गया वैसे ही दूसरी पिछड़ी जातियों को भी दिया जाए ताकि वे अपने ऐतिहासिक पिछड़ेपन से बाहर आ सकें। मंडल आयोग ने ऐसी जातियों को चिह्नित कर के सत्ताईस प्रतिशत आरक्षण देने की सिफारिश की थी। वह आयोग इन्दिरा गांधी ने बैठाया था और उसकी सिफारिशों से सभी सहमत थे लेकिन उनको अमल में लाने पर सत्ता के समीकरण की यथाशक्ति बिगड़ेगी इसलिए कोई भी उन्हें हाथ लगाने को तैयार नहीं था। वे सिफारिशें जैसे टिक-टिक करते बम थे जिनमें विस्फोट होते ही सब कुछ बदल जाएगा।

विश्वनाथ प्रताप सिंह को अगर अपनी सत्ता बनाए रखनी होती तो उस यथास्थिति को मजबूत करते जिन्होंने उन्हें सत्ता में पहुँचाया था। वे राष्ट्रीय जनता दल के नेता थे जिसका कि जनाधार पिछड़ी और मध्य जातियों में था। सवर्ण भी उनके साथ हो गए थे क्योंकि उनने भ्रष्टाचार के खिलाफ ऐसी जोरदार मुहिम चलाई थी और देश उन्हें राजा से फकीर बने नेता के रूप में देखता था। वे मध्यमार्गी थे इसलिए दाईं तरफ से भाजपा और बाईं तरफ से वाम मोर्चा उनकी सरकार को समर्थन देकर चला रहा था। सही है कि यह व्यवस्था ज्यादा नहीं चलनी थी क्योंकि साल

दो साल में भाजपा और वाम मोर्चे को अपने-अपने रास्ते पर अलग होना ही था। ऐसी स्थिति में विश्वनाथ प्रताप सिंह को अपने जनता दल को ही मजबूत करना चाहिए था। जनता दल की बनावट ऐसी नहीं थी कि वह मंडल की सिफारिशों से मजबूत होता। मध्य जातियों को पिछड़ी जातियों के साथ सत्ता में साझेदारी मंजूर नहीं थी और पिछड़ी जातियों को उनका उचित हिस्सा देना पिछड़ी जातियाँ नहीं चाहती थीं। इसलिए मंडल आयोग लागू करना खुद अपने सिंहासन के नीचे बम विस्फोट करना था। विश्वनाथ प्रताप सिंह अगर अपनी सत्ता के पीछे होते तो उसमें पलीता क्यों लगाते? जरा सोचिए।

(प्रथम प्रवक्ता, 1 जनवरी, 2009)

मीडियाई युद्धोन्माद के बावजूद

भारत-पाकिस्तान चाहें न चाहें हमारा मीडिया चाहता है कि लड़ाई हो जाए। ये अपनी टीआरपी या सर्कुलेशन बढ़ाने का उतना जुनून नहीं है जितना बदले की आग से धधकती जन-भावनाओं को प्रकट करने का है। इस होड़ में समझा नहीं जा रहा है कि कई बार मीडिया का कर्तव्य होता है कि जनता की सन्निपाती हालत को उसकी अनदेखी करके ही उतरने देना पड़ता है। उन्हें भड़काने से संकट और गहराता है और उन्हें दबाने की कोशिश में विकृतियाँ और भयंकर हो जाती हैं।

भारत में तो यह आहत जनभावना भी नहीं है। मुम्बई से भी बड़े आतंकी हादसे हुए हैं जिनमें और भी बड़ी संख्या में लोग मारे गए हैं। उद्दंड और दुस्साहसिक हमले के नाते तो संसद पर हमला सबसे भीषण था। लेकिन तब भी पाकिस्तान पर हमले की ऐसी जोरदार और सिरफिरी माँग नहीं की गई थी। दरअसल आम लोगों पर आतंकी हमले के बाद एक भी प्रदर्शन वैसा नहीं हुआ था जैसे हमने मुम्बई में देखे। क्योंकि पहली बार हमला देश के खाते-पीते मध्यवर्ग और उसके ताज और ओबरॉय होटलों जैसे प्रतीकों पर हुआ था। यही वर्ग है जो आर्थिक समृद्धि के बाद अपने को राष्ट्र मानने लगा है। एक ऐसा राष्ट्र जिसमें शिवाजी टर्मिनस पर मारे गए छप्पन लोग गिनती में नहीं आते लेकिन एक अडानी या कपूर सवा करोड़ के बराबर होता है। इस राष्ट्र के लोग कर देते हैं जिनसे सेना और पुलिस का रख-रखाव होता है। ये माँग कर रहे हैं कि हमारी सुरक्षा चाक-चौबन्द हो नहीं तो हम कर नहीं देंगे।

पहली बार इस वर्ग ने आतंक झेला है और इसलिए अपने नपुसंक क्रोध की घबराहट में यह पाकिस्तान पर हमले की माँग कर रहा है। हमारी चैनलें खास कर अंग्रेजी की चैनलें युद्धोन्माद पैदा कर रही हैं। मुम्बई पर आतंकी हमले के दौरान अंग्रेजी चैनलों का कवरेज और रवैया हिन्दी चैनलों से कई गुना छिछला, भड़काऊ और गैरजिम्मेदार था। जिस तथाकथित रवैए का आरोप अब तक अंग्रेजी मीडिया हिन्दी और भारतीय भाषाओं पर लगाता आया है उसके साक्षात् दर्शन तो अंग्रेजी चैनलों ने मुम्बई पर हमले के दौरान और अब युद्धोन्माद में कराए हैं। गहरी और

समझदार पत्रकारिता का दावा अपने हर उच्चारण में करने वाले इन चैनलों के संपादक (जो अपने को कई तरह के पदनामों से सुशोभित करते हैं) इस संकट के दौरान वातोन्मादी की तरह बोलते गए वो चाहे सीएनएन-आईबीएन के राजदीप सरदेसाई हों, एनडीटीवी की बरखा दत्त हों या टाइम्स नाऊ के अर्णव गोस्वामी। नाइट आउट और पेज तीन के चेहरे वाले इन चैनलों पर दिखते हुए इनसे इस संकट में नेतृत्व की अपेक्षा करने लगे और ये बेचारे उसके सस्ते शिकार हो गए। राजनीतिक नेतृत्व को ये लोग जिस लोकप्रियता की कमजोरी के लिए कोस रहे थे उसी के दयनीय शिकार ये खुद हो रहे थे।

दरअसल इस वर्ग ने युद्ध की विभीषिका को भुगता नहीं है। अब भी युद्ध हुआ तो मारे ये नहीं जाएँगे। जंग में खेत सिपाही होंगे, सुर्खरू जिल्ले इलाही होंगे। ये तो सुर्खरू होने वाले जिल्ले इलाही हैं। आतंकवादी हमलों की तरह युद्ध भी आम लोग लड़ें और भुगतेंगे। इन्हें अंदाज ही नहीं है कि पाकिस्तान में घुसकर आतंकी शिविरों को बम से बरबाद कर देने की कोशिश में क्या होगा। पाकिस्तान के पास भी अणु बम हैं और उनसे दोनों तरफ कैसा सर्वनाश होता है सब जानते हैं। लेकिन राष्ट्रीय स्वयंसेवक संघ के सरसंघचालक सुदर्शन मानते हैं कि अणुयुद्ध में पाकिस्तान तो पूरा नष्ट हो जाएगा लेकिन भारत फिर भी काफी कुछ बचा रह जाएगा। उस सर्वनाश से जो बचेगा वह हिन्दू राष्ट्र होगा। ऐसा भारत बनाने के लिए अणुयुद्ध भी जरूरी हो तो लड़ लेना चाहिए। उसके लिए इतनी कीमत फिर भी कम होगी। कहते हैं किसी ने सन्त भिंडराँवाले से कहा था कि आपके खालिस्तान की लड़ाई से भारत भर में फैले और फलते-फूलते सिख तो साफ ही हो जाएँगे। सन्तजी ने कहा कि खालिस्तान के लिए वह कोई बड़ा बलिदान नहीं होगा। हिन्दू राष्ट्र वाले सुरर्शन और खालिस्तान के यौद्धा सन्त भिंडराँवाले में क्या फर्क है आप ही समझिए। युद्धोन्माद में कोई भी तर्क मानवतावादी नहीं होता। दोनों तरफ है आग बराबर लगी हुई।

भारत और पाकिस्तान के मीडियाई युद्धोन्माद को छोड़ दें और इन पड़ोसियों की वास्तविकता समझें तो कहना पड़ेगा कि दोनों ही युद्ध नहीं चाहते, न लड़ सकते हैं। मुम्बई पर इस समय आतंकी हमले का कारण समझदार लोग यह बता रहे थे कि अमेरिकी दबाव में पाकिस्तानी सेना का हमला पश्चिमी सीमा पर सघन हुआ है। तालिबान चाहते हैं कि उन पर पाक सेना का दबाव घटे इसलिए उनके समर्थक आतंकवादी गुटों से कहा गया कि भारत से लड़ाई के हालात पैदा करो ताकि पाकिस्तान अपनी फौज पूर्वी सीमा पर तैनात करने को मजबूर हो। पाकिस्तान में लोकतंत्र की ताकतें कमजोर पड़ें। भारत से सम्बन्ध सामान्य होने की प्रक्रिया रुके। पाकिस्तान से चलने वाले आतंकवादी संगठनों को आईएसआई का भी उतना ही समर्थन मिलता है जितना तालिबान का। पाकिस्तानी फौज भी खुद चाहती है कि उसे

तालिबान के बजाय भारत से लड़ने का बहाना मिले ताकि वह अमेरिका को कह सके कि हमारे लिए पश्चिमी सीमा से ज्यादा जरूरी पूर्वी सीमा पर लड़ना है।

अमेरिका को यह मंजूर नहीं है कि उसके सिपाहियों ने पाकिस्तानी सेना के साथ मिलकर पश्चिमी सीमा पर जो दबाव तालिबान पर बनाया है वह थोड़ा भी घटे। इसलिए मुम्बई पर हमला अभी खत्म भी नहीं हुआ था कि कोंडालिजा राइस भारत आईं और पूरी मदद की उम्मीद बँधाकर हमला न करने की सीख देकर पाकिस्तान गईं। वहाँ उनने दो-टूक बातें जरूर कीं लेकिन आश्वस्त भी किया कि हम हमला नहीं होने देंगे। आप पश्चिमी सीमा पर और भी जोर से डटे रहो और आतंकवादियों के खिलाफ सख्त कार्रवाई करो। पाकिस्तानी सेना नहीं चाहती कि आईएसआई उसके हाथ से निकलकर लोकतंत्र के नागरिक हाथों में चली जाए। अमेरिकी समर्थन के बिना वह इस खुफिया एजेंसी पर अपना अधिकार नहीं बनाए रख सकती थी। अमेरिका को नाराज करके पाकिस्तानी सेना भारत से नहीं लड़ सकती और सेना पर वहाँ की लोकतांत्रिक सरकार काबिज नहीं हो सकती। आतंकवाद से युद्ध में अमेरिका को पाकिस्तान की लोकतांत्रिक सरकार के बजाय पाकिस्तानी सेना की जरूरत है। पाकिस्तानी सेना पर इस वक्त भी वहाँ की सरकार से ज्यादा अमेरिकी सेना का प्रभुत्व है। अमेरिका कतई नहीं चाहता कि पाकिस्तान तालिबान को छोड़कर भारत से लड़ने लगे।

लेकिन अमेरिकी दबाव के बावजूद पाकिस्तान मानेगा नहीं कि मुम्बई के हमले में उसका हाथ था। आप लाख सबूत दे दीजिए। वह हर बार पक्के सबूत माँगेगा ताकि आतंकवादियों के खिलाफ कार्रवाई कर सके। वह चाहेगा कि पाक जनता का समर्थन आतंकी संगठनों को मिलता रहे ताकि उन्हें अमेरिकी और अन्तरराष्ट्रीय दबावों से बचाया जा सके। वह भारत के सामने झुकता हुआ उसके दबाव में आतंकवादियों के खिलाफ कार्रवाई नहीं करेगा क्योंकि ऐसा करने को वह अपनी जनता की नजर में भारत के सामने घुटने टेकना मानता है। भारत में भले ही लश्कर का एक आतंकी कसाब पकड़ा गया हो और मुम्बई पर हमले के दौरान आतंकवादियों की अपने नेताओं से पाकिस्तान में बातचीत के सेटेलाइट फोन के ब्योरे हों, वह मानेगा नहीं कि ये सब उसके लोग थे। उसे सम्मान से जीने और नंगई छुपाने के लिए एक तहमद की जरूरत है। अमेरिका भी नहीं चाहता कि उसकी तहमद उतर जाए। उसे अभी पाकिस्तान से बहुत काम करवाने हैं और एक इज्जतदार देश ही जिम्मेदार हो सकता है। नंगा क्या तो नहाएगा और क्या निचोड़ेगा।

लेकिन ऐसे पाकिस्तान और अमेरिका से भारत का काम नहीं चलता। उसे पाकिस्तान से भारत पर आतंकवादी हमले रोकने ही होंगे। मुम्बई पर हमले से शहरी भारत में जो आक्रोश और गुस्सा है वह सरकार को दूसरे आतंकी हमलों की तरह

ठंडे बस्ते में नहीं जाने देगा। फिर मुम्बई के हमले से भारत के हाथ में जो सबूत आए हैं वे सन् 48 में कश्मीर पर कबायलियों के हमले से लेकर मुम्बई पर आतंकवादी हमले तक के भारत के खिलाफ छाया युद्ध चलाते रहने की पाकिस्तानी नीति की पोल खोलने के लिए काफी है। उनको दुनिया को दिखाकर वह पाकिस्तान पर सैनिक कार्रवाई कर सकता है और इस वक्त दुनिया उसकी सुनेगी पाकिस्तान की नहीं। पाकिस्तान से एक बार सदा के लिए निपटने का इससे बेहतर वक्त नहीं हो सकता। अगर भारत पाकिस्तान के आतंकवादी संगठनों के अड्डों पर हमले करके उन्हें नष्ट कर दे तो आतंकवाद तो नहीं खत्म होगा पर पाकिस्तान में उसकी कमर टूट जाएगी। मूँछों पर ताव देने वाले संघ परिवार और उसकी बेटी भाजपा भी दुरुस्त हो जाएँगे।

भारत को ऐसी कार्रवाई करने का पूरा अधिकार है और उसकी क्षमता भी है। लेकिन यह न तो इराक और अफगानिस्तान में घुस जाने वाले अमेरिका को पसन्द आएगा, न तिब्बत पर कब्जा किए बैठे चीन को। इन दोनों की ही नजर में यह भारत का हद से ज्यादा शक्तिशाली हो जाना होगा जो इन के इस इलाके पर वर्चस्व बढ़ाने की महत्त्वाकांक्षा को मंजूर नहीं होगा। लेकिन इनसे अनुमति लेकर कार्रवाई करने की भारत को कोई जरूरत नहीं है, न इनकी नाराजगी से उसका बाल बाँका होगा। लेकिन आतंकवादी ठिकानों पर हमला करके भारत को पाकिस्तान से एक खुला और पूरा युद्ध लड़ना होगा। ऐसे में पाकिस्तान एक राज्य के रूप में टूट जाएगा लेकिन पश्चिम से तालिबान और पूरब से भारत के बीच वह अराजकता का वैसा ही ध्वस्त बियाबान हो जाएगा जैसा कि अभी अफगानिस्तान है। क्या भारत के पश्चिम उत्तर में ऐसे अफगानिस्तान और पाकिस्तान अपने सुख-शान्ति और समृद्धि के लिए ठीक होंगे? ऐसा करके क्या हम सुख और समृद्धि में रह सकेंगे?

भारत चीन और अमेरिका को अपने समीकरण से निकाल भी दे तो भी अपने भविष्य की चिन्ता तो उसे करनी होगी। पाकिस्तानी आतंकवाद को नष्ट करने में वह अन्तरराष्ट्रीय इस्लामी आतंकवाद का मोर्चा नहीं बन सकता। उसे सीधे ललकार कर भी अमेरिका उससे कोसों दूर है। भारत के तो वह ठीक घर आँगन में फैल और पसर जाएगा। हमें अपने लोग और संसाधन ऐसे फालतू के जंग में बरबाद नहीं करने चाहिए। इस्लाम भारत का जैसा अतीत और जैसी धरोहर है अमेरिका की नहीं है। फिर इराक और अफगानिस्तान में घुसकर भी अमेरिका ने क्या पा लिया? आतंक से निपटने का हमारा तरीका वह नहीं हो सकता जो अमेरिका ने अपनाया है। हमें अपनी लाठी तोड़े बिना पाकिस्तानी आतंकवादी साँप को मारना है। हमारे सपेरे उनका जहर निकालकर साँपों को पिटारी में रखते आए हैं। यही राजनयिक कौशल है।

(प्रथम प्रवक्ता, 16 जनवरी, 2009)

क्योंकि पूँजीवाद का सत्यम मिथ्या है

आगे अ लगाकर सत्यम को असत्यम बनाना जितना आसान है, लगता है उतना ही आसान झूठा मुनाफा दिखाना और उसे लेखापरीक्षकों से पुष्ट करवा लेना भी है। और यह मत कहिए कि हिसाब-किताब के बही खातों में ऐसी घोटालेबाजी भारत में ही सम्भव है। सत्यम एक बहुराष्ट्रीय आईटी कम्पनी है। उसके शेयर जैसे मुम्बई के शेयर बाजार में कारोबार के लिए सुलभ हैं वैसे ही न्यूयॉर्क के शेयर बाजार में। अमेरिका की ही प्रतिष्ठित और ख्यातनाम लेखापरीक्षक कम्पनी प्राइसवॉटर हाउस सत्यम के हिसाब-किताब की जाँच करती थी।

फिर गए साल जब 15 सितम्बर को वॉल स्ट्रीट का दिवाला निकला तो पता चला कि लालच की मारी अमेरिकी कम्पनियाँ भी ऐसे ही घोटाले कर-करके निवेशकों और नियामकों को उल्लू बना रही थीं। मेरिल लिंच और एआईजी जैसी सबसे प्रतिष्ठित वित्तीय और निवेशक कम्पनियाँ घोटाले करने में सबसे आगे थीं। इसलिए अमेरिका या यूरोप की कम्पनियों को ईमानदारी, पारदर्शिता और जवाबदेही के मामले में उदाहरण की तरह नहीं रखा जा सकता। बहुत सम्भव है कि सत्यम के भूतपूर्व और अब गिरफ्तारशुदा चेयरमैन रामलिंग राजू ने अपनी कम्पनी को ज्यादा मुनाफा कमाने और इसलिए शेयर बाजार में बहुत कीमती और भरोसेमन्द बनाए रखने के गुर अमेरिका में ही सीखे हों। वहीं के ओहियो विश्वविद्यालय से उनने एमबीए किया है और अमेरिका में उनका लंबा-चौड़ा कारोबार था।

पाँच सौ फार्च्यून कम्पनियों में से 185 सत्यम की ग्राहक थीं। छियासठ देशों में उसका कारोबार था। कोई तिरपन हजार लोग उसमें काम करते थे। टाटा कंसलटेंसी सर्विसेज, इंफोसिस और विप्रो के बाद सत्यम चौथी सबसे बड़ी आईटी कम्पनी थी। कॉरपोरेट काम-काज में दिया जाने वाला सबसे बड़ा पुरस्कार सत्यम को एक नहीं दो बार मिल चुका है। दूसरा गोल्डन पीकॉक तो गए साल ही मिला था। भारत की ऐसी प्रतिष्ठित कम्पनी में हिसाब-किताब का कोई सात हजार करोड़ का घोटाला निकला। कम्पनी ने शेयर बाजार में कोई दस हजार करोड़ डुबवा दिए। महामन्दी के इस कठिन वक्त में उसने भारतीय कॉरपोरेट की प्रतिष्ठा को जबरदस्त चोट पहुँचाई

है। हजारों करोड़ के इंजेक्शन लगाकर भारत सरकार ने हाल ही में अपने उद्योग व्यापार को जीवित करने की कोशिश की थी। सत्यम के घोटाले ने बाजार में निवेशकों के भरोसे की खटिया खड़ी कर दी है। सत्यम के शेयर तो डूबे ही शेयर बाजार को भी बड़ा झटका लगा है।

सत्यम के चेयरमैन रामलिंग राजू ने स्वीकार किया है कि हिसाब से यह खेल कई बरसों से चल रहा था। उनने माना है कि कम्पनी को उतना फायदा हो नहीं रहा था जितना हिसाब के बहीखाते में दिखाया जा रहा था। किताबों में दिखाया जाने वाला यह फर्जी मुनाफा सालों में बढ़ता-बढ़ता पाँच हजार करोड़ से ज्यादा हो गया। कोई पौने चार सौ करोड़ रुपया तो इस फर्जी मुनाफे पर ब्याज का ही हो गया। कोई सवा हजार करोड़ की और देनदारियाँ थीं जो दिखाई नहीं गई थीं। राजू ने कहा कि गए साल की दूसरी तिमाही में लाभ सिर्फ 61 करोड़ का हुआ था जबकि किताबों में वह 649 करोड़ रुपयों का दिखाया गया।

रामलिंग राजू ने कहा कि हिसाब-किताब में इस फर्जीवाड़े से उनने खुद एक पैसा भी नहीं बनाया, न कम्पनी के दूसरे निदेशकों को कोई लाभ मिला। यानी वास्तव में न होने वाला मुनाफा हिसाब में इसलिए दिखाया गया कि कम्पनी को बड़ा लाभ कमाने वाली बताया जा सके ताकि शेयर बाजार में उसके शेयर ऊँची कीमत पर बने रहें और पैसे लगाने वाले लोग और वित्तीय संस्थाएँ उसमें पैसा लगाने को हमेशा तैयार रहें। नव उदार जमाने में मुनाफा ही चूँकि सारे पाप धो देने वाला गंगाजल माना जाता था इसलिए सत्यम को खड़ा करके चलाने वाले रामलिंग राजू फर्जी मुनाफे पर अपनी कम्पनी को चमकाए रखे हुए थे। इस फर्जी मुनाफे को वास्तविक बनाने का जब उन्हें कोई रास्ता दिखाई नहीं दिया तो उनने खुद ही मंजूर कर लिया कि यह फर्जीवाड़ा हो रहा थ। गए साल अपने बेटों की कम्पनियाँ मस्तास इनफ्रा और मस्तास प्रॉपर्टीज खरीदने की जो पेशकश राजू ने की थी वह इसीलिए कि फर्जी भुगतान दिखाकर सचमुच के संसाधन पाए जा सकें। लेकिन सत्यम के निदेशकों और बोर्ड ने यह खरीदी होने नहीं दी।

अब आप सोच रहे होंगे कि राजू झूठा मुनाफा दिखाकर अपराध जरूर कर रहे थे। लेकिन यह तो अपनी कम्पनी को चमकाने और बाजार में उसे ऊपर थिगाए रखने के लिए किया जा रहा था। एक जमाना था जिसे लाइसेंस परमिट राज कहा जाता था और जब ज्यादा लाभ कमाने की छूट नहीं थी तब उद्योगपति और व्यापारी अपने उद्योग और व्यापार से पैसा निकालकर अपने पास रख लेते थे और उद्योग व्यापार में फर्जी घाटा दिखाया करते थे। जो पैसा वे निकाल लेते थे वह उनका नम्बर दो का पैसा हो जाता था। उनका तो पैसा बन जाता था लेकिन उद्योग व्यापार में घाटा चलता था तो टैक्स की भी बचत हो जाती थी।

लेकिन अब तो कमाने पर छूट है और खुले बाजार के नव उदार पूँजीवाद ने मुनाफे को मोक्ष की जगह दे दी है। इसलिए अपनी कम्पनी को और ज्यादा मुनाफा कमाने लायक बनाने के लिए मालिक लोग झूठा मुनाफा दिखाते हैं। शेयर बाजार में कम्पनी का शेयर ऊँचा चढ़ा रहता है और लोग पैसा लगाने को हमेशा तैयार रहते हैं। पहले झूठा घाटा दिखाने का जमाना था। अब झूठा मुनाफा दिखाने का जमाना आ गया है। इसे देखते हुए यह जरूर कहा जाएगा कि रामलिंग राजू ने अपराध किया था। लेकिन यह अपराध कम्पनी के हित और निवेशकों की भलाई के लिए किया गया था। और इसलिए रामलिंग राजू को इसे स्वीकारने में कोई बड़ी मुश्किल नहीं हुई।

लेकिन क्या राजू की स्वीकारोक्ति को सही मान लेना चाहिए? सत्यम के हिसाब-किताब की जाँच शुरू हो गई है और नया बोर्ड भी सरकार ने बैठा दिया है। जाँच से ही पता चलेगा कि सही क्या है। लेकिन शंका बनी हुई है कि क्या राजू सचमुच फर्जी मुनाफा दिखा रहे थे? या यह भी कम्पनी से मुनाफा निकालकर दूसरे काम-धन्धों में लगाने की चाल थी? शंका इसलिए हो रही है कि राजू ने कहा कि पिछले साल की दूसरी तिमाही में सत्यम को तीन प्रतिशत का लाभ हुआ था जब कि उसने उसे चौबीस प्रतिशत दिखाया था। यानी वास्तविक लाभ 61 करोड़ का हुआ था जबकि दिखाया गया 649 करोड़ का।

मामला यहीं से बिगड़ता है। क्योंकि लोग मानने को ही तैयार नहीं हैं कि सत्यम सिर्फ तीन प्रतिशत के मुनाफे पर कारोबार कर रहा था। छोटी से छोटी आईटी कम्पनी भी बीस से तीस प्रतिशत के मुनाफे पर काम करती है। इंफोसिस तैंतीस प्रतिशत मुनाफे के मार्जिन पर काम कर रही थी। सत्यम के ग्राहक फार्चुन की 185 कम्पनियाँ हैं और इतने बड़े, इतने ग्राहकों की कम्पनियाँ इतने कम मुनाफे पर काम नहीं करतीं। यानी गए साल की दूसरी तिमाही में मुनाफे का वास्तविक मार्जिन राजू ने जो तीन प्रतिशत कहा है वह फर्जी है। उसे इतना कम इसलिए स्वीकारा गया कि जो खूब मुनाफा हुआ होगा उसे दूसरे धन्धों में लगाने के लिए निकाला गया होगा। और यह सिलसिला कई सालों से चल रहा होगा। राजू के बेटे बिल्डिंग उद्योग में गए हैं जिसमें कि मुनाफे का मार्जिन आईटी उद्योग से कहीं ज्यादा है। हैदराबाद में मेट्रो बनाने का ठेका वही लोग ले रहे थे। यानी सत्यम का मुनाफा दूसरे ज्यादा मुनाफा देने वाले उद्योगों में लगाया जा रहा था और कम्पनी के पैसे को निजी किया जा रहा था।

सच क्या है यह तो जाँच के बाद ही पता चलेगा? लेकिन एक बात सच है कि जमाना लाइसेंस परमिट राज का हो या खूले बाजार के नव उदार पूँजीवाद का। मुनाफा और खूब मुनाफा कमाने वाले उद्योगपति और व्यापारी के लालच का कोई पारावार नहीं है। हर उद्योगपति और व्यापारी की इच्छा ज्यादा से ज्यादा मुनाफा

कमाने की और उस मुनाफे को अपना निजी मुनाफा बताने की होती है। उसे ऐसा करने से रोकने के लिए बोर्ड पर स्वतंत्र निदेशक बैठाने, लेखापरीक्षकों से सख्त नजर रखने, सेबी जैसे नियामक बनाने और सरकार में कम्पनी मामलों का अलग से मंत्रालय खोलने जैसी कोशिशें की गई हैं। सत्यम का घोटाला सबूत है कि निदेशक, कम्पनी सेक्रेटरी, लेखापरीक्षक और वित्तीय अधिकारियों को बनाया जा सकता है। राजू को झूठा मुनाफा दिखाने या सत्यम का मुनाफा निकालकर दूसरे कामों में लगाने से कोई रोक नहीं सका।

अमेरिकी बिजली कम्पनी एनरॉन में हिसाब-किताब के ऐसे ही घोटाले पकड़े जाने के बाद बड़े सख्त लेखा कानून बने। लेकिन पिछले साल सितम्बर में हमने देखा कि अमेरिका की नामी-गिरामी और बड़ी-बड़ी कम्पनियाँ ऐसे ही घोटाले कर रही थीं और उन पर किसी भी नियामक का कोई नियंत्रण या अनुशासन काम नहीं कर रहा था। इसलिए जब तक दिवाला नहीं निकला कोई जान नहीं सका कि क्या घोटाला हो रहा है। चार महीने बाद भी पता नहीं चला है कि कौन क्या घोटाला कर रहा था। भारत में भी सत्यम के रामलिंग राजू जो कर रहे थे वे दूसरे उद्योगपति, व्यापारी और उनकी कम्पनियाँ कर रही हैं या नहीं कोई नहीं जानता।

सब मान रहे हैं कि लालच और काले को धोला और धोले को काला करने की इच्छा ही इस महामन्दी और महाघोटालों की असली वजह है। नियम-कायदे, नियामक, नियंत्रक, परीक्षक और अंकुश लगाने वाले सब फेल हो गए हैं। फिर भी पूँजीवाद के पैरोकार कह रहे हैं कि मुनाफा कमाने की पूरी छूट होनी चाहिए और उद्योग व्यापार पर कोई सरकारी नियंत्रण नहीं होने चाहिए। कहते हैं लालच ही आदमी को कमाने और विकास करने को प्रेरित करता है। लेकिन लालच पर कोई सच्चा अंकुश स्वीकारने को कोई तैयार नहीं होता। सत्यम का कारोबार झूठ निकला क्योंकि पूँजीवाद का सत्य झूठ पर टिका हुआ है। जब तक आप इसे मानेंगे नहीं उद्योग-व्यापार के सत्यम में ऐसे ही घोटाले होते रहेंगे।

(प्रथम प्रवक्ता, 1 फरवरी, 2009)

मीडिया स्वयंभू नहीं है

अपने देश का जो भी नागरिक अभिव्यक्ति के अपने मूल अधिकार की चिन्ता करता है खुश होगा कि सरकार ने टीवी चैनलों पर पाबन्दी का शिकंजा फिलहाल न कसने का तय किया है। कोई नहीं चाहता कि जो चैनलें हम देखते हैं—वे अविश्वसनीय, अप्रामाणिक और अनुत्तरदायी हों। ऐसा होता है तो टीवी चैनल और लोकतंत्र ही बदनाम नहीं होते, नागरिक का अपना अभिव्यक्ति का अधिकार भी मखौल हो जाता है। स्वतंत्र मीडिया ही लोकतंत्र को वास्तविक और गर्व के लायक बनाता है।

मैंने कहा कि सरकार ने इरादा फिलहाल छोड़ दिया है। सरकारें ऐसी कोशिशें लगातार करती रहती हैं क्योंकि बिना कोई बदनामी के वे मीडिया को ऐसे लगातार भय में रखना चाहती हैं जिससे वह उनके हित पूरे करता रहे। सरकार को मालूम है कि चैनलें ज्यादा से ज्यादा मुनाफा कमाने के चक्कर में किस तरह बाजार का हुकुम बजाती हैं, टीआरपी कितनी बड़ी और गम्भीर धोखाधड़ी है और पत्रकारिता की लक्ष्मण रेखा लाँघने वाला मीडिया किस तरह सीता जैसा अपहरण के लिए तैयार रहता है। सरकार यह सब होने देती है क्योंकि इन कमजोरियों का इस्तेमाल वह अपने हित में मीडिया के इस्तेमाल के लिए करती है। चैनल वाले बार-बार अर्जी लेकर सरकार के पास आएँ यही तो वह चाहती है। इस बार भी मुम्बई पर हुए आतंकवादी हमले के कवरेज के नाम पर सरकार ने पेंच कसे और अपनी स्वतंत्रता का मूल्य न समझने वाली चैनलों को कटघरे में खड़े रहना पड़ा।

चूहे-बिल्ली का यह खेल चलता रहता है। इससे न तो चैनलें जिम्मेदार होती हैं, न उनका लगातार इस्तेमाल करने की सरकार की इच्छा घटती है। ऊँची टीआरपी और मुनाफे के लिए चैनलों की होड़ सरकार बढ़ने देती है ताकि वे गलतियाँ करें और सरकार को पेंच कसने का मौका दें। मुम्बई के कवरेज ने सरकार को मौका दिया और उसने कहा कि अब हम संहिता बनाएँगे। चैनलों ने हाथ जोड़कर कहा कि आप मत बनाइए। अपना नियमन हम खुद करेंगी। हमने एक संहिता बनाई है। मुम्बई के अनुभव से और सबक लेंगे। लेकिन हमें स्वतंत्र रहने दीजिए। सरकार ने कहा

ठीक है। लगाओ अपने पर आप नियंत्रण और करो नियमन। लेकिन याद रखो कि सुधरे नहीं तो हम सुधारेंगे। इस तरह चैनलों की स्वतंत्रता बच गई।

लेकिन चैनलों में काम करने वाले ज्यादातर पत्रकार और चैनलों के कामकाज को समझने वाले जानकार पूछते हैं कि क्या हमारी चैनलें सचमुच स्वतंत्र हैं? सब जानते हैं कि एक चैनल नहीं है जो टीआरपी के सामने दंडवत् नहीं करती। टीआरपी तय करने और करवाने वाले और मनोरंजन उद्योग के लोग उनसे चाहे जो करवाते हैं और ऐसा करते हुए वे न पत्रकारिता, न लोकहित, न अपनी स्वतंत्रता का ध्यान रखती हैं। जो चैनलें बाजार के सामने अपनी स्वतंत्रता की संप्रभुता नहीं बता सकतीं वे जनादेश से बनी सरकार की संहिता मानने से कैसे इनकार कर सकती हैं? सरकार तो जनता के प्रति जवाबदेह है। बाजार किसके प्रति उत्तरदायी है? सरकार को तो आप लोकहित में झुका सकते हैं, बाजार तो मुनाफे के सिवाय किसी का होता नहीं। चैनलें लोकहित में बनाई गई संहिता नहीं मानना चाहतीं लेकिन टीआरपी का हर निर्देश मानने को तैयार हैं। टीआरपी कितनी बड़ी धोखाधड़ी है इस पर एक संसदीय समिति ने हाल ही में अपनी रपट दी है। इसे पढ़िए तो समझ में आता है कि चैनलों की स्वतंत्रता के क्या मानी हैं। पत्रकारीय स्वतंत्रता के लिए क्या चैनलें मुनाफे की धोखाधड़ी छोड़ने को तैयार हैं?

फिर चैनलों का दावा है कि अपना नियमन वे आप कर लेंगी। चूँकि अभी तक उनने कोई नियमन किया नहीं है इसलिए नियमन और आत्म नियंत्रण की सच्चाई जानती नहीं हैं। उनके संघ ने आपातकाल के लिए एक संहिता बनाई थी। मुम्बई पर आतंकवादी हमले को कवर करने में एक चैनल ने उनका पालन नहीं किया। संघ उनका बाल भी बाँका नहीं कर पाया। फिर सरकार या किसी भी बाहरी एजेंसी का कोई हस्तक्षेप नहीं होना चाहिए, ऐसा दावा नव उदार वित्तीय पूँजीवाद के पैरोकार करते थे। वे मानते थे कि बाजार तो स्वयंभू है। अपनी ग़लती आप ठीक कर लेगा। फिर 15 सितम्बर को अमेरिका की वॉल स्ट्रीट का दिवाला निकल गया। मेरिल लिंच, लीमन ब्रदर्स और एआईजी जैसी सर्वशक्तिमान बहुराष्ट्रीय कम्पनियाँ रातोरात ढेर हो गईं। न बाजार अपने को ठीक कर सका, न नियमन करने वाली कोई एजेंसी काम कर सकी। दो बार कॉरपोरेट एक्सलेंस का पुरस्कार जीतने वाला सत्यम मिथ्या निकला क्योंकि नियमन करने वाली किसी भी भीतरी और बाहरी एजेंसी ने काम नहीं किया।

फिर टीआरपी और मुनाफे की होड़ में भेड़चाल करने वाली चैनलें कैसे आत्म नियमन कर लेंगी? ये दोनों सवाल दर्शकों का वह समाज कर रहा है जिसके लिए चैनलें कहती हैं कि वे चल रही हैं। जवाब चैनलों को खुद ही अपने को देने हैं। चैनलों को दर्शक समाज के प्रति जवाबदेह तो होना होगा।

बॉक्स

टीआरपी में न दर्शक हैं, न लोकहित

संसद की सूचना प्रौद्योगिकी सम्बन्धी स्थायी समिति ने 'टीवी के दर्शकों की गणना' पर पिछले दिसम्बर में प्रतिवेदन दिया। अनुवादीय हिन्दी के लिए क्षमा चाहते हुए उसके अंश यहाँ दे रहे हैं।

टीआरपी की गणना के लिए 1994 में भारतीय राष्ट्रीय टेलीविजन दर्शक संख्या मापन (इनटैम) की स्थापना की गई। दूसरी रेटिंग एजेंसी टैम मीडिया रिसर्च का गठन 1998 में किया गया। 2001 में इनटैम और टैम दोनों का औपचारिक रूप से विलय कर दिया गया। 2004 में एक और निजी रेटिंग एजेंसी-ऑडियंस मेजरमेंट एंड एनेलिटिक्स लिमिटेड (ए मैप) का उद्‌भव हुआ लेकिन इसका वाणिज्यिक प्रचालन फरवरी, 2008 में हुआ। वाणिज्यिक आधार पर टीवी रेटिंग अब दो निजी एजेंसियों– टैम मीडिया रिसर्च और ए मैप द्वारा की जा रही है।

समिति की जाँच से पता चला है कि संख्या मापन प्रणाली में कई खामियाँ हैं। पारदर्शिता, प्रामाणिकता, विश्वसनीयता व वस्तुपरकता की कमी है। दर्शकों की पसन्द और संवेदनाओं को पूरा सम्मान नहीं दिया जाता।...दर्शक संख्या रेटिंग उन लक्ष्यों और उद्‌देश्यों के अनुरूप नहीं है जिनके लिए वह बनाई गई है। सही वस्तुस्थिति दर्शाने के लिए बहुसंख्य मंचों, क्षेत्रों, ग्रामीण क्षेत्रों और छोटे शहरों का अपर्याप्त प्रतिनिधित्व है। घरों के चयन के लिए एजेंसियों द्वारा अपनाई गई प्रविधि में पारदर्शिता और विश्वसनीयता की कमी है क्योंकि वे रेटिंग आँकड़ों की गोपनीयता बनाए रखती हैं जिससे अभिप्रेरित दर्शक संख्या और आँकड़ों के साथ छेड़छाड़ को बढ़ावा मिलता है।

अभी टैम इंडिया रिसर्च ने एक लाख से ज्यादा आबादी वाले 148 और ए.मैप ने 87 शहरों के सात और छह हजार घरों में अपने उपकरण लगाए हैं 113 करोड़ की आबादी वाले इस देश में बारह करोड़ घरों में टीवी हैं। इनमें से सिर्फ तेरह हजार घरों में दर्शक और उनकी पसन्दगी को मापने वाले उपकरण लगाए गए हैं। यानी नमूना आकारवार कवरेज सिर्फ 0.005 प्रतिशत है। इस छोटे से नमूने में सत्तर प्रतिशत आबादी वाले ग्रामीण इलाके का कोई प्रतिनिधित्व नहीं है क्योंकि दोनों में से एक भी एजेंसी ने एक भी गाँव में कोई उपकरण नहीं लगाया है। यानी टीआरपी में सत्तर प्रतिशत आबादी वाले ग्रामीण क्षेत्र के एक भी दर्शक की गिनती, राय और पसन्द नापसन्दगी नहीं है। समिति यह अच्छी तरह समझ सकती है कि सामाजिक-आर्थिक रूप से इतनी भिन्नता वाले भारत जैसे विशाल देश का इतना छोटा-सा नमूना

आकार कितना दर्शानेवाला और सत्य है।

इस कारण टीआरपी के आँकड़े विकृत आते हैं। प्रसारणकर्ता और दूसरी एजेंसियाँ इस विकृत रेटिंग में उलझ जाती हैं। क्योंकि कोई और विकल्प न होने के कारण एक एजेंसी में असीमित रूप से फलने-फूलने की एकाधिकार प्रवृति बन गई है। इसने प्रतिस्पर्धा को असामान्य बनाने के लिए बाधाएँ डालने और विभिन्न अनुचित और प्रतिस्पर्धा विरोधी उपायों को भी बढ़ावा दिया है।...परिणाम है कि रेटिंग की तस्वीर हमेशा आड़ी-तिरछी ही आती है जो केबल और सेटेलाइट चैनलों को विज्ञापन का एक बड़ा हिस्सा प्राप्त करने में मदद करती है।

रेटिंग एजेंसियों द्वारा आँकड़ों को गुप्त रखने, रेटिंग प्रणाली में प्रचलित एकाधिकार के चलते और स्वतंत्र लेखापरीक्षा प्रणाली के अभाव में टीवी दर्शक संख्या आकलन में छेड़छाड़ से इनकार नहीं किया जा सकता। वर्तमान प्रणाली केवल प्रसारणकर्ताओं, विज्ञापनदाताओं और विज्ञापन एजेंसियों के कारोबारी हित तक सीमित नहीं रह सकती।

इसमें बुनियादी लोकहितों की पूरी तरह अनदेखी कर दी गई है। इससे भारत की महान सांस्कृतिक परम्पराओं और मूल्यों को दरकिनार करते हुए हिंसा, अश्लीलता, अपराध, यौनाचार, सनसनी फैलाने और पश्चिमी संस्कृति के अंधानुकरण में टेलीविजन के दुरुपयोग को प्रोत्साहन मिला है। यह सब दर्शकों को आकर्षित करने, लोकप्रियता पाने और राजस्व अर्जन के लिए किया जा रहा है।

दुर्भाग्य की बात है कि निरीक्षण करने का अधिकार होते हुए भी पिछले पन्द्रह वर्षों में इस मामले में सूचना और प्रसारण मंत्रालय ने कभी भी कोई हस्तक्षेप नहीं किया है। मंत्रालय की इस निष्क्रियता के कारण एकमात्र रेटिंग एजेंसी को अपने रेटिंग व्यापार को एकाधिकारी रूप में चलाने की छूट मिल गई है। इसका परिणाम यह है कि चैनल ऐसे कार्यक्रमों का प्रसारण कर रहे हैं जो न आम आदमी की प्राथमिकताओं के द्योतक हैं और न ही भारत जैसे विविधतापूर्ण देश की सामाजिक लोक संस्कृति के अनुरूप है। मंत्रालय इस निरर्थक दलील के सहारे मूक दर्शक बना हुआ है कि अभी तक रेटिंग प्रणाली विनियमित नहीं है और कोई दिशा-निर्देश इसलिए नहीं बनाए गए कि रेटिंग प्रणाली एक व्यापारिक गतिविधि है और जब तक आम आदमी के हित का कोई बड़ा सवाल न हो तब तक सरकार व्यापारिक गतिविधि में हस्तक्षेप नहीं करती। समिति मंत्रालय के इस रवैए को एक बहुत बड़ी विफलता मानती है और चाहती है कि बिना किसी टाल-मटोली के व्यापक नीति निर्देश तय किए जाएँ ताकि असहाय दर्शकों को चैनलों द्वारा प्रसारित की जा रही आपत्तिजनक विषयवस्तु से बचाया जा सके।

समिति अत्यंत क्षुब्ध है कि ग्यारह वर्षों में सरकारी प्रयासों के बावजूद अभी तक

प्रसारण पर एक उपयुक्त विधान नहीं बन पाया है। सरकार ने बीस प्रारूप तैयार किए लेकिन वे कानून बनने तक आगे नहीं बढ़ पाए। आज स्थिति यह है कि प्रसारण सेवाओं पर निगरानी रखने की प्रणाली टुकड़ों में बँटी हुई है। इतने महत्त्वपूर्ण मामले में मंत्रालय के दृष्टिकोण में अपेक्षित गम्भीरता की कमी है। समिति चाहती है कि और समय बरबाद किए बिना प्रसारण सेवाओं के सम्बन्ध में एक स्वसामर्थ्यकारी जनहित वाला व्यापक विधान तैयार करने के लिए मंत्रालय ईमानदारी से प्रयास करे।

अन्त में समिति पाती है कि डेढ़ दशक से चलते हुए भी विद्यमान टीआरपी प्रणाली में अनेक खामियाँ हैं। पारदर्शिता, प्रामाणिकता, विश्वसनीयता, जवाबदेही, प्रतिस्पर्धा की कमी, नमूनों के छोटे आकार की गम्भीर सीमाएँ, उनका विषयवस्तु पर पड़ने वाला प्रभाव तथा दर्शकों की पसन्द और भावनाओं की परवाह किए बिना कार्यक्रम निर्धारित किए जाते हैं। उद्योग का प्रसारकों, विज्ञापनकर्ता तथा विज्ञापन एजेंसियों नामक तीन पण धारकों के हितों पर विशेष ध्यान देने के साथ शुद्ध व्यावसायिक दृष्टिकोण ने सर्वाधिक महत्त्वपूर्ण पणधारक दर्शक को पृष्ठभूमि में धकेल दिया है जिससे रेटिंग उद्योग खामियों का प्रभावी निराकरण नहीं कर पा रहा है। इस बात को स्वीकारने के बाद भी कि उद्योग को विनियमित करने हेतु कुछ सरकारी पर्यवेक्षण की आवश्यकता है, मंत्रालय की अकर्मण्यता ने स्थिति को और बिगाड़ दिया है।

(प्रतिवेदन देने वाली समिति के सभापति संसद सदस्य निखिल कुमार हैं
जो दिल्ली पुलिस के मुखिया भी रह चुके हैं)

(प्रथम प्रवक्ता, 16 फरवरी, 2009)

मसजिद के मलबे से किसका घर बनेगा?

बाबरी मसजिद के भूत-प्रेत और जिन्न एक बार फिर चुनाव के रणक्षेत्र पर मँडरा रहे हैं और तरह-तरह की डरावनी आवाजें निकाल रहे हैं। लेकिन सच तो यह है कि बाबरी मसजिद के गिराने वालों को साल भर बाद हुए चुनाव में भी कुछ हाथ नहीं लगा था। जो लोग उसकी रक्षा में लगे थे उनके भी वारे-न्यारे नहीं हुए। अब सत्रह साल बाद उसके भूत-प्रेत जगाने से किसी का क्या बन जाएगा?

नहीं बनेगा। लेकिन जिनके हाथों पर उसका खून लगा हुआ है वे उसे दिखाकर कभी वीर योद्धा बनते हैं तो कभी उसे ढहाने के पाप से मुक्त होने की कोशिश करते हैं। ऐसे एक दयनीय प्राणी कल्याण सिंह हैं। वे उस वक्त उत्तर प्रदेश के मुख्यमंत्री हुआ करते थे। उनसे संघ परिवार के नेताओं ने कहा था कि जिस जगह अयोध्या में बाबरी मसजिद खड़ी है वहाँ राम मन्दिर बनवाना आपको मिले जनादेश का सबसे महत्त्वपूर्ण कार्य है। सत्ता में होते हुए कल्याण सिंह बाबरी मसजिद नहीं गिरा सकते थे। बल्कि यह उनका संवैधानिक और लोकतांत्रिक और प्रशासनिक कर्तव्य था कि वे उस चार सौ छाछठ साल पुरानी ऐतिहासिक मसजिद की रक्षा करें। मुख्यमंत्री खुला स्वयंसेवक या कारसेवक नहीं होता कि जहाँ चाहे जाए और जिसे चाहे गिराए और फिर उसकी जिम्मेदारी से बचता फिरे। कल्याण सिंह को कई जगह लिख के देना पड़ा था कि वे कुछ भी हो जाए बाबरी मसजिद की रक्षा करेंगे।

यह समझने में कल्याण सिंह को काफी समय लगा कि जो लोग उस नामुराद मसजिद पर हमला करने को बेताब हैं वे उनसे उनके संवैधानिक कर्तव्य के ठीक विपरीत उम्मीद कर रहे हैं। वे चाहते थे कि कल्याण सिंह राज्य की संवैधानिक और प्रशासकीय एजेंसियों को अयोध्या के बाहर रोके रखें और ऐसी परिस्थितियाँ पैदा करें कि कारसेवक और उनके नेता जो करना चाहते हैं, निर्विघ्न कर सकें। एक बार काम हो जाए तो फिर सरकार जाए या कुछ भी चला जाए कोई फिकर करने की जरूरत नहीं होगी क्योंकि काम तो कायम के लिए हो चुका होगा। पता नहीं कल्याण सिंह चाहते थे या नहीं लेकिन उनको जो काम या भूमिका दी गई थी उसमें उन्हें कुछ करना नहीं था। जो होने वाला था उसकी जिम्मेदारी भर लेनी थी। कल्याण सिंह ने

ली। बाबरी मसजिद गिरने के बाद उनने कहा कि एक तरफ सुप्रीम कोर्ट का आदेश था और दूसरी तरफ रामलला का। मैंने रामलला का मन्दिर बनाने का आदेश माना। अब इसका जो भी परिणाम हो, मैं भुगतने को तैयार हूँ।

अब सत्रह साल बाद कल्याण सिंह अपने बेटे के राजनीतिक भविष्य के लिए उन्हीं मुलायम सिंह के साथ हो गए हैं जो उनके पहले उत्तर प्रदेश के मुख्यमंत्री हुए थे और जिनने अपने मुसलमान जनाधार और बाबरी मसजिद की रक्षा में कारसेवकों पर अयोध्या में गोली चलवा दी थी। संघ परिवारियों ने उन्हें 'मुल्ला मुलायम' बनाकर हिन्दुओं का दुश्मन घोषित कर दिया था। तब से मुसलमानों के आत्मसम्मान के रक्षक और हितू होने का ठेका मुलायम सिंह को मिल गया। इसे उनने अपने धर्मनिरपेक्ष होने का प्रमाण माना और तब से मुसलमान उनकी राजनीति के सबसे बड़े कारक हो गए हैं। अपने जात भाई यादवों और मुसलमानों को मिलाकर मुलायम सिंह ने ऐसा कीमिया तैयार किया है कि सत्ता हासिल न भी कर पाएँ तो विधानसभा और लोकसभा में इतनी सीटें तो जीत ही लें कि राजनीति में एक ताकत बने रह सकें। लेकिन कल्याण सिंह को बगल में बैठाने पर उनका खेल बिगड़ सकता है। बाबरी मसजिद गिरवाने वाले कल्याण सिंह के साथ मुसलमान कैसे हो सकते हैं? मुसलमान साथ छोड़ जाएँ तो कल्याण सिंह कितने ही लोग अपने साथ ले आएँ, मुलायम सिंह सत्ता के दरवाजे भी पहुँच नहीं पाएँगे।

इसे समझकर अमर सिंह और मुलायम सिंह ने कल्याण सिंह को कहा कि बाबरी मसजिद के ढहने में अपनी भूमिका को नए सिरे से समझाओ ताकि हम मुसलमानों को कह सकें कि उसमें बेचारे कल्याण सिंह का क्या दोष था। वह सब किया-धरा तो संघ परिवारियों का था, जिन्हें छोड़कर अब वे हमारे पास आ गए हैं। दरअसल वे चाहते थे कि कल्याण सिंह बाबरी मसजिद के ध्वंस पर मुसलमानों से माफी माँग लें। लेकिन कल्याण सिंह ने कहा 6 दिसम्बर, 1992 को अयोध्या में जो घटना घटी मैंने उसकी नैतिक जिम्मेदारी ली थी और उसी दिन उत्तर प्रदेश के मुख्यमंत्री पद से त्यागपत्र दे दिया था। कुछ लोग अपने स्वार्थ के लिए (हिन्दू और मुसलमान) समुदायों के बीच कटुता और शत्रुता पैदा करना चाहते हैं। मैं चाहता हूँ कि सब लोग मिलकर ऐसी साजिशों के खिलाफ लड़ें। कल्याण सिंह ने यह भी कहा कि मुलायम सिंह से 'दोस्ती' भाजपा को दिल्ली में सत्ता में आने से रोकने और नेस्तनाबूद करने के लिए है। इससे दलितों और पिछड़ों की ताकत बनेगी, मायावती को हराया जा सकेगा और उत्तर प्रदेश में सामाजिक न्याय की समाजवादी सरकार बनाई जा सकेगी।

लेकिन कल्याण सिंह के इस बयान से कोई बात नहीं बनी। उनकी और मुलायम सिंह की अवसरवादिता साफ हो गई। लोग जानते हैं कि कल्याण सिहं ने बाबरी मसजिद

के ध्वंस की नैतिक जिम्मेदारी लेकर उसे बचाने में विफल होने के कारण इस्तीफा नहीं दिया था। उनकी और भाजपा की दूसरी राज्य सरकारों को केन्द्र ने जिम्मेदार मानकर डिसमिस करने का तय किया था। फिर जिस काम के लिए कल्याण सिंह को मुख्यमंत्री बनाया गया था, वह तो हो गया था। बाबरी मसजिद के ध्वंस की जाँच कर रहे लिब्रहान आयोग को कल्याण सिंह ने हलफनामा दिया था कि 6 दिसम्बर, 1992 को हुई घटना भगवान की इच्छा थी। उस दिन वहाँ जो भी हुआ, उसका मुझे कोई दुख, खेद या पछतावा नहीं है। बाबरी मसजिद तो कलंक का प्रतीक थी।

अब लोगों को शब्द हूबहू याद न भी हों लेकिन वे जानते हैं और उन्हें याद है कि कल्याण सिंह को बाबरी मसजिद के ध्वंस का कोई दुख नहीं था। उनकी जिम्मेदारी बाबरी का ध्वंस होने देने की थी, वह उनने पूरी की और उसका जो भी श्रेय संघ परिवारी उन्हें दे रहे थे, वह उन्हें कम पड़ रहा था। वे ध्वंस के महानायक होकर हिन्दुत्व के अनन्य वीर योद्धा होना चाहते थे। लेकिन उनने देखा कि इस पराक्रम से न तो सत्ता मिली न वे संघ परिवार के सबसे बड़े नेता माने गए। बल्कि भाजपा में उनकी उतनी भी नहीं चली जितनी वे चाहते थे। भाजपा से अलग होकर उनने अपनी स्वतंत्र हैसियत बनाने की कोशिश की। अलग पार्टी बनाई, चुनाव लड़ा। कुछ नहीं बना तो धीरे-धीरे फिर भाजपा में आ गए। अब फिर उससे निकलकर मुलायम सिंह के साथ हुए हैं तो इसलिए कि उनके बेटे राजवीर को भाजपा में अपना भविष्य नहीं दिखता। बेटे का राजनीतिक भविष्य बनाना राजनेता पिता का परम कर्तव्य है। इसलिए बाबरी मसजिद के ध्वंस में से अपना राजनीतिक मलबा निकालने की कोशिश कर रहे हैं। खुद तो डूबे हैं अब मुलायम सिंह को भी डुबाएँगे।

लेकिन उनके शुरू किए गए खेल में दूसरे खिलाड़ी भी अपने हाथ आजमा रहे हैं। मध्य प्रदेश में कहीं किसी शिविर में संघ के सरसंघचालक सुदर्शन ने कहा– 6 दिसम्बर, 1992 को अयोध्या में विवादित ढाँचा (संघ वालों ने बाबरी मसजिद का यही नाम रखा है) कारसेवकों ने नहीं बल्कि खुद तत्कालीन राज्य सरकार ने गिराया था। मैं उस समय वहाँ मौजूद था और हम लोग वहाँ एक गैर-विवादित स्थान पर निर्माण कार्य करना चाहते थे। लेकिन पीछे से अचानक कुछ सरकारी लोग आए और उनने ढाँचा गिरा दिया। अब तक तो संघ परिवार बाबरी ध्वंस के लिए केन्द्र की नरसिंह राव की सरकार को जिम्मेदार ठहराता आया है लेकिन सुदर्शन जी तो कह रहे हैं कि उसे राज्य सरकार के लोगों ने गिराया। यानी कल्याण सिंह ने जो उस समय मुख्यमंत्री थे। संघ परिवार नरसिंह राव को छोड़कर कल्याण सिंह पर क्यों आ गया है? क्या इसलिए कि बाबरी ध्वंस की जिम्मेदारी कल्याण सिंह संघ परिवार पर डाल रहे हैं? क्या संघ वालों को डर है कि कल्याण सिंह अब भी इतने विश्वसनीय रह गए हैं कि लोग उनकी बात पर यकीन कर लेंगे?

कल्याण सिंह की बात लोगों के गले उतर नहीं रही है, इसका सबसे बड़ा सबूत यही है कि कांग्रेस से अपने गठबन्धन को खतरे में डालते हुए खुद मुलायम सिंह को आगे आना पड़ा है। उन्हें कहा गया है कि कल्याण सिंह से उनकी दोस्ती को कांग्रेस मुद्दा बना रही है। दरअसल मुद्दा तो वह मुसलमानों में बना हुआ है। मुलायम सिंह के कई मुसलमान साथी इस दोस्ती के खिलाफ सार्वजनिक बयान दे चुके हैं। मरी पड़ी बाबरी मसजिद रक्षा समिति को फिर जीवित किया गया है। मुसलमानों के धार्मिक नेता फतवा निकालने में लगे हैं। कांग्रेस इस स्थिति का लाभ क्यों न ले? आखिर मुसलमान समर्थन पाने में वह समाजवादी पार्टी के साथ होड़ में है। मुलायम सिंह मुसलमानों में कमजोर पड़ें तो कांग्रेस उन्हें सीटों के तालमेल पर दबा सकती है और मनचाही सीटें पा सकती है। मुलायम सिंह को यह भी लगता है कि मुसलमानों में कल्याण सिंह से उनकी दोस्ती का जो विरोध हो रहा है, उसे कांग्रेस भड़का रही है। वह कल्याण सिंह से मुलायम सिंह की दोस्ती को मुलायम के स्वतंत्र शक्ति बनने की कोशिश की तरह देखती है।

इसलिए मुलायम सिंह उसी राग पर आ गए जो वे पहले गाया करते थे। उनने बाबरी मसजिद के ध्वंस के लिए कांग्रेस ही नहीं राजीव गांधी को भी दोषी ठहराया। उनने कहा–'न ताला खुलता, न शिलान्यास होता, न मसजिद गिरती।' बाबरी मसजिद पर लगे ताले को राजीव गांधी ने फरवरी, 86 में जिला मजिस्ट्रेट की आज्ञा से खुलवाया था। फिर एनडी तिवारी की राज्य सरकार ने गृहमंत्री बूटा सिंह के कहने पर विवादित भूमि के बाहर नए मन्दिर का शिलान्यास करवाया था। यह सब राजीव गांधी ने हिन्दू भावना को सन्तुष्ट करने के लिए किया था। मुलायम सिंह पहले भी कहते थे कि इससे जो परिस्थिति बनी वही बाबरी मसजिद के ध्वंस के लिए जिम्मेदार है। तो चुनावी लाभ के लिए कल्याण सिंह ने बाबरी मसजिद के ध्वंस की जिम्मेदारी संघ परिवार पर डाली। संघ परिवार के मुखिया सुदर्शन ने कल्याण सिंह को जिम्मेदार बताया। और मुलायम सिंह राजीव गांधी की कांग्रेस को दोष दे रहे हैं। आप देख लेना बाबरी मसजिद के मलबे से इनमें से किसी का घर नहीं बनेगा।

(प्रथम प्रवक्ता, 1 मार्च, 2009)

जवानी का टोटका

कांग्रेस को अपने जवान उत्तराधिकारी राहुल गांधी को मतदाताओं के बीच बेचना है। इसलिए वह जोर देकर बता रही है कि भारत एक जवान देश है। उसके साठ प्रतिशत मतदाता अठारह से पैंतीस बरस के हैं। पन्द्रह करोड़ जवान आने वाले लोकसभा चुनाव में पहली बार वोट देने वाले हैं। इन जवान मतदाताओं के वोट अपनी तरफ करने के लिए कांग्रेस दुधमुँहे राहुल गांधी को आगे कर रही है। जैसे नेतृत्व के लिए जवान होना उनकी सबसे बड़ी काबिलियत हो।

भारतीय जनता पार्टी की समस्या इससे ठीक विपरीत है। वह जिसे प्रधानमंत्री बनाना चाहती है वे लालकृष्ण आडवाणी इक्यासी बरस के हैं। पिछले चुनाव में एनडीए की हार के बाद भविष्य की तरफ देखते हुए उनने खुद ही कहा था कि अगले चुनाव तक अटल जी इतने और मैं इतने बरस का बूढ़ा हो जाऊँगा। तब पार्टी को चुनाव तो कोई नया नेता ही लड़ाएगा। सौभाग्य से हमारे यहाँ दूसरी पीढ़ी में कई योग्य और चमकदार नेता हैं। इसके बाद दूसरी पीढ़ी में ऐसा हड़कम्प मचा कि आडवाणी जी को खुद ही पार्टी का अध्यक्ष बनना पड़ा और अब वही उसके परम पद के उम्मीदवार हैं। वही पार्टी को चुनाव लड़वा रहे हैं। कोई चूँ-चपड़ न करे इसलिए उसने संघ से पहली दूसरी पीढ़ी के सभी नेताओं को साफ-साफ कहलवा दिया है।

लेकिन इक्यासी बरस के भूतपूर्व और जंग लगे लौह-पुरुष को भाजपा नए जवान मतदाताओं में कैसे बेचे? भाजपा के पास यह सुविधा तो है नहीं कि भारत को अनुभवसिद्ध बूढ़ों का देश बता सके। इसलिए उसके रणनीतिकारों ने आडवाणी जी को सलाह दी कि वे ऐसे काम करने लगें जैसे जवान लोग करते हैं। अब बाजारू फॉर्मूला है कि नगरों/महानगरों के जवान जिम में जाते हैं और वहाँ कसरत करके फिट रहते हैं। इसलिए लालकृष्ण आडवाणी अहमदाबाद के एक जिम में पहुँच गए। वहाँ उनने क्या-क्या किया इसके तो फोटू नहीं छपे। लेकिन जो छपा उसमें वे दोनों हाथों में डंबल, लोहे के छोटे मुद्गर उठाए दिखे।

अब वह भले ही जंग लगे और भूतपूर्व हों पर हैं तो लौह-पुरुष। उन्हें सचमुच

के और बड़े मुद्गर उठाए दिखाना चाहिए था। लेकिन तब समस्या पैदा हो जाती। वैसे मुदगर तो अखाड़ों में उठाए जाते हैं और वहाँ तो कस्बों और छोटे शहरों के पहलवान किस्म के लोग जाते हैं। नगरों/महानगरों के अखाड़ों में तो सिर्फ पहलवान ही जाते हैं। ऐसा नहीं कि इन पहलवानों के भुजबल का भाजपा में उपयोग न हो। लेकिन लालकृष्ण आडवाणी को जिम में भेजा तो इसलिए गया था कि नगरों/ महानगरों के पढ़े-लिखे जवान जो राहुल गांधी के जाल में जा सकते हैं उन्हें रोका जाए और बताया जाए कि जवानों के सच्चे 'आइकॉन' तो अनुभव-वृद्ध आडवाणी हैं। उन्हें जवानों की समस्याओं की समझ है और उनका वही हल निकाल सकते हैं। क्योंकि वे जिम जाकर दोनों हाथों में डंबल उठाते हैं।

यह कथा बाजार की बनाई हुई है कि नगरों/महानगरों के पढ़े-लिखे और काम करते जवान जिम जाते हैं। आप गिनती करवा के देख लीजिए कि दिल्ली, मुम्बई के कितने कामकाजी जवान जिम में मिलते हैं। हजार में दस भी नहीं मिलेंगे। लेकिन बाजार और राजनीति में यथार्थ और आँकड़े उतने काम के नहीं होते जितने आभास। इसलिए मान लिया गया है कि पढ़े-लिखे आधुनिक जवान फिट रहने के लिए जिम जाते हैं और जिम जवानी का प्रतीक है। इसलिए बेचारे वयोवृद्ध आडवाणी को जिम में पहुँचा दिया गया ताकि वे जवानों तक पहुँच सकें।

जवान इंटरनेट का भी बहुत इस्तेमाल करते हैं इसलिए उन्हें पोर्टल पर बैठा दिया गया। वे बात-बात में 'मुझे स्मरण आता है' कहने के आदी हैं इसलिए उन्हें कहा गया है कि वे अतीत के बजाय भविष्य की बातें किया करें। जवानों की रुचि भविष्य में होती है अतीत में नहीं। अब आप पूछ सकते हैं कि लालकृष्ण आडवाणी का भविष्य क्या है? लेकिन जो अरुण शौरी और अरुण जेटली कभी चुनाव नहीं लड़े न चुने गए वे लालकृष्ण आडवाणी को जवानों से चुनवाकर प्रधानमंत्री बनवाने में लगे हैं। जब आप जवान न हों और अपनी दृष्टि और पराक्रम से सहज ही जवानों को आकर्षित न कर सकते हों तो ऐसी ही नौटंकी और टोटकेबाजी की जरूरत होती है। दयनीय यह नहीं है कि भाजपा-बूढ़ा घोड़ा और लाल लगाम करने में लगी है। दयनीय यह है कि कोई साठ साल के सार्वजनिक जीवन के बाद भी लालकृष्ण आडवाणी को यह सब करना पड़ रहा है।

यह जवानी की प्रतीक सेवा है और यह मत मानिए कि सिर्फ भाजपा ही इसमें लगी हुई है। कांग्रेस में भी सोनिया गांधी अगर नेतृत्व देने को तैयार होतीं और प्रधानमंत्री हो गई होतीं तो इस देश के जवान होने की चर्चा वैसी नहीं होती जैसी आजकल हो रही है। इन्दिरा गांधी के तो दो बेटे थे। पहले बेटे राजीव पायलट बने और राजनीति में कतई आना नहीं चाहते थे। दूसरे बेटे संजय की भी चर्चा देश तभी करने लगा जब इन्दिरा गांधी का नेतृत्व संकट में पड़ा। इलाहाबाद हाइकोर्ट ने उन्हें

अयोग्य करार दिया और सुप्रीम कोर्ट ने उनके संसद में वोट देने पर पाबन्दी लगाते हुए हाईकोर्ट के फैसले पर सुनवाई जारी रखी। तब संजय पर ही वे निर्भर रहने लगीं और वही उनके सबसे करीबी राजनीतिक सहायक बने। उन्होंने कहा कि कांग्रेस का गर्जन तो जवान ले उड़े हैं। दुर्घटना में संजय नहीं रहे तो पायलटी छोड़कर राजीव को उस राजनीति में आना पड़ा जिसमें उनकी और उनकी पत्नी की रत्ती भर रुचि नहीं थी।

इन्दिरा गांधी और सोनिया गांधी के मामलों को समझें तो साफ दिखेगा कि पार्टी में जवानों की चर्चा तभी होती है जब सत्ता के उत्तराधिकार का सवाल उठता है। जवाहरलाल नेहरू तो इस देश के जवानों के सहज नेता थे क्योंकि गांधी समेत तब की कांग्रेस और देश की नई पीढ़ी उन्हें अपने भविष्य का नेता मानती थी। ऐसी स्थिति पहले संजय और फिर राजीव के लिए पैदा की गई। जब सोनिया गांधी ने समझ लिया कि उनका प्रधनमंत्री होना उनके मूल के कारण सहज नहीं होगा तो राहुल गांधी और इस देश के जवानों के देश होने की चर्चा गरम हुई। यानी कांग्रेस जैसी अपने को लोकतांत्रिक कहने वाली पार्टी में भी जवानों और उनके नेतृत्व की चर्चा सहज और इसलिए नहीं होती कि बुढ़ापे के हाथ से नेतृत्व जवानी के हाथ में जाना सबसे प्राकृतिक और स्वाभाविक प्रक्रिया है और एक जीवंत पार्टी में होनी ही चाहिए। इसलिए होती है कि नेता अपने राजनीतिक उत्तराधिकार को अपने बेटे-बेटी, भानजे-भतीजे को अपनी भौतिक संपदा की तरह सौंपना चाहता है।

इसमें अनिवार्यता जवान और नए नेतृत्व को आगे बढ़ने के लिए जिम्मेदारी सौंपने की नहीं है। अनिवार्यता लोकतंत्र में भी वंशानुगतता को स्वीकार करवाने की है। नेता लोकतंत्र में भी नेताई करते हुए अपने राजनीतिक उत्तराधिकार को किसी होनहार जवान पार्टी नेता को सौंपने के बजाय अपने बेटे-बेटी या नजदीकी रिश्तेदार को सौंपना चाहता है जैसे वह भी उसकी पैतृक या स्व-अर्जित संपत्ति का ही हिस्सा हो। इसलिए कांग्रेस में नया और जवान नेतृत्व इसलिए नहीं आता कि राष्ट्रीय और वैश्विक परिस्थितियों में उनकी माँग है बल्कि इसलिए कि पिता या माँ रहे नहीं या वे चाहते हैं कि उन्हें नहीं तो उनके बेटे-बेटी को उनकी जगह दी जाए। इसलिए जवान व्यक्ति तो आ जाता है नेतृत्व में नयापन और जवानी नहीं आती। इस तरह आया जवान व्यक्ति भी जानता है कि उसे उत्तराधिकार में जगह मिली है अपने स्वतंत्र और युवोचित पराक्रम से नहीं। बल्कि अक्सर तो उत्तराधिकार उसकी सीमाएँ और चौखट बाँध देता है। उसे लगता है कि वह मान्य परिधियों से अलग हुआ तो उत्तराधिकार खो सकता है।

इसलिए आप देखिए कि ज्योतिरादित्य सिंधिया ऐसा नया क्या कर रहे हैं जो

माधवराव ने नहीं किया था या कर नहीं सकते थे। सचिन पायलट, राजेश पायलट से, मिलिंद देवड़ा मुरली देवड़ा से, नवीन जिंदल और ऐसे तमाम बाप के बेटे अपने पिताओं से क्या भिन्न कर रहे हैं। राहुल गांधी ने युवाओं के नेता होने की सम्भावना और गुण किस युवा आन्दोलन या छात्र आन्दोलन का नेतृत्व करके दिखाए हैं। अपने स्कूल, कॉलेज, शिक्षा संस्थान या छात्र कैरियर में उनने ऐसा क्या किया है कि वे ऑटोमेटिक नेता मान लिये जाएँ? उनकी सबसे बड़ी योग्यता राजीव और सोनिया गांधी के बेटे होना है। पिता नहीं रहे तो पारिवारिक वर्चस्व वाली सीट से खड़े होकर लोकसभा में आ गए। नेहरू गांधी परिवार से ही नेता पाने वाली पार्टी के लोगों ने जोर दिया तो महासचिव हो गए।

राहुल गांधी से लेकर मिलिंद देवड़ा तक कांग्रेस के किस युवा सांसद ने वह संघर्ष किया है जो इस देश के जवान को ऊपर उठने और सार्वजनिक जीवन में जगह बनाने के लिए करना पड़ता है? फिर देश के पढ़े-लिखे और खाते-पीते मध्यवर्ग के जवान का स्कूल, कॉलेज कैरियर आदि तो फिर भी सुरक्षित और निश्चित होता है। लेकिन किसान मजदूर ही नहीं निम्न-मध्य वर्ग के नौकरीपेशा परिवार के जवान आदमी को भी जो संघर्ष करना पड़ता है और जिस अनिश्चितता में रहना पड़ता है उसका तो अंदाज भी चाँदी के चम्मच के साथ जन्मे इन नए राजकुमारों को नहीं है। फिर कैसे ये उनके नेता हो सकते हैं? ये अमेरिका, यूरोप के स्कूल-कॉलेजों में पढ़े, आधुनिक जीवन की सब सुख-सुविधाएँ इन्हें सहज ही सुलभ रहीं। और जिस तरह उद्योगपतियों और व्यापारियों के बेटे-बेटी शिक्षा-दीक्षा के बाद परिवार के उद्योग व्यापार में आते हैं वैसे ये राजनीति में आ गए। ऐसे जवान उत्तराधिकारी आपको सभी पार्टियों में मिल जाएँगे। भूतपूर्व स्पीकर संगमा की बेटी अगाथा संगमा हों या शरद पवार की बेटी सुप्रिया सुले राजनीति में उनकी जगह उनके पिता के कारण है।

पिछले चुनाव में पहली बार चुने गए अट्ठाईस सांसदों की उमर चालीस से कम थी। वे सब जवान थे। उनमें से कितनों के नाम आपको संसद या सार्वजनिक जीवन में योगदान के कारण याद हैं? जवान होने भर से संसद, राजनीति या सार्वजनिक जीवन में उनने क्या कर लिया? यह जवानी का प्रतीक पूजन है।

(प्रथम प्रवक्ता, 16 मार्च, 2009)

स्लमडॉग मिलेनियर पर तो कांग्रेस का कॉपीराइट है

अपने चुनाव प्रचार की धुन बनाने के लिए कांग्रेस ने स्लमडॉग मिलेनियर का 'जय हो' गाना क्या खरीदा सब उस पर इस आठ ऑस्कर जीतने वाली फिल्म की सफलता को हथियाने की कोशिश का आरोप लगा रहे हैं। जिस रात फिल्म ने आठ, जिसमें उसके संगीतकार रहमान ने दो और ध्वनि संयोजक रसूल प्रकुट्टी ने एक ऑस्कर जीता, कांग्रेस के प्रवक्ता ने नई दिल्ली में दावा किया कि यह–अचिविंग इंडिया–कांग्रेस के धर्मनिरपेक्ष और प्रोत्साहक वातावरण बनाने वाले शासन के कारण सम्भव हो सका है। तब भी उनकी हँसी उड़ाई गई थी जैसे कांग्रेस का स्लमडॉग मिलेनियर के आठ ऑस्कर जीतने से दूर-दूर का भी कोई सम्बन्ध न हो और फिल्म की सफलता को अपनी बताने की यह फूहड़ कोशिश अगले महीने होने वाले लोकसभा चुनाव में भुनाने की नाजायज कोशिश हो।

सबसे ज्यादा मखौल उड़ाई गुजरात के मुख्यमंत्री नरेंद्र मोदी ने। उनने ठाणे की एक आम सभा में कहा कि स्लमडॉग के आगे ऑस्कर का असली श्रेय तो कांग्रेस को ही मिलना चाहिए। आजादी के बाद कई दशक तक न उसका राज होता न देश में इतनी गन्दी बस्तियाँ बसतीं, न उन पर स्लमडॉग जैसी फिल्म बनती। अभिनेता परेश रावल ने मुझे सब दूर घूमने वाला एक एमएमएस दिखाया, जो कहता था–स्लमडॉग के ऑस्कर तो कांग्रेस को मिलने चाहिए क्योंकि उसके राज के कारण ही भारत के महानगरों में इतनी गन्दी बस्तियाँ बन सकीं। मैं इस एसएमएस की भावना की कदर करता हूँ। गन्दी बस्तियों के कारण हमारे यहाँ ऐसी फिल्म बनी जिसने इतने ऑस्कर जीते। इसलिए ऑस्कर का श्रेय तो कांग्रेस को ही जाता है। यह उसी के राज का चमत्कार है।

अब नरेंद्र मोदी से आप न्याय-अन्याय के विवेक की उम्मीद नहीं कर सकते। ऐसा करना उनके साथ अन्याय करना होगा। पर सच्चाई यह है कि इस देश में औद्योगिक महानगर कांग्रेस ने नहीं बनाए। दुनिया में औद्योगिक क्रान्ति के बाद जहाँ-जहाँ भी औद्योगिक महानगर बने उनमें गन्दी बस्तियाँ बनीं। लन्दन हो, पेरिस हो, न्यूयॉर्क हो, टोकियो हो या हमारे देखते महानगर हुए बेंगलुरू हो या हैदराबाद।

सबमें मुम्बई और कोलकाता जैसी गन्दी बस्तियाँ बनी हैं। उत्तर आधुनिक संसार के सारे प्रयत्नों के बावजूद अब भी दुनिया भर में महानगरों में गन्दी बस्तियाँ हैं, जिन्हें मिटाया या सुधारा नहीं जा सका है। औद्योगिकता ने जिस तरह पवित्र और पूजित नदियों को प्रदूषित नालों में बदल दिया है वैसे ही महानगरों और गन्दी बस्तियों को अनिवार्य कर दिया है। इसलिए गन्दी बस्तियों का असली और सच्चा श्रेय तो औद्योगिक क्रान्ति को ही देना होगा।

अपने दो महान महानगर–कोलकाता और मुम्बई–भी भारत का अपने हितों का औद्योगिकीकरण करने के अंग्रेजों के प्रयासों के ही नतीजे हैं। इन महानगरों की गन्दी बस्तियाँ भी आजादी के पहले ही बन गई थीं। कांग्रेस ने यही किया कि अंग्रेजों के राज में औद्योगिकीकरण की जो प्रक्रिया चल निकली थी उसे और तेज किया। उसने गांधी की नहीं सुनी। गाँवों को आत्मनिर्भर इकाइयाँ बनाने की कोशिशों के बजाय औद्योगिकीकरण और नगरीकरण को तेज किया। इसका कारण यह नहीं कि वह गन्दी बस्तियाँ बसाना चाहती थी। इसका असली कारण यह है कि अंग्रेज जो व्यवस्था बनाकर छोड़ गए थे उसे खारिज करके उसकी जगह अपनी देसी–गांधी की हो या कैसी भी–व्यवस्था खड़ी करने का आत्मविश्वास, साहस और पराक्रम कांग्रेस में न तब था न अब है।

भारत जैसा भारत बनाने का सपना, साहस और आत्मविश्वास सिर्फ गांधी में था जिसके हिन्द स्वराज को जवाहरलाल नेहरू पहले ही खारिज कर चुके थे। वे कांग्रेस और अंग्रेजी राज की कोख से पैदा हुआ भारत का मध्यवर्ग–आजाद भारत को यूरोप जैसा बनाना चाहते थे–कुछ का आदर्श साम्यवादी सोवियत संघ था तो कुछ का खुले बाजार का पूँजीवादी अमेरिका। पूँजीवाद और साम्यवाद दोनों ही यूरोपीय विचारधाराएँ हैं और ये दोनों ही औद्योगिक क्रान्ति से विकसित हुई हैं। दोनों ही औद्योगिकीकरण को अनिवार्य और अपरिहार्य मानती हैं। एक पूँजी को केन्द्र में रखती है दूसरी श्रम को। सोवियत संघ और पूँजीवादी यूरोप का बनाया अमेरिका–भारत के सामने राष्ट्र निर्माण के दो सफल उदाहरण और आदर्श थे। कांग्रेस में अपनी कोई व्यवस्था बनाने का साहस और आत्मविश्वास तो था ही नहीं, उसमें किसी एक यूरोपीय व्यवस्था को खारिज करने और दूसरी को पूरी तरह अपनाने का भी साहस नहीं था। अब भी नहीं है।

कांग्रेस दरअसल यूरोप में जो सफल हो गया है उसे भारत में मौका देने में विश्वास करती है। भारत का औपनिवेशिक अंग्रेजी राज साम्यवादियों और पूँजीवादियों दोनों की राय में अपने तमाम दोषों के बावजूद–भारत के आधुनिकीकरण का विशाल संकल्प और प्रकल्प था। भारत का औद्योगिकीकरण और यूरोपीयकरण इन दोनों ही विचारधाराओं के लोगों के लिए भारत का आधुनिकीकरण था और इसे

वे अनिवार्य मानते थे। चूँकि औद्योगिकीकरण और यूरोपीयकरण की प्रक्रिया अंग्रेजी राज में शुरू हुई थी, इसलिए अंग्रेजी राज के खत्म होने के बाद भी कांग्रेस के शासकों और समर्थकों ने उस प्रक्रिया को वैसे ही चलने दिया। इसे भारत की परम्परा और परिवर्तन की निरन्तरता की महान परंपरा बताया गया और इसलिए आजाद भारत में भी अंग्रेजी राज और उसकी संस्थाओं को अक्षुण्ण रखा गया। अचरज नहीं कि जवाहरलाल नेहरू को आजाद भारत का पहला गवर्नर जनरल या वायसरॉय कहा गया। चूँकि कांग्रेस साम्यवाद और पूँजीवाद में से किसी एक को पूरी तरह अपनाने या खारिज करने का साहस और यथास्थिति को बदलने की हिम्मत नहीं रखती थी इसलिए जवाहरलाल के जमाने में ही 'मिश्रित अर्थव्यवस्था' बनाई गई। इसमें औपनिवेशिक पूँजीवाद के तत्व तो थे ही सोवियत संघ के तत्व भी मिलाए गए।

यानी आजाद भारत में औद्योगिक महानगर और गन्दी बस्तियाँ एक साथ पनपती गईं। स्लमडॉग मिलेनियर फिल्म इन दोनों के अनिवार्य, अटूट और अक्षुण्ण सम्बन्धों की फिल्म है। महानगर की गगनचुंबी अट्टालिकाएँ गन्दी बस्तियों के बिना चल नहीं सकतीं और गन्दी बस्तियाँ नहीं होतीं अगर औद्योगिक महानगरों की बहुमंजिला इमारतें नहीं होतीं। कौन बनेगा करोड़पति जैसा टीवी कार्यक्रम पूँजीवादी यूरोप में बने कार्यक्रम की नकल है। सट्टे से या किस्मत से करोड़पति बन जाने का सपना एक पूँजीवादी समाज में ही बेचा जा सकता है। क्योंकि ऐसा कार्यक्रम बिना वर्ग संघर्ष या क्रान्तिकारी परिवर्तन के हर किसी के करोड़पति हो जा सकने की लॉटरी, किस्मत या सट्टे का सपना बेचता है जिसमें व्यक्ति के अनिवार्य पराक्रम और व्यवस्था परिवर्तन की जरूरत नहीं होती। कांग्रेस का निजी और राष्ट्रीय जीवन दर्शन सचमुच यही है। वह व्यवस्था में मूल और क्रान्तिकारी परिवर्तन में विश्वास नहीं करती न उसमें ऐसा कर सकने का वैचारिक विश्वास और साहस है। वह यथा-स्थितिवादी पार्टी है।

कांग्रेस का जीवन दर्शन, उसकी विचारधारा, उसकी प्रकृति और स्वभाव और आजाद भारत में उसका राज कहीं अपनी पूरी सचाई में प्रकट होता है तो स्लमडॉग मिलेनियर में। नहीं, सिर्फ उस गन्दी बस्ती धारावी में ही नहीं जहाँ के जीवन को इस फिल्म में बड़ी क्रूर तटस्थता और यथार्थवादिता के साथ दिखाया गया है। उस गन्दी बस्ती का लड़का जमाल और उसे करोड़पति बनने से रोकने और बनाने वाली व्यवस्था भी कांग्रेसी है। जमाल करोड़पति बनने के लिए–कौन बनेगा करोड़पति–कार्यक्रम में नहीं आता है। वह तो इसलिए आता है कि उसकी प्रेमिका लतिका, जो खो गई है, उसे देख सकेगी और जहाँ भी होगी जैसी भी होगी उससे मिलने आएगी। लतिका बचपन से उसी की तरह गन्दी बस्ती में उसके साथ पली-बढ़ी है। जवान

होते-होते स्त्री देह के भूखे लोगों के हत्थे चढ़कर देह व्यापार में पड़ी है। लेकिन प्रेम जमाल को और उसे भी अपने-अपने बेरहम अमानवीय संसारों से निकालकर रेलवे प्लेटफॉर्म पर मिलाता है और जहाँ से करोड़पति का जीवन शुरू होता है। इसी को गुलजार और रहमान ने 'जय हो' नाम के गाने में आशा के अमर जीवन की जोत बनाकर गाया है।

गन्दी बस्ती में पला-पनपा जमाल 'कौन बनेगा करोड़पति' कार्यक्रम के ऐसे मुश्किल सवालों का सही जवाब कैसे दे सकता है? वह न आश्चर्यजनक रूप से प्रतिभावान है, न बुद्धिमान। न पढ़ा लिखा है, न ऐसे वातावरण में रहा है कि उसका सामान्य ज्ञान इतना समृद्ध हो। फिर कैसे उसने सभी सही जवाब देकर दो करोड़ रुपए जीत लिये? जरूर धोखाधड़ी की होगी। यही मानकर कार्यक्रम करने वाला एंकर उसे पुलिस को सौंप देता है। और पुलिस उससे उगलवाने के लिए साम, दाम, दंड, भेद के सभी तरीके अपनाती है। पुलिस को बताने की कोशिश में कि किस तरह प्रत्येक सवाल का जवाब उसे अपने जीवन के कड़े अनुभवों से मिला, जमाल कहता है कि आखिर यह मेरे भाग्य में लिखा था। अठारह बरस की गन्दी बस्ती का जमाल न अपने ज्ञान से जीता है, न अपने पराक्रम से। यह उसके भाग्य में लिखा था कि वह करोड़पति बनेगा। पुलिस के दमन, अत्याचार और मारपीट से उसने जो जवाब दिए वे पुलिस के ही गले नहीं उतरे, आपके भी गले उतरेंगे कि जमाल ने कोई धोखाधड़ी नहीं की। वह करोड़पति होने का हकदार हो गया।

भारतीय राजनयिक विकास स्वरूप के उपन्यास 'क्यू एंड ए' यानी सवाल और जवाब पर आधारित पटकथा स्लमडॉग मिलेनियर लिखने वाले ब्यूफाय को भी ऑस्कर मिला है। किताब और फिल्म सिद्ध करती है कि 'कौन बनेगा करोड़पति' जैसे कार्यक्रम के सवालों के जवाब देने के लिए आपकी याददाश्त अच्छी होनी चाहिए। खूब पढ़े-लिखे, बुद्धिमान और ज्ञानवान होने की जरूरत नहीं होती। जमाल की याददाश्त अच्छी थी और किस्मत अच्छी थी। अपनी प्रेमिका को ढूँढ़ने की कोशिश में वह करोड़पति बन गया। चांस की बात है कि प्रेमिका मिल गई और करोड़ रुपया भी। ये दोनों उसे जीने के अपने संघर्ष और पराक्रम से नहीं मिले। उसकी किस्मत से 'कौन बनेगा करोड़पति' में उसकी लॉटरी खुल गई। फिल्म कहीं नहीं कहती या बताती कि जमाल अपनी प्रेमिका को पाने और करोड़पति होने के बाद गन्दी बस्तियों को बदलने का कोई क्रान्तिकारी कार्यक्रम उठाएगा। यही लगता है कि वह फिल्म में बताए गए दूसरे सम्पन्न और शक्तिवान लोगों की तरह जिएगा। यह व्यवस्था परिवर्तन की फिल्म नहीं है। मौजूदा या प्राप्त परिस्थिति में बिना किसी क्रान्तिकारी मौलिक परिवर्तन के प्रेमिका को पाने और करोड़पति होने की खाँटी मुम्बइया फिल्म है।

यानी कांग्रेसी फिल्म है। दूर मत जाइए। आज के अपने खरबपतियों और करोड़पतियों को ही देख लीजिए। सोवियत संघ के विघटन के बाद कांग्रेस ने समाजवाद का रास्ता छोड़ा क्योंकि वह रूस में फेल हो गया था। नरसिंह राव की सरपरस्ती में मनमोहन सिंह ने खुले बाजार की पूँजीवादी अर्थव्यवस्था का अमेरिकी मॉडल अपनाया। भूमंडलीकरण, उदारीकरण और निजीकरण के 'कौन बनेगा करोड़पति' के कार्यक्रम चलाए। देखिए, देश में कितने करोड़पति हो गए! जितने करोड़पति बने उनसे कई लाख गुना लड़के गन्दी बस्तियों में पैदा हुए क्योंकि बस्तियाँ भी खूब फल-फूल गईं। नौ प्रतिशत विकास दर और आम जनता की कंगाली की अद्‌भुत दर इसी 'कौन बनेगा करोड़पति' वाली वित्तीय पूँजीवादी अर्थव्यवस्था की सट्टेबाजी भाग्यवादी व्यवस्था का परिणाम है। इसलिए मैं कहता हूँ कि 'स्लमडॉग मिलेनियर' पर तो कांग्रेस का कॉपीराइट है। उसे जय हो के अधिकार क्यों खरीदने पड़े?

(प्रथम प्रवक्ता, 1 अप्रैल, 2009)

खेल की राष्ट्रीय शर्म

इंडियन प्रीमियर लीग को दक्षिण अफ्रीका ले जाकर हमारे क्रिकेट बोर्ड ने साबित कर दिया है कि यह लीग क्रिकेट के खेल से ज्यादा क्रिकेट का धन्धा ही है। अगर खेल होता और उसके मैचों की तारीखें देश के आम चुनाव की तारीखों से टकरा रही होतीं तो मैच आसानी से आगे बढ़ाए जा सकते थे या रद्द कर दिए जाते। आपदा या दूसरी महत्त्वपूर्ण और अपरिहार्य घटनाओं के कारण खेलों की प्रतियोगिताएँ आगे-पीछे होती रहती हैं। 26 नवम्बर को मुम्बई में गए साल आतंकवादी हमला हुआ तो इंग्लैंड के साथ वन डे सीरीज के दो मैच बचे थे। वे रद्द किए गए। हालात सुधरे तो टेस्ट सीरीज खेलने इंग्लैंड की टीम वापस आई।

लीग भी आम चुनाव के बाद हो सकती थी। तब सभी सुरक्षा बल मैचों और खिलाड़ियों को आसानी से और अच्छी सुरक्षा दे सकते थे। लेकिन मई के आखिरी सप्ताह और जून में लीग नहीं कराई जा सकती थी क्योंकि इसमें खेलने वाले विदेशी खिलाड़ियों को अपनी घरेलू प्रतियोगिताएँ और अपने देश की टेस्ट सीरीज में खेलना है। क्रिकेट कैलेंडर में 10 अप्रैल से 24 मई के बाद तारीखें खाली नहीं हैं। ऐसी सूरत में इंडियन प्रीमियर लीग इस साल नहीं होती। अगले साल की उपयुक्त तारीखें देखकर लीग के मैच करवाए जाते। एक साल लीग नहीं होती तो न तो आसमान गिरता, न क्रिकेट का खेल बरबाद होता। लेकिन यह तो तभी हो सकता था जब लीग सिर्फ क्रिकेट के खेल की होती। फिर भले ही वह बीसमबीस के खेल की होती।

लेकिन लीग में सिर्फ क्रिकेट का खेल नहीं होता। उसमें खेल से बड़ा पैसे का धन्धा है। लीग में जो आठ टीमें बनाई गईं हैं, उन्हें पैसे वालों ने करोड़ों में खरीदा है। फिर मैच टीवी पर दिखाने के अधिकार खरीदे हैं उनने मैच के पहले, बाद और बीच के समय में विज्ञापन दिखाने के पैसे विज्ञापनदाताओं से लिए या उनका करार किया है और पेशगी पैसे ले लिये हैं। मैदान वालों ने दर्शकों के टिकटों के अलावा मैदान पर विज्ञापन लगाने के भी करार किए हैं और पैसे लिये हैं। टीम के मालिकों के पैसे विज्ञापनों और टिकटों से वसूल होने हैं। मालिकों को खिलाड़ियों को करोड़ों रुपए देने पड़े हैं और जिन मैदानों पर उनकी टीम खेलने वाली है उनके स्टेडियमों

के किराए में भी करोड़ों रुपए देने पड़े हैं या करार करना पड़ा है। कुल मिलाकर अरबों रुपए कई लोगों के लगे हुए हैं।

गए साल 15 सितम्बर को न्यूयार्क की वॉल स्ट्रीट का दिवाला निकलने के बाद दुनिया भर में वित्तीय संकट पैदा हुआ। एक-एक करके सभी बड़ी वित्तीय संस्थाएँ ढह गईं। पूँजी का धन्धा करने वाली पुरानी और प्रतिष्ठित संस्थाओं को सरकारों को लेना पड़ा। अमेरिका और यूरोप में निजी पूँजी और व्यापारिक संस्थाएँ सरकारों को हाथ नहीं लगाने देती थीं। लेकिन इस संकट के बाद सभी सरकारों के सामने कटोरा लिये खड़ी हैं। अमेरिका और यूरोप की सरकारों ने करोड़ों बल्कि खरबों रुपया देकर कई कम्पनियों को डूबने से बचाया है। फिर भी संकट इतना गहरा है कि कहीं भी धन्धा बढ़ नहीं रहा। ऐसी मन्दी छाई हुई है जैसी पिछली सदी के तीसरे दशक में थी।

भारत पर ऐसा नहीं है कि संकट नहीं है। लेकिन इन्दिरा गांधी ने कोई चालीस साल पहले बैंकों का जो राष्ट्रीयकरण कर दिया था उससे उनके वे हाल नहीं हुए जो अमेरिका और यूरोप के बड़े-बड़े निजी बैंकों के हुए हैं। हमारा वित्तीय क्षेत्र संकट से बच गया है। इसी का नतीजा है कि हमारे कॉरपोरेट्स की हालत खस्ता नहीं है। इंडियन प्रीमियर लीग के दूसरे साल के लिए खिलाड़ियों की बोली लगी तो टीम मालिकों के पास इतना पैसा था कि वे गए साल की तुलना में ज्यादा पैसा दे सकें। अगर बाजार में और क्रिकेट के लिए इतना पैसा नहीं होता तो पीटरसन और फ्लिंटाफ जैसे खिलाड़ियों को उतना पैसा नहीं मिल सकता था जितना गए साल धोनी जैसे खिलाड़ी को भी नहीं मिला था। इसका मतलब साफ है कि विश्वव्यापी मन्दी का भारत के क्रिकेट पर वह असर नहीं हुआ है जो दूसरे उद्योग व्यापार पर हुआ है।

भारत के पैसे वाले नहीं चाहते थे क्रिकेट में जो पैसा है वह आम मन्दी के इस मुश्किल जमाने में अनकमाया रह जाए। लीग अगर आगे बढ़ा दी जाती या इस साल नहीं होती तो यह कमाई हो नहीं सकती थी। इसलिए लीग में लगे आर्थिक हितों ने जोर दिया कि सरकार से बात की जाए कि किसी तरह 10 अप्रैल से 24 मई के बीच ही मैच हो सकें। गृह मंत्रालय लीग को एडजस्ट करने को तैयार था। लेकिन लाहौर में श्रीलंकाई टीम पर हुए आतंकवादी हमले के बाद वह कोई खतरा मोल लेने को तैयार नहीं था। मुम्बई पर हुए आतंकवादी हमले ने उसे चेता दिया था।

फिर पाकिस्तान और वहाँ सक्रिय आतंकवादी गुटों का रवैया भी भ्रम फैलाने वाला ही है। अगर ये गुट अपने देश में आई मेहमान श्रीलंकाई टीम पर ही हमला कर सकते हैं तो इंडियन प्रीमियर लीग तो अन्तरराष्ट्रीय प्रभाव पैदा करने और भारत को कलंकित करने का आसान निशाना बनाई जा सकती है। एक तीर से दो शिकार

किए जा सकते हैं। भारत की आम चुनाव जैसी लोकतांत्रिक प्रक्रिया को पटरी से उतारा जा सकता है और उसके कमाऊ क्रिकेट को आतंक से ठप किया जा सकता है। देश-दुनिया को मालूम था कि भारत में आम चुनाव अप्रैल-मई में होंगे। अगर चुनाव की तारीखें लीग के मैचों को तारीखों से टकराती हैं और दोनों के लिए एक साथ सुरक्षा व्यवस्था नहीं की जा सकती तो सरकार क्या लोग भी लीग के बजाय चुनाव को प्राथमिकता देंगे। सरकार ने चुनाव को सबसे महत्त्वपूर्ण माना तो ठीक ही माना।

लेकिन इससे लीग के मैचों के लिए सुरक्षा की गारंटी नहीं ली जा सकती थी और बिना सन्तोषदायी सुरक्षा के सरकार लीग को हरी झंडी देने को तैयार नहीं थी। इसका मतलब हुआ कि लीग इस साल रद कर दी जाए। लेकिन यह लीग में पैसा लगाए हुए लोगों को मंजूर नहीं था। उन्हें मालूम था कि भारत में लीग नहीं होगी तो उतनी कमाई नहीं हो सकती क्योंकि लीग को जो समर्थन और प्रोत्साहन भारतीय दर्शक दे सकते हैं वह और किसी देश के दर्शकों से नहीं मिल सकता। लेकिन उनका जो पैसा लगा हुआ है उसका कम से कम ब्याज तो आ ही जाएगा। मन्दी के इस जमाने में वही काफी है। बोर्ड भी नहीं चाहता कि उसकी लीग में पैसा लगाने वालों को नुकसान हो। इसलिए भारतीय लीग को इंग्लैंड या दक्षिण अफ्रीका में करवाने की सम्भावनाएँ टटोली गईं और दक्षिण अफ्रीका ने लाल जाजम बिछा दी।

भारतीय लीग के मैच भारत से बाहर हों यह न खिलाड़ियों को ठीक लगा है न दर्शकों को। सचिन तेंदुलकर मुम्बई की टीम के कप्तान हैं। उनने कहा कि लीग के दक्षिण अफ्रीका जाने से वे निराश हैं क्योंकि बाहर कहीं भी वह मजा नहीं आ सकता जो भारत में खेलने में आता है। सचिन तो खैर भारतीय हैं। लेकिन राजस्थान रॉयल्स के कप्तान और क्रिकेट इतिहास के सबसे बड़े लेग स्पिनर आस्ट्रेलिया के महान गेंदबाज शेन वॉर्न ने भी कहा कि खेलने का आनन्द और आकर्षण तो भारत में ही है। वार्न ने गए साल राजस्थान रॉयल्स को लीग जितवाई थी। उनकी टीम में कोई सुपर स्टार नहीं था। नए खिलाड़ियों के कोच और कप्तान दोनों ही वार्न थे और उनने वह करके दिखाया जो गांगुली और धोनी जैसे सफल कप्तान भी नहीं कर सके थे। लेकिन विटोरी तो गए साल पूरी लीग भी खेल नहीं पाए थे। उन्हें भी लीग का भारत से बाहर जाना ठीक नहीं लगा है।

सही है कि आजकल मैदान में खेल देखने आने वालों से क्रिकेट की कमाई नहीं होती। कमाई तो टीवी पर विज्ञापन और उससे मैच को मिलने वाले एक्सपोजर से होती है। प्रायोजक और उनकी बड़ी पूँजी उसी से आती है। दक्षिण अफ्रीका से लीग के मुकाबलों का सीधा प्रसारण तो भारत के प्राइम टाइम पर ही होगा। लेकिन सीधे

प्रसारण में भी आनन्द मैदान के दर्शकों के लगाव और उससे बने वातावरण के कारण ही पैदा होता है। खिलाड़ियों के खेल में भी रंग तो मैदान पर जमा और शोर करते दर्शकों के कारण ही भरता है। सब जानते हैं कि टीवी गेम में वह आनन्द तो आ ही नहीं सकता जो मैदान के खेल में आता है। लीग में दक्षिण अफ्रीका के कितने ही खिलाड़ी खेल रहे हों लेकिन उसकी टीमें दक्षिण अफ्रीकी शहरों की टीमें नहीं हैं इसलिए उनके खेल और उनकी स्थिति में स्थानीय दर्शकों को वह लगाव नहीं होगा जो मुम्बई, कोलकाता, चेन्नई, दिल्ली, बंगलुरू, हैदराबाद और जयपुर के दर्शकों का गए साल देखने को मिला था। गए साल आईपीएल और उसकी टीमों ने स्थानीय वफादारी को बढ़ाने की खूब कोशिश भी की थी। बल्कि उसे भारतीय क्रिकेट में नया आया एक पहलू भी बताया गया था। और इसे आईपीएल का बहुत बड़ा योगदान कहा गया था।

लेकिन इस साल लीग को दक्षिण अफ्रीका ले जाते हुए आईपीएल, टीम के मालिकों और विज्ञापन वालों ने इन दर्शकों और उनके लगाव की कोई चिन्ता नहीं की। दर्शकों के बिना भारत में खेल का आनन्द नहीं है। सच पूछिए तो दर्शकों के बिना खेल अधूरा है। लेकिन बोर्ड और आईपीएल ने व्यापारिक हितों के सामने खेल और दर्शकों को तरजीह नहीं दी। आतंक से क्रिकेट नहीं जीता है। व्यापारिक हितों ने आतंक से बचकर कमाई करने का रास्ता निकाला है। भारत के दूसरे सभी इलाकों की तरह क्रिकेट में भी राजनीति आ गई है। और इसलिए गुजरात के भाजपाई मुख्यमंत्री नरेंद्र मोदी ने लीग के दक्षिण अफ्रीका जाने को राष्ट्रीय शर्म तक बता दिया। लीग और चुनाव दोनों को एक साथ सुरक्षा यूपीए की सरकार ने नहीं दी इसलिए भाजपा ने उसे कोसा। गृहमंत्री चिदंबरम् ने कहा कि लीग खेल और व्यापार की कॉकटेल है। इसमें राजनीति और क्यों मिलाते हो? और गोधरा के बाद गुजरात में जो नर संहार हुआ वह क्या इससे बड़ी राष्ट्रीय शर्म नहीं थी?

राजनीति वाले अपना खेल खेलें। लेकिन खेल में दर्शकों को ऐसी अवहेलना से बड़ी शर्म का कौन सा खेल हो सकता है?

(प्रथम प्रवक्ता, 16 अप्रैल, 2009)

हिन्दी और रोजगार के नाम पर

घोषणा-पत्र पर न पार्टियाँ गम्भीर हैं न वोटर। पार्टियों ने अपनी कथनी-करनी से उनकी विश्वसनीयता और महत्त्व को शून्य कर दिया है। घोषणा-पत्र एक औपचारिकता के नाते जारी किए जाते हैं और उनमें वे सब बातें भर दी जाती हैं जो पार्टी समझती है कि किए जाने के लायक हैं। वे की जाएँगी कि नहीं, इसकी गारंटी क्या संकेत भी नहीं होता। कोई नहीं मानता कि पाँच साल की अवधि में उन पर अमल किया जाएगा। देश के उपप्रधानमंत्री रहे देवीलाल कहा करते थे कि मुखपृष्ठ बदल दो तो सारे घोषणा-पत्र एक जैसे होते हैं। उनके जाने के बाद उनका कहा और भी सच हो गया है। कही गई बातों में बिल्कुल एक जैसे हों या न हों अमल न किए जाने पर सारे घोषणा-पत्र बिल्कुल एक जैसे हो गए हैं।

फिर भी मुलायम सिंह यादव की समाजवादी पार्टी के घोषणा-पत्र की बड़ी चर्चा हो रही है। हर खबरिया चैनल उसका मखौल उड़ा रही है और अखबार कह रहे हैं कि समावादी पार्टी यूपी के अपने मतदाताओं पर ध्यान केंद्रित कर रही है। एक क्षेत्रीय पार्टी का घोषणा-पत्र आखिर क्या राष्ट्रीय महत्त्व रखता है जो वह अपने को राष्ट्र को संबोधित करे। लेकिन चैनल और अखबार उसकी अनदेखी भी नहीं कर रहे क्योंकि उसकी दो बातें उन्हें वाहियात लगती हुई भी बहुत चुभ रही हैं।

समाजवादी पार्टी ने कहा है कि वह सत्ता में आई तो अंग्रेजी माध्यम के महँगे स्कूल बन्द कर दिए जाएँगे क्योंकि हम शिक्षा में अंग्रेजी माध्यम के विरुद्ध हैं। इसी तरह दफ्तरों में कंप्यूटर के उपयोग से बेरोजगारी बढ़ती है। पार्टी मानती है कि जो काम आदमी अपने हाथों से कर सकता है उसके लिए मशीन काम में नहीं लाई जानी चाहिए। अब सच पूछिए तो इन दोनों बातों में कुछ भी वाहियात नहीं है। आजादी के आन्दोलन के दौरान और उसके बाद राष्ट्र निर्माण के विमर्श में यह बार-बार कहा गया कि वही शिक्षा अच्छी और सच्ची है जो मातृभाषा में दी और ली जाए। महात्मा गांधी से लेकर चक्रवर्ती राजगोपालाचारी तक ने मातृभाषा में शिक्षा को अनिवार्य बताया क्योंकि बच्चा अपनी मातृभाषा में जितनी आसानी से और अच्छी तरह से सीख सकता है उतना और किसी भी भाषा में नहीं। आजादी के बाद जो कई आयोग

शिक्षा पर बैठाए गए सभी ने माना कि शिक्षा खासकर प्राथमिक और मिडिल की शिक्षा का माध्यम मातृभाषा ही होनी चाहिए।

समाजवादियों का तो रवैया इस मामले में और भी स्पष्ट और सख्त रहा है। राममनोहर लोहिया ने तो बाकायदा अंग्रेजी हटाओ आन्दोलन ही चलाया था। खुद मुलायम सिंह यादव उस आन्दोलन के एक उत्साही कार्यकर्ता हुआ करते थे और उम्मर से अंग्रेजी के बोर्ड काले किया करते थे। समाजवादियों को इसमें रत्ती भर संदेह नहीं था कि जब तक अंग्रेजी नहीं हटाई जाएगी हिन्दी और दूसरी भारतीय भाषाएँ कभी पनप नहीं पाएँगी और जब तक हमारा सारा काम-काज अपनी भाषाओं में नहीं होगा, हमारी मानसिक गुलामी बनी रहेगी। लोहिया खुद अपना सारा बोलना-चालना हिन्दी में करते थे और समाजवादियों का आग्रह हुआ करता था कि आप हिन्दी में नहीं बोल सकते तो अपनी मातृभाषा में बोलिए पर अंग्रेजी में मत बोलिए।

लोहिया ने कहा था—"अंग्रेजी हटाओ आन्दोलन अपने देश के सार्वजनिक या सामूहिक जीवन से अंग्रेजी के इस्तेमाल को हटाना चाहता है। अभिव्यक्ति का माध्यम बनकर अंग्रेजी नहीं रह सकती। अतिरिक्त मेधा प्राप्त करने के लिए उसे अध्ययन का एक ऐच्छिक विषय रखा जा सकता है।...आज स्कूलों व कॉलेजों में अंग्रेजी एक जरूरी विषय है और इससे राष्ट्र का महान नुकसान हो रहा है। हमारे सत्तर-80 फीसदी बच्चे औसत बुद्धि के होते हैं। अंग्रेजी भाषा का ज्ञान हासिल करने के प्रयत्न में उनका इतना कचूमर निकल जाता है कि भूगोल, इतिहास, विज्ञान आदि विषयों में पर्याप्त ज्ञान नहीं प्राप्त कर सकते।...स्कूल, कॉलेजों के माध्यम विषयक नीति पर और अंग्रेजी को केवल ऐच्छिक विषय बनाने के लिए सबल आन्दोलन होने चाहिए।"

राममनोहर लोहिया की ये बातें आज उनके जन्मशताब्दी वर्ष में लोगों को वाहियात लगती हैं। क्योंकि सन् 91 में प्रधानमंत्री नरसिंह राव के कहने पर वित्त मंत्री मनमोहन सिंह ने नव उदार पूँजीवादी नीतियाँ अपनाईं। विदेशी पूँजी के लिए दरवाजे खोले गए और देश को बहुराष्ट्रीय कम्पनियों का बाजार बनने दिया गया। पूँजी के भूमंडलीकरण और उदारीकरण के कारण अंग्रेजी साम्राज्य से भी ज्यादा ताकत और लालच के साथ वापस आई। भारत में आने वाली अमेरिकी और यूरोपीय पूँजी की भाषा अंग्रेजी थी। उसे अपने उद्योग-धन्धों और व्यापार में लगाने वालों ने अंग्रेजी को नए सिरे से अपनाया। बहुराष्ट्रीय कम्पनियों की बड़ी-बड़ी नौकरियाँ अंग्रेजी में काम ही नहीं करने बल्कि जीने वालों को मिलने लगी। उनसे वित्तीय आर्थिक सहयोग करने वाली भारतीय कम्पनियों की बड़ी नौकरियाँ भी उन्हीं को मिलने लगीं जो अंग्रेजी में पारंगत थे।

पूँजी और उद्योग व्यापार की भाषा अंग्रेजी हो गई तो देश के खाते-पीते और

उच्च वर्गीय लोगों की चाँदी हो गई। उनको फलते-फूलते और रातोरात मालामाल होते देखकर निम्न-मध्यवर्ग में भी अमीर होने का लालच जंगल की आग की तरह फैल गया। शहरों और कस्बों में अंग्रेजी सीखने की होड़ लग गई। जो भी माँ-बाप अपने बच्चों को पढ़ाते थे उन्हें लगा कि बच्चा अंग्रेजी नहीं सीखेगा तो उसे अच्छी नौकरी नहीं मिलेगी। फिर पाया गया कि अंग्रेजी जानने वाला बच्चा ही आगे नहीं निकलता। अमेरिका और यूरोप में ही नहीं भारत में भी वही आगे निकलता है जिसकी पूरी शिक्षा-दीक्षा ही अंग्रेजी में हुई हो। अंग्रेजी माध्यम के स्कूलों की इतनी माँग बढ़ी कि शहरों और कस्बों में ही नहीं गाँवों में भी अंग्रेजी माध्यम के स्कूल खुलने लगे। हिन्दी या अपनी मातृभाषा आए या नहीं, अंग्रेजी जरूर आनी चाहिए। कई राज्यों ने शिक्षा नीति ही बदल दी और प्राथमिक स्कूलों में अंग्रेजी पढ़ाई जाने लगी।

लगा कि पूरा महानगरीय और नागरीय भारत अंग्रेजी पढ़ना बोलना और बरतना चाहता है ताकि समृद्धि में उसका भी बड़ा हिस्सा हो सके। फिर मनमोहन सिंह की सरकार ने एक ज्ञान आयोग बैठाया जिसने सिफारिश की कि पहली कक्षा से अंग्रेजी पढ़ाई जानी चाहिए, नहीं तो भारत के बच्चे ज्ञान में फिसड्डी रह जाएँगे। जैसे अंग्रेजी के बिना ज्ञान प्राप्त ही नहीं किया जा सकता। इससे बड़ी अज्ञान की बात नहीं हो सकती थी क्योंकि भारत के ही नहीं, दुनिया भर के शिक्षाशास्त्रियों ने माना है कि ज्ञान तो जितना अच्छा और सच्चा और जितनी आसानी से अपनी भाषा में पाया जा सकता है उतना किसी विदेशी भाषा में नहीं। लेकिन आप देखिए कि इस अज्ञान आयोग की सिफारिश पर देश में उतना बावेला भी नहीं मचा जितना कि समाजवादी पार्टी के घोषणा-पत्र पर मच रहा है क्योंकि पढ़े-लिखे ही नहीं उद्योग-धन्धों में लगे हमारे लोगों ने भी मान लिया है कि अंग्रेजी के बिना हमारा काम नहीं चल सकता। जहाँ से हमें पूँजी और तकनीक लानी है वहाँ तो अंग्रेजी ही चलती है और जिसमें हमें काम-काज करना है, वह भी अंग्रेजी है। अपने सामान को बेचना भर भारत में है तो जिस तरह बहुराष्ट्रीय कम्पनियाँ भारतीय भाषाओं के जरिए अपना सामान बेचती हैं, अपन भी बेच लेंगे।

इस तरह आप देखते हैं कि पिछले पन्द्रह-सत्रह वर्षों में भारत ने जो तरक्की यानी आर्थिक तरक्की की है, वह अंग्रेजी के गले में माला की तरह पहना दी गई है। हम अमेरिका के अंग्रेजी संसार में अपनी जगह बनाने को व्याकुल और तत्पर देश बन गए हैं। हमें अपनी भाषाओं और राष्ट्रभाषा की कोई चिन्ता नहीं क्योंकि हम अपने में स्थित और स्थिर भारत तो बनना नहीं चाहते। अब हम विश्वशक्ति बनना चाहते हैं और ऐसा हम अमेरिका के पल्लू से बँधकर ही कर सकते हैं। यानी अंग्रेजी साम्राज्य से हमने इसलिए छुटकारा पाया था कि अमेरिका के उपनिवेश होकर

विश्व शक्ति हो जाएँगे। देश में ऐसे लाखों लोग आपको मिल जाएँगे जो दावा करेंगे कि साढ़े नौ प्रतिशत की वृद्धि दर भारत में कभी नहीं थी और अब है तो इसलिए कि हमने अपनी अर्थव्यवस्था का भूमंडलीकरण कर लिया है। हमें अंग्रेजी न आती होती तो यह आर्थिक समृद्धि आ ही नहीं सकती थी। इसलिए मनमोहन सिंह ऑक्सफोर्ड विश्वविद्यालय में अंग्रेजों को धन्यवाद देकर आए कि आपने अंग्रेजी सिखाई इसलिए आज हम सूचना प्रौद्योगिकी में ऐसी विश्वशक्ति हो गए हैं।

कोई नहीं कहता कि हमारी आर्थिक वृद्धि दर सिर्फ हमारे पैसे वालों और कॉरपोरेट घरानों की समृद्धि है। इसका एक प्रतिशत भी आम लोगों तक नहीं पहुँचा है। आज की हमारी आर्थिक नीतियाँ हमें अपने ही पैसे वालों का उपनिवेश बना रही हैं। अंग्रेजी के जरिए जो भी कार्य-व्यापार इस देश में होता है, वह सिर्फ ऊपर के दो प्रतिशत लोगों के लिए और उन्हीं के नियंत्रण में है। अंग्रेजी माध्यम से पढ़ने वाला भारत आखिर गुलाम और साम्राज्यवादी भारत है जिसके शासक अमेरिकी अर्थ- व्यवस्था से संचालित होते हैं। कम्प्यूटर का इस्तेमाल इसी शासक वर्ग के राज को जमाए रखने में किया जा रहा है, इसे बहुत आसानी से देखा जा सकता है। अंग्रेजी और कम्प्यूटर चलाना जानने वालों के लिए तो देश में फिर भी रोजगार है। लेकिन बाकी के लिए बेरोजगारी दिनो दिन बढ़ती जा रही है।

और समाजवादी पार्टी अपने घोषणा-पत्र में तो अंग्रेजी माध्यम के स्कूल खत्म करने और कम्प्यूटर का इस्तेमाल कम करने की बात करती है लेकिन वह उस अर्थव्यवस्था को मजे में स्वीकार करती है जिसने इस देश में अंग्रेजी और कम्प्यूटर को इतना बढ़ावा दिया है। यह गुड़ खाना और गुलगुले से परहेज करना है। समाजवादी पार्टी को तो नव उदार पूँजीवादी व्यवस्था के ही खिलाफ खड़े होना चाहिए था क्योंकि यह समाजवाद और इस देश के आम आदमी के खिलाफ है। लेकिन समाजवादी पार्टी ने न सिर्फ इसे खारिज नहीं किया, इसे चलाने वाले मनमोहन सिंह की सरकार अमेरिकी परमाणु समझौते पर बचाई। सब जानते हैं कि यह परमाणु समझौता अमेरिकी मदद से ऐसी परमाणु बिजली बनाने के लिए है जो न सिर्फ खूब महँगी होगी, अमेरिकी पूँजीवाद को भारत में और बड़ी जगह देगी। अगर समाजवादी पार्टी इस अर्थव्यवस्था के विरुद्ध नहीं है तो अंग्रेजी हटाने और रोजगार बढ़ाने के लिए कम्प्यूटर का इस्तेमाल घटाने की बातें खोखली नारेबाजी भी नहीं हो सकतीं। यह निरा पाखंड और धोखाधड़ी है।

(प्रथम प्रवक्ता, 1 मई, 2009)

मीडिया मुद्दे बनने नहीं दे रहा?

राजनेताओं में अपने किए की जिम्मेदारी मीडिया पर डाल देने की पुरानी आदत है। कुछ राजनेता मीडिया से सोच-समझकर दो-दो हाथ भी करते रहते हैं। वे समझते हैं कि इससे उन्हें ज्यादा पब्लिसिटी मिल सकती है। मिलती भी है। एक खुले लोकतंत्र और आजाद मीडिया में ऐसा लेन-देन चलता रहता है। चलना भी चाहिए क्योंकि मीडिया अगर राजनेताओं और उनकी राजनीति पर स्वतंत्र रवैया नहीं अपनाए तो वह अपनी जिम्मेदारी ठीक से नहीं निभा सकता।

लेकिन आजकल कई लोगों को लगने लगा है कि लोकहित के मामलों में न तो मीडिया सचमुच स्वतंत्र रह गया है और न हमारे राजनेता अपने जनाधार और नीतियों के प्रति पक्के रह गए हैं। वे वही करते और कहते हैं जो मीडिया उनसे करवाना चाहता है। लोगों में अब उनका काम होता नहीं है, न उनसे उनका सीधा सम्पर्क बचा है। वे मीडिया के जरिए लोगों तक पहुँचना चाहते हैं और मानने लगे हैं कि वे वैसे ही माने और समझे जाएँगे जैसा मीडिया उन्हें लोगों में दिखाएगा। इसलिए नेता अब जनजीवी होने के बजाय मीडियाजीवी हो गए हैं। मीडिया पर उनकी निर्भरता लगभग दयनीय हो गई है। जैसा मीडिया नचाता है वैसे वे नाचते हैं।

मनमोहन सिंह लोगों में अपने काम से नेता बन के नहीं उभरे हैं। कोई अठारह साल पहले जब नरसिंह राव ने उन्हें वित्त मंत्री बनाया तो वे राजनीति में थे भी नहीं। एक अर्थशास्त्री के रूप में वे राष्ट्रीय-अन्तरराष्ट्रीय नौकरशाही में रहे। नेताओं और सरकारों के आर्थिक सलाहकार भी रहे लेकिन सार्वजनिक जीवन में नहीं। ऐसे पद पर भी वे अपनी नौकरशाही हैसियत से ही आए। इस 'संरक्षित' जीवन के कारण मीडिया से उनका सम्बन्ध वैसा नहीं रहा जैसा आमतौर से राजनेताओं का होता है। इसलिए आप यह भी देखेंगे कि वे न तो मीडिया से वैसा दोस्ताना सम्बन्ध रख पाए, न कटा-कटी का। एक औपचारिक और सांस्थानिक ठंडा सम्बन्ध उनका मीडिया से रहा है। वित्त मंत्री बनने के बाद अपनी नव उदार नीतियों के कारण वे भारतीय कॉरपोरेट के चहेते मंत्री हो गए। फिर सोनिया गांधी के बनाए प्रधानमंत्री बने तो उनके राज में कॉरपोरेट और भी फले-फूले। इससे वे उद्योग-

व्यापार के चहेते नेता हुए।

अब पहले का जमाना होता तो ऐसा नेता जो कभी कोई चुनाव नहीं जीता, कभी नेता माना ही नहीं जाता। कॉरपोरेट्स का सेवक होने के कारण जनता और प्रेस में उसकी छवि पूँजीपतियों के सेवक की होती और वह देश के करोड़ों लोगों का नेतृत्व करने के लायक नहीं समझा जाता। लेकिन इधर मनमोहन सिंह राजनीति में आए और उधर अपनी राजनीति जनोन्मुखी न रहकर पूँजीमुखी हो गई। अखबारों और टीवी चैनलों का उद्देश्य मुनाफा कमाना हो गया और मुनाफे के लिए वे एक दूसरे से होड़ करने लगे। जिसके लिए होड़ होती है वही होड़ का उद्देश्य हो जाता है। मुनाफा और पूँजी भारतीय मीडिया के लक्ष्य हुए तो लोकहित नाम के लिए रह गया। चूँकि राष्ट्रीय अन्तरराष्ट्रीय पूँजी के हित सबसे ज्यादा मनमोहन सिंह ही साध रहे थे इसलिए पूँजी के वे सबसे लोकप्रिय नेता हो गए। पूँजी और मुनाफे से प्रेरित और चालित मीडिया ने उन्हें देश का नेता बना दिया। बड़ी सहूलियत से भुला दिया गया कि वे जनता के निर्वाचित नेता नहीं सोनिया गांधी के मनोनीत प्रधानमंत्री हैं।

ऐसे नेता को मीडिया पर निर्भर रहने की मजबूरी नहीं रहती। मीडिया मालिक मनमोहन सिंह को प्रभावी और विश्वसनीय नेता बनाए रखने का अपने आप प्रबन्ध किए रहते हैं। तभी तो आपने देखा कि पाँच साल में मनमोहन सिंह के आसपास दो-दो राजनीतिक कवच लगे रहे। एक सोनिया गांधी का और दूसरा पूँजीपरस्त मीडिया का। नरसिंह राव ने अपनी सरकार बचाने के लिए सांसदों को रिश्वत दी। उनकी सरकार तो बच गई। लेकिन उनकी और उनको बचाने वाले सांसदों की अभी तक थू-थू होती है। अमेरिका से आणविक सहयोग की संधि पर मनमोहन सिंह की सरकार भी कोई कम रिश्वतखोरी से नहीं बची है। लेकिन उसकी अनैतिकता का कलंक मनमोहन सिंह पर नहीं लगता। सब जानते हैं कि यह राजनीति वे नहीं चलाते और अमेरिका से संधि हो जाए यह सब पूँजीपति और उद्योगपति चाहते थे। इसलिए मनमोहन सरकार बचाने में जो भी खरीद-बिक्री हुई वह लाल जाजम के नीचे दबा दी गई।

ऐसे संरक्षित प्रधानमंत्री ने गुवाहाटी में चुनाव प्रचार के दौरान कहा—मुम्बई में मैंने अपने लिखित वक्तव्य में विकास की सभी समस्याओं पर ध्यान और जोर दिया था। सिर्फ उसका आखिरी पैरा आडवाणी पर था। लेकिन मीडिया ने यही एक पैरा उठा लिया बाकी का पूरा वक्तव्य छोड़ दिया। ऐसा कहने के बाद मनमोहन सिंह ने आरोप लगाया कि वे तो विकास की और जनता की असली समस्याओं को इस चुनाव के मुद्दे बनाने की बहुत कोशिश करते हैं। लेकिन मीडिया ही उनके और लालकृष्ण आडवाणी के बीच चल रहे वाक्-युद्ध को हवा

और महत्त्व देता है। यानी इस चुनाव में जनता की और राष्ट्र की समस्याएँ अगर मुद्दा नहीं बन रही हैं और आडवाणी मजबूत नेता हैं या मनमोहन सिंह–इसी बात पर मीडिया घूमता रहता है तो यह प्रधानमंत्री मनमोहन सिंह का नहीं, मीडिया का दोष है।

यह सचमुच आश्चर्यजनक है कि एक प्रधानमंत्री कहे कि वह तो जनता की और विकास की समस्याओं पर चुनाव में मतदान करवाना चाहता है। लेकिन मीडिया आडवाणी विरुद्ध मनमोहन सिंह को ही मुद्दा बनाए रखता है। मीडिया की जनता और विकास की समस्याओं में कोई रुचि नहीं है। उसकी तो रुचि एक नेता को दूसरे नेता से भिड़ा देने और उनकी भिड़ंत में आनन्द लेने में है। क्या भारत के मीडिया को एक महत्त्वपूर्ण आम चुनाव में ऐसा गैरजिम्मेदार रवैया अपनाने और चुनाव को अगम्भीर मनोरंजनीय गतिविधि बना देने का दोषी माना जा सकता है? हम बहुत गर्व करते हैं कि हमारा मीडिया सिर्फ स्वतंत्र ही नहीं है। वह बहुत जिम्मेदार भी है। अपने लोकतंत्र को मजबूत और क्रियाशील बनाने में हमारे मीडिया की बहुत बड़ी भूमिका रही है और आज भी है। देश में जो बड़े सामाजिक, आर्थिक और राजनीतिक परिवर्तन हुए हैं उनमें हमारे मीडिया की बड़ी रचनात्मक भागेदारी रही है। क्या हमारा मीडिया अपने गौरवशाली अतीत को भूलकर अब चुनाव जैसे महत्त्वपूर्ण लोकतांत्रिक अनुष्ठान को मनोरंजक बनाने के फेर में लग गया है? इस चुनाव में अगर राष्ट्रीय मुद्दे नहीं हैं और लोगों से राष्ट्र की गम्भीर समस्याओं पर विचार और मतदान करने के बजाय लालकृष्ण आडवाणी या मनमोहन सिंह के मजबूत या कमजोर नेता होने पर वोट देने को कहा जा रहा है तो क्या यह मीडिया की कारस्तानी है? अचानक मुदई सुस्त और गवाह चुस्त कैसे हो गया है?

मनमोहन सिंह गलत नहीं कह रहे हैं। मुम्बई में उनने मीडिया को जो लिखित वक्तव्य दिया था उसमें सचमुच ही आडवाणी पर कही गई बातें बिलकुल आखिर में थीं। लेकिन वे एक ऐसे प्रधानमंत्री द्वारा ऐसी भाषा में पहली बार कही गई थीं जो अब तक अपने पर होते आए हमलों पर एक शालीन और गरिमामयी चुप्पी साधे रहता था। लेकिन इस बार मनमोहन सिंह ने कहा कि एनडीए के प्रधानमंत्री पद के उम्मीदवार की तरह मैं एक कोने में बैठा रोऊँगा नहीं जबकि लुच्चे, लफंगे और गुंडे एक सदियों पुरानी मस्जिद को गिरा रहे होंगे। मैं हताशा में हाथ भी मलता नहीं रहूँगा जब मेरा एक मुख्यमंत्री अल्पसंख्यकों का नरसंहार करवा रहा होगा। इसी तरह भारतीय विमान के कंधार अपहरण और उसके यात्रियों को छुड़वाने के लिए खूँखार आतंकवादियों की रिहाई में 'लौह-पुरुष' के पिघलने की बात भी कही गई। ये बाबरी मस्जिद के ध्वंस के समय लालकृष्ण आडवाणी का वहाँ मंच पर रहने, कंधार विमान अपहरण के वक्त खूँखार आतंकवादियों की रिहाई और गुजरात में मुसलमानों के

नरसंहार में गृहमंत्री आडवाणी का कुछ न करने से संबंधित टिप्पणियाँ थीं। इस पर मनमोहन सिंह का निष्कर्ष था कि लालकृष्ण आडवाणी भाषण तो जोरदार देते हैं लेकिन मौका आने पर कार्रवाई नहीं करते। हमें ऐसी मजबूती नहीं चाहिए।

अब लालकृष्ण आडवाणी के मजबूत और नेता होने के बारे में ये बड़ी सख्त बातें हैं जो एक ऐसे मनमोहन सिंह ने कही थी जिन्हें आडवाणी पहले दिन से सबसे कमजोर प्रधानमंत्री कहते आए हैं। प्रधानमंत्री को कमजोर कहना तो राजनीतिक आलोचना है। लेकिन एक नेता का निर्णायक मौके पर चुप बैठे रहना क्या नेताई का बहुत बड़ा गुण है? ऐसा नेता मजबूत कैसे हो सकता है? और नेता की नेताई की कमजोरी बताना निजी क्यों है? राजनीतिक क्यों नहीं है? कंधार और गुजरात के वक्त तो लालकृष्ण आडवाणी गृहमंत्री थे। दोनों ही बार उनने ऐसा कुछ नहीं किया जिसे मजबूत नेता की निर्णायक कार्रवाई कहा जा सके। इसकी आलोचना निजी कैसे हो गई और आडवाणी का मनमोहन सिंह को निकम्मा, सोनिया गांधी का सेवक और अब तक का सबसे कमजोर प्रधानमंत्री कहते रहना राजनीतिक आलोचना कैसे है?

लेकिन क्या सचमुच यह चुनाव मनमोहन सिंह बनाम लालकृष्ण आडवाणी मुकाबला है? क्या भारतीय संसदीय चुनाव दो व्यक्तियों का अमेरिकी राष्ट्रपति चुनने जैसा चुनाव है? फिर इसे यह या उस नेता का चुनाव क्यों बनाया जा रहा है? इसलिए कि आर्थिक स्थिति, राष्ट्र की सुरक्षा, आम जनता के लगातार गरीब, वंचित और असहाय होने जैसे जीवन-मरण के सवाल लोगों की राजनीति और वोट से निकाल लिए जाएँ और उन्हें बताया जाए कि यह तो खेल-तमाशा है। इसे आपके मनोरंजन के लिये करवाया जा रहा है। असल फैसले तो कॉरपोरेट्स और राजनेताओं को पूँजी और सत्ता के हित में करने हैं। क्या मीडिया इस साजिश में भागीदार हो गया है? अगर मनमोहन सिंह भी ऐसा आरोप लगा रहे हैं तो आपको सोचना नहीं पड़ेगा? मीडिया किसकी तरफ है? जनता या पूँजी?

(प्रथम प्रवक्ता, 16 मई, 2009)

काले पैसे की काली खबरें

आप समझ रहे होंगे कि चुनाव आए हैं और अपने लोकतंत्र के लिए इतने महत्त्वपूर्ण और निर्णायक हैं तो हमारी प्रेस ने इन्हें कवर करने की विशेष व्यवस्था की होगी। पिछले बासठ साल से लोकतंत्र को ठीक से चलाने और इसके पहले आजादी के आन्दोलन में हमारी प्रेस की भूमिका बड़ी बलिदानी, निर्माणकारी, निष्पक्ष और स्वतंत्र रही है। राष्ट्र की स्वतंत्रता और राष्ट्र के निर्माण में जैसा योगदान हमारी प्रेस ने किया है वैसा तो किसी भी विकसित लोकतांत्रिक देश की प्रेस ने नहीं किया। इसलिए अपने यहाँ प्रेस की स्वतंत्रता और समृद्धि अपने लोकतंत्र और देश की सत्ववत्ता और समृद्धि की पर्याय मानी गई है। इमरजेंसी के बाद सन् 77 में लोकतंत्र की बहाली बाद में हुई पहले अपनी प्रेस सेंसरशिप का शिकंजा तोड़कर मुक्त हुई थी।

इसलिए लोगों का उम्मीद करना कि हमारी प्रेस इस चुनाव का निष्पक्ष और स्वतंत्र कवरेज करेगी स्वाभाविक ही है। लेकिन सच्चाई यह है कि हमारी राजनीति का जो भी पतन हुआ हो प्रेस का पतन भी कम दुखदायी और खतरनाक नहीं है। यहाँ मैं जान-बूझकर सिर्फ प्रेस के पतन की बात कर रहा हूँ। मैं जानता हूँ कि टीवी ने तो और भी गजब किया है और उसके पतन की चर्चा भी कोई कम जरूरी नहीं है। लेकिन जो टीवी आप देख रहे हैं वह देश में पिछली सदी के नब्बे के दशक में आया जब भारत समाजवाद और आजादी के आन्दोलन के मूल्य छोड़कर अमेरिका की चलाई नव उदार पूँजीवादी नीतियाँ अपना रहा था। इन नीतियों ने विचार के स्तर पर पूँजी को ब्रह्म और मुनाफे को मोक्ष बनाया। हमारा टीवी भारत को इसी बाजारवाद के लिए खोलने की प्रक्रिया में आया है। उसका उद्‌देश्य जनता का मनोरजंन करना और भारत में उपभोक्तावाद के फलने-फूलने में मदद करना है।

टीवी न तो भारत के नवजागरण की उपज है, न उसने आजादी के आन्दोलन में कोई भूमिका निभाई है। आजादी के बाद देश के पुनर्निर्माण में भी उसका कोई योगदान नहीं रहा है। इसलिए उसमें सहज ही वह सामाजिक दायित्व और भारतीय परम्परा का बोध नहीं है जो भारत की प्रेस में इतना स्पष्ट और महत्त्वपूर्ण रहा है।

भारत की आजादी और लोकतंत्र की लड़ाई में वह न भागीदार रहा है, न उसका गवाह। इसलिए उसमें इसके संस्कार भी नहीं हैं। लोग टीवी से अपना मनोरंजन तो करते हैं लेकिन खबरों और सुविचारित राय के लिए वे टीवी पर भरोसा नहीं करते।

इसीलिए टीवी आने के बाद भारत में अखबारों की प्रसार संख्या भी बढ़ी है। लोग जो खबर टीवी पर देखते हैं उसकी पुष्टि दूसरे दिन अखबार में करते हैं। अखबार में देखे और पढ़े बिना लोग भरोसा नहीं करते। देखी हुई और पढ़ी हुई खबर में लोग यह भेद करते हैं। इसका कारण सिर्फ यही नहीं है कि पहले से होने के कारण अखबार उनकी आदत है और वे उस पर ज्यादा भरोसा करते हैं। लिखा हुआ और पढ़ा हुआ शब्द इस देश में आज भी ज्यादा विश्वसनीय माना जाता है। भले ही इस देश की आधी आबादी आज भी पढ़ना-लिखना न जानती हो लेकिन अक्षर को ब्रह्म मानने की परम्परा यहाँ इतनी पुरानी और गहरी है। छापे की मशीन का आविष्कार और उपयोग तो अभी जुम्मा-जुम्मा आठ दिन पहले शुरू हुआ है।

लोग टीवी और अखबार में यह भेद करते हैं इसलिए टीवी को छोड़कर मैं प्रेस पर ही ध्यान दे रहा हूँ। वैसे भी अपने यहाँ लोक में और बौद्धिक समाज में यह धारणा जमी हुई है कि प्रेस लोकतंत्र का चौथा स्तम्भ है और उसकी सर्वमान्य और सर्वस्वीकृत भूमिका विधायिका, न्यायपालिका और कार्यपालिका की जनता की तरफ से निगरानी करना है। यह भूमिका भारत में प्रेस ने इतने वर्षों से और इतनी अच्छी तरह से निभाई है कि लोग आमतौर से उससे यही उम्मीद करते हैं। सच पूछा जाए तो जनता की यह उम्मीद ही भारत की प्रेस की सबसे बड़ी ताकत है क्योंकि यही उसे प्रभावशाली भी बनाती है। लोग उम्मीद करते हैं कि चुनाव के समय प्रेस लोगों को सच्ची खबर देगी और अपने नीर-क्षीर विवेक से दूध का दूध और पानी का पानी करके हमें अपने वोट के बारे में सही फैसला करने में मदद करेगी।

दरअसल चुनाव का समय प्रेस के लिए कसौटी पर चढ़ाए जाने का समय होता है। लोग जानते हैं कि राजनीतिक पार्टियाँ और नेता उनका समर्थन पाने के लिए सभी तरह के हथकंडे अपनाएँगे। झूठ बोलेंगे, तथ्यों का अपने पक्ष में आधा-अधूरा इस्तेमाल करेंगे, कुतर्क और झूठी दलीलों का उपयोग करेंगे। सच्चाई छुपाएँगे और झूठ का मायाजाल बुनेंगे। हमारी प्रेस इस धुंध और इस प्रचार को छाँटकर हमें सच्चाई दिखाएगी। वह स्वतंत्र और निष्पक्ष रहेगी। इस या उस पार्टी और इस या उस नेता की बात, नीतियाँ, क्षमता और इरादे बताएगी और हमें प्रचार के झाँसे में आने से बचाएगी। प्रेस ने चूँकि इतने चुनावों में इस तरह की भूमिका निभाई है इसलिए लोग उससे यही उम्मीद करते हैं और उसी पर उनका भरोसा होता है।

लेकिन इस चुनाव की एक दुखदायी सच्चाई यह है कि हमारी प्रेस ने अपनी

स्वतंत्रता बेचकर जनता के भरोसे के साथ धोखाधड़ी की है। पूरे चुनाव की शायद ही कोई खबर ऐसी हो जो अखबार ने अपनी पहल और जिम्मेदारी के साथ निष्पक्ष और स्वतंत्र रहकर खोजी, बनाई और छापी हो। हिन्दी इलाके के सभी प्रदेशों के बड़े अखबारों ने पैकेज बनाकर हर उम्मीदवार को बेचे हैं। इक्के-दुक्के अपवाद जरूर हैं। नहीं तो लगभग सभी अखबारों ने चुनाव की वही खबरें छापी हैं जिनके लिए उम्मीदवारों और पार्टियों ने पैसे दिए हैं। जी नहीं, मैं विज्ञापनों की बात नहीं कर रहा हूँ। विज्ञापन तो सभी देते हैं और सभी अखबार पैसे ले कर उन्हें छापते हैं। विज्ञापन देने वाला, छापने वाला और उन्हें पढ़ने वाला तीनों जानते हैं कि वह पैसे दे कर प्रचार के लिए छपवाया गया है। इसलिए माना जाता है कि लोग विज्ञापन पर ज्यादा भरोसा नहीं करते।

लेकिन इस बार अखबारों ने उम्मीदवारों, पार्टियों और उनके समर्थकों के विज्ञापन तो पैसे लेकर छापे ही अपनी खबरों की जगह भी पैसे लेकर बेच दी। उम्मीदवारों की तरफ से अपने चुनाव प्रचार की खबरें बनाकर अखबारों को भेजी जातीं। अखबार पाठकों को यह नहीं बताते कि यह उम्मीदवार का बनाया हुआ विज्ञापन है। वे उसे दूसरी खबरों के साथ और बीच में उसी तरह छापते जैसे खबरें छापते हैं। पाठक को अंदाज तक नहीं होता कि यह अखबार की छापी हुई खबर नहीं उम्मीदवार का दिया हुआ विज्ञापन है। पाठकों के भरोसे के साथ यह धोखाधड़ी अखबार मालिकों, संपादकों और संवाददाताओं के द्वारा उम्मीदवारों से मिलकर की गई।

उम्मीदवार अगर विज्ञापन दे तो उसकी छपाई के पैसे उसके चुनाव प्रचार के खर्च में शामिल किए जाते हैं। खर्च की सीमा पच्चीस लाख रुपए की है। सब जानते हैं कि पच्चीस लाख से कुछ नहीं होता। हर उम्मीदवार करोड़ों रुपए खर्च करता है। यह खर्च काले धन का होता है जो उसे बिना रसीद दिए मिलता है और उसका खर्च भी बिना रसीद दिए और हिसाब-किताब रखे होता है। चूँकि विज्ञापन के पैसे खर्च में जुड़ते हैं इसलिए उम्मीदवार अपना प्रचार खबरों के पैसे देकर करवाता है। यह काला पैसा है। उम्मीदवार इसे रसीद की माँग किए बिना देता है। अखबार भी इसे पाने की रसीद नहीं देते, क्योंकि वे भी इस आय को विज्ञापन की आय में नहीं दिखाते। यह अखबार और उम्मीदवार दोनों के ही हित में है कि इस धन के लेन-देन का कोई हिसाब न रखा जाए, न रसीदों का लेन-देन हो। इसलिए भी उम्मीदवारों के विज्ञापन खबरों की तरह छापे गए, क्योंकि खबर तो अखबार अपनी तरफ से निःशुल्क छापता है।

इस भोले विश्वास को इस चुनाव में अखबारों ने बुरी तरह और पूरी तरह तोड़ दिया। अखबारों ने एक से लेकर पाँच-पाँच लाख के पैकेज बनाए। इनमें फोटू, इंटरव्यू, खबर सब के अलग-अलग रेट तय किए। कहीं-कहीं तो एक उम्मीदवार ने

एक अखबार के सभी पैकेज खरीद लिये जो पच्चीस लाख से भी ज्यादा के थे। एक चुनाव क्षेत्र के तीन-चार उम्मीदवारों ने ये पैकेज खरीदे। पैसे पहले जमा किए। जैसे-जैसे खबरें छपती गईं पैसे खर्च होते गए तो रिचार्ज करवाना पड़ा। जिसने पैकेज नहीं खरीदे उनकी खबरें नहीं छपीं। किसी-किसी उम्मीदवार ने अपने विरोधी उम्मीदवार की खबरें न छापने के भी पैसे दिए और किसी ने अपने विरोधी उम्मीदवार के खिलाफ खबरें छापने के भी पैसे दिए। यानी पक्ष में रही हो या विपक्ष में सभी खबरों के अखबारों ने पैसे लिये। ये पैसे संवाददाता से लेकर मालिक तक गए। सबका अपना-अपना हिस्सा था और अपना-अपना कमीशन।

यानी इस बार अखबारों ने पत्रकारिता का अपना धर्म पूरा नहीं किया। सब उम्मीदवारों का प्रचार खबरें बनाकर ऐसे छापा जैसे वे अखबार न होकर प्रिंटिंग प्रेस के बुलेटिन हों। चुनाव की जो भी खबरें आपने पढ़ीं, सब झूठी थीं। लोकतंत्र की रक्षक प्रेस ने ही उसे झूठा बना दिया है।

(प्रथम प्रवक्ता, 1 जून, 2009)

नेहरू और मनमोहन सिंह भाई माफ करो

सबने कहा कि जवाहरलाल नेहरू के बाद एक कार्यकाल पूरा करके फिर प्रधानमंत्री बनने वाले मनमोहन सिंह भारत के दूसरे प्रधानमंत्री हैं।

तथ्य है। इसका आप क्या कर लेंगे? तीन बार प्रधानमंत्री तो अटल बिहारी वाजपेयी भी बने। पहली बार तेरह दिन, दूसरी बार एक साल और तीसरी बार उनने कार्यकाल पूरा किया, लेकिन फिर प्रधानमंत्री नहीं बन सके। सन् 2004 के चुनाव में उनका गठबन्धन हार गया।

अपने पिता की तरह लगभग सत्रह साल प्रधानमंत्री इन्दिरा गांधी भी रहीं। लेकिन पहली बार सन् 66 से सन् 67 तक। फिर 67 से 71 तक। मध्यावधि करवाया और खूब जीतीं। छह साल तक कार्यकाल करवा लिया। लेकिन सन् 77 में हार गईं। फिर 80 लगते-लगते लौटकर आईं और सन् 84 में अपने ही अंगरक्षकों से मारी गईं। पहली बार एक साल, दूसरी बार चार साल, तीसरी बार छह साल, चौथी बार पाँच साल प्रधानमंत्री रहीं, लेकिन एक कार्यकाल पूरा करके दूसरा नहीं पा सकीं।

गुलजारी लाल नन्दा, लाल बहादुर शास्त्री, मोरारजी देसाई, राजीव गांधी, विश्वनाथ प्रताप सिंह, चन्द्रशेखर, नरसिंह राव, अटल बिहारी वाजपेयी, देवगौड़ा, इंद्र कुमार गुजराल और मनमोहन सिंह में से सचमुच एक मनमोहन सिंह ही हैं जिनने एक कार्यकाल पूरा करके दूसरा पाया। गुजराल की तरह मनमोहन सिंह दूसरे प्रधानमंत्री हैं, जो जनता से नहीं सांसदों से निर्वाचित हैं। इन तथ्यों को आप देखें तो मानना ही पड़ेगा कि जवाहरलाल नेहरू के बाद मनमोहन सिंह का नाम ही आता है।

लेकिन जवाहरलाल नेहरू के बाद मनमोहन सिंह का नाम लेना, माफ कीजिए, मुझे भारत के पहले प्रधानमंत्री और स्वतंत्रता संग्राम सेनानी नेहरू का अपमान लगता है। भारत के इतिहास और उसकी संस्कृति के प्रति नेहरू के रवैए से मुझे घोर असहमति है। अंग्रेजों से लड़ते हुए भी वे अंग्रेजियत और यूरोपियत के भारतीय नमूने बने रहे। वे 'हिन्द स्वराज' में गांधी के वर्णित उन यूरो भारतीयों में से एक थे जो अंग्रेजों को भारत से निकालकर अंग्रेजों जैसा और अंग्रेजों की तरह का राज चलाकर भारत में इंगलिस्तान बनाना चाहते थे। नेहरू को आप बेझिझक मैकाले का आदर्श

भारतीय पुरुष कह सकते हैं। आज अगर आजादी के बासठ साल बाद भी भारत अंग्रेजी साम्राज्य की सभ्यता और संस्कृति से मुक्त नहीं हो पाया है और निकट भविष्य में भारत होता दिख भी नहीं रहा है तो इसका श्रेय भी आपको पंडित जवाहरलाल नेहरू को ही देना होगा। मैं इतिहासकार मारिया मिश्र से बिलकुल सहमत हूँ कि जवाहरलाल नेहरू आजाद भारत के पहले गवर्नर जनरल यानी वायसरॉय थे। उन्हीं ने अंग्रेजी साम्राज्य की निरन्तरता आजाद भारत ने बनाए रखी और क्रान्ति नहीं होने दी।

इसके बावजूद उनके निधन पर मैं ऐसे फूट-फूटकर रोया था जैसे मेरे पिता का देहावसान हुआ हो। आजादी के बाद के युवाओं की पहली पीढ़ी के वे सच्चे मायने में पितृ-पुरुष थे। उस समय पूछा जाता था—नेहरू के बाद कौन? लेकिन इससे भी ज्यादा विचलित करने वाला सवाल होता था—नेहरू के बाद क्या? ऐसी नेहरू की राष्ट्रीय और सार्वजनिक जीवन में उपस्थिति थी कि यह सवाल पूछकर लोग घबरा जाते थे। विभाजन में लाखों लोगों के मारे जाने और लाखों के विस्थापन के बाद भारत को आजादी मिली थी और चारों तरफ शंकाएँ थीं कि यह देश एक नहीं रहेगा। स्थिरता और शांति लाने में नेहरू ने उन सारे बदलावों को रोके रखा जो आजादी के साथ ही इस देश में होने चाहिए थे। लेकिन विभाजन की आग से जले देश को एकता, अखंडता, शांति और स्थिरता की जरूरत थी और नेहरू के कारण यह भरोसा लोगों को रहा कि देश को वे बिखरने नहीं देंगे। निरन्तरता इसी अनिवार्यता में से निकली और उसके जीते-जागते उदाहरण बने।

वे ऐसा कर सके क्योंकि सबसे पहले और सबसे बड़े वे लोगों के आदमी थे। उनका लोगों में और लोगों का उनमें ऐसा भरोसा था कि दंगा-फसाद करते लोगों को फटकारते हुए वे उनमें कूद पड़ते थे। किसी की मजाल कि नेहरू को कुछ हो। यह आत्मविश्वास जवाहरलाल नेहरू ने बरसों लोगों में रहते और उनके लिए काम करते हुए पाया और कमाया था। सब जानते थे कि वे बड़े बाप के बेटे हैं। विलायत में पढ़े-लिखे हैं और अमीरी में रह सकते हैं। लेकिन खद्दर पहनकर और मामूली कार्यकर्ता की तरह लोगों के आदमी बनकर उनने जीवन जिया। उनके प्रतिनिधि होने का हक कमाया। गांधी उन्हें अपना राजनीतिक उत्तराधिकारी घोषित नहीं करते तो उनके प्रधानमंत्री बनने में दिक्कतें हो सकती थीं, लेकिन लोगों का सबसे लोकप्रिय और सबसे बड़ा आदमी बने रहने में कोई मुश्किल नहीं होती।

लोकतंत्र में सबसे बड़ी बात लोगों का आदमी होना है। लोगों का विश्वास ही नेता की सबसे बड़ी ताकत होती है। वही उसके नेतृत्व को औचित्य और वैधता देती है। जवाहरलाल नेहरू ने प्रधानमंत्री पद की शपथ लेने के बाद कहा था कि अब मैं जनता का प्रथम सेवक हुआ और लोगों ने उनकी बात पर भरोसा किया। वे किसी

के बैठाए बैठे नहीं थे। कांग्रेस पार्टी भी उनकी हैसियत को बढ़ा-घटा नहीं सकती थी। वे पार्टी और प्रधानमंत्री पद दोनों से ऊपर थे। क्योंकि जनता के आदमी थे। भारत में लोकतंत्र को ठीक से जमा सके। लोक उन्हें मानता था। और वे भले ही अंग्रेजियत के पक्के नमूने रहे हों पर देश की अर्थव्यवस्था विकसित करने में उनने न समाजवाद का रास्ता पकड़ा, न पूँजीवाद का। उनने मिश्रित अर्थव्यवस्था लागू की, जिसमें राज्य के साथ-साथ निजी उद्योग-व्यापार को भी अच्छा स्थान था। इसी तरह वे न अमेरिका के साथ गए, न रूस के साथ। भारत के लिए उनने तटस्थता का रास्ता बनाया, क्योंकि दुनिया तब दो खेमों में बँटी हुई थी। नेहरू में लेकिन इतना आत्म- विश्वास और ऐसी समझ थी कि भारत का अपना अलग रास्ता निकाल सकें। वे प्रधानमंत्री भले ही सत्रह साल रहे हों लेकिन सच्चे अर्थों में भारत के एक महान निर्माता थे।

अब यह संयोग ही है कि मनमोहन सिंह ने एक कार्यकाल पूरा किया और दूसरे की शपथ ली। सिवाय इस तथ्य के जवाहरलाल नेहरू से उनकी कोई बराबरी नहीं है कि उनका नाम नेहरू के साथ जोड़ा जाए। मनमोहन अठहत्तर बरस के हैं। यानी भारत जब आजाद हुआ तो वे सोलह बरस के थे। उनके गाँव में मीलों चलकर स्कूल जाने के किस्से तो वे खुद ही बताते हैं। लेकिन अपने बचपन में आजादी के आन्दोलन में हिस्सा लेने, जुलूस में नारे लगाने, अंग्रेजों से पिटने या पकड़े जाने का कोई किस्सा नहीं है। तब के कई लड़के आजादी के आन्दोलन में रहे। एक-दो शहीद तो उनके आसपास की उम्र में फाँसी चढ़ गए। सोलह बरस की उमर तब देश के लिए मर-मिटने पर काफी मानी जाती थी। जिस पंजाब में मनमोहन सिंह जन्मे और पले-पनपे उसी में भगतसिंह भरी और चढ़ती जवानी में शहीद हो गए थे। मनमोहन सिंह का परिवार और खुद वे आजादी के वसन्ती रंग में रँगे नहीं दिखते।

लेकिन हमारी राजनीति में आने वाले ज्यादातर लोग किसी न किसी आन्दोलन में भाग लेते आए और विधायक और सांसद होने के पहले उनका सार्वजनिक जीवन रहा। सच पूछिए तो किसी भी लोकतंत्र में ऐसे ही सार्वजनिक प्रवृत्ति के लोग राजनीति में आते हैं। भारत में तो चूँकि स्वतंत्रता आन्दोलन का बड़ा इतिहास और जज्बा रहा है। इसीलिए उससे निपट अछूते रहे लोग राजनीति में नहीं आए। भारत के आजाद हो जाने के बाद भी देश में कई तरह के आन्दोलन चलते रहे हैं। विनोबा के भूदान, ग्रामदान और ग्राम स्वराज आन्दोलन के अलावा समाजवादियों के कई आन्दोलन चलते रहे। और तो और राष्ट्रीय स्वयंसेवक संघ जो आजादी के पहले आजादी के आन्दोलन से उदासीन हो गया था उसने भी भारत को हिन्दू राष्ट्र बनाने के लिए कई आन्दोलन छेड़े। जनसंघ और भारतीय जनता पार्टी ही नहीं, विश्व हिन्दू परिषद, बजरंग दल आदि भी ऐसी गतिविधियों के चालक रहे हैं। और कुछ नहीं तो

भाषाई राज्य बनाने के आन्दोलन चले। यानी सार्वजनिक जीवन की ओर रुझान रखने वाला किसी न किसी आन्दोलन में जरूर रहा है।

आप पाएँगे कि आजादी के आन्दोलन की तरह मनमोहन सिंह और किसी भी तरह के आन्दोलन में नहीं रहे। वे पढ़े-लिखे और सरकार में सेवा करते रहे। सरकारी लोग भी आन्दोलन करते हैं लेकिन मनमोहन सिंह उनसे भी दूर रहे। उनके खुद के जो भी विचार रहे हों, सरकार में रहते हुए तो उनने वही किया जो उनसे करने को कहा गया। जब वे सरकारों और प्रधानमंत्रियों के आर्थिक सलाहकार रहे तब भी वही सलाह देते रहे जो उनके नेता उनसे चाहते थे। वे राजीव गांधी के सलाहकार थे और चन्द्रशेखर के भी। बीपीओ के जिस संकट के चलते देश का सोना बाहर गिरवी रखा गया तब भी वे आर्थिक सलाहकार थे और नरसिंह राव के राज में उस संकट से छुटकारा पाया गया तो वे वित्त मंत्री थे। वित्तीय मामलों में वे विश्व बैंक और अन्तरराष्ट्रीय मुद्रा कोष की कहती करते गए और राजनीति नरसिंह राव की करते रहे। उन्हें सोनिया गांधी ने प्रधानमंत्री बनाया। वे राजनीति और अर्थ नीति में अपने नेता का कहा करते हैं।

मनमोहन सिंह सच्चे हैं, ईमानदार हैं, गैर-राजनीतिक हैं और भले आदमी हैं। उनके चलते प्रधानमंत्री का पद अराजनीतिक और नौकरशाही का विस्तार हो गया। सोनिया गांधी और अमेरिका को ऐसा ही आदमी चाहिए। ठीक है भाई रखो। पर उसे नेहरू से क्यों जोड़ते हो?

(प्रथम प्रवक्ता, 16 जून, 2009)

न माया में न राम में

अपने पाठकों के बजाय काला पैसा देकर विज्ञापनों को खबरों की तरह छपवाने वाले उम्मीदवारों का साथ देने वाले अखबार मालिकों को इस बात का कोई गम नहीं है कि इस चुनाव में उनने लोकतंत्र और पत्रकारिता से धोखाधड़ी की है। वे और उन्हें काला पैसा देने वाले उम्मीदवार और पार्टी नेता जानते थे कि पाठक खबरों पर तो भरोसा करते हैं, विज्ञापनों पर नहीं करते। फिर विज्ञापनों पर जो पैसा खर्च होता है वह चुनाव खर्च में जुड़ता है। चुनाव खर्च की सीमा चुनाव आयोग ने पच्चीस लाख पर बाँधी है। सब जानते हैं कि इतने पैसों में तो लोकसभा क्या, विधानसभा क्या, नगर निगम के भी चुनाव नहीं लड़े जा सकते। अखबारों ने काले पैसे के लिए 'उजला' रास्ता निकालकर उम्मीदवारों को दिखाया। आप हमें पैसा दो हम आपको कवरेज देंगे। चुनाव प्रभारी पार्टी नेताओं और उम्मीदवारों ने यह रास्ता अपना लिया।

जितने पैसों में कुल चुनाव लड़ा जाना था उतने पैसे तो भले उम्मीदवार ने इलाके के सबसे बड़े अखबार को दे दिए। लेकिन अखबारों को समझ आ गया था कि यह मौसमी कमाई का अच्छा धन्धा है। इसलिए उनने एक चुनाव क्षेत्र के सभी बड़े उम्मीदवारों से पैसे ले लिये। इसलिए आपने देखा कि एक अखबार के एक पेज पर सभी उम्मीदवार जीत रहे थे। पैकेज बेचने वाले मालिक यह संपादकीय अधिकार गिरवी रख चुके थे कि क्या छापा और क्या न छापा जाए। इसलिए पैसा देने वाले हर उम्मीदवार की खबरें गलतियों समेत छपीं। जिनने पैसे नहीं दिए या कम दिए उनकी खबरें छपी ही नहीं।

भारतीय जनता पार्टी के लखनऊ के उम्मीदवार लालजी टंडन के जागरण से पुराने सम्बन्ध हैं। मालिक संपादक नरेंद्र मोहन को राज्यसभा में उत्तर प्रदेश से भाजपा ने ही भिजवाया था। इसलिए लालजी टंडन अगर मानते थे कि जागरण उनकी पार्टी का सहयोगी अखबार है तो कोई गलती नहीं कर रहे थे। लेकिन लालजी टंडन राजनीति में वफादारियों वाले राजनेता हैं। वे अंदाज नहीं लगा पाए कि उनका जागरण भूमंडलीकरण के जमाने में मुनाफाखोर हो गया है। उनने पाया कि बसपा

के अखिलेश दास के हित-रक्षण की सुपारी जागरण पहले ही ले चुका है और जब तक लालजी टंडन पैसा नहीं देंगे उनकी खबरें नहीं छपेंगी। दूसरे कई उम्मीदवारों की तरह लालजी अखबार और प्रचार के दबाव में नहीं टूटे। उनने अपने प्रचार में जागरण का खुला विरोध किया और जनता की मदद से जीत कर आए। जागरण अखिलेश दास को जिता नहीं पाया।

एक और उम्मीदवार को भी जागरण से शिकायत रही। देवरिया से समाजवादी पार्टी के मोहन सिंह चुनाव लड़ रहे थे। अब जैसे नरेंद्र मोहन को भाजपा ने राज्यसभा में भिजवाया था वैसे ही जागरण के एक मालिक महेंद्र मोहन को समाजवादी पार्टी ने भिजवाया है। जैसे लालजी टंडन जागरण पर अपना अधिकार मानने की गलती कर रहे थे वैसे ही मोहन सिंह भी इस अखबार को अपना मान रहे थे। लेकिन जब उनसे भी खबरें छापने के पैसे माँगे गए तो मोहन सिंह ने खुली सभाओं में पूछा कि महेंद्र मोहन ने राज्यसभा जाने के लिए समाजवादी पार्टी को कितने पैसे दिए थे जो वे हमारी खबरें छापने के पैसे माँग रहे हैं। जैसे लालजी टंडन ने अपने प्रचार में जागरण का खुलकर नाम लिया और विरोध किया वैसे ही मोहन सिंह ने भी किया। यह बात अलग है कि मोहन सिंह हार गए।

अब समाजवादी पार्टी से जागरण के सम्बन्धों का छोटा-मोटा इतिहास है। मुलायम सिंह एक बार जागरण से इतने तंग आ गए कि उनने अपनी पार्टी के कार्यकर्ताओं को जागरण पर हल्ला बोलने का नारा दे दिया। तब वे उत्तर प्रदेश के मुख्यमंत्री हुआ करते थे। जागरण के मालिक संपादक नरेंद्र मोहन इसे राज्य के प्रेस की स्वतंत्रता पर हमले का मामला बनाकर 'एडीटर्स गिल्ड ऑफ इंडिया' में आए। गिल्ड ने बाकायदा एक जाँच समिति बना दी। जाँच समिति जाँच करने उत्तर प्रदेश गई तो जागरण का कोई भी प्रतिनिधि गवाही देने नहीं आया। मालूम करने पर पता चला कि उन्हें अखबार की तरफ से निर्देश है कि वे समिति को गवाही न दें। मामला दरअसल एक चीनी मिल की खरीदी का था। नरेंद्र मोहन ने मुलायम सिंह से मिलकर मामले को रफा-दफा कर दिया था। इसलिए उन्हीं की शिकायत पर बैठाई गई जाँच समिति का नरेंद्र मोहन ने ही बहिष्कार करवा दिया। जागरण के लेटरहेड पर मुलायम सिंह को चीनी मिल के बारे में लिखी गई नरेंद्र मोहन की एक चिट्ठी तब मेरे देखने में आई। तब मैंने नरेंद्र मोहन से पूछा कि एक तरफ तो आप प्रेस की स्वतंत्रता की बात करते हैं और दूसरी तरफ अखबार के लेटरहेड पर ही चीनी मिल के सौदे की बात करते हैं। नरेंद्र मोहन ने कहा, हाँ, जागरण एक उद्योग घराना भी है।

यह किस्सा मैं इसलिए लिख रहा हूँ कि दोनों हाथों में लड्डू रखने का दोषी सिर्फ जागरण नहीं है। जब टाइम्स ऑफ इंडिया के मालिक अशोक जैन फेरा के मामले में पकड़े गए तो टाइम्स में मानवाधिकारों पर खबरों और फीचरों का ताँता लग गया।

अलग-अलग मंचों से मानवाधिकार के मामले उठने लगे। साफ था कि अशोक जैन के मानवाधिकारों का उल्लंघन नहीं होना चाहिए। उस वक्त भी लोकतांत्रिक अधिकारों की संस्थाओं ने टाइम्स के इस अभियान का विरोध किया था। एक तरफ तो अखबार दावा करते हैं कि वे किसी भी औद्योगिक-व्यापारिक प्रतिष्ठान की तरह व्यवसायी संस्था हैं और उन्हें पत्रकारिता के पारम्परिक नैतिक मानदंडों से नहीं नापा जाना चाहिए। लेकिन जब अपनी नैतिक-अनैतिक व्यापारिक गतिविधियों के कारण वे मुश्किल में पड़ते हैं तो प्रेस की स्वतंत्रता पर अतिक्रमण का हल्ला मचाने लगते हैं। प्रेस की स्वतंत्रता की अवधारणा नागरिकों के जानने और अभिव्यक्ति के मौलिक अधिकार पर टिकी हुई है, मालिकों के किसी भी तरह मुनाफा कमाने के तथाकथित अधिकार पर नहीं। इसलिए मालिकों के दोनों हाथों में लड्डू रखने पर विचार करना ही पड़ेगा—पत्रकारिता और लोकतंत्र दोनों की सेहत के लिए।

कहा जा रहा है कि चुनाव आयोग ने धन-बल के उपयोग पर अंकुश लगाने के लिए जो उपाय किए और पाबंदियाँ लगाईं उन्हीं के कारण उम्मीदवारों को काले पैसे से खबरें छपवाने का रास्ता निकालना पड़ा। अब ये हो सकता है कि चुनाव जीतने पर उतारू उम्मीदवार काले पैसों से प्रचार करवाना चाहें। उनके लिए तो इससे बेहतर कुछ हो ही नहीं सकता कि अखबारों में वे चाहें वैसी ही खबरें छपें। हर उम्मीदवार जानता है कि उसके किसी भी प्रचार पर जनता उतना भरोसा नहीं करती जितना अखबार में छपी खबरों पर करती है। इसलिए सबसे भरोसेमन्द प्रचार तो वही होगा जो खबरों के जरिए अखबारों से होगा। लेकिन वह अखबार कैसा जो अपने पाठकों के भरोसे की जगह यानी खबरों की जगह को बेच दे और वह भी उम्मीदवारों से टेबल के नीचे से मिलने वाले काले धन से। उम्मीदवारों के लिए तो यह अपराध है ही कि वे काले धन से चुनाव लड़ें, चुनाव आयोग की रखी गई सीमा को सरासर तोड़ें और चुनाव आयोग को झूठा हिसाब दें।

लेकिन उन अखबारों के इस काले धन्धे में खुद ही शामिल होने को आप क्या कहेंगे जिनका तो धर्म ही कार्यपालिका, विधायिका और न्यायपालिका की निगरानी करना है और जिस कारण उन्हें लोकतंत्र का चौथा स्तम्भ कहा जाता है? जिन अखबारों का काम ही राजनेताओं के भ्रष्टाचार का भंडाफोड़ करना है, वे राजनेताओं के भ्रष्टाचार में खुद कैसे शामिल हो सकते हैं? और अगर होते हैं तो वे निष्पक्ष, निडर और स्वतंत्र प्रेस के अधिभागी कैसे हो सकते हैं? दुनिया के किसी भी लोकतंत्र में चुनाव के समय प्रेस की भूमिका कसौटी पर होती है। दुनिया में कहीं भी यह भूमिका वोटरों को सही और सच्ची जानकारी देने और उन्हें जानकारी भरा सही फैसला करने में मदद करने की मानी जाती है। इस लोकसभा चुनाव में हमारी प्रेस ने बताया कि

अपनी पत्रकारीय जिम्मेदारी को वह अपने मुनाफे के लालच के सामने कुरबान कर सकती है। और मुनाफा भी कैसा? काले धन के लिए खबरों की अपनी पवित्र जगह बेचना। किस देश के किस व्यवसाय में काला धन लेना-देना ठीक और वैध व्यापार माना जाता है? आप अपने को व्यावसायिक प्रतिष्ठान मानें और आपका प्रयोजन मुनाफा कमाना हो और आप अपने अखबार को माल मानते हों तो भी काले पैसे का व्यापार आप नहीं कर सकते। खबर अगर पैसे लेकर छापी गई है तो उसमें आपको लिखना पड़ेगा कि यह विज्ञापन है। यह पत्रकारिता का नहीं अखबार के माल होने का भी तकाजा है।

लेकिन आप देखिए कि अखबारों को कोई अफसोस नहीं है कि उनने इस चुनाव में पत्रकारिता और व्यवसाय दोनों की सीमाएँ तोड़ीं और लोकतंत्र से छल किया। क्योंकि जब से मनमोहन सिंह ने उदारवादी पूँजीवादी नीतियाँ इस देश में चलाई हैं मुनाफा कमाना ऐसी पुण्याई हो गई है जो हर खून को माफ कर सकती है। इसकी कोई कसौटी नहीं है कि मुनाफा कैसे कमाया गया है। आप देखिए कि शेयर बाजार में लगाए गए पैसे के स्रोत को ढूँढ़ा नहीं जाता। और सेंसेक्स हमारी अर्थव्यवस्था का थर्मामीटर मान मिला गया है। जबकि तथ्य है कि शेयर बाजार में देश के एक प्रतिशत सटोरिए लगे रहते हैं। राजीव गांधी को पढ़ने-लिखने का शौक नहीं था और कहावत है कि वे नोट के एक पेज से ज्यादा पढ़ नहीं पाते थे। उन्हीं ने अखबारों के मालिकों के नए बेटों को अपने साथ विदेश यात्राओं पर ले जाने का चलन चलाया। 'बौद्धिक शेखी बधारने वाले' संपादक बाहर हुए सौदे करने वाले मालिक सत्ता के गलियारों में घूमने लगे। तब से अखबारों से शुभ-अशुभ, नैतिक-अनैतिक का विचार जाता रहा। अखबार माल हो गए और खबरें सब्जियों की तरह बिकने लगीं। पत्रकारिता मच्छी बाजार और दलाल स्ट्रीट कहलाने लगी। पाठक अगर अखबार का और वोटर लोकतंत्र का असली मालिक है तो यह सूरत तो बदलेगी। देख लेना।

(प्रथम प्रवक्ता, 1 जूलाई, 2009)

जिनने भुगता वे बोले

हमारे चुनावों की इस काली सच्चाई को हर कोई कबूल करता है कि वे काले पैसे से लड़े जाते हैं। चुनाव आयोग को खर्च का जो भी ब्योरा दिया जाता है, वह झूठा होता है। बहुत पहले अटल बिहारी वाजपेयी ने कहा था कि अपने इस संसदीय जीवन को क्या कहा जाए जिसकी शुरुआत ही झूठा चुनाव खर्च देने से होती है। सब मानते हैं कि हालत अब पहले से बहुत खराब हो गई है।

पैंतीस साल पहले जयप्रकाश नारायण की इन्दिरा गांधी से इसलिए ठन गई थी कि उन्हें बताया गया था कि उत्तर प्रदेश और ओडीशा के विधानसभा चुनावों के लिए चार करोड़ रुपए इकट्ठे करवाए गए हैं। दो राज्यों की विधानसभाओं के चुनावों के लिए कांग्रेस ने चार करोड़ रुपए उठाए और जयप्रकाश नारायण ने जाकर इन्दिरा गांधी से शिकायत की कि इतना पैसा लगाया जाएगा तो गरीब आदमी तो चुनाव नहीं लड़ सकेगा। धन-बल इस कदर हावी हो जाएगा तो अपने लोकतंत्र में बचेगा क्या?

इस बात पर अब हँसी आनी चाहिए। क्योंकि दो बड़े राज्यों के विधानसभा चुनावों के लिए चार करोड़ रुपए जोपी को इतने खतरनाक लगे थे कि उनने बाकायदा आन्दोलन ही छेड़ दिया। अब पैंतीस साल बाद चार करोड़ रुपए तो लोकसभा का एक उम्मीदवार खर्च कर देता है। कोई अचरज नहीं कि पन्द्रहवीं लोकसभा में चुनकर आए तीन सौ उम्मीदवार अच्छे-खासे करोड़पति हैं। अरबपति और खरबपति भी हैं। इनके जरिए देश की काली घोली पूँजी किस तरह संसद और सरकार के काम पर हावी होती है, इसका अंदाज लगाना आसान है। इनसे गरीबों और बेरोजगारों के हित में नीतियाँ बनवाने और उन पर सख्ती और ईमानदारी से अमल करवाने की उम्मीद तो करनी ही नहीं चाहिए।

पूँजी–खासकर काले धन के–राजनीति में ऐसे सर्वव्यापी उपयोग का ही नतीजा है कि अखबारों ने अपने पत्रकारीय धर्म और जिम्मेदारी को तिलांजलि देकर चुनाव जैसे अत्यंत महत्त्वपूर्ण अवसर पर अपनी खबर की जगह उम्मीदवारों के प्रचार को बेच दी। वह भी काले पैसे से। उम्मीदवारों को तो यह मुफीद पड़ता था कि उनकी खबरें छपें उन्हीं की लिखवाई हुई और उन्हीं के पैसे से। सब जानते

हैं कि खबर तो अखबार खुद ढूँढ़कर लाता है और अपनी तरफ से छापता है। ऐसी खबरों का पैसा लेकर अखबार रसीद तो नहीं देगा। इसलिए उम्मीदवार मजे में काला पैसा देते गए और अखबार खबर छापते रहे। उम्मीदवारों को न इस पैसे का हिसाब रखना था, न इसे अपने चुनाव खर्च में शामिल करना था। इस काले पैसे के धन्धे से उम्मीदवार का काम हो गया और अखबारों का भी। रिंद के रिंद रहे और हाथ से जन्नत न गई। इसलिए न तो उम्मीदवार इस भ्रष्टाचार की बात करते हैं, न वे अखबार जिनका तो काम ही भ्रष्टाचार का भंडाफोड़ करना है।

लेकिन भाजपा के लालजी टंडन, समाजवादी पार्टी के मोहन सिंह, भाकपा के अतुल अनजान और बसपा के हरमोहन धवन काले धन के इस धन्धे में लगे अखबारों का भंडाफोड़ करने को तैयार हैं। ये चारों चुनाव लड़े थे और इन चारों ने पैसे देकर अपनी खबरें छपवाने के चलन को मानने से इनकार किया। अखबारों ने जब इनकी खबरें छापना बन्द कर दिया तो इन चारों ने अपने चुनाव अभियान में इन अखबारों की करतूतों पर सार्वजनिक अभियान चलाया। इनमें कोई हारे और कोई जीते लेकिन इनने अखबारों की ब्लैकमेलिंग के सामने झुकने से इनकार कर दिया। यह इसलिए नहीं कि इनके पास पैसे नहीं थे। इसलिए भी नहीं कि इन्हें अपनी खबरें छपती देखने में रुचि नहीं थी। बस यही कि ये मानने को तैयार नहीं थे कि अखबार पत्रकारिता छोड़कर ब्लैकमेलिंग के धन्धे में लग जाएँ और चुनाव जीतने के लिए वे उनसे ब्लैकमेल होते रहें।

घोसी, उत्तर प्रदेश से चुनाव लड़े अतुल अनजान का कहना है कि मीडिया ने पैसे लेकर इस चुनाव में आम आदमी के रोटी, रोजगार, शिक्षा और स्वास्थ्य जैसे महत्त्वपूर्ण मुद्दे उठने नहीं दिए। मीडिया का प्रेम उन पार्टियों को ही प्राप्त हुआ जो धन कुबेरों की पार्टियाँ हैं और जो देशी-विदेशी ताकतों को सरकारी नीतियों में छूट की वकालत करती हैं। अनजान ने कहा–"जिस तरह ब्याह-शादी के मौके पर घोड़े, लाइट और बैंड बाजे वाले पैसा कमाने आ जाते हैं वैसे ही इस चुनाव में अखबार वाले आ गए।" यह स्थिति स्वस्थ, निष्पक्ष और निर्भीक पत्रकारिता के लिए खतरनाक है। अखबारों ने अतुल अनजान से पन्द्रह-पन्द्रह लाख के पैकेज माँगे थे जो घटाकर बारह लाख के कर दिए गए। वे भी जब खरीदे नहीं गए तो अनजान की खबरों को ब्लैक आउट कर दिया गया। उनके प्रचार में आए राष्ट्रीय नेता वर्धन की खबर भी नहीं छपी।

देवरिया से सपा की टिकट पर मोहन सिंह चुनाव लड़े थे। उनने कहा–"दैनिक जागरण के मालिक को हमने वोट देकर सांसद बनाया था। वे बताएँ वोट के बदले उनने हमें कितना धन दिया था? तब खबर के लिए हम धन क्यों दें?" अखबारों ने जो किया उस पर उनका कहना है–"यह निष्पक्ष और पारदर्शी

पत्रकारिता पर पूँजी का हमला है। प्रेस काउंसिल खामोश है। बात-बात पर नोटिस जारी करने वाले चुनाव आयोग को भी यह बेईमानी नजर नहीं आती।'' मोहन सिंह इस स्थिति के लिए मीडिया से ज्यादा राजनेताओं को दोषी मानते हैं। ''आज की राजनीति ढोंगी हो गई है। बेईमानी चरम पर है। नई परिभाषा में राजनीति रोजगार है। लूटतंत्र है। लूट की कमाई में मीडिया भी अपना हिस्सा ले रहा है। मैंने चुनाव आयोग को दो पत्र भेजे। प्रधानमंत्री को पत्र लिखा। अमर सिंह ने बसपा प्रत्याशी की शिकायत आयकर विभाग में की। लेकिन कहीं कोई कार्रवाई नहीं हुई। जब निगरानी करने वाली संस्थाएँ ही भ्रष्टाचार के दलदल में फँसी हों तो क्या उम्मीद की जा सकती है?''

लखनऊ से भाजपा की टिकट पर लालजी टंडन जीते हैं। उन्हें पूरे चुनाव में दैनिक जागरण से सार्वजनिक लड़ाई लड़नी पड़ी। अपनी सभाओं में वे इस अखबार का नाम खुल्लम-खुल्ला लेते और अपने श्रोताओं, वोटरों और कार्यकर्ताओं को उसके कारनामों से खबरदार करते। उनने कहा–"प्रेस लोकतंत्र का चौथा स्तम्भ है। अखबार सरकारों पर अंकुश का काम करते थे। समाज को दिशा देते थे। चुनाव में बेबाक खबरों और निष्पक्ष विश्लेषण पर जनता को भरोसा होता था। बीते एक-दो चुनाव से अखबार भ्रष्टाचारी तरीके से किसी से पैसा लेकर गलत-सही का संज्ञान लिये बिना आचार संहिता को ध्यान में रखे बिना खबरें छापते रहे। वे काला धन लेकर चुनाव को प्रभावित कर रहे थे। लेकिन न केवल पैसा देकर खबरें छपवाने वाले प्रत्याशी हारे बल्कि अखबार भी हारा।" मीडिया की इस भूमिका पर उनने कहा– ''जिसका काम समाज से भ्रष्टाचार मिटाना हो वही भ्रष्टाचार में लग जाए, लक्ष्य से भटक जाए, मीडिया फिलहाल इसी भूमिका में है। इसके लिए वरिष्ठ पत्रकारों, समाजकर्मियों आर अन्य नीति नियन्ताओं को बैठकर ठोस नीति बनाने की जरूरत है। राष्ट्रपति के अभिभाषण पर बहस में चुनाव सुधार के सवाल पर इस बात का जिक्र मैंने किया था।''

चंडीगढ़ से बसपा के उम्मीदवार हरमोहन धवन ने तो इस अंक में एक लेख ही लिखा है–'मीडिया का यह बीभत्स रूप पहली बार देखा।' धवन चन्द्रशेखर की सरकार में मंत्री रह चुके हैं और सन् 74 से चुनाव लड़ रहे हैं। अपने पैंतीस साल के कैरियर में उनने प्रेस का यह कमाऊ अवतार देखा नहीं था। वे कहते हैं बीते चुनाव में मालिकों ने रिपोर्टरों का टूल की तरह इस्तेमाल किया। ऐसा लगता है आने वाले समय में मीडिया चुनावों में पैसे कमाने के तमाम हथकंडे अपनाएगा। ऐसे में वे उम्मीदवार मार खाएँगे जिनके पास पैसे नहीं हैं। चुनाव खर्च के लिए एक करोड़ रुपया रखा है तो उतना ही मीडिया कवरेज के लिए रखना होगा। चुनाव आयोग ने खर्च नियंत्रण के लिए आचार संहिता को कड़ाई से लागू किया। लेकिन मीडिया

मालिकों की खुलेआम सौदेबाजी पर चुनाव आयोग के हाथ खड़े नजर आए। चुनाव आयोग को इस बाबत भारत सरकार से राय-मशवरा करके गाइडलाइन तैयार करना चाहिए जिसका सख्ती से पालन हो। पैसे लेकर खबरें छापने के खेल में शामिल अखबारों का पंजीकरण रद्द करने का प्रावधान भी होना चाहिए।''

राजनेताओं की ये चार आवाजें चुनाव के समय अखबारों के लोकतंत्रनाशक भ्रष्टाचार के खिलाफ उठकर आई हैं। चौकीदार की चोरी के खिलाफ कार्रवाई करना तो जनप्रतिनिधियों की ही जिम्मेदारी है। देखें, इनकी आवाज कहाँ तक मार करती है!

(प्रथम प्रवक्ता, 16 जुलाई, 2009)

फल के पकने तक

बजट ने उन लोगों के ताजिये ठंडे किए जो भारत सरकार का आर्थिक सर्वे पढ़कर बल्लियों उछल रहे थे। इधर संसद में वित्त मंत्री प्रणव मुखर्जी बजट पढ़ रहे थे और उधर मुम्बई के शेयर बाजार का संवेदी सूचकांक लगातार गिर रहा था। बजट पढ़ना पूरा हुआ तो वह कोई 870 अंक गिर चुका था। पहले कभी भी बजट ने सेंसेक्स को इतना बड़ा गोता नहीं खिलाया था।

क्या प्रणव मुखर्जी का बजट इतना खराब है कि शेयर बाजार इस तरह मरसिया गाने लगे? अपने देश में यह प्रथा जान-बूझकर चलाई गई है कि शेयर बाजार हमारी अर्थव्यवस्था की सेहत का थर्मामीटर है। अगर वह उछालें मारने लगता है तो वे मान लेते हैं अर्थव्यवस्था गुलाबी हो रही है। उसका मातम मनाना इसी तरह अर्थव्यवस्था के लिए बुरी खबर मान ली जाती है। सच्चाई यह है कि शेयर बाजार सटोरियों का खेल है। अपने देश में एक प्रतिशत से कुछ ज्यादा लोग ही उसमें निवेश करते हैं। सटोरियों के दुखी या खुश होने से किसी अर्थव्यवस्था की बुनियाद नहीं हिलती। न उससे किसी आर्थिक उपाय का अच्छा या बुरा होना साबित होता है।

दरअसल इस बार का बजट बड़ा धमाकेदार होगा, ऐसा आर्थिक सुधारों के पैरोकारों ने उड़ा रखा था। उनके समर्थक अखबारों और टीवी चैनलों ने इस उम्मीद को हवा दे रखी थी। चारों तरफ माहौल बना हुआ था कि अब चूँकि सरकार की टाँग घसीटने वाले वामपन्थी सरकार को समर्थन नहीं दे रहे हैं और चुनाव में कांग्रेस को साफ जनादेश मिला है इसलिए आर्थिक सुधारों का रास्ता खुला हुआ है और इस पर मनमोहन की सरकार दौड़ जाएगी। सच पूछिए तो यह भाव इसलिए बढ़ाया गया था कि सरकार को सुधारों के लिए दबाव में लाया जा सके।

फिर आर्थिक सर्वे ने भी उम्मीदें बहुत बढ़ा दी थीं। उसमें कहा गया था कि विनिवेश से 25 हजार करोड़ रुपए उगाहे जाएँगे। बीमा क्षेत्र में सीधे विदेशी निवेश की सीमा 25 प्रतिशत से बढ़ाकर 49 प्रतिशत कर दी जाएगी। इन बातों के अलावा सर्वे का मुख्य स्वर यही था कि सरकार आर्थिक सुधारों को बढ़ाने के निश्चय पर पक्की है। दुनिया में भले ही महामन्दी हो भारत ने उसका धक्का सह लिया है। बुरा

से बुरा हो चुका है अब और हालत ठीक होते ही हम फिर उच्च वृद्धि दर के राजमार्ग पर बढ़ चलेंगे। अभी जो वृद्धि दर 6.7 प्रतिशत पर अँटकी हुई है, उसे हम जल्द ही फिर नौ प्रतिशत और उससे भी ऊपर ले जाएँगे। बहुत गुलाबी तो नहीं लेकिन बेहतरी की तस्वीर आर्थिक सर्वे ने निश्चित ही खींची थी।

अपने निष्कर्ष में आर्थिक सर्वे ने कहा था–'भारतीय अर्थव्यवस्था में धक्कों और सदमों को झेल जाने की ताकत है जो वृद्धि दर को जल्द ही बढ़ाने में मददगार होगी। हमारे बैंक वित्तीय रूप से ठोस और स्थिर हैं और उनके पास पर्याप्त पैसा है। विदेशी मुद्रा के भंडार ने हमें अच्छी हालत में रख छोड़ा है। विदेशी कर्ज पटाने की ठीक हालत में हम हैं। महँगाई की दर गिर गई है और फसलें सामान्य तौर पर ठीक होती लगती हैं। फिर भी स्थिति पर सावधानी से नजर रखनी होगी। देखना होगा कि अर्थव्यवस्था में जान डालने के लिए जो उपाय किए गए थे, उनका क्या असर हुआ है और अन्तरराष्ट्रीय अर्थ और वित्तीय स्थिति कैसी है?'

इस सर्वे ने बाजार को उछाले पर बैठा दिया था। लेकिन बजट में न तो वित्त मंत्री ने विनिवेश का नक्शा दिखाया, न सीधे विदेशी निवेश की सीमा बढ़ाने के संकेत दिए। आर्थिक सुधार के दूसरे लोकप्रिय और चर्चित हथकंडों का भी कोई जिक्र नहीं किया। अब शेयर बाजार तो भावना पर चलता है। सटोरियों को बैठकर विचार करने और बजट की बारीक छपाई के बीच छुपे संदेश को पढ़ने की फुरसत तो होती नहीं। उन्हें लगा कि उनके लिए इस बजट में कुछ नहीं है और शेयर बाजार 870 अंक नीचे गिर गया। लेकिन जिन्हें समझ थी और जो बजट के हर अध्याय और पेज को खोलकर पढ़ सकते थे, वे शेयर बाजार के मरसिए में नहीं आए। उनने देखा कि वित्त मंत्री तो कौटिल्य का हवाला देकर कह रहे हैं–"जैसे अनपके फल तोड़े नहीं जाते वैसे ही राजा को यों ही संपदा नहीं लेनी चाहिए क्योंकि इससे लोग नाराज हो जाते हैं और राजस्व के सोते भी सूख जाते हैं।" फिर उनने यह भी कहा कि आर्थिक सुधारों और उपायों के लिए बजट ही एकमात्र उपकरण नहीं है।

इस तरह उद्योग-व्यापार ने देख लिया कि बजट का ध्यान भले ही पूरी तरह सामाजिक क्षेत्र या आम आदमी पर रहा हो और सरकार 6.8 प्रतिशत के वित्तीय घाटे की चिन्ता किए बिना सरकारी खर्च को अपान-शनाप बढ़ा रही हो–दस लाख करोड़ तक ले गई हो–उसके खर्चे से लाभ तो उन्हीं को होगा। वॉल स्ट्रीट का दिवाला निकलने और महामन्दी आने के पहले भले ही माना जाता था कि बड़ी सरकार के बड़े खर्च अर्थव्यवस्था के लिए हानिकारक हैं। अब पैमाना बदल गया है। अब पूरे पूँजीवादी संसार में सरकारें ही अर्थव्यवस्था को पुनर्जन्म दिलाने में

लगी हैं और उनके खरबों डॉलरों के पैकेज के बिना उद्योग-व्यापार चल नहीं सकते। वैसे भी जब मन्दी हो और बाजार में माँग नहीं हो तो उद्योग-व्यापार क्या कर लेगा?

सरकार आधारभूत ढाँचे और कल्याणकारी योजनाओं पर खर्च करेगी तभी तो लोगों के हाथों में पैसा आएगा और बाजार में माँग बढ़ेगी तो उद्योग-व्यापार में जान आएगी। फिर यह सरकार कोई अपने पर तो खर्च कर नहीं रही है। जो भी खर्च उसने बढ़ाया है वह ऐसी योजनाओं पर है जो आम आदमी को काम, खाने को अनाज और उसकी देखभाल पर लगेगा। इससे उसे वोट देने वाले समझेंगे कि उनका वोट देना काम आया और पूरे देश में वातावरण बनेगा कि सरकार को उद्योग-व्यापार से ज्यादा चिन्ता आम आदमी की है। इससे सद्भाव का जो माहौल बनेगा वह आर्थिक सुधारों के ही काम आएगा।

इसलिए चतुर-सुजान कौटिल्य जैसे वित्त मंत्री ने सरकार के सामाजिक सुरक्षा कार्यक्रमों में एक लाख बीस हजार करोड़ उड़ेल दिए हैं। गाँवों में चलने वाले रोजगार गारंटी अभियान में खर्च 144 प्रतिशत बढ़ा दिया है। सड़कों पर 52, बिजलीकरण पर 27 और आवास बनाने पर 63 प्रतिशत पैसा बढ़ा दिया है। कर्ज चुकाने की अवधि किसानों के लिए बढ़ा दी गई है और उन्हें आसानी से कम ब्याज पर कर्ज का इन्तजाम भी जारी रखा गया है। कोई सवा सौ लाख करोड़ की सब्सिडियों के चलते सरकार जो हर दस रुपए खर्च करेगी उसमें से चार रुपए माँगे हुए होंगे। दो रुपए कल्याण पर खर्च होंगे। सुरसा के मुँह-से बढ़ते हुए इस खर्च के लिए सरकार ने पिछले अठारह सालों से चले आ रहे वित्तीय अनुशासन की कोई चिन्ता नहीं की है। इस बार वित्तीय घाटा 6.8 प्रतिशत होगा जो कि पिछले वर्षों में सबसे ज्यादा ही नहीं, सकल घरेलू उत्पाद का 11 प्रतिशत तक बढ़ सकता है अगर राज्यों को उधार लेने की छूट भी उसमें शामिल कर ली जाए। सन् 91 में उदार अर्थव्यवस्था स्वीकार की गई तब से यह सबसे बड़ा वित्तीय घाटा है और इसकी भरपाई कहाँ से होगी, इसका कोई साफ रास्ता भी दिखाई नहीं दे रहा है।

इसीलिए समझदार लोगों ने बजट देखने के बाद पूछा कि इतना खर्च करोगे यह तो ठीक है लेकिन पैसा लाओगे कहाँ से? लेकिन सरकार है कि उसे मिर्जा गालिब जैसी फिकर भी नहीं है–जिनने कहा था कि कर्ज की ले के पीते थे मय, पर जानते थे कि हाँ रंग लाएगी हमारी फाकामस्ती एक दिन। मजा देखिए कि देश का उद्योग- व्यापार ही नहीं विश्व बैंक की उदार पाठशाला से निकले नए अर्थशास्त्री तक सरकार की इस फाकामस्ती पर सवाल नहीं उठा रहे हैं। सरकार के खर्च और उसकी योजनाओं को फिजूल की बताने वाले पूँजी-परस्त लोग भी कह रहे हैं कि सरकार माँग बढ़ाने के लिए यह जो भारी खर्च कर रही है तो ठीक ही है। इससे

अर्थव्यवस्था में जान आएगी जो आखिरकार उद्योग और व्यापार को लाभ कमाने की हालत में लाएगी।

यह जो खर्च सरकार तथाकथित सामाजिक क्षेत्र पर करने वाली है इसका कितना हिस्सा लोगों, जरूरतमन्द लोगों, तक जाएगा, इसका कोई अंदाज नहीं है। बबुआ राहुल गांधी ने अपने पिता के कथन को सुधारकर कहा कि रुपए में से दस पैसे ही लोगों तक पहुँचते हैं। दस लाख करोड़ का खर्च कहाँ होगा, कौन जानता है? आप माफ करें और मुझ पर कुटिल दुराशायी होने का आरोप न लगाएँ तो प्रणव मुखर्जी का कौटिल्य उद्धरण दुहरा दूँ–उद्योग व्यापार को फल के पकने तक इन्तजार करना चाहिए। वे कर रहे हैं।

(प्रथम प्रवक्ता, 1 अगस्त, 2009)

'शर्म-अल-शेख' की शर्म

शर्म-अल-शेख के साझा बयान में बलूचिस्तान कैसे आ गया इस बात पर आप हैरान हैं तो समझ लीजिए कि आजकल भारत की विदेश नीति भारतीय हितों की रक्षा के लिए नहीं है। वह इस इलाके में अमेरिकी हितों के पोषण की सेविका है। अमेरिका को आपके कश्मीर और भारत पर पाकिस्तान के खड़े किए गए आतंकी संगठनों के लगातार हमलों की उतनी चिन्ता नहीं है, जितनी अफगानिस्तान में तालिबान और अल कायदा की।

वह चाहता है कि अफगानिस्तान में पाकिस्तान और भारत दोनों मिलकर तालिबान को नष्ट करने में उसकी मदद करें। और ऐसा करने के लिए वह चाहता है कि भारत और पाकिस्तान के बीच तनाव न रहे। वह जग-सुनाई के लिए कहता रहता है कि बातचीत करने के लिए उसका कोई दबाव नहीं है। लेकिन अन्दरखाने वह लगातार भारत की कूटनीतिक बाँहें मरोड़ता रहता है। भारत की स्वतंत्र विदेश नीति मनमोहन सिंह के कारण इतनी परतंत्र हो गई है कि अपने लोगों के सामने की गई बहादुरी की घोषणाओं के बावजूद भारत पाकिस्तान से बात करने लगता है। शर्म-अल-शेख और इसके पहले की भी बातचीत इसी अमेरिकी सद्भावना का परिणाम है।

मुम्बई पर पिछले 26 नवम्बर को समुद्र के रास्ते किए गए आतंकी हमले में पाकिस्तान की एजेंसियों का ऐसा खुला हाथ था कि भारत चुप नहीं बैठ सकता था। दरअसल जानकार लोगों का मानना है कि वह उद्दंड और दुस्साहसिक हमला किया ही इसलिए गया था कि भारत पलटकर वार कर दे। तब पाकिस्तान उत्तर-पश्चिमी सीमा से अपनी सेना हटाकर भारत के खिलाफ झोंक दे ताकि अमेरिकी दबाव में उसे तालिबान से जो मोर्चा लेना पड़ रहा है, वह देश की रक्षा के नाम पर कम किया जा सके। सब जानते हैं कि पाकिस्तानी सेना तालिबान से आर-पार की लड़ाई नहीं लड़ना चाहती, क्योंकि उसमें उनके लिए बहुत सहानुभूति है।

तालिबान आखिर अमेरिकी मदद से पाकिस्तानी सेना द्वारा खड़ी की गई धार्मिक फौज है। वह जब भस्मासुर की तरह अमेरिकी माथे पर ही हाथ धरने लगी तो वह

उसे अल कायदा की तरह नष्ट करने में लगा। अल कायदा भी आप जानते हैं कि मध्य और पश्चिम एशिया में अमेरिकी हितों की रक्षा के लिए खड़ा किया गया था। अमेरिका अपने हितों के लिए खतरनाक उपकरण तैयार करता है और जब वे उसके नियंत्रण से बाहर हो जाते हैं तो उन्हें नष्ट करने को वह पूरी दुनिया का मिशन बना देता है। तालिबान और अल कायदा को नष्ट करने की उसकी मुहिम इसीलिए आतंक के विरुद्ध पूरे विश्व का युद्ध बना दिया गया है। आपने देखा ही होगा कि हमारा मीडिया काफी समय से तालिबान को भारत पर हमले करने वाले पाक आतंकी गुटों से भी ज्यादा खतरनाक बताता आ रहा है।

अमेरिका नहीं चाहता था कि मुम्बई के जवाब में भारत पाकिस्तान के खिलाफ कार्रवाई करे, क्योंकि पाकिस्तानी सेना को वह तालिबान के सामने डटाए रखना चाहता था। इसलिए उसने न सिर्फ मुम्बई पर बढ़-चढ़ के बयानबाजी की, दुनिया भर में इस हमले पर जनमत बनाने में भी आगे रहा। जाँच करने के लिए अपनी खुफिया एजेंसियों को भी भेजा। साथ ही तब की विदेश मंत्री कोंडालिजा राइस को भी भेजा यह आश्वासन देने के लिए कि मुम्बई के अपराधियों को पकड़ने और सजा दिलाने में हम आपकी पूरी मदद करेंगे। आप अफगानिस्तान में चल रहे आतंक के विरुद्ध युद्ध में खलल मत डालिए यानी पाकिस्तान के खिलाफ सैनिक कार्रवाई मत कीजिए। जिसकी कि माँग देश भर की जनता कर रही थी। संसद पर आतंकी हमले के बाद भारत ने सीमा पर फौज तैनात कर दी थी। मनमोहन सिंह को कूटनीतिक दाँव-पेंच ही काफी लगे। अमेरिकी दबाव के कारण पाकिस्तान ने ऐसी कई बातें स्वीकार कीं जो वह पहले नहीं करता था। सरकार इसी को अपनी कूटनीतिक विजय बताकर खम ठोकती रही।

तभी देश की जनता के गुस्से को ठंडा करने के लिए सरकार ने बार-बार कहा कि पाकिस्तान जब तक मुम्बई के आतंकियों को सजा नहीं देगा और साजिश करने वालों को हमें सौंपेगा नहीं तब तक हम उससे बात नहीं करेंगे। तभी भारतीय टीम का पाकिस्तानी दौरा रद्‌द किया गया और दूसरे भी ऐसे छोटे-मोटे कदम उठाए गए कि देश के लोगों को लगे कि भारत पाकिस्तान को ठीक करने में लगा है। तभी पाकिस्तान के प्रति सहानुभूति जगाने की कोशिश भी हुई कि तालिबान की फौजी कार्रवाई के दौरान वह तो बेचारा खुद ही अपने को नष्ट कर रहा है। वह आतंक का हमसे भी बड़ा शिकार है। और तालिबान द्वारा नष्ट किया गया पाकिस्तान भारत के लिए और भी खतरनाक और दुखदायी होगा, क्योंकि तब तालिबान का निशाना भारत होगा। ऐसा डर बताया जाने लगा कि तालिबान जैसे अफगानिस्तान और पाकिस्तान को नष्ट कर सकता है वैसे ही भारत को भी बरबाद कर सकता है। पंजाब में तालिबानी आतंकी कार्रवाई की याद दिला-दिलाकर बताया गया कि तालिबान तो

हमारे दरवाजे पर है।

अमेरिका यही चाहता है कि भारत उसके दुश्मन को अपना दुश्मन समझे और उसके दोस्त पाकिस्तान को अपना दोस्त। इसलिए मुम्बई हमले के खिलाफ भारत के आक्रोश को थोड़ा नरम करवाया गया और पाकिस्तान पर कुछ और दबाव बढ़ाया गया कि वह कुछ और जिद छोड़े ताकि भारत के लोगों को लगे कि कूटनीतिक कार्रवाई सैनिक कार्रवाई से ज्यादा कारगर हो रही है। लेकिन पाकिस्तान एक सीमा तक ही उन आतंकी संगठनों के खिलाफ कार्रवाई कर सकता है, जिन्हें उसने खुद ही अपनी विदेश नीति के हथियार की तरह बनाया है। इसलिए हाफिज सईद को कोर्ट से छुड़वा लिया गया जो कि मुम्बई पर हमले का सरगना है। सच्चाई यह है कि अपने हाथ पड़े एक कसाब को छोड़कर मुम्बई के अपराधियों के खिलाफ कोई कार्रवाई नहीं हो रही है। पाकिस्तान अमेरिका को कहता है कि अपने लोगों की भावनाओं के खिलाफ वह ज्यादा कार्रवाई नहीं कर सकता।

अमेरिका के लिए अफगानिस्तान में तालिबान के खिलाफ सैनिक कार्रवाई में पाकिस्तान अहम है। वह उसे इतना ही दबा सकता है कि वह बिदककर तालिबान के साथ न हो जाए। किसी भी हालत में अमेरिका पाकिस्तान के अणु बमों को अल कायदा और तालिबान के हत्थे नहीं लगने देना चाहता। पाकिस्तानी सेना और उसकी खुफिया एजेंसी आईएसआई को वह तालिबान के खिलाफ लगाए रखना चाहता है। इसलिए भारत के खिलाफ उन्हें छोटी-मोटी छूट देने में उसका क्या बिगड़ता है। बिगड़ेगा तो भारत का। इसलिए आप देखिए कि भारत के हित में पाकिस्तान के खिलाफ वह एक बात करता है तो दो उसे पुचकारने के लिए कहता है। भारत से बराबरी बनाए रखना पाकिस्तान का शुरू से सबसे बड़ा मकसद रहा है। पहले ब्रिटेन और अमेरिका इसमें उसकी मदद करते थे। ब्रिटेन तो अब इस लायक रहा नहीं, इसलिए सारी कमी अमेरिका पूरी करता है। पाकिस्तान को जब भी ऐसी कोई बात माननी पड़ती है जो उसकी नजर में उसकी किरकिरी है तो वह भारत पर एक कदम पीछे हटने का दबाव बनाता है।

मुम्बई ने आतंक पर पाकिस्तान का बुरी तरह भंडाफोड़ कर दिया है। इसलिए अब वह अमेरिका की मदद से दुनिया को बताने में लगा है कि पाकिस्तान अगर दुनिया भर के आतंकियों का अड्डा हो गया है तो इसलिए कि सभी आतंकी गुट उसकी कोई परवाह किए बिना अपने आप कार्रवाई करते रहते हैं। उन पर उसका कोई बस नहीं है, बल्कि वही खुद उनका सबसे बड़ा निशाना और शिकार है। पाकिस्तान को एक सभ्य लोकतांत्रिक देश की तरह बचाना है तो सारी दुनिया को उसकी मदद करनी चाहिए। अमेरिका इस लाइन को आगे बढ़ाने में उसकी सहायता करता है। इस तरह कोई तीस साल से भारत पर लगातार आतंकी कार्रवाई करवाने

वाला पाकिस्तान तो बेचारा दूध का धुला हो जाता है और भारत पाकिस्तान में गड़बड़ करवाने वाला शरारती। इसलिए भारत ने जब भी मुम्बई पर जोर दिया चारों तरफ से आवाज उठने लगी कि पाकिस्तान तो बेचारा खुद ही ऐसा आतंक भुगत रहा है कि उसके टूटने का डर है। उसके पास कहाँ ताकत और कहाँ फुरसत कि भारत पर आतंकी कार्रवाई रुकवा सके। अमेरिका को भी तालिबान ही दिखता है जैश और लश्कर नहीं।

पाकिस्तान को कश्मीर समेत भारत के कई इलाकों में आतंकी कार्रवाई करवाने की सच्चाई कबूल करनी पड़ी है। मुम्बई पर हमला था ही ऐसा कि वह अपनी करतूत से भाग नहीं सकता था। मुम्बई की ताज और ओबराय होटलों में अमेरिका और यूरोप के लोग भी मारे गए थे जिनके देश इस आतंकी हमले की अनदेखी नहीं कर सकते थे। कसाब का पकड़ा जाना भी आतंकियों को पाकिस्तानी सेना और आईएसआई से मिलने वाली मदद की पोल खोलने के लिए काफी था। मुम्बई हमले के बाद भारत पाकिस्तान का दोस्त बना तो रह नहीं सकता था इसलिए कूटनीतिक रूप से चाहे जितनी अपरिपक्वता की बात लगे भारत-पाकिस्तान चर्चा जारी नहीं रह सकती थी। पाकिस्तान मुम्बई के अपराधियों पर समुचित कार्रवाई कर भी नहीं रहा था।

इसलिए मनमोहन सिंह ने क्यों पहले जरदारी से और अब शर्म-अल-शेख में गिलानी से बात की? बात ही नहीं शर्म-अल-शेख में तो साझा बयान भी जारी हुआ, जिसमें भारत ने पाकिस्तान के बलूचिस्तान में भारत के दखल के पाकिस्तानी आरोप पर बात करना भी मान लिया। पाकिस्तान ने वहाँ भारत के दखल पर डोजियर देने की बात भी कही और हम कह रहे हैं कि हमें कोई डोजियर नहीं मिला। अब अगर हम बलूचिस्तान में कुछ कर नहीं रहे तो उस पर बात कैसी? क्या पाकिस्तान चाहता है कि मुम्बई में हमें अपना हाथ होना मानना पड़े तो भारत बलूचिस्तान में गड़बड़ करने का दोषी माना जाए? आतंक करवाने में बराबरी दिखाने की यह कोशिश भारत ने मान कैसे ली? अमेरिका के दबाव में? मैं फिर कहता हूँ और मेरे कहने को आप माफ करें। लेकिन जीवन भर दूसरों के बताए काम करने वाला कारकून प्रधानमंत्री भी हो जाए तो क्या वह देश के हितों के लिए तनकर और डटकर खड़ा हो सकता है?

(प्रथम प्रवक्ता, 16 अगस्त, 2009)

विकास में आदिवासी

दो बातों पर आम सहमति थी।

विकास का जो मॉडल हमने चुना है और जिसके मुताबिक हम साठ साल से विकास करने में लगे हैं, उससे विनाश तो इस दौर के ज्यादातर लोगों का हो रहा है। लेकिन आदिवासियों का तो सर्वनाश ही हो रहा है। उनके जो जल, जंगल, जमीन विकास में कच्चे माल के रूप में खपते हैं, वही उनके जीवनदायी संसाधन हैं। इनके बदले में उन्हें विस्थापन और निर्वासन मिलता है। विकास के कोई फल नहीं मिलते। वे नगरों-महानगरों के कंक्रीट जंगलों में हाशिए पर किसी तरह गुजर-बसर करते हैं। विकास के फल मध्य और उच्च-मध्यवर्ग के अधिकार में जाते हैं। इस विकास से न केवल क्षेत्रों में असमानता और असन्तुलन पैदा होता है, समाज में पहले से चली आ रही विषमताएँ और भयंकर हो जाती हैं। देश भर के आदिवासी इलाकों में नक्सलवाद के फैलने का एक कारण यह व्यवस्थागत अन्याय भी है। इसे समझे बिना नक्सलवाद का निराकरण नहीं हो सकता।

दूसरी बात यह है कि आदिवासी इलाकों में विकास और प्रशासन करने वालों ने विकास के प्रति आदिवासियों के रवैए, उनकी जीवन पद्धति और उनकी सदियों से चली आ रही समाज व्यवस्था को न तो विचार में लिया है, न उसके लिए उनके मन में सम्मान है। एक आदिवासी नेता ने कहा कि भारत का पूरा इतिहास उठाकर देख लीजिए। वे आदिवासी न तो कभी किसी विदेशी हमलावर के अधीन हुए, न उनने किसी और की जीवन पद्धति अपनाई। वे भले ही भीतर जंगलों में धँसते गए हों, लेकिन गुलाम नहीं हुए। न उनने किसी और की तरह जीना मंजूर किया। अपने विश्वासों और अपनी जीवन पद्धति पर इस तरह टिके रहने का साहस और निश्चय किसी सभ्य और विकसित समाज ने नहीं दिखाया।

मैंने भी कहा कि वनवासी और नागर समाज के भेद और आदिवासियों के हम नागरों से भिन्न लोग होने की कथाएँ अंग्रेजों की गढ़ी गई हैं। भारत के और शायद पूरे मानव समाज के पहले ग्रंथ–ऋग्वेद–में मुंडारी भाषा के तिरसठ शब्द हैं और वे ज्यादातर खेती के शब्द हैं। यानी ऋचाएँ लिखने वाले ऋषियों का मुंडा लोगों

से अच्छा-खासा सम्बन्ध रहा होगा और वे शायद मुंडा लोगों की खेती पर निर्वाह करते रहे होंगे। इस भाषिक तथ्य के अलावा भारत के सभी धर्मों और समाजों ने आदिवासियों के जीवन और आचार से कुछ न कुछ लिया है। बौद्धों के स्तूप आदिवासी मूल के हैं। उनकी कई सामाजिक आचार पद्धतियाँ सवर्ण कहे जाने वाले नागर समाज में भी मिलती हैं। वन में रहने के कारण प्रकृति से समरसता में जीना उनके लिए अनिवार्य है। उनकी जीवन पद्धति जल, जंगल और जमीन से विकसित हुई है। इनके बिना वे जी नहीं सकते। उनसे ये छीनकर आप उन्हें न तो घर का रहने देते हैं, न घाट का।

'साधना' खबर चैनल ने रायपुर में अपनी पहली वर्षगाँठ पर विमर्श तो नक्सलवाद प्रभावित क्षेत्रों में विकास की समस्याओं पर रखा था। लेकिन नक्सलवाद ज्यादातर आदिवासी इलाकों में फैला हुआ है, इसलिए आदिवासियों और विकास पर बहस का केंद्रित होना स्वाभाविक ही था। आदिवासियों के सोच और जीवन पर कुछ बहुत ही गहरी और तीक्ष्ण दृष्टियाँ अजित जोगी ने दीं। वे छत्तीसगढ़ के आदिवासी तो हैं ही, देश के एक कुशल प्रशासक और राजनीतिक नेता भी हैं। छत्तीसगढ़ बना तो उसके पहले मुख्यमंत्री भी वही हुए थे। उनने कहा कि वे मुख्यमंत्री हुए तो आदिवासी समाज को इकट्ठा करके उससे उन्हीं की भाषा में वे कहते कि आप लोग दो फसल क्यों नहीं लेते? कितना आसान है। ज्यादा उपज होगी, ज्यादा कमाई होगी घर में पैसा आएगा तो आप ही की हालत सुधरेगी। वे मेरी बात सुन लेते पर दूसरी फसल लेने की पहल कहीं हुई नहीं।

"आखिर मैंने आदिवासियों के मुखियाओं को इकट्ठा किया और साफ-साफ कहा कि वे दूसरी फसल क्यों नहीं लेते?" अजित जोगी ने भाषण में बताया। बहुत बहस, मुबाहिसे के बाद एक मुखिया ने कहा कि तुम हमें दो फसल लेने को क्यों कहते हो? भगवान ने खेती के लिए चार महीने तय किए हैं जिनमें हम फसल लेते हैं और साल भर खा सकें इतना अनाज पैदा कर लेते हैं। भगवान ने बाकी के आठ महीनों के लिए इतने तीज-त्योहार, पर्व आदि बनाए हैं। वे हमारे नाचने-गाने उत्सव मनाने के महीने हैं। खेती के बिना हमें खाने को नहीं मिलता और इन तीज-त्योहारों के बिना हमें नाचने-गाने के पर्व नहीं मिलते। तुम क्यों चाहते हो कि हम इन तीज-त्योहारों और नाचने-गाने को छोड़कर साल भर खेती में ही लगे रहें? खेती से कमाई करने के लिए हम अपना जीवन तो छोड़ नहीं सकते।

अजित जोगी को सुनते-सुनते मुझे समझ आया कि आर्थिक गतिविधि को जीवन की एकमात्र कसौटी और प्रयोजन बनाने का चलन तो औद्योगिक क्रान्ति और उसके साथ विकसित हुए पूँजीवाद और साम्यवाद की जीवन पद्धतियों में आया। औद्योगिक क्रान्ति खेती और कृषि संस्कृति को नष्ट करने वाली है। कोई अचरज नहीं कि

अमेरिका में जा बसने वाले यूरोपीय लोगों ने रेड इंडियनों और माया संस्कृति को नष्ट किया। उनके गाँव, खेत, मन्दिर सब उजाड़ दिए। खेती का औद्योगिकीकरण किया। शहर बसाए। मशीनों से खेती की और किसानी को खत्म कर दिया। औद्योगिक सभ्यता खेती-किसानी और जंगलों में रहने वाले आदिवासियों के विरुद्ध है। खाने के लिए अनाज चाहिए इसलिए मशीनों से ज्यादा से ज्यादा अनाज देने वाली फसलें उगाकर किसानी और गाँवों के बिना चलने वाला औद्योगिक समाज बनाया। जल, जंगल और जमीन को औद्योगिक उत्पादन में साधनों की तरह लगाया। वे लोगों के जीवनदायी साधन नहीं रहे। उद्योग के हित के कच्चे माल हो गए। औद्योगिक जीवन पद्धति की यह विनाश लीला आप अमेरिका, लैटिन अमेरिका, यूरोप और अब एशिया, अफ्रीका में भी देख सकते हैं।

महानगरीय जीवन और उसके मूल्य इसी औद्योगिक सभ्यता की जड़ में से निकले हैं। यह बिजली, पेट्रोल आदि की खपत को विकास की कसौटी मानती है। इसका प्रामाणिक जीवन महानगर का उपभोक्तावादी जीवन है। इसलिए जिस वनवासी को शुद्ध और ताजी हवा, साफ-स्वच्छ बहता हुआ पानी, मिट्टी की माँ जैसी गोद, स्वच्छ-निरभ्र आकाश की पिता जैसी छत्रच्छाया और प्रकृति की समरसता मिलती है, उसे हम पिछड़ा हुआ आदिम मानव मानते हैं। बात या कसौटी 'हम क्वालिटी ऑफ लाइफ' की बनाते हैं और जिसमें सब प्रदूषित और नकली मिलता है, उसे उच्च जीवन स्तर कहते हैं। जिनकी अनिवार्य जरूरतें सीधे प्रकृति से पूरी होती हैं, वे पिछड़े हुए लोग हो गए और जो नकली उपभोग पर जीते हैं, वे विकसित हो गए। यह बेहतर क्वालिटी ऑफ लाइफ नहीं है। लालच का अर्थशास्त्र है जो आदमी को पूरी तरह परनिर्भर और एक पहलू में जीने वाला जानवर बनाता है।

अजित जोगी को समझाने वाला आदिवासी मुखिया साल भर फसलें उगाकर एक पहलू का जीवन जीना नहीं चाहता। साल भर खाने के लिए उसे एक फसल काफी है। बाकी का पोषण वह कन्दमूल फल और वनोपज से प्राप्त करता है। आखेट उनका खेल है और अतिरिक्त पोषण का माध्यम भी। आदिवासी कमाई को ही अपनी एक मात्र गतिविधि नहीं मानता, क्योंकि सामाजिक, सांस्कृतिक और धार्मिक जीवन के साथ नाचने-गाने और खाने-पीने को भी बराबर महत्त्व देता है। उसका जीवन ज्यादा भरा-पूरा और सम्पूर्ण है। उसके पास पैसा और सुख के नकली उपकरण भले ही न हों पर पैसे और उपकरणों से सुख खरीदा जा सकता है, ऐसा दावा तो किसी भी खुले बाजारवादी और पूँजीवादी समाज ने नहीं किया है।

समस्या यही है कि जो आदिवासी जीवन को अन्दर से समझते और महसूस करते हैं–वे राजनीति में सत्ता के पदों पर बैठने के बाद–औद्योगिक आधुनिक सभ्यता के संसार को खारिज करके आदिवासियों के लिए खड़े नहीं हो पाते। सत्ता

में जाकर वे वही करने लगते हैं जो व्यवस्था चलाने वाले कहते हैं। वे औद्योगिक महानगरीय व्यवस्था के हाथ में आदिवासी अस्मिता के प्रतीक बनकर व्यवस्था को, आदिवासी जीवन पद्धति को नष्ट करने का बहाना देते हैं। जंगलों के बिना जल और जमीन दोनों नष्ट होंगे और आदमी जी नहीं सकेगा। हम टाइगर–बाघ–को तो बचाना चाहते हैं, लेकिन जंगलों को बचाने वाले आदिवासियों को खत्म करना चाहते हैं। ऐसा आदमी बच तो नहीं सकता।

(प्रथम प्रवक्ता, 1 सितम्बर, 2009)

एक बालक तानाशाह का हठ

बिचारे अरुण शौरी की शिकायत है कि राष्ट्रीय स्वंयसेवक संघ जरा ज्यादा ही लोकतांत्रिक है। भारतीय जनता पार्टी के सारे के सारे नेता अपनी तानाशाही में किसी की सुनते नहीं और संघ सब बर्दाश्त कर रहा है। उसे भाजपा मुख्यालय पर माओ के कहे मुताबिक बमबारी करनी चाहिए। सारे के सारे नेताओं हो हटाकर अपने समर्पित और चरित्रवान लोगों को पार्टी सौंपना चाहिए। इसके बिना काम चलेगा नहीं।

लेकिन राष्ट्रीय स्वंयसेवक संघ तो और भी ज्यादा लोकतांत्रिक है। वह आमतौर पर भाजपा नेताओं के आपसी झगड़ों में नहीं पड़ता। उसका हवाला भी दिया जाए तो चुप रहता है। लेकिन अरुण शौरी के भाजपा के संकट को निपटाने के नुस्खे पर एक नहीं संघ के दो-दो प्रवक्ता बोले। राम माधव ने कहा–भाजपा को चलाना हमारा काम नहीं है। संघ भाजपा को सलाह और सहायता तो दे सकता है पर राजनीतिक प्रबन्धन तो पार्टी को खुद ही करना होगा। जो भी स्थिति हो, उस पर सोचना और पार्टी के हित में सही फैसला करना उनका काम है, हमारा नहीं।

ऐसा ही संघ के अखिल भारतीय प्रचार प्रमुख वैद्य ने कहा–राजनीतिक पार्टी को चलाना संघ का काम नहीं है। भाजपा को ठीक करना, उसे चलाना और आगे बढ़ाना पार्टी का काम है। भाजपा को कोई सलाह या सहायता चाहिए तो संघ उसे देगा।

राम माधव और वैद्य दोनों की बातें बिलकुल एक जैसी होते हुए भी मैंने उद्धृत की तो यह बात जोर देकर बताने के लिए कि संघ की एक निश्चित लाइन है। वह सीधे-सीधे और सब कुछ खोल-खालकर अपने परिवार के किसी भी संगठन के मामले में नहीं करता। वह या तो संगठन में अपने स्वयंसेवकों के जरिए चुपचाप करता है या संगठन के नेताओं के आने का रास्ता देखता है और फिर उन्हें सलाह देकर उनकी सहायता करता है। उसका सार्वजनिक कहना है कि परिवार का हर संगठन स्वायत्त है। अपना काम खुद करता है। संघ तो मित्र, सलाहकार और मार्गदर्शक है। अपनी ऐसी स्थिति बनाए रखकर संघ किसी परिवारी संगठन के किए धरे की जिम्मेदारी नहीं लेता। वह इन सबसे ऊपर उठा देश के लोगों के चरित्र निर्माण में लगा सांस्कृतिक सामाजिक संगठन बना रहना चाहता है।

भाजपा के संकट को खत्म करने का अरुण शौरी का नुस्खा इतना सीधा और साफ था कि संघ उसे आगे आकर उठा ही नहीं सकता। संघ के स्वभाव और तौर-तरीके को इतना तो वे भी जानते ही हैं। लेकिन उन्हें तो संघ की लाठी भाजपा के उन नेताओं के माथे पर मारनी थी जो उनकी सुन ही नहीं रहे हैं। संघ वाले भी इसे जानते हैं लेकिन इसलिए उनने तत्काल कहा कि यह हमारा काम नहीं है। लेकिन इसका मतलब यह कतई नहीं है कि संघ भाजपा को ठीक नहीं करना चाहता। अभी चार दिन पहले ही सरसंघचालक मोहन भागवत ने एक टीवी इंटरव्यू में कहा कि भाजपा में नेतृत्व की पीढ़ी बदलनी चाहिए। इसका संकेत साफ है कि लालकृष्ण आडवाणी की पीढ़ी के लोग दूसरी पीढ़ी को भाजपा की बागडोर सौंपें। लेकिन ऐसा करने के लिए संघ चीन के भूतपूर्व क्रान्तिकारी नेता माओ की तरह मुख्यालय पर जबरदस्त बमबारी कर उस पर कब्जा थोड़े कर सकता है। यह उसका तरीका ही नहीं है। वह मानता है और यही उसकी रणनीति भी है कि हमारी नैतिक सत्ता है। हमने बता दिया कि सही रास्ता यह है उस पर चलना और कैसे चलना यह भाजपा का काम है।

इसमें कोई शक नहीं कि भाजपा पर डंडा संघ का ही चलता है। लेकिन संघ डंडा उठाए उसे चलाते घूमता नहीं। वह गाँव में यह आभास भी नहीं जाने देना चाहता कि भाजपा में जो भी होता है, वही करवाता है। वह जान-बूझकर बीच में इतनी जगह खाली छोड़ देना चाहता है ताकि लगे कि दोनों के बीच बड़ी दूरी है और दोनों को अपनी-अपनी स्थिति मनूवर करने की जगह भी रहे। अटल बिहारी वाजपेयी और लालकृष्ण आडवाणी ने इस जगह का इस्तेमाल करते हुए राजनीति में अपनी अलग जगह भी बनाई और भाजपा को ऐसी विश्वसनीय स्वायत्तता भी दी कि लोकतांत्रिक राजनीति में अपनी भूमिका निभा सके और संघ परिवार की बेटी भी बनी रहे। लेकिन मुसलमान वोटों के लिए जब लालकृष्ण आडवाणी ने पाकिस्तान जाकर मोहम्मद अली जिन्ना को सेक्यूलर बताने की कोशिश की तो भाजपा में कौन नेता थे जो उन्हें ठीक कर सकते थे? तब संघ ने भाजपा में अपने स्वयंसेवकों के जरिए विद्रोह करवाया। भाजपा ने जिन्ना को द्विराष्ट्रवाद और भारत विभाजन का दोषी ठहराया और लालकृष्ण आडवाणी को भाजपा की अध्यक्षता छोड़नी पड़ी।

अब लालकृष्ण आडवाणी से ज्यादा संघनिष्ठ स्वयंसेवक तो पूरी भाजपा में कोई नहीं था। इतने नेता भाजपा में आए-गए सभी पक्के स्वयंसेवक थे। लेकिन किसी ने भी संघ की मूल विचारधारा 'हिन्दुत्व' को भाजपा और भारतीय राजनीति में स्थापित करने की इतनी खुली और सफल कोशिश नहीं की थी जितनी लालकृष्ण आडवाणी ने की। सही है कि हिन्दुत्व को हिन्दू राष्ट्रवाद के बजाय सांस्कृतिक राष्ट्रवाद कहने वाले लालकृष्ण आडवाणी पहले संघी नहीं थे। लेकिन उसे राजनीतिक

मुहावरे में उन्हीं ने प्रचलित किया। बाकी सब नेता हिन्दुत्व के प्रति क्षमाप्रार्थी होने जैसा रवैया अपनाते थे। लालकृष्ण आडवाणी ने उसे आक्रामक राजनीतिक विचारधारा के नाते चलाया। वे विचारधारा के नाते भाजपा को संघ के सबसे नजदीक ले गए। लेकिन दिसम्बर, 2005 में अध्यक्षता छोड़ते हुए उनने कहा कि संघ को अपनी जगह रहना चाहिए और भाजपा को अपनी जगह। एक राजनीतिक लोकतांत्रिक पार्टी के रूप में भाजपा को स्वतंत्र रहना चाहिए। संघ को अपनी नैतिक मार्गदर्शक की भूमिका निभाते हुए भाजपा के काम में दखल नहीं देना चाहिए।

लालकृष्ण आडवाणी कितनी बार कह चुके हैं कि वे जो भी हैं, संघ के कारण हैं। वे भाजपा की स्वायत्तता संघ के हित में नहीं चाहते हैं क्योंकि एक पितृ संगठन के नाते संघ अपनी नैतिक मार्गदर्शक की भूमिका दैनन्दिन की गतिविधियों से दूर रहकर ही निभा सकता है। भाजपा अगर अपने राजनीतिक कामकाज में स्वतंत्र और वैचारिक निष्ठा में स्वायत्त नहीं होगी तो प्रभावशाली राजनीतिक पार्टी के नाते काम कर ही नहीं सकती। लालकृष्ण आडवाणी का यह विचार कम से कम पचास साल देश के लोकतांत्रिक राजनीतिक जीवन में बिताने के बाद बना और ठीक ही बना है। अटल बिहारी वाजपेयी देश के लोकतांत्रिक राजनीतिक जीवन में इतने सर्वमान्य जननेता बन सके तो इसीलिए कि उनकी छवि एक स्वयंसेवक के बजाय दक्षिणपन्थी उदार राजनेता की थी। लालकृष्ण आडवाणी इसे समझकर ही भाजपा के लिए संघ से स्वायत्त स्थिति और भूमिका को विकसित करना चाहते थे।

दरअसल, ऐसा करना संघ को अपने सांस्कृतिक, सामाजिक और नैतिक ऊँचे ओटले पर अवस्थित रखने के लिए ही किया जाता रहा है। अटल बिहारी वाजपेयी और लालकृष्ण आडवाणी एक सच्चे स्वयंसेवक के रूप में ही संघ की यह सेवा करना चाहते थे। सन् 51 में जनसंघ की स्थापना के समय से ही संघ ने अपने राजनीतिक मंच से ऐसी दूरी और ऐसा सम्बन्ध बनाकर रखा है। इस दूरी और इस रवैए को खत्म करके संघ एक राजनीतिक पार्टी के नाते तो भाजपा को खत्म करेगा ही, वह खुद अपने को इतना नुकसान पहुँचाएगा कि 'युग निर्माणकारी संगठन' रह ही नहीं जाएगा। उसे अपनी राजनीतिक पार्टी खुद नहीं होना है, उससे बहुत ऊपर और दूर बने रहना है। संघ एक राजनीतिक पार्टी बनने के लिए नहीं बना है। वह भारत और विश्व में अपनी भूमिका अलग देखता है।

लेकिन अरुण शौरी क्यों चाहते हैं कि संघ भाजपा का अधिग्रहण–टेकओवर–कर ले। भाजपा नेताओं को निकाल बाहर करे और उनकी जगह अपने विश्वासपात्र स्वयंसेवकों के हाथ में पार्टी को दे दे। नीति निर्धारण में उतना नहीं जितना नेताओं के आचरण और चाल-चलन पर ध्यान दे। भाजपा नेताओं की कथनी-करनी में जमीन-आसमान का अन्तर है जैसा कि सभी पार्टियों के नेताओं

में है। वे लगातार दो लोकसभा चुनावों में पराजित हुए हैं। उनने पराजय की नैतिक जिम्मेदारी तो ली है लेकिन अपने पद नहीं छोड़े हैं। जिन क्षेत्रीय प्रादेशिक नेताओं के राज्य में भाजपा हारी है उन्हें वे पद छोड़ने को मजबूर कर रहे हैं। उत्तराखंड में खंडूड़ी को मुख्यमंत्री पद से हटाया गया। क्योंकि वहाँ भाजपा लोकसभा की सभी सीटें हारी थी। वसुंधरा राजे को राजस्थान के विपक्ष के नेता पद से हट जाने को कहा जा रहा है क्योंकि वे न सिर्फ विधानसभा चुनाव में हारीं बल्कि लोकसभा चुनाव में भी भाजपा हारी है। लेकिन दो-दो लोकसभा चुनाव हारने के बाद भी लालकृष्ण आडवाणी विपक्ष के नेता क्यों बने हुए हैं और चुनाव हरवाने वाले रणनीतिकार अरुण जेटली राज्यसभा में पार्टी के नेता कैसे हो गए?

यह निश्चित ही अलोकतांत्रिक है। लेकिन इस अलोकतांत्रिकता को खत्म करने के लिए पार्टी की पूरी नेतृत्व कमान को ही एक ऐसा संगठन कैसे ले सकता है जो न राजनीतिक है, न लोकतांत्रिक। अरुण शौरी एक बालक तानाशाह की तरह चीख रहे हैं कि संघ पार्टी को ठीक करे। तानाशाही ढंग से।

(प्रथम प्रवक्ता, 16 सितम्बर, 2009)

नौकरशाही का हथियार–सूचना आयोग

चाहूँ भी तो गिनकर बता नहीं सकता हूँ कि कितनी जन सुनवाइयों में गया हूँ। उन अनगिनत जन सुनवाइयों में से लेकिन यह बिल्कुल अलग थी।

एक तो यह जयपुर जैसे महानगर में थी। राजस्थान विश्वविद्यालय के मानविकी पीठ सभागार में थी। सुनवाई करवाने आए लगभग सभी लोग शहरों के पढ़े-लिखे नागरिक थे। सरकारी या समाज के अत्याचारी वर्ग, कुप्रथा या परम्परा से पीड़ित समुदाय विशेष के लोग नहीं थे। सभागार ऐसे लोगों से भरा पड़ा था जिनने सूचना के अधिकार के तहत सूचना माँगी थी जो मिली नहीं, अधूरी और गलत मिली या मिली और उन्हें पूरा सन्तोष हुआ। वे सब जले-भुने और दिल दुखे लोग नहीं थे, हालाँकि एक-दो चीख-चीखकर अपनी व्यथा बताने पर मजबूर भी थे। वे अपनी शिकायत की सुनवाई भर नहीं करवाना चाहते थे। वे सूचना के अधिकार और सूचना आयोग के कामकाज का लेखा-जोखा करने भी आए थे। कोई सात घंटे चली इस सुनवाई में दिन भर गहमा गहमी चली। सुनवाई चलाने वाले बार-बार टोकते नहीं तो कई बोलने वाले तो इतने भरे हुए थे कि सभागार को भेद कर ही दम लेते। दूसरी जन सुनवाइयों में लोगों को बोलने के लिए उकसाना पड़ता है। यहाँ उन्हें बार-बार रोकना पड़ता था।

सूचना के अधिकार और आयोग के कामकाज पर जयपुर में इतनी रुचि हो, यह ठीक ही है। आखिर वह उस राजस्थान की राजधानी है जहाँ सूचना के अधिकार के आन्दोलन का जन्म हुआ और ब्यावर के चाँद गेट के बाद जयपुर का स्टैच्यू सर्कल ही है जहाँ अरुणा राय और उनके साथियों ने सबसे बड़ा और लंबा धरना दिया। एक माने में राजस्थान सूचना के अधिकार का घर ही है। वहीं से फैली सूचना की तड़प ने सारे देश में इच्छा पैदा की और चार साल पहले कानून बना जो देश भर में लागू हुआ। राजस्थान के गाँवों, कस्बों, शहरों और महानगरों में सूचना के अधिकार की जितनी अलख जगाई गई है उतनी और किसी भी राज्य में नहीं। इसलिए यह उम्मीद करना बिल्कुल स्वाभाविक होगा कि वहाँ सबसे ज्यादा लोग सूचना माँगने को आगे आते हैं और वहाँ का सूचना आयोग सबसे ज्यादा सक्रिय, जिम्मेदार और

जवाबदेह होगा।

जन सुनवाई का उत्साह, उपस्थिति और उपक्रम देखते हुए तो लगता था कि यह उम्मीद सही होगी। लेकिन आँकड़े कुछ और ही बताते हैं। कानून लागू होने के ढाई साल में देश के गाँवों से कोई चार लाख अर्जियाँ आईं और शहरी इलाकों से कोई सोलह लाख। इनमें राजस्थान के देहात और शहरी इलाके से हर दस हजार की आबादी पर सिर्फ 0.5 प्रतिशत अर्जियाँ आईं। जानकारी मिलने में सफलता का प्रतिशत भी राजस्थान में चालीस ही है जबकि मेघालय में बयासी और ओडीशा जैसे पिछड़े राज्य में भी छप्पन प्रतिशत है।

उस दिन जन सुनवाई में दिन भर शिकायत होती रही कि राज्य के सूचना विभाग का रवैया बहुत टालू है। वहाँ से अक्सर सलाह दी जाती है कि अपील के चक्कर में मत पड़ो। यह भी कह दिया जाता है कि अदालत चले जाओ। दूसरी शिकायत यह थी कि सूचना माँगने वालों के प्रति आयोग का रवैया बहुत अपमानजनक है। सैकड़ों कागज दिखाए गए जो न सिर्फ यह बताते थे कि आयोग की सूचना देने में रुचि ही नहीं है बल्कि वह सूचना चाहने वाले को ठेंगे पर रखता है। जैसे बीकानेर जिले में एक आदमी ने इन्दिरा आवास योजना के बारे में जानकारी माँगी। काफी कोशिश करने के बाद उसे एक लिफाफा मिला, जिसमें किसी अखबार का फटा हुआ आधा पेज था। खाली जगह पर लिखा हुआ था–अब आयोग को बता दो कि सूचना मिल गई है। अखबार के उस फटे हुए पेज में इन्दिरा आवास योजना पर एक शब्द नहीं था, लेकिन वह बाकायदा मुहर लगी प्रमाणित कॉपी थी।

सबसे भयावह उदाहरण बाड़मेर में एक पंचायत के खर्चों की माँगी गई जानकारी का था। पंचायत से जानकारी नहीं मिली तो वह आदमी लोक सूचना अधिकारी के पास गया। पंचायत वालों ने कहा कि यह आदमी जानकारी चाहता ही नहीं है। आदमी ने विरोध किया तो कहा गया कि जानकारी के बहुत से पन्ने हैं। इसलिए इतने दिनों में चौंतीस हजार रुपए जमा करो। नहीं किया तो तुम्हारे खिलाफ कार्रवाई की जाएगी। तुम आयोग और पंचायत को तंग करते हो और हाँ, जब आओ तो अपने साथ पन्ने गिनने वाले भी लेते आना, क्योंकि वे हजारों होंगे। एक साइक्लोस्टाइल पेज के दो रुपए लगते हैं। उसने जैसे-तैसे चौंतीस हजार रुपए जमा करवाए। गिनने वाले तो वह नहीं ले जा सका। उसे सत्रह हजार पेज दिए गए, जिनमें हजारों खाली थे। बाकी के पंचायत के जो भी कागज थे सबकी कॉपी दे दी गई। उनमें एक शादी का प्रमाण-पत्र भी था, जो बताता था कि किसी मेधवाल ने किसी लड़की से ब्याह किया जो कि वैध है। वह भी बाकायदा मुहर लगा कागज है। उनमें कई मजेदार कागज थे, लेकिन उनका पंचायत के खर्च के हिसाब से कोई लेना-देना नहीं था। दरअसल उन इतने हजार पेजों में माँगी गई जानकारी थी ही नहीं।

उन कागजों को देखकर साफ लगता है कि आयोग और पंचायत सूचना माँगने वाले को दंडित करना चाहते थे। उन्हें न सूचना के अधिकार कानून की कोई चिन्ता थी, न देश-दुनिया की कि लोग क्या सोचेंगे, न उस आदमी की जो सूचना माँग रहा था। यह न सिर्फ उसे अपमानित करना था बल्कि सूचना माँगने के अपराध की सजा देना था। वहाँ आए सभी लोगों की सूचना देने वाली एजेंसियों से ऐसी ही शिकायतें थीं। एक-दो व्यक्तियों ने यह भी कहा कि हमने जो माँगी थी वह जानकारी पूरी और समय से मिली और हमें किसी मुसीबत का सामना न करना पड़ा। लेकिन जन सुनवाई करवाने वाले सूचना के अधिकार मंच ने जो सर्वे करवाया है उसमें अपील करने वालों ने एक नहीं साठ सुझाव दिए हैं। उनमें से एक कहता है–आयोग में सूचना माँगने वाले आम जन को अपमानित करने का भाव होता है। इसमें बदलाव होना चाहिए। ज्यादातर शिकायतें आयोग के टालू रवैए, समय बरबाद करने, जानकारी न देने, जानकारी न देने वाले अधिकारियों के प्रति नरम रुख रखने, दंड, जुर्माना आदि न देने और सब चलता है–के उदासीन रवैए के बारे में है।

दिन भर इसी तरह की शिकायतें सुनते-सुनते लगा कि सूचना के अधिकार के आन्दोलन ने तेरह साल में और कानून ने चार साल में जो कुछ प्राप्त किया है आयोग उसे अपने रवैए और कामकाज से बरबाद कर रहा है। अगर सूचना पाना इतना मुश्किल का और इतना अपमानित होने का काम है तो कोई नागरिक क्यों अपना समय और आत्म-सम्मान गँवाएगा। इतने वर्षों में इतने कम लोगों ने अगर सूचना के द्वार पर दस्तक दी है तो कोई गलत नहीं किया है। जैसे लोग थाने जाने और पुलिस की मदद करने से कतराते हैं और अदालत भी तभी जाते हैं जब मजबूर होते हैं वैसे ही अगर वे सूचना आयोग से निरुत्साहित और अपमानित होंगे तो सूचना के अधिकार और लोक एजेंसियों की जवाबदेही बेकार हो जाएगी। सरकार नागरिकों को सूचना देने पर यों भी उत्सुक नहीं होती है। सरकारी अमला समझता है कि सूचना माँगने वाला उसके सुरक्षित किले में सेंध लगा रहा है। यह रवैया तो बदला नहीं है सूचना के अधिकार का कानून भले ही बन गया हो।

ऐसा क्यों हो रहा है, यह समझने के लिए कानून बनवाने वालों में से एक लोक प्रशासन के भारतीय संस्थान के भूतपूर्व प्राध्यापक शेखर सिंह से पूछा। उनने बताया कि केन्द्र और राज्य के सत्ताईस मुख्य सूचना आयुक्तों में से तेईस रिटायर आईएएस अफसर हैं, तीन रिटायर न्यायाधीश हैं। एक रिटायर पुलिस अफसर है और अरुणाचल के एक भूतपूर्व सांसद हैं। आयोग के बिल्कुल नौकरशाही ढंग से काम करने का एक सबसे बड़ा कारण तो यह आँकड़ा ही है। हमारे जैसे जिन लोगों ने अरुणा राय और उनके मजदूर किसान शक्ति संगठन के साथ सूचना के अधिकार

की लड़ाई लड़ी, खूब जानते हैं कि ऐसे किसी कानून के बनने और लोगों को यह अधिकार दिए जाने का जबरदस्त विरोध नौकरशाही ने किया था। वह चाहे केन्द्र सरकार की नौकरशाही हो, चाहे राज्यों की। प्रधानमंत्री विश्वनाथ प्रताप सिंह से लेकर मनमोहन सिंह तक सभी ने नौकरशाही के विरोध के कारण कानून बनने में देरी, अड़ंगेबाजी और विरोध का सामना किया है। अटल बिहारी वाजपेयी की एनडीए सरकार के वक्त कानून तो बन गया था लेकिन वह इतना पनीला था कि उससे कुछ होना ही नहीं था। लेकिन वह पनीला कानून भी राष्ट्रपति की अनुमति पाकर लागू नहीं किया जा सका। क्योंकि रास्ते में ही अटका रह गया। सन् 2004 में यूपीए की सरकार बनने पर कानून का सही मसौदा फिर तैयार किया गया। लेकिन वह भी सुपर तानाशाह मनमोहन सिंह के दरवाजे पर लटका रहा। वह तो सोनिया गांधी की रुचि और सरकार में उनका पव्वा था कि आन्दोलन वाले जैसा चाहते थे बहुत-कुछ वैसा ही कानून बन गया और देश भर में लागू भी हो गया।

अब भी उसमें जिन संशोधनों के लिए दबाव डाला जा रहा है उनमें पहला तो नौकरशाही की तरफ से ही है। कहा जा रहा है कि सरकारी फाइलों में नोटिंग की जो जानकारी दी जानी है उसमें नोट लिखने वाले अफसर का नाम उजागर नहीं किया जाना चाहिए। इस संशोधन में राजनेता भी नौकरशाहों के साथ हैं। क्योंकि, गलत- सलत नोटिंग तो मंत्री की इच्छा पर ही की जाती है और नौकरशाह नहीं चाहता कि उसका नाम उजागर हो। और भी कुछ संशोधन हैं जो नेता और नौकरशाहों की मिलीभगत पर परदा डाले रखने के लिए उन्हें जरूरी लगते हैं।

अब कड़वी सच्चाई है कि मौजूदा कानून में यों ही कोई कम गालियाँ नहीं छोड़ी गई हैं। फिर कानून पर अमल करने के लिए जो सूचना आयोग बनाया गया है, वह न सिर्फ रिटायर नौकरशाही के हवाले कर दिया गया है, इसकी पूरी सांस्थानिक व्यवस्था की गई है कि आयोग का रवैया, सरकार, पुलिस और अदालत से भी ज्यादा समय बरबाद करने और लोगों को निरुत्साहित करने वाला हो। जब तक आयोग का गैरसरकारीकरण नहीं किया जाएगा और उसे लोक भावना से काम करने के लिए उसमें लोकहित में काम करने वाले लोकसेवक नहीं रखे जाएँगे, तब तक वह लोक विश्वास जाग्रत् और प्राप्त नहीं कर सकेगा।

एक सुझाव यह भी है कि सूचना के जन अधिकार के राष्ट्रीय अभियान को एक लोक सूचना आयोग का गठन करना चाहिए, जिसमें लोकमत बनाने और लोक को सही जानकारी देने वाले लोग हों जो सूचना के अधिकार कानून के अमल और सूचना आयोग के कामकाज पर लोक निगरानी कर सकें।

(प्रथम प्रवक्ता, 1 अक्टूबर, 2009)

नए राजनेताओं का कैटल क्लास

घाना और लाइबेरिया की यात्रा से लौटे विदेश राज्यमंत्री शशि थरूर कांग्रेस अध्यक्ष सोनिया गांधी और प्रधानमंत्री मनमोहन सिंह से मिलने गए। बाद में उनने वित्त मंत्री प्रणव मुखर्जी के घर दोपहर का खाना भी खाया। इन तीनों मुलाकातों के पहले और बाद में शशि थरूर ने मीडिया से कोई बात नहीं की। लेकिन सभी अखबारों ने और टीवी वालों ने बताया कि शशि थरूर का मुँह उतरा हुआ था। इससे मीडिया वालों ने निष्कर्ष निकाला कि उनकी क्लास ली गई होगी। सभी ने बताया कि उनसे कहा गया है कि ट्वीटर पर लिखते-बोलते हुए वे आगे से सावधानी बरतें। अपने शब्दों का ख्याल रखें और ऐसी बातें न कहें, जिससे आम लोगों की भावनाओं को चोट पहुँचे।

सोनिया गांधी ने शशि थरूर से ये बातें कही हैं। ऐसा कांग्रेस के सूत्रों ने ही मीडिया को बताया। तो क्या यही वह उचित समय पर की जाने वाली उचित कार्रवाई है जिसका वादा कांग्रेस ने किया था? शशि थरूर के इन नेताओं से मिलने के बाद एक अखबार ने अपने पाठकों से पूछा था कि सोनिया की नसीहत के बाद क्या थरूर के बयान पर उठे विवाद को खत्म मान लेना चाहिए? पचास प्रतिशत पाठकों ने कहा कि हाँ और चालीस ने नहीं और दस को पता नहीं है। इसका मतलब आप चाहे जो निकाल लें लेकिन सवाल का मकसद तो यही है कि सोनिया की नसीहत थरूर के किए-धरे के लिए काफी होनी चाहिए।

सच पूछिए तो कांग्रेस के नेतृत्व का भी यही इरादा है कि सोनिया गांधी की नसीहत को पर्याप्त दंड मान लिया जाना चाहिए और थरूर के कैटल क्लास की बात से चला विवाद समाप्त कर दिया जाना चाहिए। प्रधानमंत्री मनमोहन सिंह तो पहले ही कह चुके हैं कि ट्वीटर पर यह बात थरूर ने मजाक में कही थी और नाहक 'तिल का ताड़' बनाया जा रहा है। मामला क्या है? देश के कई इलाकों में पड़ रहे सूखे और अर्थव्यवस्था में चल रही मन्दी को देखते हुए कांग्रेस ने तय किया कि सरकारी और पार्टी के काम में सादगी बरती जाए। सोनिया गांधी ने विमान के इकोनॉमी क्लास में यात्रा की और राहुल गांधी ने शताब्दी के साधारण क्लास में। इस कारण बेचारे शशि थरूर को भी विमान की इकोनॉमी क्लास में यात्रा करनी पड़ी।

उनसे ट्वीटर पर किसी ने पूछ लिया कि क्यों? तो लेखक शशि थरूर ने कहा, "एब्सल्यूटली इन कैटल क्लास आउट ऑफ सॉलेडरिटी विथ ऑल ऑवर होली काउज़।"

जवाब का मजा अंग्रेजी में ही है इसलिए जैसा थरूर ने लिखा, वैसा ही आपको बताया। हिन्दी में एक तो पवित्र गैयाएँ होती नहीं दूसरे उसमें कोई अलग से मवेशी क्लास नहीं होती। हिन्दी वाले गाय को माता मानते हैं और अपनी मवेशी के साथ रहने में उन्हें कोई एतराज़ नहीं होता। जहाँ किसान रहता है, वहीं उसके गाय-बैल और जहाँ ग्वाला चरवाहा वहीं उसके मवेशी। दरअसल गाय को पवित्र मानने की भारतीय अवधारणा का मजाक उड़ाने के लिए ही अंग्रेजी में 'होली काउज़' का मुहावरा आया। उन लोगों के लिए जिनसे हम सम्मान से दूरी बनाए रखते हैं और जिन्हें विवाद में घसीटते नहीं। अमेरिका और यूरोप में आदमी और मवेशी अलग-अलग यात्रा करते हैं। मवेशी डब्बे में भेड़ दिए जाते हैं और आदमी सुख-सुविधा में और आसपास पर्याप्त जगह में यात्रा करते हैं। भारत की ज्यादातर रेलगाड़ियाँ और बसों में इतने लोग भरकर सफर करते हैं कि उन्हें देखकर मवेशी की अलग क्लास की अवधारणा ही नहीं टिकती।

लेकिन शशि थरूर के ट्वीट में आम लोगों की इस जनता क्लास का तो कोई ध्यान ही नहीं है। उनके लिए तो मवेशी और इन लोगों में कोई फर्क ही नहीं है और वे हैं भी कि नहीं, इससे भी उनका कोई खास ताल्लुक नहीं है। वे मवेशी क्लास उस इकोनॉमी क्लास को कहते हैं जिसमें हवाई यात्रा करने वाले आम लोग यात्रा करते हैं। खास लोगों की एग्जीक्यूटिव, बिजनेस या फर्स्ट क्लास होती है जिसमें ज्यादा जगह और बेहतर सेवाएँ होती हैं। खास लोगों की रेलगाड़ियाँ भी होती हैं, जैसे–शताब्दी और राजधानी और उनमें भी एग्जीक्यूटिव और एसी फर्स्ट क्लास होता है। बेचारे थरूर को अपने सोनिया और राहुल गांधी जैसी पवित्र गैयाओं के साथ एकजुटता दिखाने के लिए ये सारी क्लासें छोड़कर विमान के इकोनॉमी क्लास में यात्रा करनी पड़ी जिसे उन्हें कैटल क्लास कहा। मनमोहन सिंह ने कहा कि ऐसा उनने मजाक में गुड ह्यूमर में कहा।

लेकिन कांग्रेस पार्टी को इसका बहुत बुरा लगा। एक तो सोनिया गांधी और राहुल गांधी को उन्हीं की सरकार का एक जूनियर मंत्री 'होली काउज़' कहे, इसे वे बर्दाश्त नहीं कर सकते। दूसरे, कांग्रेस आम आदमी की पार्टी है। विमान में कांग्रेस के आम आदमी इकोनॉमी क्लास में यात्रा करते हैं। इन्हीं आम आदमी के नेता राहुल और सोनिया हैं। वे अगर आम आदमी के साथ यात्रा करते हैं तो वह कैटल क्लास कैसे हो सकता है? कांग्रेस के आम आदमी और मवेशी को एक करके थरूर ने आम आदमी का अपमान किया है। कांग्रेस फिर भी उन्हें माफ कर देती। लेकिन आजकल

त्यागमूर्ति सोनिया और जनता के नेता राहुल इकोनॉमी में यात्रा कर रहे हैं। इसका गुणगान होना चाहिए कि उन्हें होली काउज़ और कैटल क्लास में जाना बताना चाहिए। कांग्रेस का गुस्सा जायज है। यह हमारी राजनीतिक संस्कृति नहीं है कि जनता को मवेशी कहा जाए। इसलिए कांग्रेस को थरूर की बात बिल्कुल नागवार गुजरी। राजस्थान के मुख्यमंत्री अशोक गहलोत ने थरूर का इस्तीफा माँग लिया।

लेकिन क्या गलत है और क्या सही कांग्रेस में इसका अन्तिम फैसला तो सोनिया गांधी करती हैं। उनने अगर शशि थरूर की इस हिकामत को हलकी डाँट से ज्यादा के लायक नहीं माना है तो यह उतनी ही बड़ी गलती होगी। तथास्तु! कांग्रेस में विवाद खत्म! लेकिन देश के सामने तो यह सवाल फिर भी खड़ा रहेगा कि शशि थरूर इस देश का कैसा मंत्री है जो आम लोगों की क्लास को कैटल क्लास कहता है? लोग कहते हैं और सही कहते हैं कि जिसे आम लोगों का क्लास मानकर थरूर ने कैटल क्लास कहा उसमें भी भारत के आम लोग यात्रा नहीं कर सकते। पारिवारिक या निजी इमरजेंसी में भी इकोनॉमी क्लास भारी पड़ती है। तो फिर यह कैसा मंत्री है जो खास में खास को भी कैटल क्लास कहता है? इसे इस गरीब देश का मंत्री क्यों और कैसे होने दिया जा रहा है? सच पूछिए तो शशि थरूर मामूली मंत्री नहीं हैं। जब से उन्हें मनमोहन सिंह ने विदेश मंत्रालय में राज्यमंत्री बनाया वे सरकारी बँगला या केरल भवन के कमरे में रहने के बजाय एक पाँच सितारा होटल में रह रहे थे। उन्हें जिम जैसी सुविधाएँ चाहिए जो केरल हाउस में नहीं हैं और जो सरकारी बँगला उन्हें दिया गया, वह अभी रहने के लायक नहीं है। तो बेचारे थरूर क्या करें? पाँच सितारा होटल ही उनके रहने के लायक जगह है। गनीमत है कि उसे उन्होंने अस्तबल नहीं कहा। नहीं तो अपनी पाँच तारा सुविधाओं को कई अंग्रेज और अमेरिकी पहले ऐसी जगह बता चुके हैं। शशि थरूर के पाँच सितारा होटल में रहने का हल्ला मचा और वित्त मंत्री प्रणव मुखर्जी ने कहा तब वे बेमन से होटल छोड़कर बाहर आए।

अब शशि थरूर अमेरिका में भारत के राजनयिक के नाते संयुक्त राष्ट्र संघ में काम करते थे। वहाँ उनने राष्ट्र संघ के महासचिव बनने का चुनाव लड़ा और भारत की पूरी कोशिशों के बावजूद हार गए। भारत आए। केरल से कांग्रेस के टिकट पर चुनाव लड़े और जीत गए। पहली बार सांसद बने और मंत्री बना दिए गए। क्योंकि राष्ट्र संघ में काम करते हुए विदेश मामलों के अच्छे जानकार हो गए थे। वे जनता की सरकार के विदेश में प्रतिनिधि थे और राजकीय ठाठ-बाट से रहते थे। अंग्रेजी में लिखने वाले भारतीय लेखक हैं तो पैसा भी काफी पाते हैं। उन्हें केरल की गरीब जनता के प्रतिनिधि बनकर संसद में पहुँचने का उतना अहसास नहीं है जितना अपनी पुरानी अमेरिकी जीवन शैली का। इसलिए जूनियर मंत्री बनकर भी वे पाँच सितारा

होटल में रहने पहुँच गए और इकोनॉमी क्लास को कैटल क्लास कहते हैं।

बेचारे शशि थरूर का कोई दोष नहीं। उनके जैसे लाखों अनिवासी भारतीय अब हो गए हैं जो अपने को भारत की असलियत से नहीं अमेरिकी विपुलता से जुड़ा पाते हैं। वे नहीं मानते कि उनके बनने में इस गरीब भारत का अहसान है। गरीब भारत की राजनीति में जो अनिवार्य आम आदमी या दरिद्र नारायण है उसे समझना और उसकी भावनाओं की कदर करना उन्हें पाखंड लगता है। ऐसा नहीं है कि विदेश से ऐसे उड़ते हुए लोग पहले नहीं आते थे। जवाहरलाल नेहरू की पृष्ठभूमि मत भूलिए। राजीव गांधी को भी याद रखिए। यह भी सोचिए कि चौबीस साल दक्षिण अफ्रीका में गिरमिटियों के हकों के लिए लड़कर आए मोहनदास करमचन्द गांधी को गोखले ने दो साल भारत को देखने की सलाह दी थी। विलायत पलट भारतीय अपने को हमेशा ही तीसमार खाँ मानते रहे हैं।

वह तो पहले अपने यहाँ जनता के ऐसे लोक नेता हुआ करते थे जो इन 'उडगनों' को भारत की मिट्टी में रगड़ते थे। जनता में मेच कर घुटनों के बल रेंग कर चलना सिखाते थे। वैसे नेता अब किस पार्टी में बचे हैं? कांग्रेस की सोनिया गांधी की क्या पृष्ठभूमि है? और मनमोहन सिंह कौन से जनता के नेता हैं? भाजपा में अटल और आडवाणी के बाद कौन जन नेता है? कम्युनिस्ट पार्टियों में भी पार्टी के नेता हैं जनता के नेता कहाँ हैं? लालू, मुलायम, मायावती अपनी जात के बाहर क्या हैं? तो फिर शशि थरूर जैसे कैटल क्लास के नेताओं को भारतीय कौन बनाएगा? इस देश की जनता! लेकिन उसे मवेशी कहने की हिम्मत कहाँ से आती है? सोचिए।

(प्रथम प्रवक्ता, 16 अक्टूबर, 2009)

लोकलाज से सामाजिक ऑडिट या कानून से

राजस्थान सूचना के अधिकार आन्दोलन का ही नहीं राष्ट्रीय ग्रामीण रोजगार गारंटी योजना का भी घर है। इसलिए यह उचित ही हुआ कि नरेगा के काम का सोशल ऑडिट राजस्थान के भीलवाड़ा जिले की सभी 381 पंचायतों के लगभग 1600 गाँवों में 900 कार्यस्थलों पर हुआ। एक से 12 अक्टूबर तक चले इस ऑडिट में देश भर से कोई दो हजार सामाजिक कार्यकर्ताओं ने भाग लिया। ये देश के 13 राज्यों और राजस्थान के 25 जिलों से आए थे। यह देश का पहला ऑडिट था, जो एक अभियान के रूप में चला।

अब तक नरेगा के काम का सोशल ऑडिट या तो जन संगठन करते थे या ग्राम पंचायतें या दूसरी सरकारी एजेंसियाँ। भीलवाड़ा में हुए इस सोशल ऑडिट की सबसे बड़ी बात यह थी कि इसे सरकारी एजेंसियों और जन संगठनों ने मिलकर किया। इससे सोशल ऑडिट में अब तक सरकारी एजेंसियों और जन संगठनों के बीच जो तनातनी, अविश्वास, डराव और संघर्ष दिखाई देता था वह तो कम हुआ ही। ऐसा सहयोग का वातावरण भी बना जिसने नरेगा में हो रहे भ्रष्टाचार को समझने और दूर करने का नया सहयोगी रवैया विकसित करने में मदद की।

इस माने में यह सोशल ऑडिट जनता और सरकार के बीच भागेदारी का नया प्रयोग ही कहा जाना चाहिए। भीलवाड़ा के इन्दिरा गांधी सामुदायिक भवन के विशाल परिसर में कोई दो हजार सामाजिक ऑडिटर और भीलवाड़ा जिले के कलेक्टर और उनके अफसरों और मुलाजिमों ने 11 और 12 अक्टूबर को बैठकर सोशल ऑडिट के निष्कर्षों पर विचार किया। वहाँ न सिर्फ राजस्थान सरकार के जिम्मेदार मंत्री बैठे थे, केन्द्रीय ग्रामीण विकास और पंचायती राज मंत्री सीपी जोशी भी दिन भर रहे। भीलवाड़ा इन मंत्री महोदय का घर और चुनाव क्षेत्र भी है। कहना मुनासिब होगा कि सीपी जोशी देश के पहले केन्द्रीय मंत्री हैं जिनने अपने चुनाव क्षेत्र में इस तरह का पब्लिक ऑडिट करने और करवाने में खुद ही शामिल हुए। इससे न सिर्फ उनके मंत्रालय के काम को जवाबदेही का एक नया आयाम मिला, एक सांसद भी अपने निर्वाचकों के सामने अपने काम के लिए जिम्मेदारी लेता हुआ हाजिर हुआ।

लेकिन नरेगा के काम के इस तरह के खुले सार्वजनिक ऑडिट में सरकार और जन संगठन साथ मिलकर काम कर सके तो इसलिए कि अशोक गहलोत की सरकार ने नरेगा पर बहुत रचनात्मक रवैया अपना रखा है। जनता की भागेदारी इसमें पूरी हो सके इसलिए सरकार ने नरेगा संवाद के लिए महीने में दो दिन तय कर रखे हैं। इस संवाद में जो सरकारी महकमा और अफसर नरेगा चला रहे हैं उनसे नरेगा में काम करने वाले मजदूर, पंच-सरपंच और पंचायतों के कर्मचारी आकर बात करते हैं। इससे समस्याओं का निराकरण ही नहीं होता, जिन प्रयोजनों के लिए नरेगा बना और चल रहा है उन पर भी लगातार निगरानी होती रहती है। नरेगा संवाद से जुड़े सरकारी अफसर भी इस सामाजिक ऑडिट के आकलन की प्रक्रिया में शामिल हुए।

भीलवाड़ा के इस सामाजिक ऑडिट में सरकार और जन संगठनों के बीच ऐसा सद्भाव और सहयोग बन सका इसका खास कारण यह भी था कि मजदूर किसान शक्ति संगठन और सूचना एवं रोजगार अभियान की अरुणा राय और निखिल डे ने पहल की। अरुणा राय तो नरेगा की राष्ट्रीय परिषद की भी सदस्य हैं। अरुणा राय और निखिल डे की कोशिशों से देश भर के 65 संगठनों ने इस ऑडिट में भाग लिया। देश के कम्पट्रोलर एंड अकाउंटिंग जनरल के डायरेक्टर निरंजन पन्त ने खुद आकर सामाजिक ऑडिटरों की ट्रेनिंग का अवलोकन किया और कहा कि सामाजिक ऑडिट की मूल भावना को सीएजी की ऑडिट प्रक्रिया में जोड़ा जाना चाहिए। इसके लिए एक टास्क फोर्स का गठन भी किया गया है। लेकिन भीलवाड़ा की कलेक्टर मंजू राजपाल और नरेगा आयुक्त राजेन्द्र भाणावत और राजस्थान के ग्रामीण विकास और पंचायती राज मंत्री भरत सिंह भी इस ऑडिट में शामिल और सक्रिय रहे। इससे सरकार के जो विभाग और पंचायतें मानती थीं कि सामाजिक ऑडिट उनके विरुद्ध होता है, वे भी सहयोगी रवैए से शामिल हुए। इस तरह यह सामाजिक ऑडिट सही मायने में नरेगा का जन ऑडिट हो गया। इसका जितना श्रेय अरुणा राय का माना जाएगा उतना ही कलेक्टर मंजू राजपाल का भी माना जाना चाहिए।

नरेगा के काम का सामाजिक ऑडिट अब तक पंचायतों के जरिए किया जाता था। अब चूँकि, इसमें जन संगठन और सामाजिक कार्यकर्ता भी शामिल हो रहे थे इसलिए सरपंचों को इससे एतराज था। कुछ सरपंच तो नाराज ही थे। लेकिन कलेक्टर मंजू राजपाल और जिले के प्रमुख इंजीनियर कन्हैयालाल धाकड़ ने मध्यस्थता की और धीरे-धीरे पंचायतों के एतराज और नाराजगी खत्म हुई। और वे सहयोग के लिए आगे आए। सामाजिक ऑडिट का प्रावधान नरेगा के कानून में ही है। अब तक जन संगठन अपनी ओर से देश भर में और विशेष रूप से राजस्थान में पंचायतों के नरेगा काम का सामाजिक ऑडिट करते रहे हैं। सरकार और पंचायतों

पर उनका दबाव हमेशा बना रहा है कि नरेगा के काम में जो धाँधली और भ्रष्टाचार होता है, उस पर रोक लगाई जाए। मजदूर किसान शक्ति संगठन तो कोई पन्द्रह साल से राजस्थान में जन सुनवाई करवाता रहा है। चूँकि नरेगा का कानून बनाने में भी इस संगठन का बड़ा हाथ रहा है इसलिए सामाजिक ऑडिट का प्रावधान कानून में ही है। लेकिन पंचायतें, जो सामाजिक ऑडिट करवा रही थीं, उससे जन संगठनों को घनघोर असन्तोष था। इसे दूर करने के लिए ही नरेगा के एक जिले के पूरे और कोई साढ़े तीन सौ करोड़ के काम के सामाजिक ऑडिट में जन संगठनों और सरकारी एजेंसियों को साथ-साथ काम करने का यह मौका मिला। इसके परिणाम ऑडिट के निष्कर्षों से नहीं इस पूरे काम के नरेगा पर असर से मापे जाने चाहिए।

एक से बारह अक्टूबर तक चले इस सामाजिक ऑडिट के लिए जब राजस्थान और देश के तेरह राज्यों के कार्यकर्ता इकट्ठे हुए तो पहले उन्हें बाकायदा प्रशिक्षण दिया गया कि ऑडिट कैसे करना है। कोई दो हजार लोगों ने साथ-साथ प्रशिक्षण ही नहीं लिया, नरेगा की चुनिन्दा काम की जगहों पर श्रमदान भी किया। तीन दिन तक चली इस प्रक्रिया के बाद 4 अक्टूबर को सब लोग 135 टोलियों में बाँटे गए। एक टोली को तीन पंचायतों का जिम्मा दिया गया। टोलियों ने रात गाँवों में ही बिताई और बिना किसी भेदभाव के गाँव के घरों में जीमन किया। हर टोली के साथ एक समन्वयक और एक रिपोर्टर था, जो सूचना इकट्ठी करने में मदद कर रहे थे। 4 से 9 अक्टूबर तक चली पदयात्रा में 135 टोलियों ने 381 ग्राम पंचायतों और 1600 गाँवों में कोई डेढ़ लाख लोगों से सम्पर्क किया। 10 अक्टूबर को भीलवाड़ा के सामुदायिक केन्द्र भवन में बैठकर इन टोलियों ने अपनी-अपनी रपट तैयार की। अगले दिन यात्री 11 अक्टूबर को केन्द्रीय मंत्री सीपी जोशी, राजस्थान के मंत्री और जिला अफसरों के सामने ये रपट पेश की गई। 12 अक्टूबर को समापन हुआ।

रपटों में ऐसा निकलकर तो नहीं आया कि नरेगा का कोई काम कहीं ठीक हुआ ही नहीं हो। 135 में से हर टोली के पास बताने के लिए कुछ न कुछ तो रचनात्मक और सही-सलामत था ही। फिर भी हर रपट में भ्रष्टाचार के वे सारे उदाहरण मौजूद थे जो राजस्थान और देश भर में नरेगा के काम में होते पाए गए हैं। फर्जी फर्मों से फर्जी सामान की रसीदें, जॉब कार्ड मजदूरों के पास न होने, उनकी पास बुकें भी पोस्ट ऑफिस में ही होने, उन्हें होने वाले भुगतान में पोस्ट-ऑफिस, बैंक, पंचायत और सभी एजेंसियों में भ्रष्टाचार, मस्टर रोल पर नाम और भुगतान लेकिन न तो मजदूर काम पर लगे, न काम हुआ लेकिन कागज पर सब मौजूद। कागज से कागज का मिलान, कागज से कागज के सबूत तो सब ऑडिट वाले करते हैं। लेकिन

सामाजिक ऑडिट तो वास्तव में और ठीक से काम हुआ है कि नहीं, यही देखने के लिए होता है। और भीलवाड़ा के इस ऑडिट में पाया गया कि भ्रष्टाचार हुआ है और सभी उसमें शामिल हैं। एक अखबार ने पहले पेज पर छापा कि कोई डेढ़ करोड़ के घोटाले हुए हैं।

घोटालों और भ्रष्टाचार में ज्यादातर पंचायतें, सरपंच और पंच ही शामिल पाए गए। गाँवों की खुली आम सभाओं में भ्रष्टाचार जाहिर हुए तो पंचों-सरपंचों ने पैसा वापस लौटाने की पहल की। कई सरकारी कर्मचारियों ने भी पैसे लौटाने और मजदूरों को भुगतान करने की बात कही। अब सवाल है कि पंचों-सरपंचों और सरकारी कर्मचारियों के खिलाफ कानूनी कार्रवाई में तो पुलिस, प्रशासन और अदालतों में मामला जाएगा और बरसों चलेगा। इससे गाँव समाज विभाजित होगा और कटुता बढ़ती जाएगी। कानूनी कार्रवाई न की जाए तो कानून ही कैसा? और जो भ्रष्टाचार में लिप्त पाए गए उनको सरपंच बने रहने दिया गया तो पंचायती राज कैसे चलेगा? लेकिन सामाजिक ऑडिट के बाद जो भ्रष्टाचार करते पाए गए वे माफी माँगें, पैसा लौटाएँ और आगे गलत काम न करने का वादा करें। फिर भी गलती करें तो सरपंच बनने के लायक न रहने दिए जाएँ। क्या सामाजिक ऑडिट लोकलाज से काम करे या कानून से?

(प्रथम प्रवक्ता, 1 नवम्बर, 2009)

कांग्रेस की जीत के मायने

महाराष्ट्र, हरियाणा और अरुणाचल में लोगों ने कांग्रेस को फिर चुन लिया। महाराष्ट्र में तीसरी बार और हरियाणा और अरुणाचल में दूसरी बार। सवाल है कि क्या तीनों राज्यों में कांग्रेस का शासन इतना अच्छा रहा है कि लोगों ने उसे फिर सत्ता सौंप दी है?

जवाब आसान नहीं है। क्योंकि पिछले कुछ सालों से सत्ता में पार्टी का प्रदर्शन उसके फिर चुने जाने की कसौटी नहीं है। शीला दीक्षित ने दिल्ली में कांग्रेस को तीसरी बार जिता दिया। सब कहते हैं कि उनने खूब काम किया है। दिल्ली की सूरत बदल दी है। लेकिन दिल्ली में केन्द्र की मनमोहन सरकार भी दुबारा आ गई है। महँगाई बेकाबू है। किसानों की आत्महत्याएँ पहले से बढ़ गई हैं। बेरोजगारी, खेती में और उद्योग में भी पहले से ज्यादा हो गई है। आतंकवाद और अपराधियों से आम आदमी का जीवन कहीं अधिक असुरक्षित हो गया है। मनमोहन सिंह उद्योग व्यापार के हितू हैं और प्रधानमंत्री होते हुए भी देश का राजनीतिक नेतृत्व नहीं करते। राजनीतिक नेतृत्व सोनिया गांधी के हाथ में है जो सरकार नहीं चलाती।

फिर भी कांग्रेस को 2004 की तुलना में कोई साठ-बासठ सीटें इस बार के लोकसभा चुनाव में ज्यादा मिल गई हैं और उसकी सरकार अब किसी भी पार्टी पर वैसी निर्भर नहीं है जैसी पिछली सरकार वामपन्थियों पर थी। और तो और मुलायम सिंह यादव की जिस समाजवादी पार्टी ने उसे गिरने से बचाया था और जो स्वाभाविक ही सत्ता में उससे बड़ी भागेदारी की माँग कर सकती थी। वह लालू यादव की आरएलडी और मायावती की बहुजन समाज पार्टी की तरह इस लायक भी नहीं रही कि कांग्रेस से समर्थन पर मोलभाव कर सके। सब-के-सब बिना माँगे और बिना शर्त कांग्रेस का समर्थन कर रहे हैं। कोई दो सौ सीटों वाली कांग्रेस ऐसे राज कर रही है जैसे उसे दो-तिहाई बहुमत मिल गया है।

पहले अक्सर ऐसा होता था कि जिसकी सरकार दिल्ली में होती थी उस पार्टी की सरकार राज्यों में दुबारा नहीं चुनी जाती थी। अंग्रेजी वाले इसे 'इनकंबंसी फैक्टर' यानी राज में होने का खामियाजा कहा करते थे। अब आप देख रहे हैं कि केन्द्र में

सत्तारूढ़ पार्टी की सरकार राज्य में दुबारा ही नहीं तिबारा चुनी जा रही है। महाराष्ट्र और दिल्ली इसके उदाहरण हैं। दिल्ली में भारतीय जनता पार्टी की हालत कितनी दयनीय है यह तो आप जानते ही हैं। फिर भी गुजरात और मध्य प्रदेश में उसकी सरकार दुबारा सत्तारूढ़ हो गई। और तो और उड़ीसा में नवीन पटनायक के बीजू जनता दल ने बरसों से चला आ रहा गठबन्धन भाजपा से तोड़ दिया। वह फिर भी सत्ता में अकेले ही दुबारा आ गई। उसके पड़ोसी राज्य पश्चिम बंगाल में तो वाम मोर्चे को शासन करते-करते अब बत्तीस साल हो गए हैं। इस बार के लोकसभा चुनाव में त्रिणमूल कांग्रेस ने जरूर उसकी जमावट हिला दी है। ममता बनर्जी को उम्मीद है कि अब जो विधानसभा चुनाव होंगे उनमें वे वाम मोर्चे को अपदस्थ कर देंगी।

पश्चिम बंगाल में कहा जाता था कि वामपन्थी पार्टियों खासकर माकपा के काडर ने अपना लोहे का पंजा इस तरह फैला रखा है कि गाँव-गाँव में वोटर वही करते हैं जो वे चाहते हैं। लेकिन महाराष्ट्र और दिल्ली में तो कांग्रेस का ऐसा कोई काडर नहीं है जो लोगों को उसे तिबारा वोट देने पर मजबूर करता। बल्कि सच्चाई तो यह है कि कांग्रेस का कोई काडर ही नहीं है। उसके या तो फुल टाइम नेता हैं जिनका धन्धा ही राजनीति की कमाई करना है या खुल्ले कार्यकर्ता हैं जो चुनाव के वक्त नए मौकों की तलाश में उसके पास वैसे ही आते हैं जैसे गुड़ की भेली पर मक्खियाँ। हर चुनाव कुछ कार्यकर्ताओं को कांग्रेस का नेता बना देता है। ये लोग जमीन पर लोगों के बीच लगातार काम करके कांग्रेस के वोटर या पार्टी का संगठन नहीं बनाते। ये लोग मौके को भुनाने आते हैं। ऐसे लोग वोट देने निकले वोटरों को सुविधाएँ तो दे सकते हैं लेकिन उन्हें किसे वोट देना है इस पर मजबूर नहीं कर सकते, जैसा कि वामपन्थी पार्टियों के काडर कर सकते हैं और इतने सालों से पश्चिम बंगाल में करके दिखाते आ रहे हैं।

फिर भी कांग्रेस कैसे जीतती आ रही है? लोग कहते हैं और पिछले लोकसभा चुनाव के दौरान मैंने भी कहा था कि अब क्षेत्रीय पार्टियों के तारे अस्त हो रहे हैं और कांग्रेस का सूर्योदय होने की कोशिश कर रहा है। सबसे बड़ा संकेत उत्तर प्रदेश में मिल रहा है जहाँ मुलायम सिंह की समाजवादी और मायावती की बहुजन समाज पार्टी अपना-अपना जोर दिखाकर चुक रही है और वहाँ कभी सबसे शक्तिशाली रही कांग्रेस फिर से अपना आधार पा रही है। राजस्थान और मध्य प्रदेश में भी उसका प्रदर्शन पहले से सुधरा है। अगर वह बिहार में भी खोया मैदान जीत ले तो पूरे हिन्दी इलाके में उसका दबदबा बढ़ जाएगा। ऐसा हुआ तो कांग्रेस फिर से सचमुच की राष्ट्रीय पार्टी हो जाएगी।

राष्ट्रीय पार्टियाँ फिर से ताकतवर हों तो राष्ट्रीय राजनीति देश में फिर चलने

लगेगी और इससे देश के राजनीतिक समाज का विखंडन रुकेगा और सुशासन करना आसान होगा। जो लोग पश्चिमी देशों के लोकतंत्रों में दो पार्टी शासन देखते आ रहे हैं और भारत के पढ़े-लिखे लोग ऐसे पश्चिम परस्त ही हैं। पहले उनका आदर्श लोकतंत्र ब्रिटेन का हुआ करता था, अब अमेरिका का है जहाँ दो पार्टियों के बीच सत्ता डोलती रहती है। इन लोगों को लगता है कि जब तक भारत का लोकतंत्र पश्चिम की बनी-बनाई लाइन पर चलता है तब तक वह ठीक और मजबूत बना रहेगा। इसलिए इन लोगों ने क्षेत्रीय पार्टियों की मदद से बने गठबन्धनों की सरकार को प्रतिष्ठा और सम्मान से नहीं देखा। और तो और जब भी सत्ता में आई हमेशा गठबन्धन के बूते पर आई ऐसी भारतीय जनता पार्टी भी गठबन्धन को आपद्धर्म मानकर करती और चलती रही। उसके नेता लालकृष्ण आडवाणी हमेशा ही दो पार्टियों के लोकतंत्र को आदर्श मानते रहे। उम्मीद और कोशिश करते रहे कि उनकी भाजपा कांग्रेस की वैकल्पिक पार्टी हो जाए और देश की राजनीति में उन दोनों का वर्चस्व बना रहे।

लेकिन अभी आप देख क्या रहे हैं कि कांग्रेस ताकतवर होकर उभर रही है तो भाजपा बीस साल पहले की दयनीय हालत में जा रही है। ऐसा नहीं हो रहा है कि कांग्रेस और भाजपा दोनों साथ-साथ बढ़ रही हों और क्षेत्रीय पार्टियों की कीमत पर बढ़ रही हों। दरअसल कांग्रेस की ताकत बढ़ रही है और वह बार-बार चुनी जा रही है तो इसका मुख्य कारण उसके विपक्ष का बिखराव है। महाराष्ट्र में तीसरी बार उसकी सरकार बनी है तो इसलिए कि राजनीतिक और आर्थिक रूप से सशक्त मराठा समुदाय, जो कभी शिवसेना और भाजपा का आधार हुआ करता था, बँटकर बिखर रहा है। लोग कहते हैं कि राज ठाकरे की महाराष्ट्र नवनिर्माण सेना ने भले ही तेरह सीटें जीती हों पर उसने शिवसेना-भाजपा को पैंसठ सीटों का नुकसान कर दिया है। आप देख सकते हैं कि कांग्रेस ने तो राष्ट्रवादी कांग्रेस से गठबन्धन करके अपने वोटों को बचा लिया पर उसने अपने शातिर खेल से राज ठाकरे को खड़ा करके शिवसेना और भाजपा के वोट बाँट दिए।

ऐसा ही आप देखिए कि हरियाणा में हुआ है। वहाँ जाट समुदाय राजनीति का विधायक और निर्णायक समाज है। किसी जमाने में वह कांग्रेस का विरोधी और विपक्ष का सहायक हुआ करता था। अब वह भी बँटकर दो फाड़ हो गया है। चौटाला और हुड्डा के बीच हरियाणा की नब्बे सीटों में से बहत्तर सीटें बँट गई हैं। हुड्डा चालीस सीटें पाकर भी दुबारा सत्ता में आ गए हैं। हरियाणा आयाराम-गयाराम का मूल देश है इसलिए हुड्डा को सरकार बनाने में कोई मुश्किल नहीं हुई। लेकिन वहाँ भी कांग्रेस की सत्ता वर्चस्व वाले समुदाय के दो फाड़ होने पर टिकी है जैसे कि

महाराष्ट्र में मराठा समुदाय के टूटने पर।

इसलिए कांग्रेस की जीत से सवाल यह उठता है कि क्या राज्यों के राजनीतिक और आर्थिक रूप से ताकतवर समुदायों के दो फाड़ होने से राष्ट्रीय राजनीति मजबूत होती है? क्या राजनीतिक समाज का विभाजन ही हमारी राष्ट्रीय राजनीति और पार्टियों को मजबूत करता है? अगर भाजपा का बिखराव और क्षेत्रीय पार्टियों का पतन कांग्रेस को जितवाता है तो इससे कांग्रेस की जीत राष्ट्रीय राजनीति की रचना नहीं कर रही है।

(प्रथम प्रवक्ता, 16 नवम्बर, 2009)

नानावती ने नई तलवार दी है

संघ और उससे जुड़े संगठनों के अपने ही सच हैं, जिन्हें वे बार-बार, अनेक तरीकों से कहकर, साबित करने के प्रयास करते हैं।

नानावती आयोग की रिपोर्ट अविश्वसनीय है इसे संघ परिवार जानता है। इस सच्चाई को गुजरात के मुख्यमंत्री नरेन्द्र मोदी भी जानते हैं जिनने बाकी दुनिया से माँग की है कि गोधरा पर गुजरात को बदनाम करने वाले अब उनसे माफी माँगें क्योंकि नानावती आयोग की रपट ने दूध का दूध और पानी का पानी कर दिया है। पूरा संघ परिवार इस रपट को राजा हरिश्चंद्र के सत्य वचन बनाने और बताने में लगा है। आप समझें कि यह उसका मूरखपन है तो आप गलती कर रहे हैं।

संघ परिवार वस्तुगत सत्य पर काम नहीं करता। वह अपनी बनाई हुई सच्चाई पर काम करता है। ऐसी आस्था और ऐसे विश्वास से काम करता है कि उसे देख-सुनकर लोगों को लगे कि यही अन्तिम सत्य है। इसमें शंका की कोई गुंजाइश ही नहीं है। आज से नहीं, तिरासी साल पहले अपनी स्थापना के दिन से। भारतीय जनता पार्टी हो, विश्व हिन्दू परिषद हो या बजरंग दल हो, परिवार का हर संगठन और संस्था अपने बनाए हुए सच में विश्वास करने और फिर उसे प्रचारित करने को ही अपना काम समझती है। इसलिए अगर नानावती आयोग ने अपनी पहली रपट में ऐसी बातें कही हैं जो ज्ञात और सर्वमान्य तथ्यों से विपरीत हैं तो आप भले ही निश्चिंत हों, संघ परिवारी बिल्कुल नहीं हैं। उनने यह मानकर ही साबरमती एक्सप्रेस के एस-6 डिब्बे के 59 कारसेवकों के 27 फरवरी को जलाए जाने का बदला गुजरात के मुसलमानों के नरसंहार से लिया था कि गोधरा कांड जान-बूझकर सोच-समझकर की गई साजिश थी। चूँकि मुसलमानों ने साजिश करके अयोध्या से लौटते हुए कारसेवकों को रेल के डिब्बे में जलाकर मारा इसलिए मुसलमानों से बदला लेना बिल्कुल वाजिब है। नरेन्द्र मोदी ने तब क्या ही खूब कहा था कि हर क्रिया की प्रतिक्रिया होती है। विज्ञान का सिद्धान्त है। गोधरा में मुसलमानों ने क्रिया की। 59 कारसेवकों को जिन्दा जला दिया तो हिन्दू उसकी प्रतिक्रिया में अगर 590 मुसलमानों

को मार दें तो यह स्वाभाविक प्रतिक्रिया है। गनीमत यही हुई उनने 5900 मुसलमानों को नहीं मारा।

आपको याद होगा कि 28 फरवरी, 2002 को गुजरात में जो नरसंहार किया गया उसके औचित्य में तब ऐसे ही तर्क दिए गए थे और सारी दुनिया ने उनकी भर्त्सना की थी। और तो और संघ परिवार के सच्चे स्वयंसेवक प्रधानमंत्री अटल बिहारी वाजपेयी का भी सिर शर्म से झुक गया था और गुजरात जाकर उनने कहा था कि नरेन्द्र मोदी ने अपना राजधर्म नहीं निभाया। लेकिन वे भी फिर जल्दी से रास्ते पर आ गए। उनने कहा कि गोधरा कांड की ससंद ने कड़ी निंदा की होती तो गुजरात नहीं होता। यानी संघ परिवार के सबसे उदार और जिम्मेदार मुखौटे को भी बाद में हुए गुजरात का औचित्य गोधरा को बताने में कोई झिझक नहीं हुई। संघ का यह शोधित और उद्घाटित सच है कि मुसलमानल पहले हिंसक हमला करते हैं और उसके जवाब में बेचारे उदार, सहिष्णु और असंगठित हिन्दू प्रतिक्रिया करते हैं। दोष और अपराध मुसलमानों का है और उसकी सजा उनको मिलनी चाहिए।

सन् 1927 के नागपुर दंगे से लेकर आज तक संघ परिवार इस सिद्धान्त को दुहरा रहा है कि पहले मुसलमान तय करके हमला करते हैं। पालकर के लिखे डॉक्टर हेडगेवार के चरित्र में संघ संस्थापक को कहते हुए बताया गया है–'मुसलमानों का दंगा' यह योग्य शब्द उपयोग में लाओ। कारण जो हिन्दू आज अपनी रक्षा भी नहीं कर सकता वे बेचारे दंगा कहाँ से करेंगे। आज तो केवल मुसलमान हिन्दुओं को मार रहे हैं। यह साफ-साफ दिखते हुए भी इसे 'हिन्दू-मुसलमान दंगा' कैसे कहा जा सकता है? डॉ. हेडगेवार के कहे इस सत्य को अगर नानावती ने भी गोधरा कांड में ज्यों-का-त्यों पाया है तो कोई अचरज की बात नहीं है। आखिर गुजरात के पुराने महाधिवक्ता ने *तहलका* के टेप पर कहा ही था कि नानावती तो हमारा आदमी है। वह पैसे के पीछे है और जो कहेंगे सो करेगा।

इसलिए नानावती ने पहली रपट तो गोधरा की दी लेकिन उसमें ही गोधरा के बाद हुए नरसंहार में नरेन्द्र मोदी, उनकी सरकार के किसी मंत्री या पुलिस अफसर का हाथ न होने का निष्कर्ष भी दे दिया। यह उनकी दूसरी रपट का निष्कर्म है। लेकिन गोधरा को मुसलमानों की सोची-समझी साजिश बताने के बाद मोदी और संघ परिवार को उसकी प्रतिक्रिया की जिम्मेदारी से बरी करना भी जरूरी था क्योंकि उसके बिना खोजबीन और न्यायिक निष्कर्ष पूरा नहीं होता। नानावती आयोग ने अपना काम पूरा किया। गोधरा और गुजरात के नरसंहार पर संघ परिवार के सिद्धान्त और निष्कर्ष पर न्यायिक मुहर लगा दी। अब संघ वाले शान से और सीना ठोककर कह सकते हैं कि ये न्यायमूर्ति नानावती के निष्कर्ष हैं जिनने छह साल लगाकर सारे सबूतों और गवाहों

की जाँच की है। और न्यायमूर्ति नानावती सर्वोच्च न्यायालय के सेवानिवृत्त न्यायमूर्ति हैं।

उनकी रिपोर्ट विश्वसनीय है कि नहीं है इसकी चिन्ता संघ परिवारियों को नहीं है। आपने रूड़ी और जावेड़कर जैसे प्रवक्ताओं को तो यह कहते हुए सुना ही होगा कि जनता तो इसी रपट पर विश्वास करेगी। वह बनर्जी और दूसरे न्यायाधीशों की रपटों को थोड़े ही मानेगी। वे तो सब राजनीति और हिन्दू विरोध से प्रेरित आयोग और न्यायमूर्ति थे। सच्चे और भरोसेमंद तो नानावती ही हैं। अब आप कहेंगे कि यह तो भाजपा का प्रचार है। तो है। हमारा प्रचार सत्य और उनका प्रचार झूठ यही तो संघ और उनके परिवारी संगठन चाहते हैं। इन्हें तो एक ऐसे न्यायिक आयोग की रपट चाहिए थी जो उनके माने और कहे पर न्यायिक मुहर लगाती हो। उन्हें वस्तुगत सत्य की जरूरत नहीं है। उसमें उनका कोई विश्वास नहीं है। उन्हें अपने सच को प्रचारित करने के लिए एक तलवार चाहिए थी जो नानावती ने बनाकर दे दी है।

आप कहेंगे कि ऐसी भोथरी तलवार किस काम की? लेकिन संघ परिवारियों के लिए वह काम की है। वो मानते हैं कि तलवार पर धार तो परिस्थिति और हमारे प्रचार से चढ़ती है। पिछले कितने महीनों से देश के नगरों में लगातार बम विस्फोट हो रहे हैं और कितने लोग मारे गए हैं। इन बम विस्फोटों और इनमें मारे गए लोगों की गिनती से तो कोई इनकार नहीं कर सकता। बम विस्फोटों की जितनी भी जाँच हमारी खुफिया जाँच एजेंसियों और पुलिस वालों ने की है उससे यही तो निकलकर आया है कि ये या तो मुसलमान अपराधियों ने किए या सिमी और इंडियन मुजाहिदीन या हूजी और लश्करे तैयबा ने करवाए हैं। बिना स्थानीय मुसलमानों के सहयोग के ये बम विस्फोट हो नहीं सकते थे। इसलिए संघ परिवारियों ने ये कहना शुरू किया कि पूरा मुसलमान समुदाय आतंकवादी हो या न हो लेकिन जो भी आतंकवादी पकड़े गए सब मुसलमान हैं। यह सब मुसलमानों को आतंकवादी कहने का दक्षिणी तरीका है।

इसी तरह विश्व हिंदू परिषद नेता लक्ष्मणानंद सरस्वती की हत्या ईसाइयों ने की है, इसका कोई प्रमाण नहीं है। ईसाई पादरी भोले-भाले आदिवासियों को लालच देकर या जबर्दस्ती ईसाई बना रहे हैं, इसका भी कोई ताजा उदाहरण नहीं है। लेकिन उड़ीसा में संघ वालों ने मान लिया है कि सरस्वती की हत्या ईसाइयों ने इसलिए की क्योंकि वे धर्मांतरण होने नहीं दे रहे थे। पुलिस और खुफिया एजेंसियाँ लाख कहें कि हत्या नक्सलियों ने की है। संघ वाले मानने को तैयार नहीं हैं। उनसे कहो कि हाल ही में हुए धर्मांतरण का एक मामला बता दो तो वो पोप का भाषण बता देते हैं जिसमें कहा गया है कि पूरी दुनिया ही तुम्हारी चरागाह है। यानी ईसाई धर्म तो है ही हिन्दुओं को ईसाई बनाने के लिए। इसलिए स्वामी लक्ष्मणानंद सरस्वती को ईसाइयों ने मारा और उनकी धर्मांतरण मुहिम के

विरुद्ध स्थानीय समाज उठ खड़ा हुआ है। चर्च और ईसाइयों के घर जलाए जा रहे हैं। विरोध करने वाले ईसाइयों की हत्या की जा रही है। ईसाई हिंसा के खिलाफ उदार, सहिष्णु और असंगठित हिन्दू प्रतिक्रिया कर रहे हैं। कंधमाल जल रहा है।

मुसलमान और ईसाई दोनों ही अल्पसंख्यक समाज हिन्दुस्तान को नष्ट करने पर तुले हुए हैं। मुसलमान आतंकवादी हिंसा से और ईसाई धर्मांतरण से हिन्दुस्तान को हिन्दू देश नहीं रहने देना चाहते हैं। वीर सावरकर ने संघ की बाइबिल और कुरान 'हिन्दुत्व' में लिखा है कि मुसलमान और ईसाई कभी हिन्दुस्तान के सगे नहीं हो सकते। उनकी वफादारी पर कभी विश्वास नहीं किया जा सकता क्योंकि हिन्दुस्तान उनकी पितृभू भले ही हो उनकी पुण्यभू नहीं है। उनकी पुण्यभू बहुत दूर अरब या फिलिस्तीन में है। इसलिए संघ परिवारी या तो ईसाइयों और मुसलमानों को इस हिन्दुस्तान से खदेड़ देना चाहते हैं या उन्हें हिन्दू धर्म में लौटने को मजबूर करना चाहते हैं। ऐसा न कर पाएँ तो उन्हें इस देश में दोयम दर्जे के नागरिक की तरह रहने देंगे। क्योंकि जैसा कि सावरकर ने कहा है और संघ मानता है, हिन्दुत्व ही राष्ट्रीयता है। जो हिन्दू नहीं है वो इस देश का नागरिक नहीं हो सकता।

अब आप कहें कि भारत तो धर्मनिरपेक्ष राष्ट्र है और इसकी नागरिकता हिन्दुत्व से तय नहीं हो सकती और यहाँ सब भारतीयों को रहने का अधिकार है वे हिन्दू हों, मुसलमान हों, ईसाई, सिख या पारसी हों। तो संघ परिवारी कहते हैं कि आप अपनी धर्मनिरपेक्षता अपने पास रखिए। हम हिन्दुत्व को मानते हैं और भारत को हिन्दुस्तान बनाकर रहेंगे। उनने बाबरी मस्जिद गिराई। गोधरा के नाम पर गुजरात किया। मुसलमानों को आतंकवाद का रास्ता पकड़ने को मजबूर किया। वे उड़ीसा, कर्नाटक, केरल में ईसाई संस्थाओं और ईसाइयों पर धर्मांतरण के नाम पर हमले कर रहे हैं। हिन्दू समाज को मानने पर मजबूर कर रहे हैं कि हिन्दुत्व वाला हिन्दू हुए बिना उनका समाज आतंक और धर्मांतरण से बच नहीं सकता। वे सफल हो रहे हैं और लोकतांत्रिक, धर्मनिरपेक्ष गणराज्य फेल हो रहा है।

गोधरा पर नानावती आयोग की रपट हिन्दुत्व के हाथ में एक नई तलवार है। इसे भी कृपया समझिए।

(तहलका, 31 अक्टूबर, 2008)

ये विष बीज तो हिन्दुत्व में ही है

हमेशा आतंकवाद को धर्म से जोड़ते आए संघ परिवार और उसकी राजनीतिक बेटी भाजपा आज धर्म को आतंकवाद से दूर रखने की रटंत लगाए हुए हैं।

महाराष्ट्र के मालेगाँव और गुजरात के मोडासा में हुए बम विस्फोटों के लिए पकड़ी गई साध्वी प्रज्ञा सिंह ठाकुर और उनके साथियों ने संघ परिवार को बड़े धर्मसंकट में डाल दिया है। भाजपा हो या विश्व हिन्दू परिषद आतंकवाद को मुसलमान समाज से जोड़कर बताते चले आ रहे हैं कि यह आतंकवाद हिन्दू-विरोधी और राष्ट्र को तोड़ने वाला है और इसलिए पूरे राष्ट्र को इसके विरुद्ध कार्रवाई करनी चाहिए। संघ परिवार की राजनीतिक बेटी भाजपा जोर-शोर से प्रचार करती रही है कि कांग्रेस को मुसलमान वोटों की बहुत चिन्ता रहती है। इसलिए वह और उसकी सरकारें आतंकवाद के खिलाफ सख्त कार्रवाई नहीं करतीं। उसका रवैया नरमी का है। और इससे राह पाकर आतंकवाद खतरनाक हद तक बढ़ गया है। बंगलुरू, अहमदाबाद, दिल्ली, जयपुर और मुम्बई में लगातार बम विस्फोट हुए और सैकड़ों लोग मर गए। लेकिन दिल्ली की कांग्रेस सरकार ने नरमी का रवैया ही अपना रखा है।

लेकिन अब मालेगाँव और मोडासा में रमजान के दौराज जो बम विस्फोट हुए उसमें महाराष्ट्र के आतंकवाद-विरोधी दस्ते ने साध्वी प्रज्ञा सिंह ठाकुर और उनके साथी साहू और सिंह को पकड़ा है। जिस मोटरसाइकिल पर मालेगाँव में सिमी के दफ्तर के बाहर बम रखा गया था वह साध्वी प्रज्ञा सिंह ठाकुर की है। बम रखने और मोटरसाइकिल को चलाकर ले जाने वाले साहू और सिंह इंदौर में बिजली के छोटे-मोटे ठेकेदार और मोबाइल सुधारने की दुकान चलाने वाले हैं। ये मेकैनिकल और इलेक्ट्रॉनिक का काम तो जानते हैं लेकिन मालेगाँव और मोडासा दोनों जगहों पर रखे गए बमों में आरडीएक्स और अमोनियम नाइट्रेट का उपयोग किया गया था। इनसे छह मुसलमान मारे गए और सौ से ज्यादा घायल हुए। आतंकवाद-विरोधी दस्ते ने माना कि ऐसे बम बिना ट्रेनिंग के बनाए नहीं जा सकते। छानबीन की तो सेना का

एक रिटायर मेजर और एक सिपाही पकड़ में आए जिनने ट्रेनिंग दी थी। एक सेनापति पर भी शक है जिससे पूछताछ की जा रही है। यह पहला मौका है जब आतंकवाद की किसी घटना में सेना के अधिकारी शामिल पाए गए हैं।

अब संघ परिवार की दिक्कत यह है कि लहार, भिंड की रहने वाली प्रज्ञा सिंह ठाकुर ने सिर्फ अखिल भारतीय विद्यार्थी परिषद की सक्रिय सदस्य और पदाधिकारी रही है ग्वालियर में अपने अध्ययन के दौरान वह संघ परिवारी संगठनों में भी सक्रिय थी। वह दुर्गावाहिनी जैसी संस्था में सक्रिय रही है, मोटरसाइकिल दौड़ाते हुए लड़कियों को छेड़ने वाले मजनुओं का पीछा करती और उनसे मारपीट करती रही है, आगलगाऊ भाषण देती रही है। गए साल ही उसने अवधेशानंद गिरि से दीक्षा लेकर संन्यास लिया है और सूरत के पास गाँव में आश्रम बनाकर रहती है। गए साल मध्य प्रदेश के शिक्षा मंत्री लक्ष्मण सिंह गौड़ की मृत्यु हुई तो उनके अन्तिम संस्कार में भी आई। इन दोनों अवसरों पर प्रज्ञा ठाकुर सिंह के मध्य प्रदेश के मुख्यमंत्री शिवराज सिंह चौहान और भाजपा के राष्ट्रीय अध्यक्ष राजनाथ सिंह के साथ फोटू हैं जो अखबारों में छपे और टीवी पर दिखाए गए। संघ परिवारी संगठनों और उनके नेताओं से प्रज्ञा सिंह ठाकुर के सम्बम्धों में कोई संदेह है ही नहीं। इसीलिए तो उसके पकड़े जाते ही उनसे अब दूरी और कोई सम्बम्ध न होने के बयान आए। संघ और भाजपा के नेताओं ने कहा कि यह हिन्दू संगठनों को बदनाम करने की साजिश है।

लेकिन प्रज्ञा सिंह ठाकुर ने इंदौर में हिन्दू जागरण मंच की स्थापना की थी। संघ के लोग ही विशेष अवसर पर कार्रवाई के लिए ऐसा मंच बनाते हैं। इंदौर में यह साम्प्रदायिक दंगों के बाद बनाया गया। इंदौर से ही पकड़े गए साहू और सिंह भी राष्ट्रीय स्वयंसेवक संघ की शाखा में नियमित जाने वाले स्वयंसेवक हैं। इन्हें बम बनाने और उसे रखने आदि की ट्रेनिंग मेजर रमेश उपाध्याय ने दी।

मेजर उपाध्याय मुम्बई में भूतपूर्व सैनिकों के भाजपाई सेल के मुखिया रह चुके हैं। वे अभिनव भारत नाम की संस्था के भी अध्यक्ष हैं। आतंकवाद-विरोधी दस्ते ने भोपाल से समीर कुलकर्णी को हिरासत में लिया है। समीर संघ के प्रचारक थे लेकिन उनने सावरकर की बनाई पुरानी क्रान्तिकारी संस्था–अभिनव भारत–को फिर से बनाया ताकि मुस्लिम आतंकवाद का सामना किया जा सके। आतंकवाद-विरोधी दस्ते का मानना है कि बम बनाने की बारूद और ट्रेनिंग देने में समीर कुलकर्णी, मेजर उपाध्याय सक्रिय रहे हैं। प्रज्ञा सिंह ठाकुर, साहू, सिंह, समीर कुलकर्णी, मेजर उपाध्याय आदि जिहादी आतंकवाद का जवाब देने और हिन्दुओं की मौत का बदला लेने की आग में जलने वाले लोग हैं और इनकी गतिविधियों से साबित होता है कि देश के बहुसंख्यक हिन्दू समाज का भी आतंकीकरण शुरू हो गया है।

मालेगाँव और मोडासा के बम विस्फोटों के लिए पकड़े गए इन लोगों के सम्बम्ध संघ परिवारी संगठनों से इतने गहरे रहे हैं कि वे कितना ही इनकार करें और दूरी बताएँ वे माने तो संघी हो जाएँगे। हिन्दुत्व की विचारधारा में ये पले-पनपे हैं और उसी से इन्हें इन आतंकवादी धतकरमों की प्रेरणा मिली है, इससे भी कोई इनकार नहीं कर सकता। साध्वी प्रज्ञा सिंह ठाकुर के पिता चन्द्रपाल सिंह ठाकुर पहले तो उससे सम्बम्धों से इनकार करते रहे और दूरी बताते रहे। फिर उनने मंजूर किया कि देवताओं की फोटू के साथ उनने अपनी बेटी की फोटू भी लगा रखी है जिसकी वे रोज पूजा करते हैं। वे अपनी बेटी की सत्यनिष्ठा और समर्पण के बड़े प्रशंसक हैं और चाहते हैं कि उसने जो भी निश्चय कर रखा है, उसमें वह सफल हो। वे मानते हैं कि आतंकवादी हमलों का जवाब दिया जाना जरूरी है। अगर सरकार समय पर कार्रवाई नहीं करती है तो लोगों को अपनी रक्षा के लिए कुछ तो करना पड़ेगा। सरकार तो आतंकवादी हिंसा के जवाब में कुछ करना ही नहीं चाहती। उसमें इच्छाशक्ति ही नहीं है। प्रज्ञा के पिता के ये विचार अकेले उनके नहीं हैं। ज्यादातर संघ परिवारी आपको ऐसी ही बातें करते मिलेंगे। वे मालेगाँव और मोडासा में बम रखे जाने को भी उचित ठहराएँगे। संघ में रहते हुए उन्हें सिखाया गया है कि मुसलमान कभी भारत के सगे नहीं हो सकते। वे अन्तर्राष्ट्रीय इस्लामी आतंकवादी संगठनों के कहने पर बम बनाते और चलाते और हिन्दुओं को मारते हैं ताकि हिन्दुस्तान को नष्ट किया जा सके। मुस्लिम आतंकवाद का जवाब देना हिन्दुओं का राष्ट्रीय कर्तव्य है।

संघ और उसके परिवारी संगठन तो इसे हिन्दूवादी संगठनों के खिलाफ की जा रही साजिश बताकर पल्ला झाड़ रहे हैं। लेकिन भाजपा का काम इतने भर से चल नहीं सकता। वह रोज-रोज कहती है कि भारत के सारे मुसलमान भले ही आतंकवादी न हों लेकिन जो भी आतंकवादी पकड़े जाते हैं सब मुसलमान निकलते हैं। यानी आतंकवाद के लिए मुसलमान ही जिम्मेदार हैं। उनका दूसरा प्रचार है कि मुसलमानों के वोट कहीं और न जाएँ इसलिए कांग्रेस उनका तुष्टीकरण करती है। और राष्ट्र को तोड़ने वाले उनके आतंकवाद के खिलाफ कड़ी कार्रवाई नहीं करती और इसीलिए देश आतंकवाद का शिकार होता जा रहा है। मालेगाँव और मोडासा के बम विस्फोट करने के आरोप में जो भी पकड़े गए हैं, न सिर्फ वे सब हिन्दू हैं उनकी प्रेरणा और सम्बम्ध संघ परिवारी संगठनों से हैं। इससे जाहिर होता है कि आतंकवादी सिर्फ मुसलमान नहीं होते और उनसे आतंकवादी वारदात सिर्फ कट्टर इस्लामी संगठन नहीं करवाते, हिन्दुत्ववादी संगठनों के हिन्दू भी बम बनाकर बेकसूर लोगों को मारते हैं। देश को वे भी तोड़ रहे हैं।

मालेगाँव और मोडासा से यह इतना साफ हो गया है कि साजिश-साजिश चिल्लाने से काम नहीं चलेगा। इसलिए प्रधानमंत्री पद के उम्मीदवार लालकृष्ण आडवाणी खुद खुलासा करने आए। आडवाणी ने कहा कि मालेगाँव और मोडासा में बम फोड़ने वाले भले ही कभी संघ परिवारी संगठनों में रहे होंगे लेकिन उनके विचार हमसे नहीं मिलते थे और जो वे करना चाहते थे हमारे यहाँ कर नहीं सकते थे। इसलिए हमसे अलग होकर उनने अपनी संस्थाएँ बना लीं। होने को तो नाथूराम गोडसे भी सन् 34 तक संघ में थे। लेकिन वे अलग हो गए। गांधीजी की हत्या उनने की लेकिन भुगतना पड़ा संघ को। मैं भी पहली बार तभी जेल गया क्योंकि प्रचारक था। गोडसे की संघ से नहीं पटती थी इसीलिए तो वह अलग हुआ। नक्सलवादी भी अपने को मार्क्सवादी विचारधारा का बताते हैं। लेकिन उनका मार्क्सवादी विचारधारा को मानने वाली सीपीएम, सीपीआई आदि पार्टियों से कोई लेना-देना नहीं है। हमारा भी इसी तरह मालेगाँव और मोडासा में बम फोड़ने वालों से कोई सम्बम्ध नहीं है।

हिन्दुत्व की विचारधारा की बात लालकृष्ण आडवाणी ने नहीं की। वह की राजनाथ सिंह और रविशंकर प्रसाद जैसे नेताओं ने। सांस्कृतिक राष्ट्रवाद को माननेवाला तो कभी आतंकवादी हो ही नहीं सकता। कोई हिन्दू आतंकवाद में नहीं पड़ सकता। इन्हें हिन्दू आतंकवादी नहीं कहना चाहिए क्योंकि आतंकवादी का कोई धर्म नहीं होता, न धर्म का आतंकवाद से कोई सम्बन्ध है। ये बेचारे याद नहीं रखते कि मुसलमानों और इस्लाम को आतंकवादी अब तक कौन बताता रहा है। वे ये भी नहीं जानते कि हिन्दुत्व की विचारधारा देने वाले विनायक दामोदर सावरकर खुद कायर आतंकवाद को मानते थे। मदनलाल धींगरा को पिस्तौल पकड़ाकर विली को मरवाने से लेकर नाथूराम गोडसे से गांधी की हत्या करवाने के बीच उनने दो हत्याएँ और करवाईं थीं। प्रतिशोधी आतंकवाद उनके स्वाभाव में था और उनका हिन्दुत्व इसीलिए मुसलमानों और ईसाइयों को राष्ट्र नहीं मानता।

धार्मिक आतंकवाद के विष-बीज हिन्दुत्व की विचारधारा में ही हैं।

(तहलका, 15 नवम्बर, 2008)

हिन्दू हिंसा हिंसा न भवति

भगवा आतंक का चेहरा उजागर होने के बाद शुरू हुई मठों और धर्माचार्यों की राजनीतिक बयानबाजी देश और संविधान के समक्ष एक नए संकट का संकेत देती है।

स्वामी निश्चलानंद पुरी के शंकराचार्य हैं। विधिवत्, यानी न तो उनने पीठ को धाम घोषित कर रखा है, न वे स्वयं घोषित शंकराचार्य हैं। पुरी का पीठ सर्वमान्य चार धामों में से एक है और आदि शंकराचार्य की दी गई व्यवस्था के अनुसार निश्चलानंद शंकराचार्य हैं। उनके धाम और पद को लेकर कोई विवाद नहीं है। यानी वे फर्जी धाम के फर्जी शंकराचार्य नहीं हैं। इसलिए आस्थावान हिन्दू अगर उम्मीद करें कि स्वामी निश्चलानंद धर्म की समझ और पद की जिम्मेदारी से ही बोलेंगे तो स्वाभाविक ही है।

लेकिन उनने अभी कहा कि हिन्दू उग्रवादी बने तो तीसरा महायुद्ध हो जाएगा। ''मैं पिछले सत्रह सालों से कहता आ रहा हूँ कि हिन्दुओं को इतना मजबूर न किया जाए कि एक दिन वे हथियार उठाने को बाध्य हों। आज विदेशी षड्यंत्र इस तरह गहरे फैल गया है कि हिन्दुओं के गंगा, राम सेतु, राम मंदिर जैसे मानबिंदुओं को अपमानित करने के लिए हिन्दू ही विदेशी एजेंट बनकर सामने खड़े हो गए हैं।''– स्वामी निश्चलानंद का यह कथन एक हिन्दी अखबार में छपा है। शंकराचार्य ने कहा कि हिन्दुओं को उग्रवादी बनाने को इसी तरह मजबूर किया गया तो संघ, विश्व हिन्दू परिषद, बजरंग दल हो न हो, एक लाख में एक हिन्दू तो ऐसा होगा ही जो राष्ट्र और धर्म की रक्षा के लिए हथियार उठा लेगा। हमारे देवी-देवती राम, कृष्ण, काली, दुर्गा सबने शस्त्रों से ही दुष्टों का संहार किया। उनके हाथों में हथियार रहते हैं। इससे अगर उन्हें भी उग्रवादी माना गया तो फिर मुझे भी अपने आपको उग्रवादी मानने में कोई आपत्ति नहीं होगी।

स्वामी निश्चलानंद ने कहा–साध्वी प्रज्ञा सिंह ठाकुर के घर से कोई आपत्तिजनक सामान नहीं मिला, न जाँच में कोई जानकारी मिली। फिर भी उन्हें

घोर प्रताड़ना दी जा रही है जबकि संसद पर हमला करने वाले जेलों में मजा काट रहे हैं।

पुरी के शंकराचार्य का इतना बड़ा उद्धरण मैंने दिया तो इसलिए कि वे प्रवीण तोगड़िया नहीं हैं। विश्व हिन्दू परिषद के इस नेता को एक टीवी चैनल ने भाषण देते हुए दिखाया कि प्रज्ञा सिंह ठाकुर का तो चार-चार बार नार्को टेस्ट किया गया जबकि डॉन सलेम का एक बार भी नहीं किया गया। प्रवीण तोगड़िया कैंसर के विशेषज्ञ डॉक्टर हैं लेकिन तथ्यों से उनका कोई लेना-देना नहीं है। वे नहीं जानते कि सलेम का नार्को टेस्ट कितनी बार हुआ। लेकिन प्रज्ञा सिंह ठाकुर के नार्को टेस्ट को बदनाम करने और हिन्दुओं को गुस्सा दिलाने के लिए कि उनकी एक साध्वी का तो चार बार नार्को टेस्ट किया जाता है। जबकि अबू सलेम जैसे अपराधी सरगना मुसलमान का एक बार भी नहीं। प्रवीण तोगड़िया सरासर झूठ बोल रहे थे क्योंकि सब जानते हैं कि अबू सलेम का नार्को टेस्ट और ब्रेन मैपिंग सब कुछ हुआ है। तोगड़िया विश्व हिन्दू परिषद के नेता हैं और उनसे हिन्दू भी उम्मीद नहीं करते कि साम्प्रदायिकता भड़काने में तथ्यों और सच्चाई का ध्यान रखेंगे।

प्रवीण तोगड़िया जैसे ही योग गुरु रामदेव हैं। वे भी कहते फिर रहे हैं कि चार-चार बार साध्वी प्रज्ञा सिंह ठाकुर का नार्को टेस्ट उन्हें प्रताड़ित करने के लिए किया गया है। एक साध्वी का तो चार बार लेकिन आतंकवादियों और नेताओं का नार्को टेस्ट तो एक बार भी नहीं करवाया जाता। साध्वी प्रज्ञा सिंह ठाकुर के मामले में जाँच में कुछ नहीं मिला इसलिए मामला संदिग्ध हो जाता है। बेचारे रामदेव भी प्रचारक हैं। संघ के या विहिप के नहीं योग के। और प्रचारक को भी तथ्यों और सच्चाई से कम ही लेना-देना होता है। उन्हें नहीं मालूम कि आतंकवादियों और नेताओं का नार्को टेस्ट करवाया जाता है या नहीं। उन्हें यह भी नहीं मालूम कि प्रज्ञा सिंह ठाकुर की जाँच में से क्या तथ्य निकलकर आए हैं। अगर कुछ नहीं निकला होता तो क्या न्यायालय उन्हें हिरासत में रखने की अनुमति देता। मुम्बई के आतंकवादी विरोधी दस्ते ने साफ कहा है कि हमने एक भी ऐसा व्यक्ति गिरफ्तार नहीं किया है जिसके खिलाफ हमारे पास सबूत नहीं हैं।

लेकिन रामदेव और स्वामी निश्चलानंद दस्ते की एक भी बात पर एतबार नहीं करते, उन्हें तो भाजपा अध्यक्ष राजनाथ सिंह पर ही विश्वास है जो कहते चले आ रहे हैं कि प्रज्ञा सिंह ठाकुर की जाँच में कुछ नहीं निकला है तभी तो बार-बार उनका नार्को टेस्ट करवाया जा रहा है। राजनाथ सिंह का कहना फिर भी समझा जा सकता है क्योंकि वे तो मालेगाँव बम विस्फोट में संघ परिवारी संगठनों और कार्यकर्ताओं के शामिल होने के तथ्यों का राजनीतीकरण कर रहे हैं। मालेगाँव के आरोपियों को बचाने का एक यही तरीका वे जानते हैं। उन्हें यह करना इसलिए जरूरी है कि

उनकी पार्टी ही लगातार प्रचार करती आई है कि यह इस्लामी आतंकवाद है। और देश के सारे मुसलमान आतंकवादी हों या नहीं, पकड़े गए सभी आतंकवादी मुसलमान हैं। और चूँकि कांग्रेस को मुसलमानों के वोट चाहिए इसलिए उसकी सरकार आतंकवाद के खिलाफ सख्त कार्रवाई नहीं करती।

मालेगाँव बम विस्फोट की जाँच इस प्रचार को झूठा ठहराती है और बताती है कि मुसलमान बहुल इलाकों में हिन्दूवादी संगठनों के कार्यकर्ता आतंकवादी गतिविधियों में लिप्त पाए गए हैं। जाँच में ऐसी सच्चाई निकलकर आए तो आतंकवाद के विरुद्ध संघ वालों का प्रचार ही झूठ नहीं लगता, यह बात भी सामने आती है कि सिर्फ मुसलमान ही आतंकवादी नहीं होते हिन्दूवादी संगठन भी हिन्दुओं को आतंकवादी बना रहे हैं। यह तथ्य स्थापित हो जाए तो आतंकवाद भारत नामक राष्ट्र को तोड़ने वाला मुसलमान षड्यंत्र नहीं रहता। वह उग्रवाद और कट्टरवाद की करतूत हो जाता है जिसमें हिन्दू-मुसलमान उग्रवादी संगठन समान रूप से लगे हुए हैं।

अब हिन्दूवादी संगठन ऐसी जाँच को झूठी और कांग्रेस की साजिश बताए बिना रह नहीं सकते। सिर्फ इसलिए नहीं कि इससे उनके मुसलमान विरोध की राष्ट्रवादी हवा निकल जाती है। इसलिए भी कि हिन्दुत्व और हिन्दुत्ववादी संगठन अपने सभी सिद्धान्तों और कार्यों के लिए जो प्रखर राष्ट्रवादी औचित्य दिया करते हैं, वह भी झूठा और निराधार साबित होता है। मैं बता चुका हूँ कि संघ और हिन्दुत्व की आस्था में हिन्दू ही राष्ट्र है, बाकी सब बाहर के समुदाय हैं। इसलिए हिन्दुओं के सारे काम उनकी परिभाषा में राष्ट्रीय कार्य हैं। और इसलिए हिन्दू अगर बम भी फोड़ रहे हैं तो यह तो राष्ट्र और धर्म की रक्षा में किया गया राष्ट्रीय कार्य है। जरा समझिए कि शंकराचार्य स्वामी निश्चलानंद ने क्या कहा है। हिन्दूवादी संगठन नहीं भी हों तो भी मजबूर किए गए तो लाख में एक हिन्दू तो ऐसा निकलेगा जो राष्ट्र और धर्म की रक्षा के लिए हथियार उठा लेगा।

यानी मालेगाँव में प्रज्ञा सिंह ठाकुर और उनके साथियों ने बम विस्फोट करके जो छह मुसलमानों को मारा और नब्बे को घायल किया तो यह तो राष्ट्र और धर्म की रक्षा के लिए किया क्योंकि मुम्बई, दिल्ली, बंगलूरु, अहमदाबाद आदि में मुसलमानों ने बम विस्फोट करके राष्ट्र पर जो हमला किया उसका जवाब तो देना था। आपको याद होगा कि कभी राष्ट्रीय स्वयंसेवक संघ के प्रवक्ता रहे राम माधव ने मालेगाँव बम विस्फोट में पकड़ी गई साध्वी प्रज्ञा सिंह ठाकुर और उनके साथियों के बारे में क्या कहा था। उनने बड़ी गंभीरता से कहा कि समाज को सोचना चाहिए कि प्रखर राष्ट्रवादी संगठनों से जुड़े लोग ऐसे काम करने को क्यों मजबूर होते हैं? क्योंकि वे राष्ट्र पर होते निरंतर हमलों को सह नहीं पाते और एक दिन हमलावरों

को उन्हीं के तरीकों से जवाब देते हैं। यानी वे जो बम विस्फोट आदि की हिंसा करते हैं वह राष्ट्र को तोड़ने वाला आतंकवाद नहीं होता। वह राष्ट्र की रक्षा के लिए किया गया राष्ट्रीय कार्य है। यानी हिन्दू हिंसा हिंसा न भवति। यह तो राष्ट्र रक्षा है।

इसीलिए आप देखिए कि हिन्दुत्ववादी अखबारों में लेख लिखकर बता रहे हैं कि मालेगाँव जैसी घटनाएँ तो वाजिब हिन्दू क्रोध की अभिव्यक्ति हैं। हिन्दू रोज-रोज देखते हैं कि जिहादी जहाँ चाहें तब बम विस्फोट करते हैं और हिन्दुओं–बेकसूर हिन्दुओं–को मौत के घाट उतार देते हैं। पुलिस और खुफिया एजेंसियाँ कुछ नहीं कर पातीं। राज्य की रक्षा एजेंसियाँ कुछ नहीं करतीं। कांग्रेस और दूसरी धर्मनिरपेक्ष पार्टियों को मुसलमान वोट चाहिए क्योंकि उनके बिना वे सत्ता में नहीं आ सकतीं। आतंकवाद के खिलाफ सख्त कार्रवाई करे तो मुसलमान नाराज हो जाते हैं। उन्हें संतुष्ट रखने के लिए आतंकवाद के खिलाफ नरम रवैया अपनाया जाता है। सख्त कानून नहीं बनाए जाते। लेकिन मारे जाते हैं हिन्दू, वे कब तक सहन करें। उनका गुस्सा फूटता है तो मालेगाँव होता है। हिन्दुओं को ऐसी हिंसा करने को मजबूर किया जाता है। बाबरी मस्जिद गिराकर गुजरात के जिन राष्ट्रवीरों ने भारत के मुसलमानों के पास कोई चारा नहीं छोड़ा, वही कह रहे हैं कि हिन्दू आतंकवाद के कारण समझने की कोशिश करो।

साम्प्रदायिक विचारधारा में मानने वाले हिन्दुत्ववादी कहें कि हिन्दू मजबूर किए जा रहे हैं तो आप समझ सकते हैं कि उन्हें अपनी साम्प्रदायिक हिंसा को सही बताने का कारण चाहिए। लेकिन जब पुरी के शंकराचार्य स्वामी निश्चलानंद अपना धर्म और अपना धार्मिक दायित्व भूलकर राष्ट्रीय स्वयंसेवक संघ की भाषा में बोलने लगें और चेतावनी दें कि हिन्दू उग्रवादी हुए तो तीसरा महायुद्ध हो जाएगा तो आप जैसे धार्मिक निष्ठा वाले हिन्दू क्या करें? शंकराचार्य को कहें कि स्वामी अपने मठ में रहो। हमारे धर्म और राष्ट्र को हम देख लेंगे।

(तहलका, 30 नवंबर, 2008)

महाकाली सत्ता में बाबा विश्वनाथ

विश्वनाथ प्रताप सिंह किसी भी पद पर टिककर या उसके होकर नहीं रह सके। उन्होंने सभी से इस्तीफा दिया और किसी का भी कार्यकाल पूरा नहीं किया।

उनके बड़े बेटे अजेय सिंह ने ठीक फैसला किया कि पिता विश्वनाथ प्रताप सिंह का अन्तिम संस्कार प्रयाग में संगम पर किया जाए। लगता है, खुद वीपी सिंह ने भी अपने परिवार से ऐसा ही करने को कहा होगा। वे खूब जानते थे कि मनमोहन सिंह यूपीए सरकार का उनकी अंत्येष्टि पर क्या रवैया होगा।

प्रधानमंत्री के प्रोटोकोल के तहत उनके घर शव पर फूलमाला चढ़ाने आए लेकिन सोनिया गांधी नहीं आईं। फिर भी वसीम अहमद ने मनमोहन सिंह से पूछ ही लिया कि दूसरे भूतपूर्व प्रधानमंत्रियों की तरह इनका भी अन्तिम संस्कार दिल्ली में क्यों नहीं? इनके लिए भी कोई स्थान निर्धारित क्यों नहीं? वसीम ने बताया कि प्रधानमंत्री ने कहा कि कैबिनेट में आम सहमति बनानी होगी। कल दोपहर से आज सवेरे तक काफी समय था कि मंत्रिमंडल की बैठक करके सारे फैसले किए जाते। लेकिन ये कुछ करना ही नहीं चाहते।

फिर भी एक महिला तीन मूर्ति के आँगन में बार-बार मुझे कहती रही कि मैं सोनिया गांधी से कहूँ। मैं उन्हें नहीं जानता इसलिए उनके आग्रह का कोई जवाब भी मैंने नहीं दिया। लेकिन वे मुझे आश्वस्त करती रहीं कि मैं कहूँगा तो सोनिया गांधी ना नहीं कर सकेंगी। मेरी इच्छा हुई कि उन्हें कहूँ कि जरा वसीम अहमद से बात कर लीजिए। लेकिन चुप रहा और उनके आग्रह की अनदेखी करता रहा। वे अकेली नहीं थीं, जिन झुग्गी-झोंपड़ियों वालों के अधिकारों के लिए वीपी सिंह लड़ते रहे, उनकी भी बहुत इच्छा थी कि अन्तिम संस्कार दिल्ली में हो।

लेकिन यह ठीक ही किया गया कि विश्वनाथ प्रताप सिंह जहाँ से आए थे वहीं उन्हें ले जाया गया। वे वहीं के आदमी थे और उस इलाहाबाद में ही उनकी मिट्टी जानी चाहिए थी। दिल्ली के सत्ता प्रतिष्ठान को मानने और उसके होकर रहने वाले आदमी वे नहीं थे। सच पूछिए तो वे किसी भी प्रतिष्ठान के आदमी नहीं हो सकते

थे। इसे विडम्बना ही कहा जाना चाहिए कि वे मांडा के राजपरिवार में गोद गए। यह भी कोई कम बड़ी विडम्बना नहीं है कि वे उत्तर प्रदेश के मुख्यमंत्री हुए और भारत के प्रधानमंत्री भी। और भी कुछ पद हैं जिन पर बैठना उनने पता नहीं क्यों मंजूर किया। लेकिन अन्तिम सच्चाई यही है कि किसी भी पद पर वे टिककर उसके होकर नहीं रह सके। सभी से इस्तीफा दिया और किसी का भी कार्यकाल 'सफलतापूर्वक' पूरा नहीं किया। इन्दिरा गांधी के मंत्रिमंडल में भी दो बार रहे और निकले। राजीव गांधी के मंत्रिमंडल में तो उनका वित्त मंत्री और फिर रक्षा मंत्री होना खुद प्रधानमंत्री के लिए ही इतना भारी पड़ गया।

सत्ता से विश्वनाथ प्रताप सिंह का रिश्ता हमेशा ही छत्तीस का रहा। विनोबा के भूदान में वे तभी चले गए थे जब तीस के भी नहीं हुए थे। एक राजपरिवार से निकलकर विनोबा जैसे निस्संग संत के भूदान जैसे बैरागिया आन्दोलन में पड़ना उनके स्वभाव और चरित्र की बनावट का अच्छा उदाहरण ही कहा जाएगा। जेपी भी राजनीति छोड़कर जीवनदान करते हुए विनोबा के आन्दोलन में आए थे। लेकिन जेपी राजपरिवार और जमीन-जायदाद से नहीं समाजवादी पार्टी से निकलकर आए थे। वीपी सिंह ने तो विनोबा को देखने और मिलने से पहले ही अपनी दो सौ बीघा जमीन भूदान में दे दी थी।

सर्वोदय आन्दोलन में रह जाते तो यह स्वभाव और वृत्ति के अनुकूल ही होता। लेकिन विकास के काम करवाने के लिए राजनीति में आए और विधायक बनके लखनऊ भी पहुँच गए। शायद वहीं देखा-समझा कि राजनीति में कोई समाज सेवा के काम करवाने नहीं आता है। राजनीति सत्ता का खेल है। वीपी को सर्वोदय आन्दोलन में लौट जाना चाहिए था। लेकिन नहीं, वे राजनीति में ही रह गए। दो साल विधायक रहे। फिर अपने चालीसवें साल में सांसद होकर दिल्ली आ गए। क्या समाजसेवी भूदानी को सत्ता का चस्का लग गया था? शायद हाँ, इन्दिरा गांधी ने पहले वाणिज्य उपमंत्री और फिर वाणिज्य राज्यमंत्री बना लिया। ये वही वर्ष थे जब जेपी भ्रष्टाचार के विरुद्ध आन्दोलन कर रहे थे और इन्दिरा गांधी को उनने भ्रष्टाचार की गंगोत्तरी कहा था, पूरा संवेदनशील देश इन्दिरा गांधी, उनके भ्रष्टाचार और तानाशाही रवैए के खिलाफ आन्दोलन कर रहा था। लेकिन विश्वनाथ प्रताप सिंह उनके वफादार सिपाही बने उनकी सरकार में बाकायदा मंत्री बने हुए थे।

जनता राज में लड़-भिड़कर इन्दिरा गांधी सन् 80 में फिर सत्ता में आईं तो वफादार विश्वनाथ प्रताप सिंह फिर उनके साथ थे। ऐसे कि संजय गांधी ने माँ से कहकर उन्हें उत्तर प्रदेश का मुख्यमंत्री बनवा दिया। ऐसे कम ही राजनेता थे जिन्हें इन्दिरा और संजय दोनों का विश्वास प्राप्त था। यह विश्वास उन्हें सत्ता में और आगे ले जाकर और अधिक मजबूत कर सकता था। लेकिन वीपी सिंह दो साल भी

मुख्यमंत्री नहीं रहे। उनने इसलिए इस्तीफा नहीं दिया कि इन्दिराजी या संजय गांधी चाहते थे इसलिए दिया कि राज करने का उनका तरीका अलग था। राज्यसभा में आए और फिर मंत्री हो गए। इन्दिरा गांधी की हत्या होने तक रहे। फिर राजीव गांधी प्रधानमंत्री हुए तो उनके मंत्रिमंडल में भी वित्त मंत्री हुए। अर्थव्यवस्था को खोलने और उसे उदार बनाने की प्रक्रिया राजीव गांधी-विश्वनाथ प्रताप सिंह के इसी जमाने में चली जिसे नरसिंह राव-मनमोहन सिंह ने बाद में पूरा किया। और विश्वनाथ प्रताप सिंह उसी के आलोचक हो गए और मृत्युर्पयत रहे।

विश्वनाथ प्रताप सिंह राजीव गांधी के मंत्रिमंडल में वित्त मंत्री थे और प्रधानमंत्री के बड़े विश्वस्त साथी माने जाते थे। सत्ता के जिन दलालों से राजीव गांधी कांग्रेस और अपनी सरकार को मुक्त करना चाहते थे, उनके खास दुश्मन वीपी सिंह ही थे। मगर देश के धनपति उद्योगपतियों ने राजीव गांधी को यह मानने पर मजबूर कर दिया कि उनकी सत्ता और छवि को अगर खतरा है तो विश्वनाथ प्रताप सिंह है। दुष्ट दलन में ऐसे लगे हैं कि राजीव गांधी का आधार ही ध्वस्त कर देंगे। फिर अंडमान के एक द्वीप में छुट्टी मनाते राजीव गांधी से मिलने अमिताभ बच्चन आए और विश्वनाथ प्रताप सिंह की वित्त मंत्रालय से छुट्टी हो गई। रक्षा मंत्री बना दिए गए। तब रक्षा मंत्रालय से बोफोर्स और एचडीडब्लू पनडुब्बियों के कंकाल निकलकर आए जिनने राजीव गांधी का प्रधानमंत्री बने रहना मुहाल कर दिया। विश्वनाथ प्रताप सिंह नहीं रहे और फिर कांग्रेस से भी निकाल बाहर किए गए।

इसके बाद वीपी, जेपी हो गए। यानी उनने सर्वोच्च पदों पर भ्रष्टाचार के विरुद्ध जो आन्दोलन शुरू किया उसने देश को इन्दिरा गांधी के विरुद्ध जेपी आन्दोलन की याद करवा दी। राजनपीति में पहली बार विश्वनाथ प्रताप सिंह कांग्रेस के विरोध में खड़े हुए। वे कोई तीस साल से नेहरू-गांधी परिवार के वफादार सिपाही माने जा रहे थे। इन्दिरा के बाद राजीव गांधी से भी उनकी खूब पटी थी। लेकिन अब कांग्रेस की राय में वे ऐसे विभीषण हो गए थे जो राजीव जैसे राम को रावण बना रहे थे। चार साल पहले राजीव गांधी भारतीय राजनीति के मिस्टर क्लीन थे। अब मिस्टर क्लीन विश्वनाथ प्रताप सिंह थे और राजीव गांधी बोफोर्स के दलदल में धँस गए थे।

भ्रष्टाचार के विरुद्ध विश्वनाथ प्रताप सिंह की ऐसी जबर्दस्त छवि थी कि एक तरफ से मार्क्सवादी कम्युनिस्ट और दूसरी तरफ से भारतीय जनता पार्टी उनकी मदद करने को मजबूर थी। बीस साल पहले जब गैर-कांग्रेसवाद की लहर चली थी तब भी सारे कम्युनिस्ट बाईं तरफ से और जनसंघ दाईं तरफ से पूरी तरह किसी के साथ नहीं हुआ था। अब ’89 में ये दोनों राजीव गांधी के खिलाफ विश्वनाथ प्रताप सिंह की पूरी मदद करने में लगे थे। इमरजेंसी के बाद सन् ’77 में हुए चुनाव में भी

विपक्ष की ऐसी एकता नहीं थी क्योंकि वामपंथियों ने जनता ताकतों का साथ देने से इनकार कर दिया था। लेकिन बारह साल बाद वे भी विश्वनाथ प्रताप सिंह के साथ थे। विश्वनाथ देश के सबसे बड़े नेता हो गए थे और आम लोग नारा लगाने लगे थे–राजा नहीं फकीर है देश की तकदीर है। चुनाव में राजीव गांधी हार गए और दिल्ली में पहली गठबन्धन सरकार बनी जिसको बाईं ओर से वामपंथी और दाईं और से भारतीय जनता पार्टी समर्थन दिए हुए थी।

लेकिन जिस सरकार के प्रधानमंत्री विश्वनाथ प्रताप सिंह हों वह पाँच साल तो चल नहीं सकती थी। मंडल आयोग की रपट सभी पार्टियों को स्वीकार थी हालाँकि कोई भी उसे लागू करने की पहल नहीं करता था। विश्वनाथ प्रताप सिंह इस सच्चाई को इन्दिरा गांधी के जमाने से जानते थे। वे यह भी जानते थे कि भाजपा उन्हें दो साल से ज्यादा समर्थन देकर राज में नहीं रखेगी क्योंकि उसे खुद सत्ता हासिल करनी है। वामपंथी भी लगातार उनकी जनता दल सरकार को बनाए नहीं रख सकते थे क्योंकि उन्हें भी भाजपा के विरुद्ध सत्ता के लिए दाँव लगाना जरूरी था। तब प्रधानमंत्री रहने के आठवें महीने में विश्वनाथ प्रताप सिंह ने मंडल आयोग की रपट लागू करने की घोषणा की। यह अणु विस्फोट से भी ज्यादा विस्फोटक घोषणा थी। क्योंकि इसने भारतीय राजनीति की यथास्थिति को हमेशा के लिए नष्ट कर दिया। पिछड़ी जातियाँ पहली बार सत्ता के खेल में स्वायत्त शक्ति बन गईं और दलित अपनी वाली पर आ गए। इससे कांग्रेस का आधार ही ध्वस्त नहीं हुआ भाजपा को भी अपनी वणिक वृत्ति से बाहर आने पर मजबूर होना पड़ा। उसने राम का नाम लिया और कमंडल थाम लिया। क्षत्रिय विश्वनाथ प्रताप सिंह ने सवर्ण जातियों के सत्ता के एकाधिकार को हमेशा के लिए तोड़ दिया।

बीसवीं सदी में राजनीति को ऐसे निर्णायक मोड़ पहले दो ही नेताओं ने दिए थे– मोहनदास करमचंद गांधी और इन्दिरा गांधी ने, इतिहास अब तीसरे विश्वनाथ प्रताप सिंह को स्थान देगा। सत्ता का समीकरण बदलने वाला सत्ता में टिका नहीं रहता।

(तहलका, 15 दिसंबर, 2008)

जो देश खेलता नहीं जीतता नहीं

सन् 2008 में खेलों की बहस में नवाब पटौदी ने एनडी टीवी पर कह दिया कि हॉकी के बजाय क्रिकेट को राष्ट्रीय खेल मान लेना चाहिए। यह खेल के लिए अच्छा है कि हॉकी के लिए इतने धुरंधर स्टिक लिये खड़े हो गए।

हॉकी लोकप्रियता और विश्व हॉकी में भारत की जगह पर कोई बहस नहीं करता। बहस इस पर है कि हॉकी भारत का राष्ट्रीय गर्व और गौरव रहा है। उसे राष्ट्रीय खेल के पद से हटाना जैसे राष्ट्र को अपने गौरव प्रतीक से वंचित करना और उसकी जगह ऐसे खेल क्रिकेट को देना है जिसे अंग्रेज भारत लाए और जो खेल महाराजाओं का खेल रहा है।

जैसे हॉकी का खेल भारत में जन्मा और फला-फूला हो। हॉकी भी अंग्रेज ही लेकर आए थे। इंग्लैंड में भी इसे रोमन लोग लाए थे जिन्हें यह ग्रीस लोगों से मिला था। ग्रीक लोगों को इरानियों ने दिया। इसका कोई उल्लेख या प्रमाण नहीं मिला है कि इरानियों ने इसे भारतीयों से सीखा। क्रिकेट की तरह हॉकी भी अंग्रेज ही लाए। यह जरूर है कि हॉकी को भारत के आम लोगों ने अपनाया और क्रिकेट को पारसियों और राजा-महाराजाओं ने आम लोगों के इस खेल में भारतीयों ने गजब की कुशलता दिखाई और जब यह ओलंपिक खेलों में खेला जाने लगा और भारत ओलंपिक में खेलने लगा तो वही चैम्पियन हो गया। आजादी की लड़ाई जब चल रही थी तब भारत हॉकी का विश्व चैम्पियन होता था। स्वतंत्र होने के बाद भी सन् 60 तक हॉकी में भारत की तूती बोलती रही। ध्यानचंद संसार के सर्वश्रेष्ठ खिलाड़ी माने जाते थे। इसलिए भारत के लोगों को अगर यह अपने गर्व और गौरव का राष्ट्रीय खेल लगता है तो ठीक ही है। और इसलिए इसे राष्ट्रीय खेल बना दिया गया।

लेकिन सन् 60 से हॉकी में भारत की हालत पतली हो रही है। और पिछला साल तो शर्मनाक ही कहा जाएगा क्योंकि बीजिंग में हुए ओलंपिक में भारत खेलने के काबिल ही नहीं पाया गया। यह अपमानजनक है कि जिस हॉकी में भारत ने सबसे ज्यादा ओलंपिक स्वर्ण पदक जीते हैं, वह ओलंपिक हॉकी में खेल तक नहीं सका।

इस राष्ट्रीय शर्म से राष्ट्र नहीं, हॉकी खेलने वालों की गर्दन झुकी। राष्ट्र तो भारत के क्रिकेट में शिखर पर पहुँचने और विश्व क्रिकेट का शक्तिपीठ होने का उत्सव मनाता रहा। हॉकी के बजाय क्रिकेट खेलने और देखने वाले ही आज विश्व भर में भारत में सबसे ज्यादा हैं और इसलिए हर कोई भारत में खेलना चाहता है। दुनिया का सबसे बड़ा और सबसे अमीर खिलाड़ी भी एक भारतीय सचिन तेंदुलकर है। इसलिए सच पूछिए तो भारत का वास्तविक राष्ट्रीय खेल क्रिकेट ही है।

लेकिन हम हॉकी को राष्ट्रीय खेल के नाते नहीं, राष्ट्रीय प्रतीक के रूप में ही पसन्द करते हैं। कारण आजादी के आन्दोलन के दौरान उपजी राष्ट्र भक्ति ही है। भारत में हॉकी की हालत देखकर अगर आपको लगे कि हमारी राष्ट्रभक्ति पाखंड है तो गलत नहीं होगा। दरअसल हमारा खेलप्रेम इसी पाखंडी राष्ट्रप्रेम का उदाहरण है। इसका सबसे सटीक प्रमाण पिछले साल बीजिंग में देखने को मिला। दस मीटर एयर रायफल से निशानेबाजी में अभिनव बिंद्रा ने स्वर्ण पदक जीता, ऐसी निशानेबाजी का नाम भी ज्यादातर लोगों ने सुना नही होगा, लेकिन बिंद्रा का स्वर्ण पदक किसी भी भारतीय का पहला स्वर्ण पदक था और इसलिए वह राष्ट्रीय उत्सव का दिन हो गया। न यह निशानेबाजी देश का एक लोकप्रिय खेल है, न बिंद्रा इसकी राष्ट्रीय व्यवस्था से निकलकर आए हैं। लेकिन जब साल के सबसे बड़े खिलाड़ी और सबसे बड़ी उपलब्धि की बात चली तो शतरंज के विश्व विजेता विश्वनाथन आनंद और टेस्ट इतिहास में सबसे ज्यादा रन और शतक बनाने वाले सचिन तेंदुलकर से आगे अभिनव बिंद्रा ही कूद गए। बीजिंग ओलंपिक में कुश्ती और मुक्केबाजी कांस्य पदक जीतने वाले सुशील कुमार और विजिन्दर सिंह का नाम भर लिया गया। बैडमिंटन में साइना नेहवाल, गोल्फ में जीव मिल्खा सिंह, बिलियर्ड्स में पंकज आडवाणी, फुटबाल में बाइचुंग भूटिया का तो नाम भी नहीं लिया गया, मजा देखिए कि सारे खेलकूद की जननी एथलेटिक्स का न कहीं नाम सुना गया, न उसमें भारतीयों का कोई नामलेवा है। यानी प्रेम और पागलपन खेल और खेलने का नहीं खेल में नाम और पैसा पाने का है। इसलिए जो लोग अपने खेल में कुछ नहीं कर पाते वे भी बढ़-चढ़कर भारत में दूसरे सभी खेलों को चौपट कर देने के लिए क्रिकेट को कोसते हैं। जबकि सच्चाई यह है कि क्रिकेट सरकार से कोई पैसा नहीं लेता, न खेलों के लिए निर्धारित राष्ट्रीय बजट में उसका कोई हिस्सा है। बल्कि क्रिकेट अब दूसरे खेलों को पैसा देने लगा है।

सच तो यह है कि जो व्यक्ति और देश खेलने-कूदने और खेल को प्रेम करने वाला देश होता है, वह अपने पसन्दीदा खेल में अव्वल रहता है और उसका जुनून उस पर चढ़ा रहता है। और वो किसी लोकप्रिय खेल को गाली नहीं बकता, न अपनी फजीहत के लिए किसी खेल को दोष देता है। आप पाएँगे कि अपने देश

में खेल खेलने वालों से ज्यादा खेल की बात करने वाले लोग हैं और उनसे भी ज्यादा खेलों और खिलाड़ियों को गरियाने वाले लोग हैं। हममें शारीरिक क्षमता और कुशलता किसी से कम नहीं है। फिर भी खेलों में हम फिसड्डी रहते हैं तो इसलिए कि खेलों के प्रति हमारे रवैया बीमार है और विकलांग है। अमेरिका के तैराक फैल्पस् ने बीजिंग में आठ स्वर्ण पदक जीतकर स्वर्ण पदकों के सारे रिकॉर्ड तोड़ दिए। जमैका तो वेस्टइंडीज का छोटा-सा द्वीप है। न कोई सुविधा न कोई पैसा। लेकिन वहाँ के धावक उसैन बोल्ट ने दौड़ने के दोनों रिकॉर्ड तोड़ दिए। सौ मीटर 9.69 सेकंड में और दो सौ मीटर 19.32 सेकंड में दौड़कर वे दुनिया के सबसे तेज आदमी हो गए। न जमैका बावला हुआ न अमेरिका, हम अभिनव बिंद्रा के एक स्वर्ण पदक पर ही कुरबान हो गए।

यह ओलंपिक में शामिल किसी खेल को नाकुछ समझने और उसमें किसी उपलब्धि को कमतर बनाने की इच्छा नहीं है। लेकिन एक स्वर्ण और दो कांस्य पदक को ओलंपिक में अपनी सबसे बड़ी उपलिब्ध मानने वाले सवा सौ करोड़ लोगों के देश की खेलों में नियति का है। अपना पड़ोसी चीन सबसे ज्यादा स्वर्ण पदकों के साथ सबसे ऊपर रहा। अमेरिका और रूस को पीछे छोड़कर चीन खेलों का महाबली हो गया है। चीन से ईर्ष्या नहीं है। वह जो भी है राष्ट्रीय लक्ष्य तय करता है उसमें पूरा राष्ट्र एक खिलाड़ी की तरह लग जाता है। हमें इसकी भी शर्म नहीं है कि हॉकी जैसे खेल में हम फिसड्डी रह गए क्योंकि जब हम शिखर पर थे तब दूसरों ने उसे खेलने के नियम और तरीके बदल दिए और हम देखते रह गए। अब उसे फुटबॉल जैसा खेल बना दिया गया है। वह हमारी पहुँच से बाहर कर दिया गया है।

फिर भी क्रिकेट, शतरंज और बिलियर्ड्स में हमारी शिखर पर जगह है। क्रिकेट में हमने आस्ट्रेलिया और इंग्लैंड को हराया और दक्षिण अफ्रीका से बराबरी की, वनडे में हम पहली बार आस्ट्रेलिया और श्रीलंका से जीतकर आए। बीसमबीस के विश्वविजेता तो हैं ही। हमारे यहाँ इंडियन प्रीमियर लीग भी पहली बार खेली गई और क्रिकेट में इतना पैसा आया जितना विश्वकप में भी नहीं आता है। क्रिकेट का हर खिलाड़ी यहाँ खेलने को उत्सुक है। ब्लादिमीर क्रामनिक को हराकर विश्वनाथन आनंद कोई पहली बार विश्व चैम्पियन नहीं हुए हैं। वे कई बार विश्व चैम्पियन रह चुके हैं। शतरंज में हमारे यहाँ और भी कई ग्रैंडमास्टर हैं। महिलाएँ भी इस दिमागी खेल में आगे हैं। बिलियर्ड के चैम्पियन तो अपने यहाँ शुरू से होते रहे हैं। सानिया मिर्जा ने अपनी होनहारी पूरी नहीं की है। लेकिन बैडमिंटन में साइना नेहवाल पहले दस में आ गई हैं।

लेकिन अगला और निर्णायक कदम तभी उठेगा जब हम देखने और बात करने वाले देश के बजाय खेलने वाले देश होंगे।

(तहलका, 31 जनवरी, 2009)

गठबन्धन के धर्म और सम्प्रदाय

कांग्रेस का फैसला कि राज्यों में जिससे उसका गठबन्धन है उसे वह जारी रखेगी लेकिन चुनाव राष्ट्रीय गठबन्धन में नहीं लड़ेगी, गठबन्धन धर्म के खिलाफ नहीं है।

आम चुनावों में अकेले उतरने का फैसला कांग्रेस ने अपनी ताकत या उसके लम्बे-चौड़े आकलन पर नहीं लिया है। उसे मालूम है कि चुनाव के बाद जो भी सरकार बनेगी, गठबन्धन की होगी। उसका गठबन्धन हो या भाजपा का। इसलिए उसके फैसले को गठबन्धन-विरोधी कहना गलत है। हालाँकि यह सही है कि गठबन्धन जितने भाजपा को रास आते हैं, कांग्रेस को नहीं आते।

आप कह सकते हैं कि कांग्रेस का स्वभाव गठबन्धन का नहीं है, कारण ऐतिहासिक हैं। आजादी के तीस साल बाद तक तो कांग्रेस का वर्चस्व ही चला और देश में एक पार्टी शासन रहा। सन् 77 ने ढाई साल के लिए वह टूटा भी तो फिर दस साल चला। वी.पी. सिंह और चन्द्रशेखर की गठबन्धन सरकारों ने कोई डेढ़ साल तक कांग्रेस को रोके रखा। लेकिन फिर वह लौटकर आई और भले ही अल्पमत से रहे हों नरसिंह राव पूरे पाँच साल रहे, आठ साल बाद कांग्रेस सत्ता में 2004 में आई तो पहली बार गठबन्धन में थी। यानी बावन साल बाद उसे गठबन्धन की जरूरत पड़ी।

इसके उलट भारतीय जनता पार्टी और उसके पहले के अवतार जनसंघ को शुरुआत ही गठबन्धन से करनी पड़ी। उसने मिलकर चुनाव लड़े और सन् 77 में पहली बार गठबन्धनों में ही राज्यों में सत्ता का स्वाद चखा, सन् 77 में भी जनसंघ जनता पार्टी नाम के गठबन्धन में पहली बार केन्द्र में सत्ता में आया। कोई बीस साल के वनवास के बाद सन् 98 में वह सत्ता में आया तो न सिर्फ भाजपा हो चुका था, उसकी भूमिका भी बदल गई थी। अब भाजपा अपने गठबन्धन की नेत्री थी। सन् 96 में जब राष्ट्रपति शंकर दयाल शर्मा ने अटल बिहारी वाजपेयी को सबसे बड़ी पार्टी के नेता के नाते शपथ दिला दी तो तेरह दिन तक भाजपा का साथ देने कोई पार्टी

आगे नहीं आई। यानी बावन साल में भाजपा बिना गठबन्धन के कभी सत्ता में नहीं रही।

इसलिए गठबन्धनों के प्रति अगर देश की दो राष्ट्रीय पार्टियों का रवैया अलग है तो यह स्वाभाविक ही है। लेकिन कांग्रेस मई का चुनाव राष्ट्रीय गठबन्धन में नहीं लड़ना चाहती है तो इसका कारण गठबन्धनों से उसे पड़ने वाली छड़क नहीं है। यूपीए में जो भी पार्टियाँ उसके साथ हैं, वे सब क्षेत्रीय पार्टियाँ है, जैसे कांग्रेस के साथ मिलकर वे केन्द्र में सत्ता सुख भोगती हैं वैसे ही चुनाव के समय अपने-अपने क्षेत्रों से बाहर निकलकर फैलना चाहती है।

अपने वर्चस्व वाले इलाके में वे कांग्रेस से सीटों पर जो तालमेल करती हैं उसका इस्तेमाल दूसरे राज्यों या इलाकों में अपने लिए सीट पाने में करना चाहती हैं। राष्ट्रपति कांग्रेस महाराष्ट्र से, समाजवादी पार्टी उत्तर प्रदेश से और राष्ट्रीय जनता दल बिहार से बाहर फैलने को उत्सुक है। कांग्रेस अगर इनकी महत्त्वाकांक्षाओं को समोने लगे तो उसे अपना जनाधार लगातार सीमित करते जाना होगा। उसके गठबन्धन की पार्टियाँ उसी की कीमत पर फूल-फैल सकती हैं। गठबन्धन की आज की मजबूरियों से कांग्रेस अपनी महत्त्वाकांक्षाओं और भविष्य को क्यों सीमित करे? गठबन्धन में दरअसल हर पार्टी इसलिए आती है कि सत्ता के जरिए वह अपना वर्चस्व-क्षेत्र बढ़ाना चाहती है।

अपना वर्चस्व-क्षेत्र बढ़ाए न बिना शरद पवार, न मुलायम सिंह, न लालू प्रसाद यादव प्रधानमंत्री होने का ख्वाब देख सकते हैं, इसलिए इनकी पार्टियों का अपने इलाके से बाहर निकलने का इरादा समझा जा सकता है। इस इरादे में अनुचित कुछ नहीं है। गठबन्धन आखिर एक लेन-देन और सौदेबाजी है। यह गठबन्धन धर्म ही है कि उसकी हर पार्टी उसका उपयोग अपनी शक्ति बढ़ाने में करे लेकिन इस तरह कि गठबन्धन टूटे नहीं। भाजपा गठबन्धन धर्म की सच्ची पार्टी होने का दावा कर सकती है। लेकिन देखिए कि गठबन्धनों का लाभ लेकर आज वह एक राष्ट्रीय पार्टी हो गई है।

इसलिए कांग्रेस का फैसला कि राज्यों में, जिससे उसका गठबन्धन है, उसे वह जारी रखेगी लेकिन चुनाव राष्ट्रीय गठबन्धन में नहीं लड़ेगी, गठबन्धन धर्म के खिलाफ नहीं है। वह अपनी सम्भावनाओं को बनाए रखना चाहती है। उसका आकलन है कि उसकी स्थिति सन् 2004 की स्थिति से बेहतर है। जरूरी नहीं कि आप इससे सहमत हों। चुनाव के पहले हर पार्टी को अपना गुब्बारा फुलाने और थिगाने का हक है। उसे और फुलाने या हवा निकाल देने का हक जनता को है।

भाजपा पर गठबन्धन के उतने दबाव नहीं हैं। दक्षिण में कोई बड़ी क्षेत्रीय पार्टी उसके साथ नहीं है। तमिलनाडु की एआईडीएमके और आंध्र की तेलुगुदेशम ने

वामपंथियों के साथ जाना तय किया है। कर्नाटक में उसी का राज है। केरल उसकी पहुँच से बाहर है। महाराष्ट्र में शिवसेना ने अभी अपना अलग रास्ता पकड़ा नहीं है। हरियाणा में चौटाला का लोकदल, पंजाब में अकाली दल, बिहार में जनता दल (एकी), ओडीशा में बीजू जनता दल और असम में अगप उसके साथ हैं। इनमें बिहार का जनता दल (एकी) ही सबसे बड़ा है। लेकिन बिहार से बाहर उसकी कोई खास महत्त्वाकांक्षा भी नहीं है।

लेकिन इसका मतलब यह नहीं कि भाजपा के गठबन्धन एनडीए का रास्ता आसान है। पिछली बार लालकृष्ण आडवाणी ने दावा किया था कि हारी भाजपा नहीं है। आखिर हमारी सीटें कांग्रेस से कुछ ही कम हैं। हारी हैं हमारे गठबन्धन की दूसरी पार्टियाँ। इस बार उनके गठबन्धन में ऐसी पार्टियाँ हैं ही नहीं कि मददगार संख्या दे सकें। इस बार जो भी करना है भाजपा को ही करना है और उसकी सम्भावनाएँ तो सबसे कम दिखाई देती है।

(तहलका, 15 फरवरी, 2009)

समझ बूझ बन चरना, हिरना

व्यापारिक प्रयोजनों तथा तटस्थता के बीच सन्तुलन साधने की कोशिश करते भारतीय मीडिया को सत्ता येन-केन प्रकारेण अपनी ओर झुकाने की कोशिश करती है।

सूचना और प्रसारण राज्यमंत्री आनन्द शर्मा को जब करना होता है तो तेजी से काम करते हैं। अब देखिए कि 7 फरवरी को उसने कहा कि मीडिया उद्योग के लिए हम जल्द ही राहत पैकेज ला रहे हैं। और चार दिन बाद ही 11 फरवरी को सरकार ने अखबारी कागज और पत्रिकाओं के छपने के चिकने कागज से सीमा शुल्क खत्म कर दिया।

पता नहीं यह राहत पैकेज का ही एक काम था या जल्दी में राहत देने का कोई फौरी कदम, लेकिन इससे मीडिया उद्योग को कुछ राहत तो मिलेगी, सरकार और क्या-क्या करने जा रही है, यह उसने बताया नहीं है। लेकिन देश भर के उद्योगों को वित्तीय संकट से बचाने के जितने उपाय वह कर रही है, उससे कुछ ज्यादा ही मीडिया उद्योग के लिए करने को तत्पर होगी। मीडिया उद्योग को सबसे बड़ी चिन्ता तो मन्दी के कारण विज्ञापनदाताओं के घटते विज्ञापन बजट की ही होगी। विज्ञापन से आने वाला राजस्व घट जाए तो बाकी सब चीजों पर होने वाला खर्च अखरने लगता है। कई मीडिया संस्थानों ने आने वाले समय के अन्देशे में काम करने वालों की छँटनी शुरू कर दी है। कई अखबारों ने अपने पेट घटा दिए हैं। लागत में कटौती के दूसरे और उपाय भी किए जा रहे हैं।

कुल अर्थव्यवस्था और उद्योग-व्यापार मन्दी में हो और दुनिया में चारों तरफ वित्तीय संकट हो तो मीडिया उद्योग बचा नहीं रह सकता। उसका उद्योग तो प्रभावित होगा ही। पिछले पन्द्रह वर्षों में मीडिया का उद्योग देश के दूसरे उद्योग-व्यापार की तरह ही तेजी से बढ़ा था। विज्ञापन आखिर बम-बम करती अर्थव्यवस्था में से ही निकलकर आते हैं। इसलिए मीडिया उद्योग खूब पनपा। उसमें काम करने वालों की तनखाएँ खूब बढ़ीं। मीडिया घरानों के मुनाफे बढ़े। जो अखबार घाटे में या पतली

हालत में चला करते थे वे मुनाफे में न भी आए हों तो बिना नफे-नुकसान के चलने लगे। मीडिया के इस औद्योगिकीकरण और व्यापारीकरण से कुल मिलाकर उसमें पूँजी लगाने वालों और उसमें काम करने वालों की माली हालत सुधरी है। उसमें निवेश बढ़ा क्योंकि कमाई भी होने लगी। इस कारण उसमें ऐसे लोग भी आए जिनका प्रभाव मीडिया के लिए स्वास्थ्यवर्धक नहीं है।

लेकिन मीडिया के उद्योग और व्यापार के बढ़ने का मतलब मीडिया के सकारात्मक प्रभाव का बढ़ना नहीं है। कई जगह तो देखा गया कि मीडिया पत्रकारिता छोड़कर मनोरंजन के उद्योग में लग गया। कई अखबारों और चैनलों में खबरों और विज्ञापनों का भेद जान-बूझकर मिटा दिया गया। इससे बाजार की तो सेवा हुई पर पाठकों और दर्शकों के भरोसे में कमी हुई। विश्वसनीयता और लाभदायिता के चुनाव में मीडिया का बहुत बड़ा हिस्सा विश्वसनीयता के बजाय लाभदायिता में लग गया। पत्रकारिता में अब तक जो लोकहित और लोकसेवा का तत्त्व था, वह कम हुआ और लाभ के लिए कुछ भी छापने और दिखाने का चलन बढ़ गया। संपादक की भूमिका और पूछ घट गई और प्रबन्धक मालिक हो गया।

मीडिया के उद्योग और व्यापार के बढ़ने का यह अनिवार्य परिणाम था। कुछ लोकसेवकों और लोकसेवी पत्रकारों और समाज के एक छोटे जागरूक तबके के अलावा इस स्थिति से किसी को कोई खास शिकायत नहीं थी। मीडिया की सत्ता प्रतिष्ठान और उद्योग-व्यापार पर निगरानी और चौकरदारी की भूमिका लगातार घटती गई। कई क्षेत्रों में तो मीडिया उद्योग-व्यापार का सहायक और भागीदार हो गया। कई जगह वह पब्लिसिटी एजेंट होने के नाते मुनाफे में अपने हिस्से की माँग करने लगा। उसकी माँग कुछ इलाकों में उचित भी मानी गई क्योंकि अगर आप पत्रकारिता नहीं कर रहे हैं तो आपके तटस्थ और निःस्वार्थ पर्यवेक्षक बने रहने में तुक क्या है। आप भी आखिर मुनाफे के लिए मीडिया में हैं जैसे कि दूसरे उद्योग और व्यापारिक प्रतिष्ठान हैं।

लेकिन मीडिया के साथ सबसे बड़ी समस्या यह है कि उसका उद्योग और व्यापार तो है लेकिन वह शुद्ध उद्योग और व्यापार नहीं है। कार बनाने या टूथ पेस्ट का उत्पादन करने वाले समाज के लिए उपयोगी काम करते हैं। लेकिन अपने काम के जरिए वे लोगों को जानकारी देने और देश का लोकमत बनाने के कर्तव्य का निर्वाह नहीं करते। अखबार और चैनल भले ही खबरों और मतों को बेचकर चलते हों, वे निर्मूल्य और महज विक्रेता होकर नहीं रह सकते। उन्हें जिम्मेदारी लेनी पड़ती है और पाठक और दर्शक उन्हें जिम्मेदार और बनाकर चलता है। अपने उत्पाद की जिम्मेदारी तो उत्पादक और विक्रेता को भी लेनी पड़ती है। लेकिन मीडिया की जिम्मेदारी अपने उत्पाद से परे जाती है क्योंकि यह प्रभाव के काम में है। इसलिए उसे किसी

भी उत्पादक की तुलना में नीर-क्षीर विवेक का इस्तेमाल करना ही पड़ता है और यह तटस्थता, निःस्वार्थता और न्यायशीलता के बिना सम्भव नहीं है।

इसलिए अपनी तटस्थता और स्वतंत्रता की रक्षा के लिए मीडिया को विचार करना पड़ता है कि वह किससे क्या ले और किन शर्तों पर ले, उसका लेन-देन शुद्ध व्यापारिक हो नहीं सकता। जगव्यापी वित्तीय संकट और मन्दी का असर मीडिया पर होगा ही और वह मुश्किल में पड़ेगा ही। लेकिन क्या इससे मुक्ति या राहत वह अपनी तटस्थता और स्वतंत्रता की कीमत पर ले सकता है? भारत में मीडिया का अनुभव है कि राज्य अपनी शक्ति से उसे अपनी तरफ रखने की कोशिश लगातार करता रहता है, और मीडिया जरूरी कीमत चुकाकर अपनी स्वतंत्रता बनाए रखने में सफल होता आया है। मीडिया का आग्रह रहा है कि राज्य को उसके काम में दखल नहीं देना चाहिए। लेकिन अपने संकट में वह राज्य को पुकारेगा तो मदद करने वाला राज्य क्या लक्ष्मण रेखा का सम्मान करेगा? राज्य तो प्रेस की स्वतंत्रता की सीता का अपहरण करने के लिए हमेशा ही रावण की तरह कोशिश में लगा रहता है? क्या सीता खुद ही अपने संकट से निपटने के लिए लक्ष्मण रेखा लाँघकर आएगी?

फिर नव उदार पूँजीवादी विचार को मानने वाला अपना मीडिया क्या किसानों को राज्य की तरफ से दिए गए राहत पैकेज का विरोध और उसकी आलोचना नहीं करता रहा है? सरकार ने जब देश के देहात में फैली आम बेरोजगारी से लोगों को राहत दिलाने के लिए राष्ट्रीय रोजगार योजना बनाई थी तो हमारे अखबारों ने नहीं लिखा था कि रोजगार देना सरकार का काम नहीं है। और इससे न रोजगार मिलेगा, न कोई निर्माण होगा। करदाता का पैसा लोक लुभावन काम के भ्रष्टाचार में जाएगा। क्या मीडिया दलील नहीं देता रहा है कि राज्य के संसाधन ऐसी अनुत्पादक योजनाओं में बर्बाद नहीं किए जाने चाहिए? क्या यह सिद्धान्त भारत जैसे गरीब देश को बताया नहीं जा रहा था कि राज्य का पैसा पूँजी के ऐसे कामों में लगना चाहिए जिससे और पूँजी पैदा की जा सके। राज्य के संसाधन उद्योग और व्यापार की सेवा में हो और गरीब-गुरबों के हित बाजार पर छोड़ देने चाहिए?

फिर देश में टीवी के दर्शकों की गणना और उनकी पसन्दगी पर संसद की स्थायी समिति की रपट पर भी ध्यान देने की जरूरत है। रपट में समिति ने बार-बार कहा है कि सूचना प्रसारण मंत्रालय को अच्छी तरह से मालूम है कि टीआरपी में कितनी धोखाधड़ी, झूठ और फरेब का धंधा होता है। टीवी वाले बारह करोड़ घरों में से सिर्फ शहरों के मात्र तेरह हजार घरों में नापने-गिनने के उपकरण लगे हैं और उनसे निकली जानकारी भी सार्वजनिक नहीं की जाती। इसी फरेबी टीआरपी से कार्यक्रमों की विषयवस्तु, समय और प्राथमिकता तय होती है। इसी से विज्ञापन मिलते हैं। यह दर्शकों और लोकहित की सरासर आपराधिक अनदेखी है। सूचना

प्रसारण मंत्रालय के पास अधिकार है लेकिन दर्शक और देशहित में उसने कभी हस्तक्षेप करके इसे ठीक नहीं किया। इस बात को मानने के बाजवूद कि टीआरपी उद्योग को विनियमित करने के लिए कुछ सरकारी पर्यवेक्षण अनिवार्य हैं–मंत्रालय की अकर्मण्यता ने स्थिति को और बिगाड़ दिया है–समिति का निष्कर्ष है।

जो सूचना प्रसारण मंत्रालय इतने वर्षों से टीवी को बिगड़ने दे रहा है, वह मुम्बई पर आतंकवादी हमले के कवरेज के बाद केबल टेलीविजन नेटवर्क्स रूल्स में नौ दमनकारी संशोधन लेकर क्यों आ गया? और संशोधन अगर लोकहित में जरूरी थे तो चैनलों के हल्ला मचाते ही पीछे क्यों हट गया? क्योंकि टीवी वालों को अपने लालच में ही गलतियाँ करने देना चाहता है ताकि उनकी गर्दन उसके हाथ में रहे, क्या मीडिया उद्योग को राहत देने की तत्परता इससे कोई भिन्न प्रयोजन के लिए हो सकती है? मीडिया को सोच लेना चाहिए।

(तहलका, 28 फरवरी, 2009)

स्लमडॉग की भारतीय पूँछ

भारत की जो प्रतिभा ब्रिटिश-अमेरिकी फिल्म व्यवस्था में चमकती है वही ऑस्कर के योग्य होती है।

स्लमडॉग मिलेनियर के आठ ऑस्कर और दुनिया भर के बॉक्स ऑफिस पर रेकॉर्ड कमाई से मुझे कोई एतराज नहीं है। शिकायत मुझे उसकी सफलता को भारतीय सिनेमा की विजय मानने और उसके विश्व मंच पर आगमन का उत्सव मनाने से है।

मुझे अल्ला रक्खा रहमान, गुलजार और रेसुल पोकुट्टि से ऑस्कर जीतने पर उतनी ही खुशी है जितनी उन्हें और उनके प्रशंसकों को हुई है। बल्कि पोकुट्टि का अपने देश और उसकी सभ्यता में से ओमकार के निकलने और उसके उच्चार के बाद मौन और शान्ति के आने का उल्लेख करना बहुत भाया। वे साउंड मिक्सिंग का ऑस्कर स्वीकार कर रहे थे। केरल के मुसलमानी लगते नाम वाले रेसुल ने ही लास एंजिलिस से याद दिलाया कि आज शिवरात्रि है। सत्यम् शिवम् सुन्दरम् के शिव की रात्रि उनके लिए ऑस्कर की रात्रि थी। भारत में किसी टीवी चैनल ने ऑस्कर रात्रि को शिवरात्रि से मिलाने की सूझबूझ नहीं दिखाई। हालाँकि वे शिवरात्रि जैसे पर्वों और उत्सवों को लगातार बेचते रहते हैं।

पोकुट्टि की तकनीकी प्रवीणता पर तो अपन ज्यादा कुछ नहीं कह सकते। लेकिन रहमान ने निश्चित ही इससे बेहतर संगीत अपनी दूसरी फिल्मों में दिया है और उनकी सराहना, प्रशंसा और पुरस्करण भी हुआ है। गुलजार ने तो निश्चित ही 'जय हो' से बेहतर गीत लिखे हैं। फिर यह ऑस्कर विजेता गीत तो गुलजार ने स्लमडॉग के लिए लिखा भी नहीं था। सुभाष घई की किसी फिल्म के लिए लिखा था और रहमान के दिए संगीत पर सुखविंदर ने गाया था। घई ने फिल्म में नहीं लगाया डैनी बॉयल ने लगा लिया, लेकिन ऐसा तो संयोग से ही होता है कि अच्छे लिखे, अच्छे गाए और शानदार संगीत दिए गीत पर पुरस्कार मिल जाए वह भी ऑस्कर। कहते हैं कि यह गीत ऐसा हिट हुआ है अमेरिका में भी लोग एक-दूसरे के अभिवादन में 'जय हो' कर रहे हैं।

स्लमडॉग की यह आलोचना भी अपने गले नहीं उतरती कि इसमें भारत की गरीबी का नंगा और भयावह चित्रण चटकारे लेकर दिया गया है। समृद्ध पश्चिम में भारत की गरीबी बिकती है। इसे देखकर यूरोप और अमेरिका के खाते-पीते और अपने को बेहतर मानने वाले लोगों को अधम आनन्द मिलता है। मिले, यह गरीबी हमारा यथार्थ है। हमारी सच्चाई है। हमारी गंदी बस्तियों में हिंसा, यौनाचार, गन्दगी और सभी तरह की विकृतियों का जीवन है। उससे मुँह चुराने या उस पर मखमल की लाल जाजम डाल के उसे छुपाने की क्या जरूरत है। हमारे महानगर पश्चिमी औद्योगिक सभ्यता की ही उपज हैं जिनमें गन्दी बस्तियाँ अनिवार्य रूप से बनती और बसती हैं। दुनिया में सब जगह है। अमेरिका में भी हैं। अमेरिका अपनी गन्दी बस्तियों के जीवन को अपने राष्ट्रीय जीवन का प्रतिनिधि नहीं मानता क्यों वह समृद्ध है।

हम अपनी गन्दी बस्तियों से डरते हैं क्योंकि वे हमारी समृद्धि की पोल खोलती हैं। हम जानते हैं कि हमारा विकास और हमारी समृद्धि भारत की असलियत नहीं है। हम अपनी समृद्धि को चमकाने के लिए गन्दी बस्तियों पर पर्दा डालते हैं। इसलिए हमें बुरा लगता है कि कोई उन्हें उघाड़कर लाल गोले में दिखा रहा है। भूलना नहीं चाहिए कि अपने सबसे सर्जनात्मक फिल्मकार सत्यजित राय पर भी अपनी कलाकार अभिनेत्री नर्गिस दत्त ने भरी राज्यसभा में यही आरोप लगाया था कि वे भारत की गरीबी दिखाकर यूरोप में वाहवाही लूट रहे हैं। गरीबी और गन्दी बस्तियाँ सत्यजित राय, बिमल राय ऋत्विक घटक, मृणाल सेन, श्याम बेनेगल, गोविन्द निहलानी आदि सभी ने दिखाई है। हमारे ये फिल्मकार गरीबी बेचकर यश और पैसा लूटने नहीं आए। डैनी बॉयल अंग्रेज है तो उसके मुम्बई के धारावी चित्रण से हमारी ऐसी क्या बदनामी हो गई कि हम मारे शर्म के मर जाएँ।

मुम्बई की गन्दी बस्तियों पर स्लमडॉग के पहले मीरा नायर की 'सलाम बांबे' ही एक फिल्म नहीं है। कई फिल्में बनी हैं। बॉलीवुड ने ही बनाई हैं जिनमें गन्दी बस्तियों का जीवन ज्यादा तटस्थता, क्रूरता और कलात्मकता से दिखाया गया है। स्मिता पाटिल जैसी अप्रतिम अभिनेत्री भी स्लम की बाई बनी हैं और अभिताभ बच्चन का एंग्री यंगमैन भी इन्हीं बस्तियों से निकला है। मुम्बई की गन्दी बस्तियों में प्रेम, आशा और भविष्य और जीवन की अमरता की कहानियाँ बॉलीवुड ने स्लमडॉग से बेहतर बनाई हैं। यह बात अलग है कि उन्हें आठ क्या एक भी ऑस्कर बल्कि भारतीय अवार्ड ही नहीं मिले। डैनी बॉयल ने स्लमडॉग अच्छी फिल्म बनाई है लेकिन भारत जहाँ हॉलीवुड से ज्यादा फिल्में बनती हैं–ऐसी और इस फिल्म को अपना सर्वश्रेष्ठ पुरस्कार नहीं देता। इसका कारण यह नहीं कि उसमें कलात्मक समझ नहीं है और बॉलीवुड सिर्फ बॉक्स ऑफिस की चिन्ता करता है। भारत में फिल्मों की

उत्कृष्टता को जाँचने के पैमाने अलग हैं, और वे हॉलीवुड से कोई कमतर नहीं है।

हमारी समस्या यह है कि हमारे यहाँ ऐसे लोगों की कमी नहीं है जो हॉलीवुड के ऑस्कर ही नहीं, अमेरिकी-यूरोपीय जीवन की लगभग सभी बातों, मूल्यों और चलन को भारत की चीजों से बेहतर मानते हैं। इन लोगों को ऑस्कर, नोबेल, बुकर, पुलित्जर आदि पुरस्कार विश्व के सबसे बड़े पुरस्कार लगते हैं। इनके लिए अब अमेरिका तो पहले पश्चिम यूरोप ही विश्व हुआ करता था। इन लोगों के लिए स्लमडॉग का विकास स्वरूप के अंग्रेजी उपन्यास–क्यू एड ए–पर आधारित होना और उसका मुम्बई की गन्दी बस्तियों में शूट किया जाना और उन्हीं के एक लड़के जमाल की कहानी होना इस फिल्म के भारतीय होने का सबूत है। जिसमें रहमान का संगीत हो, गुलजार के गाने हों वह तो भारतीय सिनेमा ही है। फिर भारत का जो भी अमेरिका और यूरोप को मंजूर हो और जिसे वे पुरस्कार के लायक समझते हों–वही भारत का सच्चा, प्रामाणिक और सर्वश्रेष्ठ है। भारत, अमेरिका-यूरोप में चमककर ही भारतीय और धन्य होता है। यही उसके होने की सार्थकता है। इसी में वह धन्य है।

यही लोग मानते फिर रहे हैं कि स्लमडॉग के आठ ऑस्कर भारतीय सिनेमा उद्योग की सफलता है। स्लमडॉग ये ऑस्कर जीता तो इसका मतलब है कि भारतीय सिनेमा विश्व सिनेमा के मंच पर उदित हो गया है, सच? स्लमडॉग बनाने वाले डैनी बॉयल ने सर्वश्रेष्ठ निदेशक का ऑस्कर जीतने के बाद कहा कि "मैं बहुत खुश हूँ कि जो भी भारतीय मुझे मिलता है, खुशी से फटा पड़ रहा है। इससे बड़ी प्रशंसा और क्या होगी कि भारत में लोग स्लमडॉग को भारतीय फिल्म मानते हैं, लेकिन असलियत में यह एक ब्रिटिश फिल्म है। यह शुरू से ही बहुत धीरे और बहुत यथार्थवादी है। हमारी सिने संस्कृति एक ऐसे यथार्थवाद पर आधारित है जो दरअसल न बॉलीवुड की फिल्मों में होता है, न हॉलीवुड की फिल्मों में।

दरअसल स्लमडॉग एक ब्रिटिश-अमेरिकन फिल्म है, इसमें पैसा अमेरिकी लगा है। निदेशक डैनी बॉयल ब्रिटिश हैं। चित्रपट कथा भी अंग्रेज ने लिखी है। इतनी आसानी से यह अमेरिका और यूरोप में मार्केट की गई और हॉलीवुड की अकादमी ने इसे हाथो-हाथ लेकर सिर पर बैठा लिया तो इसका कारण भी इसमें अमेरिका का पैसा लगना और अमेरिकी प्रोत्साहकों का इसे आगे बढ़ाना है। तीन-चौथाई यह अंग्रेजी में है और एक-चौथाई हिन्दी में क्योंकि मुम्बई की गन्दी बस्तियों के बच्चों का यथार्थवादी चित्रण करना हो तो उन्हें हिन्दीं में ही बात करते और माँ-भेन की गालियाँ खाते हुए दिखाना पड़ेगा। कौन बनेगा करोड़पति उसके जरिए करोड़पति बन गया लेकिन करोड़पति बनने वह इस 'शो' पर नहीं आया था। वह तो इस पर दिखना चाहता था ताकि खोई हुई उसकी प्रेमिका लतिका उसे देख ले और वह उसे ढूँढ़

ले। इससे यह कंगाली से करोड़पति और प्रेम कहानी बन गई जो एकदम और एक साथ बॉलीवुड और हॉलीवुड की परीकथा जैसी लगने लगी।

ऑस्कर दरअसल अमेरिका का फिल्मी पुरस्कार है, यह सिनेमा का विश्व पुरस्कार नहीं है। जैसा कि कमल हासन ने कहा—यह ओलंपिक नहीं है, अमेरिकी है। अमेरिका के लोग और वहाँ की अकादमी महामन्दी के इस जमाने में एक ऐसी फील गुड फिल्म की तलाश में थे जो कंगाल से करोड़पति के अमेरिकी सपने को जीवित रखती हो। ब्रिटिश-अमेरिकी स्लमडॉग इसी जरूरत को पूरी कर रही थी। इसलिए उसे आठ ऑस्कर मिल गए। उसमें न सर्वश्रेष्ठ अभिनेता था न सर्वश्रेष्ठ अभिनेत्री। अल्ला रक्खा रहमान उसमें मामूली संगीत देकर भी श्रेष्ठ मौलिक संगीत का पुरस्कार जीत गए। गुलजार का लिखा 'जय हो' गीत भी इसलिए श्रेष्ठ माना गया कि वह स्लमडॉग का होने के कारण ऑस्कर के योग्य हो गया। भारत की जो प्रतिभा ब्रिटिश-अमेरिकी फिल्म व्यवस्था में चमकती है वही ऑस्कर के योग्य होती है। नहीं तो बेहतर संगीत देकर और बेहतर लिखकर भी रहमान गुलजार कहीं ऑस्कर के आसपास भी नहीं थे।

एटनबरो गांधी बनाए और वह आठ ऑस्कर समेट ले गए। डैनी बॉयल स्लमडॉग बनाए और उसे भी आठ ऑस्कर मिल जाए। लेकिन सत्यजित राज से लेकर आमिर खान तक एक से एक बढ़िया कलात्मक और प्रामाणिक भारतीय फिल्म बनाए और उन्हें हॉलीवुड की अकादमी पूछे तक नहीं। क्या वही भारतीय फिल्म है जिसे ब्रिटेन और अमेरिका की व्यवस्था भारत में भारतीय कथावस्तु पर बनाए? और क्या भारत विश्व सिनेमा के मंच पर तभी प्रकट होता है जब हव लॉस एंजिलिस के कोडक थिएटर पर ऑस्कर लेने आए। नहीं सर, स्लमडॉग भारतीय फिल्म नहीं है और उसकी सफलता भारतीय फिल्म उद्योग की सफलता नहीं है।

भारतीय सिनेमा विश्व सिनेमा के मंच पर तभी चमकेगा और प्रतिष्ठित होगा जब भारतीय सिने पुरस्कार मुम्बई में मिलेंगे और हॉलीवुड वाले उन्हें पाने को तरसेंगे। बॉलीवुड हॉलीवुड का प्रतिद्वन्द्वी है। गाउन से घिसटता जरी का पल्ला नहीं है।

(तहलका, 15 मार्च, 2009)

चुनाव से बड़ी इंडियन प्रीमियर लीग

हम ऐसे पूँजीवाद को पिछले बीस सालों से बढ़ावा दे रहे हैं जो लोकतंत्र और राजनीति को फालतू और विध्वंसक बता कर पैसे को सबसे महत्त्वपूर्ण बताने में लगा हुआ है।

बस यही नहीं लिखा कि आईपीएल के मैच समय पर होने चाहिए, भले ही आम चुनाव आगे बढ़ाने पड़ें। नहीं तो उनने सब लिख दिया कि आई.पी.एल. समय पर करवाना और उसके सभी मैचों और खिलाड़ियों को पक्की सुरक्षा देना किस तरह आतंकवाद को मुँहतोड़ जवाब देना और साबित करना है कि भारत एक शक्तिशाली मजबूत राष्ट्र है और वह आतंकवादियों से डरकर अपनी प्रतिष्ठा और शक्ति के प्रतीकों को कतई नष्ट नहीं होने देगा।

उनने यह भी बताया कि अप्रैल-मई में नहीं हुए तो आईपीएल-2 के मैच हो ही नहीं पाएँगे। अन्तर्राष्ट्रीय क्रिकेट का कैलेंडर इतना भरा हुआ है कि भारत भले ही जुलाई से सितम्बर तक खाली हो लेकिन दूसरी सभी टीमें आपस में खेल रही होंगी। लगभग सभी बड़े अन्तर्राष्ट्रीय खिलाड़ी राष्ट्रीय ड्यूटी बजा रहे होंगे। उनके बिना तो लीग हो ही नहीं सकती। इसलिए इस साल लीग रद्‌द करनी पड़ेगी। (इससे महज एक साल की बच्ची इस कमाऊ लीग का भविष्य ही खतरे में पड़ जाएगा)। निवेशकों के करीब दो हजार करोड़ रुपये डूब जाएँगे। टीमें खरीदने वालों ने आगे कमाई की ही उम्मीद में पैसे लगाए हैं। प्रसारकों ने प्रसारण के अधिकार खरीदे हैं। बड़ी-बड़ी कम्पनियों ने विज्ञापन और प्रयोजन के बजट बनाए हैं। सब पर पानी फिर जाएगा। लेकिन सबसे बड़ा नुकसान यह होगा कि क्रिकेट और इस लीग के चलने पर निवेशकों का विश्वास टूट जाएगा। मन्दी के इस जमाने में यह बहुत बुरा होगा, क्योंकि निवेशकों का विश्वास ही तो अर्थव्यवस्था के पटरी पर आने और मन्दी के उतरने का रास्ता है।

इसलिए तारीखों में जैसा भी तालमेल बैठाना हो, बैठाओ। मतदान के 24 घंटे पहले और 24 घंटे बाद मैच हो सकते हैं। गृहमंत्रालय अगर मतदान और आईपीएल के मैच दोनों को एक साथ सुरक्षा नहीं दे सकता तो मैच मतदान के पहले और

बाद में करवाए जा सकते हैं। केन्द्रीय बल सुरक्षा के लिए सुलभ नहीं हो सकते तो हम राज्यों की पुलिस से काम चला लेंगे। वे भी जिम्मेदारी लेने को तैयार न हों तो हम निजी सुरक्षा एजेंसियों को लगा लेंगे। दक्षिण अफ्रीका की एक सुरक्षा एजेंसी से बात हो ही रही है। गृहमंत्रालय और राज्य सरकारों ने हाथ खड़े कर दिए हैं तब भी निजी सुरक्षा और स्वयंसेवकों से काम चलाया जा सकता है। लेकिन आईपीएल-2 होना तो 10 अप्रैल से 24 मई के बीच ही जायज है। गृहमंत्रालय की चिन्ता यह है कि क्रिकेट मैचों पर हमले के बहाने हमारे लोकतंत्र की प्रक्रिया में पलीता लगाया जा सकता है। जिस देश में क्रिकेट इतना लोकप्रिय हो और उसमें इतने लोग शामिल होते हों चुनाव के समय उसकी सुरक्षा को लेकर कोई खतरा मोल नहीं लिया जा सकता।

लेकिन बाजार और धंधे के अंधसमर्थक एक अंग्रेजी अखबार के एक स्तम्भकार ने तो यहाँ तक लिख दिया कि यदि आईपीएल–यानी इंडियन प्रीमियर लीग और आईपीएल यानी इंडियन पोलिटिकल लीग–में से जनता को चुनने को मौका दिया जाए तो जनता बीसमबीस के क्रिकेट मैच देखना पसन्द करेगी। राजनीति और राजनेताओं से जनता इस कदर ऊबी हुई है कि उसके आदर्श व्यक्तियों की सूची में एक भी राजनेता नहीं आता। सिनेमा के महानायक आते हैं लेकिन उन्हें भी मात देते हैं क्रिकेट खिलाड़ी। राजनीति और चुनाव लोगों को बाँटते और लड़ाते हैं। बीसमबीस क्रिकेट उन्हें एक करके उनका मनोरंजन करता है। चुनाव और संसद पैसे की बर्बादी है। इन पर खर्च किए गए पैसे से जनता का कोई भला नहीं होता। बीसमबीस क्रिकेट पैसा कमाता है और जनता को मनोरंजित और सुखी रखता है। बताइए आप किस आईपीएल को वोट देंगे? अपने को विश्व का सबसे बड़ा लोकतंत्र बताकर गर्वित होने वाला देश क्या आम चुनावों से ज्यादा महत्त्व बीसमबीस क्रिकेट को देगा जिसे क्रिकेट देखने और समझने वाले बराबर क्रिकेट मानने को भी तैयार नहीं होते।

ये सब बातें मैंने इसलिए लिखीं कि बीसमबीस क्रिकेट की आईपीएल लीग को समय पर करवाने के लिए जितने भी कारण और जितनी भी अनिवार्यताएँ बताई गई हैं उनमें एक भी क्रिकेट के खेल की नहीं हैं। आईपीएल के समर्थक नहीं बताते कि इस साल लीग नहीं हुई तो भारत और संसार में क्रिकेट का क्या नुकसान हो जाएगा।

मुम्बई पर आतंकवादी हमला उसी रात हुआ था जब भारत कटक में इंग्लैंड से पाँचवाँ वनडे खेल रहा था। इस हमले के कारण बाकी के दो मैच रद्द हुए और इंग्लिश टीम भारत से चली गई। तब किसी ने सचिन तेंदुलकर से पूछा, जो अपने घर-नगर पर हमले से बुरी तरह हिल गए थे। भारत में पैदा हुए सबसे बड़े क्रिकेट खिलाड़ी ने कहा–क्रिकेट जीवन से बड़ा नहीं है। ऐसे हमले के बाद हम

क्रिकेट कैसे खेल सकते हैं? फिर भारत ने पाकिस्तान का क्रिकेट दौरा रद्द कर दिया तो कप्तान धोनी और दूसरे खिलाड़ियों से पूछा गया। सभी ने कहा कि सरकार ने ठीक किया। मुम्बई हमले के बाद हम वहाँ जाकर क्रिकेट नहीं खेल सकते।

किसी खिलाड़ी ने नहीं कहा कि आतंकी हमले के कारण क्रिकेट नहीं होगा तो यह खेल आतंक से हार जाएगा। किसी ने नहीं कहा कि वनडे और पाकिस्तान का दौरा रद्द हुआ तो हमारी इतनी कमाई मारी गई। बाद में अंग्रेज टीम ने आकर दो टेस्ट खेले और दौरा पूरा किया लेकिन किसी खिलाड़ी ने दावा नहीं किया कि क्रिकेट खेलकर हमने आतंक को परास्त किया है। मुम्बई पर आतंकी हमले का घाव हमारे खिलाड़ियों पर अब भी है और 3 मार्च को लाहौर के गद्दाफी स्टेडियम के बाहर श्रीलंकाई टीम पर हुए आतंकी हमले से दुनिया भर के खिलाड़ियों को सदमा और दुख पहुँचा है। भारतीय उपमहाद्वीप में वनडे विश्वकप पर सवाल लग गया है। क्रिकेट को सभी बचाना चाहते हैं। खासकर भारत में क्योंकि विश्व क्रिकेट का 80 प्रतिशत पैसा भारत से आता है। क्रिकेट के सबसे ज्यादा दर्शक भारतीय उपमहाद्वीप में हैं।

लेकिन लोकतंत्र की अनिवार्य प्रक्रिया–आम चुनाव और बीसमबीस क्रिकेट के मुकाबलों में से किसी एक को सुरक्षा देनी होगी तो क्या आप कहेंगे कि चुनाव बाद में भी हो सकते हैं। पहले लीग मुकाबले होने चाहिए क्योंकि वे बाद में नहीं हो सकते? लोकतंत्र और क्रिकेट के खेल में से किसी को आपको पहले सुरक्षित करना होगा तो क्या आप पहले क्रिकेट को बचाएँगे? लोकतंत्र रहेगा तो क्रिकेट तो बहुतेरा हो जाएगा। लेकिन क्या क्रिकेट अराजकता और तानाशाही में पनप और चल सकता है?

दरअसल यह सवाल ही वाहियात है। लेकिन फिर भी दुनिया के सबसे बड़े लोकतंत्र में पूछा जा रहा है क्योंकि हम ऐसे धंधे और ऐसे पूँजीवाद को पिछले बीस सालों से लगातार बढ़ावा दे रहे हैं जो लोकतंत्र और राजनीति को फालतू और विध्वंसक बताकर पैसे को सबसे महत्त्वपूर्ण बताने में लगा हुआ है।

जो लोग संसद के चुनावों को बीसमबीस क्रिकेट लीग से कम महत्त्व और अनिवार्यता का बता रहे हैं, वे कोई क्रिकेट के खेलप्रेमी नहीं हैं। वे बीसमबीस को धंधा मानते हैं। जानते हैं कि भारत में क्रिकेट मन्दी के कारण घाटे का सौदा नहीं हुआ है। फ्लिंटॉफ और पीटरसन आठ करोड़ में खरीदे गए हैं जो कि गए साल की सबसे बड़ी कीमत से भी ज्यादा है। बीसमबीस क्रिकेट अगर इतना कमाऊ धंधा है तो उसे तो सर्वोच्च प्राथमिकता मिलनी ही चाहिए। जी हाँ, पाँचसाला चुनाव से भी ज्यादा। कोई इनका इलाज करो भाई।

(तहलका, 31 मार्च, 2009)

गावस्कर को शाहरुख की नसीहत

आईपीएल क्रिकेट का धंधा है यह तो सब जानते थे लेकिन पैसा क्रिकेट का क्या कर देगा, शाहरुख ने बता दिया है।

सुनील गावस्कर उन बिरले खिलाड़ियों में से हैं जो पैसे का खेल खूब समझते हैं। लेकिन बॉलीवुड के सुपर स्टार शाहरुख खान ने उन्हें कहा कि बीसमबीस का खेल आप नहीं खेले हैं। यह नया खेल है। कोलकाता नाइट राइडर्स की टीम खरीदने में मैंने खूब पैसा लगाया है। अगर इसे चलाने के तरीके से किसी को कोई समस्या है तो वह अपनी टीम खरीदे और उसे जैसा चाहे चलाए। मैं तो चलाने की कोशिश किए बिना इसे नहीं छोड़ूँगा।

अब बीसमबीस नया खेल है और गावस्कर इसे नहीं खेले हैं। ये दोनों ही बातें सही हैं। लेकिन शाहरुख खान तो न टेस्ट खेले हैं, न वनडे, न बीसमबीस। वे तो प्रथम श्रेणी का क्रिकेट भी नहीं खेले हैं। और उनकी टीम के कोच जॉन बुकानन आस्ट्रेलिया टीम के कोच जरूर रहे हैं लेकिन वे भी टेस्ट, वनडे और बीसमबीस नहीं खेले हैं। दरअसल बीसमबीस को अभी जुम्मा-जुम्मा सात दिन भी नहीं हुए हैं। इसलिए उस पर बड़े जानकार की तरह बात करने का अधिकार किसी को नहीं है।

जो भी बात कही जाएगी वह कुल क्रिकेट के अनुभव और ज्ञान पर ही होगी और इस हालत में दुनिया में कहीं भी शाहरुख खान और जॉन बुकानन की तुलना में सुनील गावस्कर की ही बात को ज्यादा अहमियत दी जाएगी। गावस्कर न सिर्फ क्रिकेट इतिहास के सबसे महान् ओपनर हैं बल्कि सब जानते हैं कि उनने इस खेल और इसके प्रशासन पर बहुत विचार किया है। वे क्रिकेट के बहुत सम्मानित कमेंटेटर और बहुत पढ़े जाने वाले लेखक हैं।

शाहरुख खान भी इस बात को जानते हैं, लेकिन यह कि बीसमबीस नया खेल है और गावस्कर इसे खेले नहीं हैं जैसी बात वे इसलिए कह गए हैं कि वे नहीं चाहते कि कोलकाता नाइट राइडर्स में जो अनेक कप्तान बनाने का प्रस्ताव आया है उसे क्रिकट की कसौटी पर परखा जाए। शाहरुख का कहना है कि इस टीम को खरीदने

में मैंने बहुत पैसा लगाया है। इसे मैं कैसे चलाता हूँ यह मेरी मर्जी है। अगर आपको मेरे इसे चलाने से कोई एतराज है तो मैं उसे नहीं मानूँगा। गावस्कर पैसे लगाएँ, टीम खरीदें और उसे जैसा चाहें चलाएँ, मेरे चलाने में दखल न दें।

यानी गावस्कर साब बीसमबीस का आईपीएल नया खेल है। इसमें क्रिकेट के खेल की नहीं चलेगी। इसमें पैसे की चलेगी। इसमें पैसे की ही लाठी चलेगी और जिसकी लाठी चलेगी वही भैंस को हकाल ले जाएगा। मैं कोलकाता नाइट राइडर्स की भैंस को अपनी लाठी से हकालूँगा। इस लाठी और भैंस को मैंने खूब पैसा लगाकर खरीदा है। बीसमबीस का जो आईपीएल इस पखवाड़े दक्षिण अफ्रीका में शुरू हो रहा है उसका यही सत्य शाहरुख खान ने समझा है। जो जितना पैसा लगाता है वैसी ही उसकी समझ बनती है।

सुनील गावस्कर चूँकि जीवन भर क्रिकेट खेले हैं इसलिए अनेक कप्तान रखने के कोलकाता नाइट राइडर्स की टीम के प्रस्ताव पर उनने एक क्रिकेट पंडित की तरह ही लिखा। टीम में यह प्रस्ताव जॉन बुकानन की तरफ से आया है जो कि टीम के कोच हैं। गावस्कर ने लिखा कि अनेक कप्तान प्रस्ताव पर विचार करना जॉन बुकानन को ऐसा महत्त्व देना है जिसके योग्य वे नहीं है। सब जानते हैं कि बुकानन विश्व विजेता आस्ट्रेलिया टीम के कोच थे। लेकिन उन्हें कोई पूछता नहीं था। आस्ट्रेलिया में खेल और खिलाड़ी को जितना महत्त्व दिया जाता है कोच और उसके स्टाफ को नहीं मिलता। गावस्कर ने पूछा है कि कभी आपने वॉर्न, मेकग्रा या गिलक्रिस्ट को कहते सुना है कि हमने ऐसा इसलिए किया कि हमारे कोच ने करने को कहा था? गावस्कर ने यह भी कहा कि बुकानन अन्तर्राष्ट्रीय खिलाड़ियों से वे उम्मीदें करने की खाते रहे जो उनसे खुद से प्रथम श्रेणी क्रिकेट में भी कभी नहीं बनी। बुकानन टेस्ट नहीं खेले हैं और इसलिए इयान चैपल जैसे पुराने कप्तान और महान् लोग स्पिनर शेन वॉर्न उनकी बातों को यों ही खारिज कर देते थे। गावस्कर का कहना है कि उस आस्ट्रेलियाई टीम में ऐसे और इतने महान् खिलाड़ी थे कि बुकानन जैसे कोच की उन्हें जरूरत ही नहीं पड़ती थी। बुकानन के क्रिकेट ज्ञान और आस्ट्रेलियाई टीम को उनके योगदान की जाहिर है कि गावस्कर कोई इज्जत नहीं करते। वे मानते हैं कि उन्होंने लिखा भी है कि बुकानन को भारतीय मीडिया और प्रशासक नाहक भाव दिए रहते हैं।

गावस्कर ने बुकानन के अनेक कप्तान प्रस्ताव को तो विचार के लायक भी नही माना है। लेकिन इसका मूल उनने बुकानन की इस कारगुजारी में माना है जिसमें उन्होंने कोलकाता नाइट राइडर्स की टीम के लिए एक सहायक कोच और सहायक कोच का भी एक सहायक नियुक्त कर लिया है। एक फील्डिंग कोच है, एक बॉलिंग कोच और शायद दो विकेटकीपरों के लिए भी एक कोच है। टीम को शारीरिक ट्रेनिंग

दिलवाने के लिए दो ट्रेनर है जिनमे एक बुकानन का बेटा है। चौदह खिलाड़ियों की टीम के लिए इस तरह छह कोच और दो ट्रेनर हैं और गावस्कर का कहना है कि ये सब ज्यादातर बुकानन के राज्य क्वींसलैंड के हैं। टीम के मालिकों को अन्दाजा भी नहीं है कि उन्हें किस तरह चूना लगाया जा रहा है—गावस्कर ने लिखा है और यह बात शाहरुख खान को सबसे ज्यादा चुभी होगी क्योंकि इन छह कोचों और दो ट्रेनरों को पैसा वही देते हैं। इन अनेक कोचों से ही क्या अनेक कप्तान का प्रस्ताव निकला है? गावस्कर ने पूछा है और मालिकों पर तरस खाया है।

गावस्कर की शिकायत यह है कि आईपीएल की टीमों के कोच और उनका सहायक स्टॉफ सब ज्यादातर विदेशी हैं खासकर आस्ट्रेलियाई। अब आईपीएल भारतीय बोर्ड करदाता है और बोर्ड ही बंगलूर में नेशनल क्रिकेट अकादमी भी चलाता है। इस अकादमी से हर साल कई कोच और सहायक स्टॉफ ट्रेनिंग लेकर निकलते हैं, इन्हें अगर भारतीय टीमों को कोच करने और टीमों की मदद करने का मौका नहीं मिलेगा तो वे जाएँगे कहाँ? इन्हें रखकर टीमों के मालिक न सिर्फ अपना पैसा बचा सकते हैं बल्कि भारतीय टीमों की मदद करने और उन्हें बेहतर करने का भी देसी प्रबन्ध कर सकते हैं। गावस्कर का मानना है कि हमारे टीम मालिक विदेशी के ग्लैमर के चक्कर में न तो खेल की ठीक से सेवा कर रहे हैं, न भारतीयों को मौका दे रहे हैं। गावस्कर का यह भी मानना है कि बीसमबीस इतना तेज खेल है कि उसमें कोच और रणनीति की बहुत गुंजाइश ही नहीं है।

गावस्कर का यह लेख दरअसल अनेक कप्तान थ्योरी पर नहीं बुकानन की क्रिकेटीय क्षमता और शाहरुख खान के अपनी टीम को चलाने के तरीके पर है। इसलिए शाहरुख खान और बुकानन का बिदकना समझा जा सकता है। फिर भी शाहरुख का अपनी टीम का मालिक होने का अहंकार और पैसों के बल पर क्रिकेट खेलने के विचार और परम्पराओं की कोई परवाह न करना क्रिकेटप्रेमियों को चेताने के लिए काफी होना चाहिए। गए साल भी बंगलूर के रॉयल चैलेंजर्स के मालिक विजय माल्या को शिकायत थी कि क्रिकेट के खेल में कप्तान की बहुत चलती है। वे अपने कप्तान राहुल द्रविड़ और उनकी बनवाई 'टेस्ट टीम' से बहुत दुखी थे। उन्होंने टीम के सीईओ चारू शर्मा की छुट्टी की और राहुल द्रविड़ की आलोचना की। उनकी टीम चौदह में से सिर्फ चार मैच जीती दस में हारी और आठ टीमों में से सातवें नंबर पर रही। इस साल माल्या ने कोच और कप्तान दोनों बदल दिए हैं और सीधे टीम की कमान सँभाल ली है।

कोलकाता नाइट राइडर्स ने भी कप्तान नाम की संस्था पर ही सीधा हमला किया गया है। क्रिकेट में अब भी कप्तान ही टीम का मुखिया होता है वही सारे फैसले लेता है और उसी का आदेश चलता है। टेस्ट टीम हो या वनडे की या बीसमबीस

की। सोच बुकानन के जरिए शाहरुख खान और उनके मार्केटिंग सलाहकार कप्तान को फुटबॉल और बेसबॉल का कप्तान बना देना चाहते हैं जो कोच और मालिक के निर्देशों को मैदान में अमल में लाता है। सौरभ गांगुली के साथ ऐसा बरताव वे कोलकाता में नहीं कर सकते थे इसलिए उनने प्रयोग दक्षिण अफ्रीका में करने का तय किया। वहाँ सौरभ गांगुली का वैसा समर्थन और दबदबा नहीं होगा जैसा कोलकाता में होता। फिर दक्षिण अफ्रीकी दर्शकों के सामने अलग-अलग कप्तान रखना और कोच को सबसे शक्तिशाली बना देने में टीम के स्थानीय समर्थन खोने का भी कोई खतरा नहीं होगा। बुकानन क्रिकेट की परम्पराओं से खेल करने को तैयार हैं क्योंकि उन्हें नाइट राइडर्स में जो पैसा, मौका और समर्थन मिला है दुनिया में कहीं और, और किसी दूसरी टीम में तो अब मिलेगा नहीं।

गए साल नाइट राइटर्स से कुछ बना नहीं था। 'चक दे इंडिया' फिल्म में उनने कोच का रोल किया था और भारत की महिला हॉकी टीम को विश्व कप दिला लाए थे। लेकिन अपना सारा जोर लगाकर भी शाहरुख खान अपनी टीम को सेमी फाइनल भी खेला नहीं पाए। इस साल वे बीसमबीस के नए खेल में अनेक कप्तान का प्रयोग करना चाहते हैं और चाहते हैं कि कोई जानकार, विशेषज्ञ, पंडित उनके प्रयोग में दखल न दे। यानी इस प्रयोग को क्रिकेट के खेल और उसी परम्परा में न देखें। मैंने पैसे लगाए हैं और टीम को कमाऊ बनाने के लिए जो मुझे करना ठीक लगेगा, करूँगा। ऐसा करने में क्रिकेट के कप्तान की संस्था से खिलवाड़ होती है तो हो। मैं क्रिकेट के खेल की गरिमा के लिए नहीं, अपने पैसे से कमाई करने के धंधे में आया हूँ और कमाई के लिए मुझे जो भी प्रयोग करने होंगे, करूँगा। शाहरुख खान ने यह सन्देश गावस्कर और बाकी खिलाड़ियों को दे दिया है। आईपीएल क्रिकेट का धंधा है यह तो सब जानते हैं लेकिन इसमें पैसा क्रिकेट का यह भी करेगा, शाहरुख ने बता दिया है।

आईपीएल में गावस्कर क्रिकेट के खेल और उसकी परम्पराओं की चिन्ता न करें। मालिक और कोच खेल को कैसे चलाते हैं इसकी आलोचना करने का उन्हें अधिकार नहीं है। वे चाहें तो पैसा लगाकर टीम खरीदें और उसे चाहे जैसा चलाएँ। इस खेल में पैसा ही सब कुछ लाएगा। बोल भी वही सकेगा जो पैसा लगाएगा। आईपीएल का यही खेल है। इसमें क्रिकेट पंडित गावस्कर की नहीं बॉलीवुड के अभिनेता शाहरुख खान की चलेगी।

(तहलका, 30 अप्रैल, 2009)

पार्टी के टेकों पर मजबूत नेता

मनमोहन सिंह को कमजोर प्रधानमंत्री कहने वाले आडवाणी अब अपनी 'लौहपुरुष' की छवि बचाने के लिए दूसरों के आसरे पर हैं।

मजबूत नेता को आजकल जो देखो राट्रभक्त पार्टी में टेका लगा रहा है।

कभी आपने देखा और सुना कि बीच चुनाव में किसी पार्टी ने कहना शुरू किया हो कि इस बार तो प्रधानमंत्री के हमारे उम्मीदवार फलाचंद जी हैं और अगली बार दुलाचंद जी होंगे। चुनाव लड़ती और सत्ता में आने के लिए अपना सब कुछ दाँव पर लगा चुकी पार्टी न तो ऐसी शानदार प्लानिंग कर सकती है, न बीच धार में कह सकती है कि इस बार तो यह ठीक है लेकिन अगली बार पार लगाने वाला हमारी वह नौका होगी। भैया इस बार तो लालकृष्ण आडवाणी को प्रधानमंत्री बना लो फिर कहना कि हमारा अगला प्रधानमंत्री नरेन्द्र मोदी होगा।

कांग्रेस ऐसी अनोखी लोकतांत्रिक पार्टी है जिसमें प्रधानमंत्री एक ही परिवार में पैदा होते हैं। जैसे पहले राजा एक ही वंश में पैदा हुआ करते थे। मोतीलाल नेहरू के घर जवाहरलाल हुए। फिर जवाहरलाल नेहरू के घर इन्दिरा हुई। उनने विवाह भले ही फीरोज गांधी नाम के पारसी से कर लिया हो पर वह बेटी तो प्रधानमंत्री नेहरू की थीं। इसलिए प्रधानमंत्री बनीं। उनके बेटे राजीव को राजनीति से खटक पड़ती थी, लेकिन वे बेटे तो प्रधानमंत्री इन्दिरा गांधी के थे इसलिए प्रधानमंत्री बने। अब सारी दुनिया जानती है उनके बेटे राहुल प्रधानमंत्री होंगे। लेकिन अभी उनकी राजनीतिक ट्रेनिंग चल रही है। राजतिलक रुका हुआ है। राजमाता सोनिया गांधी ने मुनीम मनमोहन सिंह को कामकाज चलाने के लिए खड़ाऊँ देकर बैठा रखा है।

सब जानते हैं कि राजसिंहासन सूना है और प्रतीक्षा में है, लेकिन कांग्रेस जैसी राजतांत्रिक पार्टी को कोई छोटा-मोटा चोबदार भी नहीं कहता कि इस बार तो मनमोहन सिंह ठीक हैं लेकिन अगले प्रधानमंत्री राहुल गांधी होंगे। तो फिर भैया भारतीय जनता पार्टी जैसी संघनिष्ठ और करिश्माई सर्वोच्च नेतृत्व में विश्वास न करनेवाले पार्टी के चाणक्य अरुण शौरी को अमदाबाद में क्यों कहना पड़ गया कि

नरेन्द्र मोदी अगले भाजपाई प्रधानमंत्री होंगे? और मान लो कि मोदी को प्रधानमंत्री बनाने को उतावले गुजरातियों को सन्तुष्ट करने के लिए अरुण शौरी ने कह भी दिया तो अरुण जेटली, रविशंकर प्रसाद जैसे दूसरे कागजी नेताओं ने इस गलती पर पानी डालने के बजाय इस आग को और हवा क्यों दे दी? बीच चुनाव में ऐसी हालत क्यों पैदा कर दी कि मजबूत नेता की जोरदार उम्मीदवारी को छोड़कर लोग नरेन्द्र मोदी की बात करने लगे? अभियान को तो सफल होने के लिए एक ही फोकस करना पड़ता है। फिर लालकृष्ण आडवाणी के प्रधानमंत्री बनने के पहले ही अगले प्रधानमंत्री की बात क्यों चलाई गई?

राष्ट्रीय स्वयंसेवक संघ और उसकी राजनीतिक बेटी भारतीय जनता पार्टी को अन्दर-बाहर से जानने वाले लोग कहते हैं कि संघ और भाजपा में ऐसे तत्त्वनिष्ठ हिन्दुत्वादियों की कमी नहीं है जो मानते हैं कि लालकृष्ण आडवाणी के बजाय नरेन्द्र मोदी को प्रधानमंत्री पद का उम्मीदवार बनाकर चुनाव में उतरा जाता तो भाजपा के सत्ता में आने और मोदी के प्रधानमंत्री बनने की बेहतर सम्भावना होती। ये वे लोग हैं जिनके दबाव के कारण जिन्ना को सेकुलर कहने वाले लालकृष्ण आडवाणी को भाजपा के अध्यक्ष पद से उतरना पड़ा था। यही वे लोग हैं जिन्होंने विश्वास कर रखा था कि भाजपा की सरकार में आडवाणी गृह और उप-प्रधानमंत्री हुए तो अयोध्या में राम मन्दिर बनने का रास्ता निकल आएगा। लेकिन जो आडवाणी के सत्ता में बने रहने के मोह से बहुत निराश हुए थे और मानने लगे थे कि उन्होंने हिन्दुत्व को सत्ता में आने की सीढ़ी बनाकर उसे फेंक दिया है।

संघ परिवार के ये नैष्ठिक प्रचारक संगठक अब भी मानते हैं कि लालकृष्ण आडवाणी से हिन्दुत्व की सेवा नहीं होगी। नरेन्द्र मोदी यह बेहतर कर सकते हैं और उन्हीं को प्रधानमंत्री बनाया जाना चाहिए। संघ और पार्टी के लाख कहने पर भी ये लोग उत्साहित होकर चुनाव में नहीं लगे हैं। उनका रवैया ठंडा है। गुजरात में तो मोदी के आसपास घूमने-फिरने वालों ने मान ही लिया है कि वही प्रधानमंत्री होने चाहिए। वे अपनी उतावली बताने में शरमाते या हिचकते भी नहीं। इन लोगों को आडवाणी को प्रधानमंत्री बनाने के लिए लड़े जा रहे चुनाव में सक्रिय करने के लिए मान लिया गया है कि भाजपा के अगले प्रधानमंत्री नरेन्द्र मोदी होंगे। यानी राजनाथ सिंह और दूसरी पीढ़ी के कई नेताओं का कोई जिक्र ही नहीं है। भाजपा में आडवाणी के बाद मोदी हैं। अरुण शौरी और अरुण जेटली जैसी अमरबेल 'नेतागिरी' को भी कोई फर्क नहीं पड़ता कि जिस पर वे चढ़ें, वह अटल बिहारी नाम का वटवृक्ष है या लालकृष्ण आडवाणी नाम का खजूर या नरेन्द्र मोदी नाम का बबूल।

इसलिए अगला भाजपाई प्रधानमंत्री उम्मीदवार नरेन्द्र मोदी है, ऐसा सार्वजनिक ऐलान करके मजबूत नेता को संघ परिवार में टेका लगाया गया है। ऐसा ही टेका

राष्ट्रीय स्वयंसेवक संघ के भूतपूर्व सरसंघचालक सुदर्शन ने लगाया। मुम्बई में मनमोहन सिंह ने एक प्रेस कॉन्फ्रेंस में लिखित बयान में कहा था कि जब लुच्चे-लफंगे और गुंडे बाबरी मस्जिद गिरा रहे होंगे तो मैं लालकृष्ण आडवाणी की तरह कोने में बैठकर रोता नहीं रहूँगा। कुछ करूँगा। क्योंकि नेताई, भाषण बहादुरी करने में नहीं सही और मजबूत कार्रवाई करने में है। मनमोहन सिंह ने मुम्बई में ऐसा कहा लेकिन सोनिया गांधी और उनकी बेटी प्रियंका और बेटा राहुल तो बाबरी मस्जिद के ध्वंस में मजबूत नेता की असहायता और निपट कर्महीनता को लगातार निशाना बनाए ही हुए थे। मजबूत नेता की मजबूती बाबरी ध्वंस पर तार-तार हो रही थी।

इस खस्ता हालत में मजबूत नेता को टेका लगाने के लिए अपने संन्यास से बाहर निकले सुदर्शन जी ने विस्तार से बताया कि बाबरी मस्जिद के ध्वंस के लिए लालकृष्ण आडवाणी कतई जिम्मेदार नहीं थे। उसे गिरवाना तो कांग्रेसी प्रधानमंत्री नरसिंह राव चाहते थे। लालू प्रसाद यादव ने कहा कि बाबरी के गिरने में कांग्रेस भी जिम्मेदार है। नहीं, कांग्रेस ही जिम्मेदार है, क्योंकि नरसिंह राव ने बाबरी मस्जिद को बचाने के लिए हमारी इतनी बात तक नहीं मानी कि सुप्रीम कोर्ट में अर्जी दें कि वह लखनऊ हाईकोर्ट को कहे कि विचाराधीन मामले पर जल्दी फैसला दे दें। अब यही सुदर्शन पहले कह चुके हैं कि बाबरी मस्जिद सरकार की तरफ से आए लोगों की बारूद से गिरी। कारसेवकों का उसमें कोई पराक्रम नहीं था। लेकिन यहाँ सुदर्शन को लालकृष्ण आडवाणी को बाबरी ध्वंस की किसी भी जिम्मेदारी से बरी करना था। सब जानते हैं कि बाबरी मस्जिद के ध्वंस की अध्यक्षता तो संघ परिवार का पितृ संगठन संघ ही कर रहा था। इसलिए सुदर्शन जी को टेका लगाने के लिए आना पड़ा। वे उस समय संघ में सह-कार्यवाह थे।

मनमोहन सिंह, राहुल, प्रियंका और सोनिया गांधी ने इंडियन एयरलाइंस के विमान के काठमांडो से काबुल अपहरण और उसे यात्रियों समेत छुड़ाने में तीन दुर्दांत आतंकवादियों की रिहाई में लालकृष्ण आडवाणी की भूमिका को भी उनके मजबूत नेता होने के सबूत की तरह देश को दिखाया। आडवाणी जी ने अपनी किताब और एक इंटरव्यू में कह रखा है कि तब के विदेश मंत्री जसवंत सिंह के आतंकवादियों को लेकर कंधार जाने की उन्हें कोई स्पष्ट जानकारी नहीं थी। इसी पर पूछा गया कि ये कैसे लौहपुरुष गृहमंत्री थे जिन्हें मालूम नहीं था कि विदेश मंत्री आतंकवादियों के साथ कंधार जा रहे हैं या तो वे अपना काम ठीक से कर नहीं रहे थे या प्रधानमंत्री का उनमें विश्वास नहीं था कि बताते कि सरकार क्या कर रही है।

आतंक से निपटने की इस 'मजबूती' में भी लालकृष्ण आडवाणी का लोहा पिघला हुआ दिखाई दिया। तो खुद जसवंत सिंह मजबूत नेता को टेका लगाने आगे आए। वे दार्जिलिंग से लोकसभा का चुनाव लड़ रहे थे। उनने एक्सप्रेस के संवाददाता

को बुलाकर कहा कि लालकृष्ण आडवाणी तो दरअसल आतंकवादियों की रिहाई के विरुद्ध थे। इस मामले में उनकी राय कैबिनेट और प्रधानमंत्री अटल बिहारी वाजपेयी को मालूम थी। लेकिन कैबिनेट की राय अलग थी। आडवाणी और अरुण शौरी ही असहमत थे। इसलिए प्रधानमंत्री वाजपेयी ने उन्हें (यानी जसवंत सिंह को) आडवाणी को समझाने और मान लेने के लिए भिजवाया। मैंने उन्हें सब बताया और पार्टी के वफादार और समर्पित नेता की तरह उन्होंने सब मान लिया।

दस साल चुप रहने के बाद जसवंत सिंह अब कह रहे हैं कि आतंकवादियों को रिहा करने का फैसला तो कैबिनेट और प्रधानमंत्री वाजपेयी का था। लालकृष्ण आडवाणी तो उससे सहमत भी नहीं थे। उन्हें तो हमने मनाया। यानी कंधार से अपने विमान और यात्रियों को आतंकवादियों के बदले छुड़ाने के लिए लालकृष्ण आडवाणी नहीं–अटल बिहारी वाजपेयी जिम्मेदार थे। यानी कंधार के लिए भी लालकृष्ण आडवाणी को जिम्मेदार नहीं ठहराया जा सकता। वे एक महज एक असहमत गृहमंत्री थे जिन्हें प्रधानमंत्री और मंत्रिमंडल की इच्छा के सामने झुकना पड़ा। पार्टी का समर्पित और वफादार नेता क्या करता?

यानी पार्टी बता रही है कि लालकृष्ण आडवाणी बाबरी मस्जिद के ध्वंस के लिए जिम्मेदार नहीं हैं। उनके लिए तो वह जीवन का सबसे दुखद दिन था। दस साल पहले एनडीए की सरकार में गृहमंत्री रहते हुए तीन दुर्दांत आतंकवादियों की रिहाई हुई थी। विदेश मंत्री जसवंत सिंह खुद उन्हें विमान में अपने साथ कंधार लेकर गए थे। गृहमंत्री लालकृष्ण आडवाणी नहीं। यानी मजबूत नेता सचमुच मजबूत हैं। जो संघ परिवारी मानते हैं कि वे नहीं नरेन्द्र मोदी को प्रधानमंत्री होना चाहिए उन्हें अरुण शौरी ने समझा दिया है कि अगले प्रधानमंत्री वही होंगे। अभी तो लालकृष्ण आडवाणी को बनाओ।

टेकों के बिना लालकृष्ण आडवाणी जैसा लौह-पुरुष भी मजबूत नेता नहीं होता। यही राम नाम का सत्य है।

(तहलका, 15 मई, 2009)

गठबन्धन की राजनीति गई, गठबन्धन शाश्वत है

एक ढीला-ढाला सर्वग्राही गठबन्धन ही भारत की सहज स्वाभाविक सत्तारूढ़ पार्टी हो सकती है।

हर चुनाव नतीजा अंधों का हाथी होता है और हर अंधा उसके विशाल शरीर का एक अंग पकड़कर बताता है कि हाथी कैसा है। जैसा कि कहानी में होता है कोई अंधा बता नहीं पाता कि समूचा हाथी वास्तव में है कैसा। चुनाव नतीजे का मतलब बताने वाले पंडित भी दरअसल हाथी के अंधे हैं। वे कोशिश करके और सब मिलकर समूचे हाथी को जब तक बता पाते हैं तब तक दूसरा चुनाव और दूसरा नतीजा आ जाता है। इसलिए हर नतीजा अंधों के हाथी की तरह अधूरा ही व्याख्यायित हो पाता है और वैसा ही होने के लिए अभिशप्त है।

यही हाल जनादेश का अर्थ समझने और समझाने का है। लोग महीनों लगे रहते हैं जनादेश का अर्थ बताने में, तब तक सरकार और उसके मंत्री सत्ता की अपनी जरूरतों के मुताबिक और अपने दबावों के अनुसार जो करना होता है, करते चले जाते हैं। लोग भूल जाते हैं कि जनादेश जब मिला था तब उसका क्या अर्थ बताया गया था। जनादेश पाने या उसके पाने का दावा करने वालों ने भी सत्ता सँभालते समय उसका जो अर्थ समझकर उसके मुताबिक एजेंडा बनाया था वह देखते ही देखते गायब हो जाता है। होता वही है जो परिस्थितियाँ उनसे करवाती हैं या जो वे किसी को बताए बिना करना चाहते हैं। कार्यकाल समाप्त होने पर झूठी रिपोर्ट दी जाती है। आप पाएँगे कि स्पष्ट से स्पष्ट जनादेश भी अच्छी से अच्छी यानी माकूल परिस्थितियों में भी आठ-दस प्रतिशत से ज्यादा अमल में नहीं लाया जाता।

इसलिए जैसा कि यक्ष के पूछने पर युधिष्ठिर ने बताया था कि सबसे बड़ा आश्चर्य यही है कि हर लोकतंत्र के चुनाव के नतीजे का मतलब समझाया जाता है और जनादेश का अर्थ बताया जाता है। यह कैसी ही और कितनी ही फालतू कवायद हो पर हर लोकतंत्र में लगातार चलती रहती है। वैसे करने वाले मानते हैं कि इस उट्ठक-बैठक से लोकतंत्र का हाजमा ठीक रहता है।

इस बार अभी तक चुनाव के एक निष्कर्ष पर लगभग सभी सहमत हैं कि वोट देने वाले छोटी और क्षेत्रीय पार्टियों की बंदरबाँट से तंग आ गए थे और वे सत्ता किसी राष्ट्रीय पार्टी को सौंपना चाहते थे। उनके सामने कांग्रेस और भाजपा थे जिनमें से लोगों ने कांग्रेस को ज्यादा समर्थन दिया।

किसी सर्व, एग्जिट पोल बल्कि खुद कांग्रेस ने भी कहा नहीं था कि उसे 206 सीटें मिल जाएँगी, यूपीए की बाकी की आठ पार्टियों को कुल 55 सीटें मिलीं। इसी तरह भाजपा को 116 तो उसकी एनडीए की सहयोगी पार्टियों को सिर्फ 43 सीटें मिलीं। मुलायम, लालू और पासवान ने अपनी अलग ताकत दिखाने और केन्द्र को अपने इशारों पर चलाने के लिए अपना चौथा मोर्चा बना लिया था। इसमें पासवान तो साफ हो गए और लालू को सिर्फ चार सीटें मिलीं। मुलायम कांग्रेस और भाजपा के बाद तीसरी सबसे बड़ी पार्टी लेकर आए लेकिन उनकी भी समाजवादी पार्टी को कुल 23 सीटें मिलीं। तीसरे मोर्चे की बात तो और भी बेमानी हो गई क्योंकि उसमें तो छोटी-छोटी क्षेत्रीय पार्टियाँ ही आई थीं जिनमें वाम मोर्चे को 24 और मायावती की बसपा को 21 सीटें मिलीं। यानी किसी पार्टी को तीस से भी ज्यादा सीटें नहीं मिलीं। कांग्रेस और भाजपा की 322 के बाद बची 229 सीटें 35 पार्टियों और 9 निर्दलीय उम्मीदवारों को मिलीं।

फिर भी आप कहें कि यह क्षेत्रीय और छोटी पार्टियों का खात्मा और राष्ट्रीय पार्टियों का पुनरोदय है तो आँकड़ेबाज कहते हैं कि गलत। वे कांग्रेस और भाजपा के वोट प्रतिशत को मिलाकर बताते हैं कि 2004 के चुनाव में इन दो पार्टियों को जितने वोट मिले थे लगभग उतने ही इस बार मिले हैं। पिछली बार 48.7 प्रतिशत थे इस बार 48.9 प्रतिशत। अब मजा अपनी चुनाव पद्धति का यह है कि 0.02 प्रतिशत ज्यादा वोट मिलने से 39 सीटें इन दोनों पार्टियों को मिल गईं। अपने चुनाव में वोट प्रतिशत सीटों की गिनती को बहुत प्रभावित नहीं करता। उत्तर प्रदेश में सबसे ज्यादा वोट बसपा को मिले। पर सीट मिलने के मामले में वह तीसरे नम्बर पर रह गई। वोट प्रतिशत सीटों को गिनती और उनके राजनीतिक असर पर ज्यादा हावी नहीं होता। इसलिए वोट प्रतिशत पार्टियों के उभरने और गिरने का सही पैमाना नहीं हो सकता।

अगर और कोई पार्टी 25 सीटें भी नहीं ले पाई तो 116 सीटें पाने वाली भाजपा और 206 सीटें जीतने वाली कांग्रेस उनसे निश्चित ही कई गुना बड़ी हैं। फिर कांग्रेस और भाजपा की सीटें निकाल दो तो सभी पार्टियाँ और निर्दलीय भी मिलकर 272 का आँकड़ा नहीं छूते और इसलिए सरकार नहीं बना सकते। कांग्रेस और भाजपा की सीटों से मजे का बहुमत बनता है और वे सरकार चला सकती हैं। यानी आप किसी भी कसौटी पर घिसें यह चुनाव कांग्रेस और भाजपा जैसी राष्ट्रीय पार्टियों के

पुनरोदय और क्षेत्रीय पार्टियों के पराभव का चुनाव था। सही है कि भाजपा ने पिछले चुनाव की तुलना में 22 सीटें गँवाई हैं और कांग्रेस ने 61 सीटें ज्यादा पाई हैं। मगर कांग्रेस की बढ़त सिर्फ भाजपा के कारण हुई नहीं है। क्षेत्रीय पार्टियों से भी तो उसने 39 सीटें छीनी हैं। इसलिए कहना तो यही ठीक होगा कि पुनरोदय कांग्रेस का हुआ है। लेकिन तीसरी पार्टी–समाजवादी से भाजपा की 93 सीटें ज्यादा हैं। यह आँकड़ा भी क्षेत्रीय पार्टियों की तुलना में राष्ट्रीय पार्टी के उदय का उदाहरण देता है।

फिर भी भाई लोग बिहार में जनता दल (एकी), ओडीशा में बीजू जनता दल, तमिलनाडु में डीएमके और महाराष्ट्र में शिवसेना और राष्ट्रवादी कांग्रेस की सीटें दिखा कर कहते हैं कि क्षेत्रीय पार्टियाँ खत्म नहीं हो रही हैं। बीजू जनता दल ने लोकसभा की 14 सीटें ही नहीं जीतीं, विधानसभा में भी 147 में से 103 सीटें जीतकर उसने राज्य में भी सरकार बनाई है। बिहार में नीतिश कुमार की सरकार पहले से है फिर भी लोकसभा में उन्हें 12 सीटें और मिल गईं। डीएमके की भी तमिलनाडु में सरकार है और वह भी पहले की तुलना में दो सीटें ज्यादा पा गई है। शिवसेना ने सिर्फ एक सीट गँवाई है और राष्ट्रवादी कांग्रेस को महाराष्ट्र में फिर 9 सीटें मिल गईं। अगर ये क्षेत्रीय पार्टियाँ जमी हुई हैं तो इस चुनाव को क्षेत्रीय पार्टियों का पराभव कैसे माना जा सकता है?

इसलिए माना जाना चाहिए क्योंकि इनमें एक भी पार्टी अपनी सहयोगी राष्ट्रीय पार्टी की केन्द्र में सरकार बनाने में निर्णायक भूमिका नहीं खेल सकती। जद (एकी) एनडीए की सरकार नहीं बनवा सकती। बीजू जनता दल तीसरे मोर्चे को खड़ा नहीं कर सकता। और राष्ट्रवादी कांग्रेस केन्द्र की यूपीए सरकार में बहुत छोटी-सी हैसियत में है, उसके आने-जाने से कांग्रेस की सरकार बनती-बिगड़ती नहीं। क्षेत्रीय पार्टियों की सरकार बनाने की क्षमता ऐसी घटी है कि सपा, राजद आदि बिना माँगे ही मनमोहन सरकार को समर्थन दे रही हैं। वे बाहर और विपक्ष में रहकर बेकार नहीं होना चाहतीं। प्रासंगिक बने रहने के लिए क्षेत्रीय पार्टियों को जब ऐसे काम करने पड़ें तो मान लेना चाहिए कि वे केन्द्र में निर्णायक नहीं रह गई हैं। भारत जितनी विविधताओं और स्थानीयताओं का देश है उसमें क्षेत्रीय पार्टियाँ तो रहेंगी ही। स्थानीय अभिव्यक्ति और लोकतंत्र की मजबूती के लिए वे अनिवार्य भी हैं लेकिन वे केन्द्र में मिलकर उसे मजबूत तो करती हैं उसे बना या बिगाड़ नहीं सकतीं। यही भारतीय परिस्थिति में उनके होने का औचित्य है।

हुआ यह था कि बीस साल से जो गठबन्धन राजनीति दिल्ली में चल रही थी उसमें एक ही पार्टी सरकार गिरा सकती थी। विश्वनाथ प्रताप सिंह की सरकार भाजपा ने गिराई। चन्द्रशेखर की कांग्रेस ने बनवाई और गिराई। नरसिंह राव की

अल्पमत सरकार झारखंड मुक्ति मोर्चा के सांसद खरीदकर चलाई गई। देवगौडा और गुजरात की सरकारें भी कांग्रेस ने बनाई-गिराईं। अटल बिहार वाजपेयी की सरकार एक वोट से गिरी और जयललिता ने अपनी ताकत बताई। फिर चन्द्रबाबू की टीडीपी को लगातार रिश्वत देकर अटल जी की दूसरी सरकार प्रमोद महाजन ने चलवाई। वाम मोर्चे ने मनमोहन की सरकार से ताता-थैया करवाया और अमेरिका से अणु करार के मामले में गच्चा दिया तो समाजवादी पार्टी और बहुमत की खरीदी ने उसे बचाया। बीस साल से गठबन्धन की यह अस्थिरता करने वाली राजनीति, मोल-भाव से चल रही थी। इस बार के चुनाव में इसका अन्त हुआ। कांग्रेस अपने बहुमत से अब भी 66 कम है और यूपीए की पार्टियों को उसने साथ लिया ही है। फिर भी व्यापारिक अर्थ में यह एक पार्टी का राज है।

गठबन्धन की राजनीति गई लेकिन गठबन्धन तो भारत में अनिवार्य है। जब राजीव गांधी की कांग्रेस को 415 सीटें मिली थीं तब भी उनकी पार्टी गठबन्धन ही थी। जवाहरलाल नेहरू और इन्दिरा गांधी की कांग्रेस भी कई दलों और गुटों और हितों का गठबन्धन थी। भाजपा ऐसा गठबन्धन नहीं बना पाती इसलिए सत्ता में नहीं आती। वाम पार्टियाँ तो गठबन्धन हो ही नहीं सकतीं। एक ढीला-ढाला सर्वग्राही गठबन्धन ही भारत की सहज स्वाभाविक सत्तारूढ़ पार्टी हो सकती है।

यह मुझ अंधे का हाथी है। मायावती का बहुजन समाज नहीं।

(तहलका, 15 जून, 2009)

प्रेस परिषद और चुनाव आयोग, कार्रवाई तो करनी पड़ेगी

अखबार का काम भ्रष्टाचार से लड़ना है, अगर वही भ्रष्टाचार में इस तरह शामिल हो जाएँगे तो लोकतंत्र में प्रेस की उपयोगिता और विश्वसनीयता क्या रह जाएगी?

प्रेस परिषद और चुनाव आयोग के पास प्रेस के खिलाफ इतनी और ऐसी शिकायतें पहले कभी नहीं आई थीं जितनी अप्रैल-मई में हुए लोकसभा चुनावों के दौरान और बाद में आईं। ज्यादातर शिकायतें पैसा लेकर उम्मीदवारों के विज्ञापनों को खबरों के रूप में छापने और पाठकों को यह न बताने के बारे में थीं वे खबरें नहीं उम्मीदवारों की प्रचार सामग्री है। ऐसा करके उम्मीदवार काले धन से इतना और ऐसा कवरेज पा गए जैसा प्रेस में उन्हें कभी मिल नहीं सकता था। फिर यह धन चुनाव के उनके खर्च में भी नहीं जुड़ता क्योंकि न तो उम्मीदवारों ने रसीद मांगी न अखबारों ने दी। यह काले धन से हुआ धंधा था जिसका हिसाब-किताब किसी को रखना नहीं था।

अखबारों ने बाकायदा पैकेज बनाए थे और रेट कार्ड छापे थे। पैकेज में चुनाव कवरेज के सभी क्षेत्र कवर किए गए थे। फोटू से लेकर इंटरव्यू और अपील तक की अलग-अलग साइज के अलग-अलग दाम तय किए थे। जिनने ये पैकेज खरीदे उन्हीं की खबरें छपी। जिनने नहीं खरीदे वे अखबारों के पेजों से गायब रहे। उनने शिकायत की तो कोई सुनवाई नहीं हुई। उनसे साफ कह दिया कि आप पैसे नहीं देंगे तो खबरें नहीं छपेंगी। ज्यादातर उम्मीदवार दूसरे प्रतिद्वन्द्वी उम्मीदवार की खबरें देखकर दबाव में आ गए। उनने मतदान नजदीक आते देखकर पैकेज खरीदे और वे अखबारों में अचानक जीतने लगे। कुछ साहसी और दृढ़निश्चयी उम्मीदवार फिर भी डटे रहे और अखबारों के इस काले धंधे के खिलाफ उनने चुनाव प्रचार में जमकर और खुला अभियान चलाया।

सबसे मजेदार उदाहरण उत्तर प्रदेश में दैनिक जागरण का है। उनके एक मालिक

नरेन्द्र मोहन को भारतीय जनता पार्टी ने राज्यसभा में पहुँचाया था। एक और मालिक महेन्द्र मोहन को समाजवादी पार्टी ने राज्यसभा में भेजा। भारतीय जनता पार्टी के लखनऊ के उम्मीदवार लालजी टंडन के जागरण से पुराने और नजदीकी सम्बन्ध थे। लेकिन उनसे भी जागरण ने पैकेज खरीदने की माँग की। भाजपा के नेता और मंत्री रहते हुए लालजी टंडन ने जागरण की बहुत सेवा की थी और वे सहज ही उम्मीद कर रहे थे कि यह अखबार उनका कवरेज करेगा। लेकिन टंडन जी को भी जब बिना पैसे के कवरेज नहीं मिला तो उन्होंने जागरण के खिलाफ सार्वजनिक स्टेड लिया। प्रेस कॉन्फ्रेंस करके कहा कि मैं अखिलेश दास और जागरण दोनों के खिलाफ लड़ रहा हूँ। अखबार का काम समाज में व्याप्त भ्रष्टाचार के विरुद्ध लड़ना है अगर वही भ्रष्टाचार में इस तरह शामिल हो जाएगा तो लोकतंत्र में प्रेस की उपयोगिता और विश्वसनीयता क्या रह जाएगी? लालजी टंडन को जागरण हरा नहीं सका और अखिलेश दास को जिता नहीं सका।

समाजवादी पार्टी के मोहन सिंह देवरिया से चुनाव लड़े। उनसे भी जागरण ने पैकेज खरीदने को कहा। उनने भरी सभाओं में पूछा कि इस अखबार के एक मालिक को हमने राज्यसभा भेजा। वे बताएँ कि उन्हें वहाँ भेजने के हमने कितने रुपये लिये? जब हमने उनसे पैसे नहीं लिये तो हमारी खबरें छापने के पैसे वे क्यों माँग रहे हैं?

मोहन सिंह आप जानते हैं कि संघर्षशील समाजवादी नेता हैं। उनने बिना किसी लाग-लपेट के जागरण के खिलाफ अभियान चलाया। लेकिन जागरण ने न उनके अभियान की खबरें छापीं न चुनाव की क्योंकि उन्होंने पैकेज नहीं लिया तो नहीं लिया। वे बसपा के उम्मीदवार से हार गए। उनने सब तरफ शिकायतें कीं लेकिन उनको दुख है कि जिन-जिन संवैधानिक संस्थाओं को इस भ्रष्टाचार के विरुद्ध कार्रवाई करनी चाहिए थी, उनने नहीं की।

अब इन दो पार्टियों के इन दो उम्मीदवारों का उदाहरण मैंने इसलिए दिया कि ये मानते थे कि जागरण पर हमारा कुछ अहसान है और यह अखबार ज्यादा नहीं तो हमारा रूटीन कवरेज तो करेगा ही, लेकिन इनको भी जागरण ने बिना पैसे दिए कवरेज नहीं दिया। ऐसा हिन्दी इलाके के ही नहीं, देश भर के लगभग सभी अखबारों ने किया। लेकिन जागरण का नाम तो मैं इसलिए ले रहा हूँ कि एक ओर उसके विरुद्ध जिम्मेदार नेता सार्वजनिक अभियान चला रहे थे और दूसरी ओर यह अखबार अपनी पत्रकारीय जिम्मेदारी को इस बुरी तरह बेचते हुए मतदाता जन जागरण अभियान चला रहा था। जागरण की भूमिका इसलिए उल्लेखनीय है कि एक तरफ तो आप चुनाव की असली और सच्ची खबरें पैसे लेकर न छापें और दूसरी तरफ जिस मतदाता को खुद आपने ही गुमराह किया है उसके जागरण का अभियान चलाए। पत्रकारिता के नाम पर इस पाखंड को जागरूक समाज कैसे चलने दे सकता है?

सच है कि सब अखबारों ने यह काला धंधा किया है और उन्हें इस बात की कोई शर्म नहीं है कि चुनाव जैसे अत्यन्त महत्त्वपूर्ण लोकतांत्रिक अनुष्ठान के दौरान उन्होंने अपने पाठक/वोटर को सच्ची जानकारी और सुविचारित राय देने के अपने बुनियादी धर्म और जिम्मेदारी का निर्वाह नहीं किया। वे बड़ी बेशर्मी से कहते हैं कि हम तो व्यवसाय कर रहे हैं और मुनाफा कमाना हमारा सहज व्यावसायिक अधिकार है। हम लोकतंत्र और समाजसेवा के पुनीत कार्य में नहीं हैं। हम व्यवसाय में हैं। जब लोकतंत्र के कर्ता हमारे नेता और हमारी पार्टियाँ चुनाव में धन, बल, बाहुबल और सत्ता बल का इस्तेमाल करने में तनिक भी हिचकिचाते नहीं तो हम क्या स्वर्ग से उतरे देवदूत हैं जो चुनाव के समय अपना पत्रकारीय धर्म और जिम्मेदारी निभाएँ? चुनाव में धड़ल्ले से काला धन इस्तेमाल करने में अगर हमारे नेताओं और पार्टियों को लोकतंत्र की लाज नहीं आती तो हम तो लोकतंत्र के उनसे छोटे खिलाड़ी और शेयरधारक हैं। जिन काले धन में देश के सब नेताओं और पार्टियों के हाथ हैं उनसे हमें क्यों एतराज होना चाहिए। अगर नेता यह काला धन देकर खबरें छपवाना चाहते हैं तो हम क्यों हरिश्चन्द्र के बेटे बनें।

यानी यह साफ है कि अखबार अपने को पत्रकारिता करने वाले लोकहित के रक्षक मानने के बजाय खबरों का व्यापार करने वाले व्यवसायी अधिक मानते हैं। व्यवसाय में लाभ के लिए अगर उन्हें पत्रकारिता से समझौता करना पड़े तो वे मजे से करेंगे क्योंकि जिस समाज में नेता सदाचार और नैतिकता की मिसाल नहीं दे सकते वहाँ अखबार कैसे आदर्शों के प्रतिमान हो सकते हैं? समाज अगर भ्रष्ट है तो अखबार भी भ्रष्ट होंगे। कोई कानून नहीं है कि जो अखबारों को जिम्मेदार पत्रकारिता करने को मजबूर कर सके। उम्मीदवार कहते हैं कि चुनाव आयोग ने जनता तक पहुँचने के सस्ते साधन और चुनाव प्रचार के आसान तरीकों पर पाबन्दियाँ लगा दी हैं इसलिए उन्हें अखबारों में खबर की जगह खरीदने को मजबूर होना पड़ता है। यानी उम्मीदवार काले पैसे से खबरें छपवाने को मजबूर हैं और अखबार चारों तरफ मची हुई लूट में अपना हिस्सा पाने के लिए खबरों की जगह बेचने में कोई खराबी नहीं समझते।

अब किसी भी तरह से चुनाव जीतने को उतारू उम्मीदवार और पैसा कमाने के लिए पत्रकारिता की फिकर न करने वाले अखबार ही अपने देश के सभ्य लोकतांत्रिक समाज के कारक नहीं हैं। उनकी दलीलें और करतूतें समझी जा सकती हैं लेकिन उन्हें सदाचार के रूप में स्वीकार तो नहीं किया जा सकता। कोई भी सभ्य समाज नहीं करेगा। भारत में ही नहीं, दुनिया में कहीं भी पाठक विज्ञापन के लिए नहीं खबरों के लिए अखबार खरीदता और पढ़ता है। इसलिए खबर की जगह, अखबार और पाठक के बीच विश्वास की जगह पवित्र जगह मानी जाती है। यह

विश्वास खत्म होगा तो अखबार और पत्रकारिता भी खत्म हो जाएगी।

इसी तरह चुनाव में अगर खर्च की कोई सीमा और आचार संहिता नहीं रहेगी तो चुनाव पैसे का खेल हो जाएगा और उससे चलने वाला लोकतंत्र पूँजीतंत्र हो जाएगा। तब हम कैसे कहेंगे कि लोकतंत्र में वोटर/नागरिक राजा है क्योंकि तब तो जिसके पास जितना ज्यादा धन होगा वह उतने ही ज्यादा वोटों से जीतेगा और लोकतंत्र को धनपति चलाएँगे। यह स्थिति तो किसी भी खुले पूँजीवादी समाज में मान्य नहीं है। चुनाव स्वतंत्र, निष्पक्ष और बाहरी असर से मुक्त हों तभी वे सच्चे और अच्छे लोकतंत्र के काम के हैं।

इसलिए भारतीय प्रेस परिषद चुनाव में प्रेस की भूमिका पर बहुत चिन्तित है। अध्यक्ष न्यायमूर्ति जीएन रे मानते हैं कि इस चलन को पत्रकारिता और लोकतंत्र दोनों के हित में रोकना पड़ेगा और उपयुक्त कानून नहीं है तो बनवाने पड़ेंगे, परिषद ने अपने दो सदस्यों को इस मामले में जानकारी जुटाने को कहा है। इसके बाद जाँच समिति बैठाई जाएगी और उसकी रपट के आधार पर सरकार से उचित कानून बनाने को कहा जाएगा। चुनाव आयोग के पास भी शिकायतों का ढेर लगा है। वह भी विचार कर रहा है कि किस तरह पैसा देकर पाए गए कवरेज को उम्मीदवार के खर्च में शामिल किया जाए ताकि इस भ्रष्टाचारी तरीके से लोकतंत्र को बचाया जा सके।

(तहलका, 15 जुलाई, 2009)

साम्राज्यवाद और सामन्तवाद का प्रतीक?

1957 फ्रैंक वॉरेल : वॉरेल वेस्टइंडीज टीम के पहले अश्वेत कप्तान बने। 'नस्लवाद को खत्म होना ही होगा। क्यों न इसकी शुरुआत क्रिकेट को करने दें।'

—फ्रेंक वूली

यह आभास भले ही गलती से बना हो लेकिन बन गया था कि क्रिकेट साम्राज्यवादियों और सामन्तों का खेल है। अंग्रेज इसे भारत में इसलिए लाए कि भारतीयों को गुलाम बनाए रखा जा सके। हमारे राजा-महाराजाओं ने भी उसे इसलिए अपनाया, खेले और बढ़ावा दिया ताकि अपने को अंग्रेजों के समान समझ सकें और इसके जरिए अंग्रेज शासकों से अपने सम्बन्ध बढ़ा सकें और अपने लिए उनसे सुख-सुविधाएँ, ऐश-आराम और प्रजा पर अत्याचार करने की छूट पा सकें।

ब्रिटिश इंडिया में जो लोग अंग्रेजों से और रियासतों में राजा-महाराजाओं से आजादी के लिए लड़ रहे थे, वे क्रिकेट को गुलामी का खेल मानकर चलते रहे हों तो अचरज नहीं होना चाहिए। भारतीयता का आग्रह करने वालों के लिए भी क्रिकेट विदेशी और वह भी हमें गुलाम बनाने वालों का खेल लगता रहा है। भले ही सचाई यही हो कि इस सदी की शुरुआत में भी जो भारतीय टीमें बना करती थीं और जो लोग क्रिकेट खेला करते थे उनमें अंग्रेजों और राजा-महाराजाओं की गिनती एक हाथ की उँगलियों पर की जा सकती थी। ज्यादातर खेलने वाले तो गरीब और निम्न-मध्यवर्ग के हुआ करते थे।

मुम्बई में होने वाले साम्प्रदायिक क्रिकेट टूर्नामेंट में भी जो टीम यूरोपियनों के नाम से खेलती थी उसके खिलाड़ी भारत की तरफ से नहीं खेले। और तो और क्रिकेट के कथा-पुरुष रणजी यानी रणजीत सिंह जी ऑफ नवागर और उनके भतीजे दुलीप सिंह जी और नवाब मंसूर अली खाँ पटौदी के पिता बड़े नवाब पटौदी भारत की तरफ से नहीं खेले। दुलीप सिंह जी को मौका था कि वो खेलते लेकिन रणजी ने उन्हें मना कर दिया क्योंकि सौराष्ट्र की छोटी-सी रियासत के

जाम साहेब चाहते थे कि उनका भतीजा इंग्लैंड की तरफ से खेले। सन् 32 और 36 में बड़े पटौदी भारत की कप्तानी कर सकते थे लेकिन वे इंग्लैंड की तरफ से खेले। सन् 46 में वे तभी इंग्लैंड में भारत के कप्तान बने जब उन्हें इंग्लैंड ने तेरह साल से खिलाया नहीं था, क्योंकि बॉडीलाइन सिरीज में वे कप्तान जारडीन से सहमत नहीं थे।

न सिर्फ भारत के पहले कप्तान सीके नायडू साधारण भारतीय थे, एक-दो को छोड़कर कोई खिलाड़ी राजघराने का नहीं था। अंग्रेजों ने भारत में क्रिकेट को बढ़ावा जरूर दिया लेकिन इंग्लिश क्रिकेट की तुलना में तो वे उसका मखौल ही उड़ाते रहे। यह भी सही है कि अंग्रेजों की देखा-देखी पटियाला, बड़ौदा, होलकर आदि राजघरानों ने क्रिकेट को संरक्षण दिया लेकिन इनकी टीमों में खेलने वाले लगभग सभी खिलाड़ी आम जनता में से निकले साधारण लोग थे। आजादी के बाद से एक छोटे नवाब पटौदी, हनुमन्त सिंह, अंशुमन गायकवाड़ या कुछ छोटे-मोटे सामन्तों के अलावा भारत की टीम कभी भी राजा-महाराजाओं से भरी नहीं रही।

सच पूछिए तो हॉकी और फुटबॉल की तरह क्रिकेट भी खेलने के स्तर पर तो हमेशा आम लोगों का ही खेल रहा। आने को तो हॉकी और फुटबॉल भी विदेश से ही आए और अंग्रेज ही इन्हें लेकर आए। उन्हीं की छावनियों में ये खेल भी क्रिकेट की तरह ही खेले जाते रहे और वहीं से निकलकर जनता में फैले। क्रिकेट की तरह हॉकी में भी स्टिक और गेंद की जरूरत पड़ती ही है। गोल के पाइप भी लगाने पड़ते हैं। फुटबॉल जरूर पैर से खेला जाता है लेकिन उसमें गोल आदि की जरूरत तो पड़ती ही है। तो यह दलील भी गलत है कि क्रिकेट में इतना तामझाम लगता है कि आम और गरीब लोग इसे खेल ही नहीं सकते। अपने कई राजघरानों ने कुश्ती को भी क्रिकेट से कम बढ़ावा नहीं दिया। फिर भी आभास तो बना ही रहा कि हॉकी और फुटबॉल नहीं क्रिकेट ही विदेशी और राजा-महाराजाओं का खेल रहा है और वही हमारे गुलाम होने की प्रक्रिया से जुड़ा रहा। आजाद भारत में जब राजा-महाराजाओं का राज नहीं रहा तब भी क्रिकेट के खिलाफ पूर्वाग्रह बना रहा। अब दलील यह हो गई कि जिस खेल को दुनिया के सात देश भी नहीं खेलते, जो ओलंपिक में शामिल नहीं हो और जिसे कोई जनवादी देश नहीं खेलता उसे आजाद और लोकतांत्रिक भारत में इतना प्रोत्साहन क्यों मिले?

क्रिकेट बोर्ड भारत का सबसे अमीर खेल संगठन है और उसे सरकारी अनुदान की जरूरत कभी नहीं पड़ी। फिर भी अज्ञान में आरोप लगता कि सारा पैसा क्रिकेट पर खर्च होता है। रेडियो, टीवी पर भी दबाव आया कि वह क्रिकेट पर टाइम कम

करे और दूसरे खेलों पर बढ़ाए, जबकि असलियत यह है कि क्रिकेट को जो भी बढ़ावा, समर्थन और पैसा मिला आम जनता से मिला है। क्रिकेट देखने हॉकी और फुटबॉल से हमेशा ज्यादा लोग आए, लेकिन यह धारणा बनी रही कि क्रिकेट साँवले साहबों और सरकार की मदद से फल-फूल रहा है।

(तहलका, 31 जुलाई, 2009)

समलैंगिकता समानता की विषमता

सहमति की समलैंगिकता को अपराध न मानने के फैसले से समलैंगिकता के बारे में भारतीय समाज के पारम्परिक रवैए और पूर्वाग्रह में बदलाव नहीं होगा।

सहमति की समलैंगिकता अब दिल्ली में अपराध नहीं है, यह तो ठीक है लेकिन यह बताइए कि इसमें इतना उत्सव मनाने का क्या कारण है? समलैंगिकों को राहत महसूस हो कि वे अपने दोस्तों के साथ रहते हैं, वह कानूनी अपराध नहीं माना जाएगा और उन्हें मुक्ति का अहसास हो, यह भी समझा जा सकता है। लेकिन अत्याचार से पीड़ित, होने का उनका त्रास कानूनी उतना नहीं है जितना सामाजिक और सांस्कृतिक। वे कानूनी रूप से लगातार तंग किए जा रहे हों इसके लिए असंख्य उदाहरण तो कहीं नहीं हैं।

लॉर्ड मैकॉले की अध्यक्षता में चले विधि आयोग के कोई एक सौ उनचास साल पहले बनाए गए इस कानून के तहत अब तक कुल जमा एक मुकदमे मे सन् 35 में सजा हुई है। और इन एक सौ उनचास साल में कुल छह मामले दर्ज हुए हैं। इन आँकड़ों से इतना तो साफ है कि अपने देश की पुलिस समलैंगिकों पर सख्त कानूनी कार्रवाई करने में कोई बहुत सक्रिय नहीं रही है। उन अंग्रेजों के जमाने में भी नहीं जिनने अपने विक्टोरियन युग की नैतिकता के चलते भारत में यह कानून बनाया। और आजाद भारत में भी नहीं जिसने हिजड़ों की चली आ रही पुरानी संस्था को मलमास की तरह अपने समाज के 'मित्र अल्प और अनैसर्गिक' मैथुन व्यवहार को सम्मान नहीं तो एक तरह की सामाजिकता जरूर दी है। चूँकि यह कानून सख्ती से और व्यापक रूप से कभी लागू ही नहीं किया गया इसलिए कानूनी उत्पीड़न की शिकायत नहीं की जा सकती।

हाँ, यह हो सकता है कि कुछ लोगों के लिए कानून यानी धारा 377 का होना ही उत्पीड़न का पर्याप्त कारण हो। लेकिन यह भी उत्पीड़न तभी बन सकता है जब सामाजिक और पारम्परिक मान्यताओं का दबाव भी बहुत ज्यादा हो। मेरा निवेदन है कि माननीय दिल्ली उच्च न्यायालय के ऐतिहासिक और क्रान्तिकारी बताए जा

रहे इस फैसले से अपने समाज की पारम्परिक मान्यताएँ नही बदलतीं। यह फैसला तो भारत के बहुत छोटे से छोटे वर्ग को प्रभावित करता है, लेकिन शारदा एक्ट और दहेज विरोधी कानून तो लगभग हर परिवार को प्रभावित करता है। फिर भी न दहेज प्रथा रुकी है न बाल विवाह।

यह दलील कानून और अदालती फैसलों को अप्रभावी बताने के लिए नही है। कहना बस यही है कि कानून और अदालती फैसलों से सामाजिक और सांस्कृतिक मान्यताएँ और पूर्वाग्रह नहीं बदलते। जो कानून सामाजिक चलन को कानूनी मंजूरी देता है वही सचमुच और बिना बड़ी कोशिश के लागू हो जाता है। कानून को समाज के पीछे चलना चाहिए। कानून के जरिए समाज को बदलने की कोशिशें सफल नहीं होतीं। साम्राज्य चलाने वाले लोग ही अपने कानून से ऐसे समाज को बदलने की कोशिश करते हैं जिसे वे नहीं जानते और जिसमें बदलाव लाने के आंतरिक उपाय जिनकी समझ से बाहर होते हैं।

दिल्ली उच्च न्यायालय के सहमति की समलैंगिकता को अपराध न मानने के फैसले से समलैंगिकता के बारे में भारतीय समाज के पारम्परिक रवैए और पूर्वाग्रह में बदलाव नहीं होगा। होगा भी तो इतने धीमे और अदृश्य तरीके से होगा कब हो गया, इसका पता ही नहीं चलेगा। यानी समलैंगिकों और उनके समर्थकों का उत्साह आंशिक और अल्पजीवी है। जिन लोगों ने धारा 377 से सहमति की निजी समलैंगिकता को अपराध मुक्त करवाया है, वे समाज के रवैए और पूर्वाग्रह को बदलने की बुनियादी सामाजिक कार्य नहीं कर रहे हैं। अगर उनके ध्यान में ऐसा बुनियादी बदलाव लाना होता तो वे अदालत के फैसले पर ऐसा जश्न नहीं मनाते। आप सच पूछें तो उनके जश्न ने समाज की संवेदनशीलता पर चोट ही की है। चोट करना भी बदलाव लाने का एक तरीका है, लेकिन वह तभी असर करता है जब उसकी प्रेरणा अन्दर से आती है।

समलैंगिकता को कुल समाज स्वीकार करे इसकी प्रेरणा भारतीय समाज से निकलकर नहीं आई है। समलैंगिक लॉबी के व्यवहार और तौर-तरीके से ही साफ दिखता है कि इसकी प्रेरणा यूरोपीय या पश्चिमी समाज से आई है। उनके व्यवहार से साफ लगता है कि एक ऐसे समाज से आई है जिसमें विषमता और असमानता के ज्यादा बुनियादी आर्थिक, सामाजिक और राजनीतिक पहलू लगभग हल कर लिये गए हैं। यह एक ऐसे समाज की समस्या लगती है जो सहज उपभोग से अघाया हुआ समाज है और स्वाभाविक संवेदनों से इतना ऊब गया है कि उसे नित नए और सनसनीखेज उपायों की जरूरत होती है। यूरोप का विकसित और परमिसिव समाज समलैंगिकों की समानता की लड़ाई लड़ सकता है, लेकिन भुखमरी, बेरोजगारी और सब तरह की वंचनाओं में किसी प्रकार जीते हुए रोटी, कपड़ा और मकान की लड़ाई लड़ने वाले अधिसंख्य भारतीय समाज

में समलैंगिकों की समानता तो कोई बड़ा मुद्दा नहीं बनती। पश्चिमी में भी ईसाइयत ने अगर लैंगिक और मैथुनिक सम्बन्धों पर इतना कट्टर रवैया नहीं अपनाया होता तो वहाँ भी समलैंगिकों को ऐसा संघर्ष नहीं करना पड़ता। भारत के अन्दर से अगर यह लड़ाई निकली होती तो हिजड़ों की दयनीय हालत पर ध्यान गया होता। अदालतों में जाने वाले और हवाई यात्राओं से प्रदर्शनों में भाग लेने वाले भारत के समलैंगिक कौन हैं यह सचाई किसी से छुपी नहीं है।

इस मामले में अंग्रेजी टीवी चैनलों पर हुई बहस को आपने सुना है? वहाँ सवाल कुछ ऐसे बनाए जा रहे थे जैसे समलैंगिकों और समलैंगिकता का समर्थन करना प्रगतिशीलता और विकसित होने का सबूत हो और जो लोग सहज प्राकृतिक स्त्री-पुरुष लैंगिकता का आग्रह कर रहे हों, वे पुराणपंथी और पारम्परिक किस्म के घटिया लोग हों। इससे बड़ी मानसिक विकृति कोई हो नहीं सकती। किसी भी सभ्यता संस्कृति ने समलैंगिकता को प्राकृतिक मानकर उसका उत्सव नहीं मनाया। ईसाइयत ने आखिर पश्चिमी समाज में व्याप्त मान्यताओं को ही धार्मिक वर्जनाओं में शामिल किया। अब शरीर विज्ञान और मनोविज्ञान में इतना काम हो जाने के बाद भी यही फर्क आया है कि समलैंगिकता को व्यक्त करने का एक तरीका है, भले ही यह प्रजनन की सहज स्वाभाविक प्रक्रिया से जुड़ी न हो। कोई भी समाज इसे सहज स्वस्थ प्रक्रिया मानकर मान्यता और सम्मान नहीं देता। यह बीमारी नहीं तो विचलन तो है ही।

लेकिन हमारा अंग्रेजी मीडिया इसे कुछ ऐसे पेश करता है जैसे समलैंगिकता को स्वीकार करना विकसित होना है। पश्चिम में यूरोप के विकसित समाज ने इसे मंजूर किया है तो यह निश्चित ही तरक्की की निशानी है। ये बेचारे नहीं समझते कि ईसाइयत ने जो कि यूरोपीय समाज का धर्म है वहाँ के लोगों के मन में समलैंगिकता पर कैसी वितृष्णा भर रखी है और वहाँ इस वर्जना से मुक्ति पाना कैसी स्वतंत्रता है। भारत में पहले तो धर्म ही संगठित नहीं है फिर स्थानीयता और व्यक्तिमत्तता को बहुलता और विविधता ने खूब अच्छी तरह समो रखा है। महाभारत के महावीर अर्जुन को जब पांडवों के वनवास में छद्म रूप में रहना था तो वे बृहन्नला बनकर रहे, हिजड़ों को हमारे समाज में जो एक सांस्थानिकता दी गई है वह इसीलिए कि उन्हें भी समाज में उपयोगिता की एक भूमिका मिले। वे आम स्त्री-पुरुष से भिन्न और विचल तो माने गए लेकिन उन्हें भी जगह दी गई। दिल्ली उच्च न्यायालय ने अपने फैसले में जवाहरलाल नेहरू के हवाले से जिस 'समावेशिता' का गुण गाया है वह भारतीय समाज का ही एक पारम्परिक गुण है।

लेकिन हमारा अंग्रेजी मीडिया भारतीयता को भी पश्चिमी और अंग्रेजी रास्ते से ही स्वीकार करता है और जब तक यूरोप और अंग्रेजी-समलैंगिकता और नपुंसकता की भारतीय समाज व्यवस्था में जगह को परिभाषित नहीं करती तब तक हम उन्हें

ईसाइयत की नजर से ही देखते जाएँगे। हमारा यह दृष्टिदोष ही हमें यूरोप के सुकेलरिज्म और भारत के सर्वधर्म समानत्व का अन्तर नहीं समझने देता। ऊपर मैंने कहा कि समलैंगिक समानता की भारतीय लड़ाई की प्रेरणा यूरोप में है तो इसीलिए कि अंग्रेजी मीडिया में भारतीय समलैंगिकता-नपुंसगिकता की समझ नहीं है। इसीलिए ऐसे वाक्य लिखे गए कि दिल्ली उच्च न्यायालय के फैसले से भारत का भूमंडलीकरण हो गया और हम उन विकसित देशों की सूची में आ गए जो समलैंगिकता को अपराध नहीं मानते।

समलैंगिकता के रुझान पर किसी से भेद करना तो अन्याय है ही और दिल्ली उच्च न्यायालय ने हमारे संविधान का हवाला ठीक ही दिया है। इसमें भी कोई सन्देह नहीं कि ब्रिटेन के विक्टोरियन युग की ईसाई नैतिकता भारतीय समाज की नैतिकता नहीं है। यह कहने का मतलब यह भी नहीं कि भारतीय समाज तो शुरू से ही बहुत उदार है और समलैंगिकता को स्वीकार करता है। भारतीय समाज में भी समलैंगिकता को स्वीकार करता है। भारतीय समाज में भी इसका सहज निषेध है। इसलिए वह दिल्ली उच्च न्यायालय और उसके प्रांगण के बाहर 'गे लोगो' के प्रदर्शन को सहज आक्रोश की अभिव्यक्ति नहीं मानता। अंग्रेजी मीडिया ने भारत के मध्य और उच्च-मध्यवर्ग के कुछ लोगों की लड़ाई को भारत में न्याय की लड़ाई बनाकर पेश करने की कोशिश की है।

यह एक अल्पसंख्यक–बहुत ही अल्पसंख्यक–वर्ग की लड़ाई को एक अल्पसंख्यक मीडिया का प्रोजेक्शन है। हमारा अंग्रेजी मीडिया भारत के अल्पसंख्यक अंग्रेजी समुदाय की राय बताने वाला मीडिया है, और भारत के लोगों की न्याय की लड़ाई कहीं बड़ी और व्यापक है, समझे कि नहीं?

(तहलका, 15 अगस्त, 2009)

निजता को बेचने का झूठा धंधा

लोगों में निन्दा करने और दूसरों को बुरा बताने की इच्छा होती है, इसे आप सच कैसे कह सकते हैं?

एनडीटीवी वाले उस दिन उन सांसदों को गरिया रहे थे जो संसद में एक टीवी कार्यक्रम 'सच का सामना' के खिलाफ उठ खड़े हुए थे। इन भ्रष्ट, झूठे और अपराधी सांसदों को क्या अधिकार है कि वे एक टीवी कार्यक्रम पर नैतिकता की कसौटिया लगाएँ और माँग करें कि व्यक्तियों के निजी जीवन की गोपनीय मानी जाने वाली बातें ऐसे सरेआम उघाड़कर न दिखाई जाएँ। सार्वजनिक जीवन में शुचिता की चिन्ता इन गैर-जिम्मेदार सांसदों को कैसे होने लगी। ये खुद तो कभी अपने राजनीतिक जीवन में लोकलाज और शोभनीयता की फिकर नहीं करते।

अपने सांसद कितने भ्रष्ट, कितने झूठे और कैसी अपराधी प्रवृत्तियों के लोग हैं यह सच्चाई किसी से छुपी नहीं है। वे अपना नैतिक अधिकार खुद अपने जीवन और आचरण से प्राप्त करें यह अपेक्षा भी सही है। लेकिन सार्वजनिक जीवन में क्या हो रहा है इस पर बहस संसद में क्यों नहीं हो? वे कैसे भी हों जनता ने उन्हें चुनकर भेजा है। वे इस देश के लोगों के निर्वाचित और लोकप्रिय प्रतिनिधि हैं और जनता की लोकप्रिय नैतिकता की कसौटी पर चीजों को तौलना और विचार करना उनका संसदीय कर्तव्य है। ऐसा करने के उनके अधिकार और जिम्मेदारी पर सवाल नहीं उठाया जा सकता।

फिर कौन सवाल उठा रहे हैं? निजी चैनल। सांसद कम से कम पन्द्रह से बीस लाख वोटरों के निर्वाचन क्षेत्र से चुने गए हैं। उनके पास जनादेश है। इन चैनलों के पास किसका जनादेश है? किसने उन्हें कहा कि पैसा लाओ, पत्रकार इकट्ठे करो और चैनल चलाओ? उन्हीं लोगों ने जिनके पास पैसा है। इस देश में एक सीमा के बाद किस तरह और कैसे पैसा जमा होता है, यह सब जानते हैं। मेहनत से कमाया गया शुद्ध और धौला पैसा ही चैनलों में लगता है इसका दावा तो किसी ने किया नहीं है। फिर ऐसा पैसा भी लोकहित के काम में लगाया गया है, ऐसा दावा भी किसी

चैनल ने नहीं किया।

सब कहते और जानते हैं कि चैनल मुनाफा कमाने और पव्वा चलाने के लिए चलाए जाते हैं। ऐसे चैनल वालों को क्या अधिकार है कि वे सांसदों के बहस करने के नैतिक अधिकार को चुनौती दे। सांसद अगर भ्रष्ट, झूठे और अपराधी हैं तो चैनल क्या दूध के धुले हैं? हरिश्चन्द्र के वंशज हैं कि दूसरों के झूठ और पाखंड को बर्दाश्त न करें? आचरण की जिस शुचिता का आग्रह वे सांसदों से करते हैं उसी की कसौटी पर वे कहाँ खड़े होंगे? और सांसदों को अगर समाज में नैतिक पुलिसगिरी करने का अधिकार नहीं है तो मुनाफे के लिए कुछ भी करने वाले चैनल सांसदों के जीवन आचरण पर कैसे निगरानी कर सकते हैं? सांसदों का मकसद किसी भी तरह सत्ता में आना है तो चैनलों का प्रयोजन किसी भी तरह लाभ कमाना है। किसी भी तरह सत्ता मे आना अगर पाप है तो किसी भी तरह लाभ कमाना कैसे पुण्य हो जाएगा?

देखिए ये दलीलें इसलिए नहीं हैं कि सांसदों को आलोचना से बचाया जाए। वे शायद किसी तरह के बचाव के लायक हैं भी नहीं। लेकिन चैनलों को भी आलोचना का सच्चा अधिकार और लोक विश्वसनीयता तभी मिल सकती है जब वे लोकहित में काम कर रहे हों। सच बात तो यह है कि चैनलों ने लोकहित कब का छोड़ दिया है। वे मुनाफे के लिए लोकहित और लोकलाज से कोई भी छूट लेने की होड़ में लगे हुए हैं। सांसद अगर अपने धतकरमों को संसदीय व्यवस्था और विशेषाधिकारों में ढकते हैं तो चैनल अभिव्यक्ति की संवैधानिक आजादी का इस्तेमाल लाभ कमाने के जायज-नाजायज तरीकों को चलाए रखने के लिए।

दूर जाने की जरूरत नहीं। इसी 'सच का सामना' को लीजिए। क्या यह कार्यक्रम लोगों को सच का सामना करने को तैयार करने के लिए बनाया गया है? सच क्या किसी की निजी भावना है जो उससे जुड़े किसी भी व्यक्ति या व्यक्तियों की भावनाओं से बिलकुल निरपेक्ष वस्तुनिष्ठ सत्य हो जाता है क्योंकि कोई उसे बताने या मंजूर करने का सार्वजनिक दम भर रहा है? विनोद कांबली का ही उदाहरण लीजिए। मैंने उसी को लिया तो इसलिए नहीं कि उसका कार्यक्रम देखा है। सच तो यह है कि मैंने 'सच का सामना' का कोई एपिसोड नहीं देखा। मैं मानता हूँ कि अपने टीवी पर रिएलिटी शोज में जितना झूठपाठ और पाखंड है असली जीवन में वैसा नहीं होता। शो दिखाने के लिए बनाया जाता है यथार्थ या असलियत को समझने के लिए नहीं, बिना नाटक के कोई शो नहीं होता और सब जानते हैं कि नाटक असल जीवन नहीं है।

विनोद कांबली के 'सामना' के सिर्फ प्रोमो मैंने देखे हैं। इस या उस चैनल पर उसके कटे-छँटे टुकड़े देखे हैं। लेकिन विनोद कांबली को मैं जानता हूँ। उसने सचिन तेंदुलकर के साथ मिलकर स्कूल के एक मैच में रेकॉर्ड 664 रनों की भागीदारी की

थी तब से मैं उसके क्रिकेट कैरियर को नजदीक और बड़ी रुचि से देख रहा हूँ। देश में जहाँ-तहाँ उसे खेलते देखा है। सन् 91 में आस्ट्रेलिया के दौरे पर फिर विश्वकप में मैदान पर खेलते और उसके बाहर होटलों में और समारोहों में बरतते देखा है। आस्ट्रेलिया के तो उस दौरे पर सचिन, विनोद और सौरभ तीनों थे और तीनों अभी लड़के थे। तब इन्हें देखकर कोई भी अंदाजा लगा सकता था कि क्रिकेट में कौन कितनी दूर जाएगा। विनोद तब भी खेलने के साथ उन सब शगल और धींगामुश्ती में पड़ा रहता था जिनमें महानगरों के बिगड़ैल लड़के लगे रहते हैं। शाम वह लड़कियों और लाड़ लड़ाने वाले प्रवासी भारतीय परिवारों में बिताता और देर से होटल लौटता।

शुरुआती वर्षों में विनोद कांबली का प्रदर्शन सौरभ गांगुली से तो अच्छा था ही सचिन से भी बेहतर था। लेकिन सफलता उसके माथे में घुस गई और उसका दिमाग खराब कर दिया। अब क्रिकेट पर उसका ध्यान कम और एक्स्ट्रा करिक्यूलर एक्टिविटी में ज्यादा लगता था। वह कहीं से भी उस अनुशासन को मानता दिखता नहीं था जिसके बिना कोई भी लड़का या युवक गम्भीर या बड़ा खिलाड़ी नहीं हो सकता। यह कोई नहीं कहता कि एक खिलाड़ी को बाकी जीवन को निलम्बित कर देना चाहिए। लेकिन अगर आपका जीवन आपके खेल पर केन्द्रित नहीं है तो आप खेलते तो रह सकते हैं, बड़े या महान खिलाड़ी नहीं हो सकते। सभी खेलों के बड़े खिलाड़ियों के जीवन और शैली को देखिए। वे खेल और कैरियर से खेल नहीं करते। विनोद कांबली जितना खेलता था उससे ज्यादा अपने खिलाड़ी होने की प्रसिद्धि पर खेल करता था। समझदार लोग बहुत पहले कहने लगे थे कि वह अपने को बर्बाद कर रहा है।

आप स्कूल में उस रेकॉर्ड भागीदारी से अब तक सचिन और विनोद के कैरियर को देखिए। सचिन अगर ब्रेडमैन के बाद का सबसे महान बल्लेबाज और आदर्श खिलाड़ी माना जाता है तो सिर्फ क्रिकेट की प्रतिभा पर नहीं। सचिन को सचिन तेंदुलकर उसके एकाग्र और ऐकांतिक समर्पण ने बनाया है। विनोद कांबली में यह समर्पण किसी भी चीज पर नहीं है। वह बेचारा फुदकने वाला पतिंगा है। उसने प्रसिद्धि की शमा पर अपने को जला दिया। इसके लिए सिर्फ वह और वही जिम्मेदार है। पिच पर आप जब गेंद का सामना कर रहे होते हैं तो कोई सचिन क्या भगवान भी आपकी मदद नहीं करता। इसलिए जब विनोद कांबली कहता है कि उसे लगता है कि सचिन उसकी ज्यादा मदद कर सकता था तो वह सरासर झूठ बोल रहा है। वह अपनी विफलता की जिम्मेदारी एक ऐसे खिलाड़ी पर डाल रहा है जिसने अपने किए-अनकिए के लिए सिर्फ खुद अपने को जिम्मेदार माना। विनोद कांबली की बहानेबाजी को कोई सच कह सकता है?

विनोद की झूठी बहानेबाजी को सच बताकर इसलिए प्रचारित किया गया कि सचिन महान खिलाड़ी और महान आदमी है। कांबली उसका दोस्त है और एक लँगोटिया जिगरी दोस्त उस पर लांछन लगा रहा है। इससे सनसनी मचती है और लोग शो देखने को लालायित होते हैं। यह न कांबली का सच है, न सचिन का, न उनकी दोस्ती का। प्रोग्राम को बेचने के लिए खेला गया हथकंडा है। यह कहीं से भी विनोद का सच नहीं है कि उसने इसका सामना किया है। यह निजी विकृति, बहानेबाजी और शोशेबाजी को बेचने की कोशिश है। लोगों में निन्दा करने और दूसरों को बुरा बताने की इच्छा होती है। जितनी बुरी बातें और जितनी वाहियात निन्दा उतनी ही लोगों को ताक-झाँक करने की इच्छा। इसे आप सच कैसे कह सकते हैं? यह निजता को बेचने का धंधा है। सच का सामना बनाने वाले सिद्धार्थ बसु से प्रणय रॉय ने पूछा–हम कितना गिर सकते हैं? बसु ने कहा–इस देश का ध्येय सत्यमेव जयते है। सच से कैसा डरना? वाह! विनोद कांबली का तो सत्यमेव जयते हो गया। सिर पीट लीजिए।

ऐसे ही राखी का स्वयंवर। राखी बेचारी टी.वी. पर बिकने के लिए कुछ भी कर सकती है। अपनी किसी भी प्राइवेसी के सार्वजनिक धुर्रे बिखेर सकती है। उसके लिए अपनी निजता पवित्र और महत्त्वपूर्ण नहीं है। वह प्रसिद्ध होना चाहती है और प्रसिद्धि से कमाने में लगी है। आज तो उसने स्वयंवर किया है। कल वह अपनी सुहागरात दिखाएगी। फिर राखी का तलाक नहीं तो राखी का प्रसव दिखाना। लोग टेलीविजन छोड़कर भाग जाएँगे। ऐसी कौन-सी रिएलिटी है जिसे हम सब आमतौर से नहीं जानते। हमाम में हम सब नंगे नहाते हैं। बेडरूम में फिर भी कुछ कपड़े पहनते हैं और जैसे बेडरूम में होते हैं वैसे बैठक में नहीं रहते। बाथरूम, बेडरूम और बैठक में भेद हम कानून के कारण नहीं करते, अपनी निजता और सभ्यता के कारण करते हैं। इसलिए सच का सामना निजता को बेचने का झूठा धंधा है।

(तहलका, 31 अगस्त, 2009)

मरे जिन्ना लाख के

संघ का भारत के स्वतंत्रता आन्दोलन और विभाजन से कोई लेना-देना नहीं तो आखिर इनके मन में इतिहास को लेकर गाँठे क्यों पड़ी हैं?

एक्सप्रेस के लोगों से विचार-विनियम में वित्त मंत्री प्रणब मुखर्जी जी ने कहा– मुझे सचमुच बिलकुल समझ नहीं आता कि भाजपा नेता जिन्ना का मूल्यांकन करने में इतने उत्सुक क्यों हैं? मैं जानना चाहता हूँ कि इस मामले में इतनी गहराई से लगने को उन्हें प्रोत्साहित क्या कर रहा है?

प्रणब बाबू की उत्सुकता को शान्त करने की कोशिश अपन आगे करेंगे। फिलहाल देख लें कि वे क्या और कह रहे हैं। उसने कहा–मुझे यह भी बिलकुल समझ नहीं पड़ता कि जिन्ना की धरोहर को जानने-बताने में वे इतनी गहराई तक क्यों जा रहे हैं जबकि इसका आज की भारतीय राजनीति से कोई लेना-देना नहीं है। राजनीतिक पार्टियों को इतिहास में जिन्ना की जगह का मूल्यांकन करने की ऐसी क्या और क्यों पड़ी हुई है? जिन्ना के मामले में भाजपा का बार-बार संकट में पड़ना भी मेरी समझ में नहीं आता। इतिहास जहाँ है उसे वे वहीं क्यों नहीं रहने देना चाहते? आज की भारतीय राजनीति में जिन्ना के मूल्यांकन की क्या प्रासंगिकता है? मूल्यांकन का काम इतिहासकारों को करने दीजिए। आप इतिहासकार की भूमिका में आना चाहते हैं तो ठीक है आइए। लेकिन तब आपको वस्तुनिष्ठ होना पड़ेगा।

जसवन्त सिंह, लालकृष्ण आडवाणी, शेषाद्रि, सुदर्शन आदि कहेंगे कि हम तो अपने आकलन में वस्तुनिष्ठ हैं। गड़बड़ तो वामपंथी और कांग्रेसी इतिहासकारों ने की है। वे सच बोल रहे हैं कि नहीं इसका अंदाजा लगाने में आपकी उमर बीत जाएगी। इसलिए इस बात को छोड़कर अपन प्रणव बाबू के सवाल पर आ जाएँ कि संघी लोगों को जिन्ना के आकलन में इतनी गहराई से पड़ने को कौन और क्या लगा रहा है और इस मामले में वे इतने उत्सुक क्यों हैं?

आप जानते हैं कि हिन्दुत्व पर अपना निबन्ध विनायक दामोदर सावरकर ने सन् 23 में लिख दिया था। दो साल बाद केशव बलिराम हेडगोवर ने उस विचार को मूर्त

करने के लिए राष्ट्रीय स्वयंसेवक संघ की स्थापना की। उनसे पूछा गया कि राष्ट्रीय क्यों हिन्दू क्यों नहीं? तो डॉक्टर साब ने कहा हिन्दू ही राष्ट्रीय है। यह सावरकर के हिन्दू राष्ट्रवाद का सटीक उदाहरण है, लेकिन आप देखिए कि सन् 25 से 47 तक यानी भारत के आजाद होने तक राष्ट्रीय जीवन में संघ बाईस रहा। लेकिन देश की आजादी में उसने अपनी चींटी उँगली भी नहीं चलाई। सन् 42 में अंग्रेजों ने सभी तरह की सैनिक-अर्धसैनिक गतिविधियों पर रोक लगा दी। गुरु गोलवरकर ने शाखा का सैनिक विभाग तत्काल बन्द कर दिया। संघ की गांधी की अहिंसा में निष्ठा नहीं थी तो सशस्त्र क्रान्तिकारियों के साथ हो सकता था, लेकिन सशस्त्र कार्रवाई में भी वह नहीं पड़ा। आजादी का आन्दोलन उसकी गतिविधियों में रहा ही नहीं।

क्योंकि अंग्रेज, संघ और हिन्दुत्ववादियों के शत्रु नम्बर एक नहीं थे। शत्रु नम्बर एक भारतीय मुसलमान थे। सावरकर ने स्थापित किया था कि भारत में राष्ट्र सिर्फ हिन्दू है। मुसलमान और ईसाई सिर्फ समुदाय है क्योंकि वे बाहरी और विदेशी धर्मों को मानते हैं। उनकी पुण्य-भू विदेश में है इसलिए भारत के प्रति वफादार वे कभी हो ही नहीं सकते। जब तक वे इन धर्मों को छोड़कर वापस हिन्दू धर्म में नहीं आते उन्हें हिन्दुत्व प्राप्त नहीं हो सकता। इसलिए संघ वालों ने साम्प्रदायिक दंगों में मुसलमानों से हिन्दुओं को बचाना अपना पहला काम माना। सन् 27 के नागपुर दंगे से लेकर सन् 47 के भारत विभाजन तक संघ दंगों में हिन्दुओं की तरफ से लड़ता और उन्हें बचाता रहा। जिन वर्षों में भारत विभाजन की साजिश हुई और योजना बनी उसे रोकने या होने देने में संघ ने कुछ नहीं किया। भारतीय जनसंघ विभाजन के चार साल और भाजपा तैंतीस साल बाद बनी।

इस तरह संघ और उसकी राजनीतिक पार्टी का आजादी के आन्दोलन और भारत विभाजन से कोई सम्बन्ध नहीं था। हाँ, हिन्दू राष्ट्रवाद और द्विराष्ट्रवाद ने मुस्लिम राष्ट्रवाद और अलगाववाद की आंच में घी जरूर डाला। संघ और हिन्दू महासभा के हिन्दू राष्ट्रवाद ने भारत विभाजन में बड़ी भूमिका निभाई। वे अखंड भारत की बात करते रहे और विभाजन के लिए जिन्ना की तरह की गांधी, नेहरू और पटेल को कोसते रहे लेकिन उसे रोकने के लिए उनने कुछ नहीं किया। पूछना चाहिए कि इस दुखद इतिहास में अगर उनका योगदान नहीं है तो भारत की आजादी और विभाजन पर संघियों के मन में इतनी गाँठें क्यों हैं?

वे अकर्मण्य रहे इस कारण? नहीं वे खूब और पूरी तरह सक्रिय थे। भारत में मुसलमान अलग राष्ट्र हैं इसकी बात अगर पहली बार सन् 1888 में सर सय्यद अहमद ने की थी तो तब तक के आर्यसमाजी लाला लाजपत राय ने उसी साल उनकी आलोचना की। आर्यसमाज के ही लोगों ने पंजाब के ऊपर के इलाके को अफगानिस्तान और उत्तर पश्चिम सीमाई राज्य से मिलाकर अलग मुस्लिम राज बनाने

की बात कही थी। अंग्रेजों की बनवाई मुस्लिम लीग और उसके जवाब में हिन्दू सभा तो बाद में बनी। हिन्दू राष्ट्रवाद एक अन्तर्धारा तो ब्रिटिशराज के असर में बंगाल के पुनर्जागरण के समय से ही चल निकली थी। उसे एक व्यक्तिगत विचारधारा का रूप भले ही सावरकर ने सन् 23 में दिया हो। हिन्दू राष्ट्रवाद की जननी हिन्दू महासभा थी जिसने सावरकर के नेतृत्व में राजनीतिक आन्दोलन का रूप दिया।

मुस्लिम लीग का मुस्लिम राष्ट्रवाद और हिन्दू महासभा का हिन्दू राष्ट्रवाद एक दूसरे से होड़ करते हुए एक दूसरे को पुष्ट करते थे। अंग्रेज बाँटो और राज करो के हित में जब जैसी जरूरत होती इन दोनों का उपयोग करते। ये दोनों एक दूसरे के विरुद्ध तो थे लेकिन अंग्रेजों के तो साथ ही रहते और उनकी कृपा पाने की जुगत करते रहते। अंग्रेजों को सन् 57 के बाद सबसे बड़ा डर हिन्दू-मुस्लिम एकता से लगता था। लीग और सभा का इस्तेमाल वे हिन्दुओं को मुसलमानों से लड़ाने के लिए करते थे। इनका उपयोग वो कांग्रेस को मुश्किल में डालने में भी करते क्योंकि वही उनकी असल दुश्मन थी और उनका राज खत्म करने में लगी थी।

सावरकर को लगता था या ऐसा वे चाहते थे कि अंग्रेज जाते-जाते मुसलमानों को अगर पाकिस्तान देकर जाएँगे तो हिन्दुस्तान हिन्दुओं को यानी उनकी हिन्दू महासभा को देकर जाएँगे। अंग्रेज ऐसा चाहते भी तो कर नहीं सकते थे। कांग्रेस बीच में थी और हिन्दुओं और मुसलमानों दोनों की पार्टी थी और वही आजादी के आन्दोलन का नेतृत्व कर रही थी। जिन्ना ने अगस्त 46 में सीधी कार्रवाई कर के जो कत्लेआम बंगाल में मचाया था उसके बाद अलग पाकिस्तान की माँग अंग्रेज पूरी किए बिना नहीं जाते। जिन्ना जैसा पाकिस्तान बनाना चाहते थे हिन्दू महासभा और संघ भी वैसा ही हिन्दुस्तान बनाना चाहते थे, लेकिन जिन्ना तो अलग होना चाहते थे इसलिए हिंसा का तांडव भी कर सकते थे। सावरकर को अखंड भारत चाहिए था जिससे वे मुसलमानों और ईसाइयों को बाहर करते। हिन्दू राष्ट्रवादियों को कांग्रेस से निपटना था, जिन्ना को किसी की फिकर नहीं थी।

जिन्ना पाकिस्तान बनाने में सफल हुए। हिन्दू राष्ट्रवादी गांधी की हत्या से आगे नहीं जा सके, बल्कि गांधी की हत्या ने ही भारत में उनके हिन्दू राष्ट्रवादी भविष्य का अन्त कर दिया। हिन्दू महासभा देखते-देखते समाप्त हो गई।

सावरकर गांधी हत्या की साजिश में पकड़े गए। संघ पर पाबन्दी लगाई गई जो सरदार पटेल की कुछ शर्तें मानने के बाद ही उठाई गई। लोकतांत्रिक भारत में अपनी रक्षा के लिए संघ को भारतीय जनसंघ नाम का राजनीतिक दल बनाना पड़ा। कांग्रेस से होड़ करने के लिए इस दल के पास आजादी की लड़ाई की पुण्याई नहीं थी। हिन्दुत्ववादियों पर गांधी की हत्या का कलंक था। हिन्दू राष्ट्र न बनवा पाने का चिर

स्थायी दुख और भारत विभाजन रोकने में कुछ न कर पाने का पछतावा। धीरे-धीरे जिन्ना और भारत विभाजन संघ-भाजपा के कुंठित मन की ग्रन्थियाँ हो गईं।

जिन्ना को ये लोग भारत विभाजन का कर्ता नम्बर एक मानते हैं, लेकिन ऐसा मानने से न उनकी खुंदक निकलती है, न भारतीय राजनीति में इसका कोई लाभ मिलता है। जिन्ना में उन्हें एक सफल सावरकर भी दिखता है। आखिर जिन्ना का राष्ट्रवाद हिन्दू राष्ट्रवाद का प्रतिरूप ही था। कोई साठ साल से ये एक-दूसरे से होड़ करते हुए एक-दूसरे जैसे हो गए थे। हिन्दू राष्ट्रवादी गांधी, नेहरू और पटेल और उनकी कांग्रेस को अपने सफल न हो पाने का मुख्य कारण मानते हैं। इसलिए इन तीनों को भारत विभाजन का जिम्मेदार बताकर जनता के मन में इनकी छवि बिगाड़ने और फिर खलनायक बनाने में लगे रहते हैं।

जिन्ना इनके बड़े काम के हैं। जिन्ना का लाठी की तरह इस्तेमाल करते हुए ये गांधी और नेहरू की पिटाई कर सकते हैं। जसवन्त सिंह और सुदर्शन ने तो कह ही दिया है कि जिन्ना को कट्टर मुस्लिम राष्ट्रवादी कांग्रेस, गांधी और नेहरू ने बनाया। जिन्ना तो पाकिस्तान की धौंस मुसलमानों के लिए बहुसंख्यक हिन्दू भारत में स्थायी रियायतें पाने के लिए कर रहे थे। नेहरू, पटेल और गांधी ने तो उन्हें पाकिस्तान दे ही दिया। इनको सत्ता की जल्दी न होती तो भारत खंडित नहीं होता।

आज की राजनीति में जिन्ना न भारत में प्रासंगिक हैं, न पाकिस्तान में। लेकिन सन्धियों की सड़ी गाँठ उनके बिना नहीं खुलती। समझे कि नहीं प्रणब बाबू।

(तहलका, 15 सितम्बर, 2009)

मुनाफे का बीसमबीस

क्रिकेट कारपोरेट की कमाई के लिए खेल जाना चाहिए या खेल और उससे जुड़े गर्व और गौरव के लिए?

पैसा यानी संगठित व्यापार किस तरह हमारी दुनिया बदलना चाहता है इसकी सबसे अच्छी मिसाल आजकल क्रिकेट में चल रही बहस है।

इसकी असलियत समझने के लिए पिछले दो महीनों से टी.वी. पर अपन अंग्रेजी क्रिकेट देख रहे हैं। ऐसा कहूँ तो इसे आप मेरा ब्रिटिश राज के लिए हिरसना न कहें और माफ कर दें लेकिन मुझे आज भी इंग्लैंड में होता क्रिकेट जितना रोमांचित करता है और जितना मैं उसे असली क्रिकेट मानता हूँ उतना भारतीय या किसी और क्रिकेट को नहीं। आप जानते हैं कि अपन इन्दौर की कच्ची गलियों में मोगरी के बल्ले और चिन्दियों की गेंद से खेलते क्रिकेट को प्रेम करना सीखे। स्कूलों और होलकर टीम के घर यशवन्त क्लब के धूल-धूसरित मैदानों पर क्रिकेट देखते बड़े हुए। अपने को तो यही सबसे स्वाभाविक लगना चाहिए। इंग्लैंड में क्रिकेट अपन ने पहली बार सन् 65 यानी अट्ठाईस साल की उमर में देखा जब क्रिकेट खिलाड़ी होने का सपना बहुत पीछे और बहुत दूर छूट चुका था।

लेकिन बचपन से क्रिकेट पर अंग्रेजी में इतना पढ़ा था कि विलेज ग्रीन यानी गाँव के हरे-भरे मैदान पर रेड चेरी यानी लाल गेंद को इंग्लिश विलो यानी बल्ले से स्ट्रोक मारने की मीठी और मधुर ध्वनि ही अपने अन्दर बल्कि रोम-रोम में रोमांस भर देती थी। लाल कवेलू के नीची छत वाले घर और उनसे निकलती रसोई का चिमनी, खिलाड़ियों के सफेद झक कपड़े, नीली, हरी, काली पट्टियों वाले भारी स्वेटर और शॉट और हाउज दैट की आवाज मुझे एक ऐसे संसार में ले जाती थी कि जिसका मेल मैं खुद खेलते अपने खेल से भी नहीं कर पाता था। मैं मानता था कि असली खेल तो इंग्लैड में है हम तो उसकी जाने कौन-सी नकल दिखते हैं। मैं जानता हूँ कि हम भारतीय अंग्रेजों से बेहतर क्रिकेट खेलते हैं–जाने कब से। मैं अपने मित्र आशीष नन्दी की यह बात भी मानता हूँ कि क्रिकेट एक भारतीय खेल है जिसका

आविष्कार दुर्घटनावश इंग्लैंड में हुआ। फिर भी असल क्रिकेट तो मैं इंग्लिश क्रिकेट को मानता हूँ।

ऐसा सिर्फ इसलिए नहीं कि इंग्लैंड क्रिकेट का घर और अंग्रेज उसके मूल नागरिक खिलाड़ी हैं। हेम्पशायर काउंटी के हेम्बलडन गाँव और लंदन के लॉर्ड्स मैदान में पले-पनपे क्रिकेट का पहला टेस्ट मेलबोर्न आस्ट्रेलिया में खेला गया 15 से 19 मार्च, 1877 में और जीता भी ऑस्ट्रलिया ने। पहला वनडे भी ऑस्ट्रलिया में ही 1973 में खेला गया और उसी मेलबोर्न क्रिकेट ग्राउंड पर और आस्ट्रेलिया ने जीता। इंग्लैंड में तब वनडे के तीन कप चलते थे। और उसी बीसमबीस भी इंग्लैंड से ही निकला और इस बार उसका पहला अन्तर्राष्ट्रीय मैच इंग्लैंड में हुआ। आस्ट्रेलिया में भी अंग्रेज ही बसे थे। इसलिए क्रिकेट की लगभग सभी परम्पराएँ अंग्रेजों और इंग्लैंड से जुड़ी हैं। वहीं दर्शकों को लुभाने के लिए वनडे निकला और वही बीसमबीस।

अब भारत और कई देशों में कहा जा रहा है कि बीसमबीस ही क्रिकेट का भविष्य है। पहले वनडे जाएगा फिर टेस्ट। इस भविष्यवाणी को क्रिकेट के घर में ही कसौटी पर परखने के लिए अपन दो महीने से इंग्लिश क्रिकेट देख रहे हैं। वहाँ क्रिकेट की सबसे पुरानी और सबसे सघन प्रतियोगिता एशेज हुई जो इंग्लैंड ने 2-1 से जीती, वनडे अभी हो रहे हैं और बीसमबीस हो चुके हैं। इस बार क्रिकेट मैदान पर वहाँ सबसे ज्यादा दर्शक ओवल टेस्ट देखने जुटे जिससे कि एशेज के विजेता का फैसला होना था। उसी में सबसे ज्यादा रुचि थी और उसी के दर्शक खेल में बहुत गहरे डूबे हुए थे। इंग्लैंड जीत गया यह अलग बात है लेकिन वह टेस्ट और यह सीरीज निश्चित ही टेस्ट क्रिकेट की विजय है। पाँच टेस्ट हुए और बीस दिन से ज्यादा खेल के दिन थे। लेकिन हर दिन और हर जगह–बीसमबीस और वनडे देखने आने वालों से ज्यादा दर्शक ज्यादा उत्साह से टेस्ट देखने आए। बीसमबीस और वनडे मैचों में खाली कुर्सियाँ खूब दिख जाती थीं लेकिन टेस्ट के दौरान तो मैदान खचाखच ही होते थे। बीसमबीस और वनडे में कहना मुश्किल है कि किसमें ज्यादा दर्शक थे लेकिन ऐसा तो नहीं हुआ कि वनडे के मैदान खाली पड़े हों।

अब दर्शकों की संख्या और रुचि ही दो कसौटियाँ हों तो आपको मानना पड़ेगा कि टेस्ट सबसे लोकप्रिय क्रिकेट है। कोई यह भी कह सकता है कि इंग्लैंड और एशेज को सबूत मानकर चलिए क्योंकि इंग्लैंड और आस्ट्रेलिया की प्रतिद्वन्द्विता सबसे सघन और पुरानी है। एशेज को चलते हुए 132 साल हो गए हैं। इतिहास, परम्परा और लोगों का लगाव दर्शकों को बहुत खींचता है। ठीक है, लेकिन उसी इंग्लैंड में सबसे पहले वनडे प्रतियोगिताएँ चलीं और वहीं बीसमबीस निकला और चला। ये प्रयोग दर्शकों को खींचने और लगाए रखने के लिए ही किए गए। आज तक किसी ने नहीं कहा कि ये नए संस्करण खेल को बेहतर बनाने के प्रयोग थे। यह सब नए दर्शकों

को मैदान में लाने और सिर्फ तीन घंटे में फैसला करने वाले मैच देने के लिए किए गए। इंग्लैंड में क्रिकेट मैदानों पर दर्शकों का टोटा पड़ रहा था।

यह ऐसा कारण था कि जब पहली बार भारत के बोर्ड को बीसमबीस का विश्वकप आयोजित करने को कहा गया तो उसने मना कर दिया। एक कारण यह था कि हमारे यहाँ दर्शकों का अकाल नहीं पड़ता और हम काफी कमाई कर लेते हैं। हमारे हाल इंग्लैंड जैसे नहीं हैं। इसलिए पहला बीसमबीस विश्व कप दक्षिण अफ्रीका में हुआ और धोनी की टीम विश्व चैम्पियन हो गई।

उसके बाद तो बोर्ड के लिए बस बीसमबीस ही रह गया। उसी में से आईपीएल निकला और बीसमबीस से भारतीय उद्योग और व्यापार ऐसा जुड़ा कि खिलाड़ी और बोर्ड मालामाल हो गए। दुनिया भर के खिलाड़ी बीसमबीस की कुबेर बनाने वाली लीग में खेलने को बेताब हो गए। वेस्टइंडीज के कप्तान आईपीएल 2 में खेलने को ऐसे लगे कि इंग्लैंड में टेस्ट खेलने की भी उनने परवाह नहीं की। उनकी लापरवाही की आलोचना हुई तो उनने यह कहकर क्रिकेट जगत को शर्मसार कर दिया कि टेस्ट क्रिकेट मर जाए तो मुझे दुख नहीं होगा। वेस्टइंडीज के लिए टेस्ट खेलकर उनने जीवन भर जितना कमाया नहीं होगा उतना आईपीएल के एक मौसम से पा लिया था।

आईपीएल की सफलता ने उद्योग-व्यापार और टाइम्स ऑफ इंडिया जैसे अखबारों और चैनलों से दावा करवाया कि बीसमबीस ही भविष्य है। वही बचेगा। बाकी कुछ नहीं रहेगा। चूँकि दुनिया के क्रिकेट का 80 प्रतिशत पैसा भारत से जाता है और सब बड़े खिलाड़ी आईपीएल से कमाई के लिए अपने देश की टीम में खेलने को भी महत्त्व नहीं देते इसलिए विश्व क्रिकेट परिषद और इंग्लैंड और आस्ट्रेलिया जैसे पुराने खिलाड़ी देश चिन्तित हो गए। वे नहीं चाहते कि क्रिकेट का पारम्परिक रूप नष्ट हो। लेकिन वे खूब समझ रहे हैं भारत का पैसा बीसमबीस में ही है और वही कह रहे हैं कि भविष्य तो उसी का है। अब यह सही है कि बीसमबीस से ज्यादा कमाई होती है। दर्शकों से ही नहीं, टी.वी. और दूसरे विज्ञापनों से भी। फिर यह खेल सिर्फ तीन घंटे में पूरा हो जाता है। इससे भी टी.वी. का समय बहुत बचता है, कीमती और कमाऊ समय। कुल मिलाकर लागत कम और कमाई ज्यादा। इसीलिए कॉरपोरेट ही नहीं, सलमान खान जैसे सुपरस्टार भी आईपीएल की टीम खरीदना चाहते हैं। सभी उसमें खेलना चाहते हैं हालाँकि एक किस गेल के अलावा कोई खिलाड़ी नहीं मानता कि टेस्ट में दम नहीं रखा। वेस्टइंडीज में क्रिकेट कंगाल हो रहा हो बाकी दुनिया में नहीं हो रहा है।

सवाल यह है कि क्रिकेट कॉरपोरेट की कमाई के लिए खेला जाना चाहिए या खेल और उससे जुड़े गर्व और गौरव के लिए? सही है कि पैसा लगे बिना खेल नहीं हो सकता लेकिन सारा खेल, सभी खेल, और तो और जीवन के खेल भी सिर्फ मुनाफे

के लिए नहीं होते। कमाई और मुनाफे के बिना भी काम नहीं चलता। लेकिन पूछिए सचिन तेंदुलकर से क्या वह रेशमी कवर ड्राइव और शानदार स्ट्रेट ड्राइव मारते समय नोटों की गड्डी का ध्यान रखता है? दुनिया का सबसे अमीर क्रिकेट खिलाड़ी कहेगा कि आनन्द के लिए। आनन्द को आज तक किसी ने भी मुनाफे से पैदा होने वाला बहुमूल्य तत्त्व नहीं कहा है। आस्ट्रेलिया में फ्रैंक वॉरल की वेस्टइंडीज टीम का खेल देखने लोग टूटे पड़ते थे। क्यों? क्योंकि वेस्टइंडीज के बल्लेबाजों के सफेद दाँत गेंदें मारने का सहज आनन्द दर्शकों को पहुँचाते थे। आनन्द का उत्पादन नहीं किया जा सकता इसलिए वह अनमोल है।

क्रिकेट के खेल का जो आनन्द है वह जैसा टेस्ट से मिलता है, न वनडे से न बीसमबीस से। अड़तीस साल पहले जब वनडे आया था तो यही लोग कहते थे कि यही बचेगा। आज उसकी अर्थी निकालने की तैयारी हो रही है। बीसमबीस का भविष्य भी एकदम पक्का नहीं है। कॉरपोरेट को मुनाफे के और कई खेल मिल जाएँगे। इसलिए आज जो बीसमबीस को भविष्य बता रहे हैं वे मुनाफे को भगवान मानने वाले लोग हैं। क्रिकेट उनका धर्म और आनन्द नहीं है। इसलिए बीसमबीस को भविष्य और टेस्ट क्रिकेट को डायनासोर बताने वाले कपटियों से सावधान रहना। इनकी बहस का मूल अपने मुनाफे में है, खेल में नहीं।

(तहलका, 30 सितम्बर, 2009)

सादगी इनके लिए पाखंड क्यों है

हमारा अंग्रेजी मीडिया उस बाजार का एजेंड है जो उपभोग को लगातार बढ़ाते जाने को ही बेहतर अर्थव्यवस्था और बेहतर जीवन मानता है।

आपने अखबारों में सादगी पर बहस पढ़ी होगी। और यह भी देखा होगा कि अंग्रेजी वाले तो उसे पाखंड बताकर खारिज कर रहे हैं लेकिन हिन्दी वालों का सुर यह है कि सादगी होनी चाहिए पर वह दिखनौटी नहीं होनी चाहिए।

क्या हिन्दी वालों के पास ऐसे बौद्धिक औजार नहीं हैं जिनसे वे कांग्रेस और उसकी सरकार के चलाए जा रहे सादगी के अभियान के आर-पार देख सके? या वे स्वभाव से भोले और विश्वासी हैं और नेता लोग और सत्तारूढ़ पार्टियाँ जो करती या दिखाती हैं उसमें सहज ही भरोसा कर लेते हैं। अंग्रेजी वाले राजनीति के प्रति एक असम्मान का रवैया रखते हैं और नेताओं और पार्टियों के करने-धरने को चीड़-फाड़कर के जाँचते और उसमें बंडलबाजी पाते हैं तो बिना लाग-लपेट के साफ-साफ कहते हैं। इसलिए सादगी के अभियान के प्रति बहस में यह फर्क साफ-साफ दिखाई देता है।

सोनिया गांधी की तरफ से सादगी के अभियान की बात मानसून में गड़बड़ी और इस कारण कई इलाकों में सूखे की स्थिति पर विचार के बाद कांग्रेस की तरफ से आई। कांग्रेसी सांसदों, विधायकों और कार्यकर्ताओं को फिजूलखर्ची से बचने और अपने वेतन भत्तों में से कुछ न कुछ देने की बात हुई। सबसे ठाठ का जीवन मंत्री लोग जीते हैं। इसलिए उनके बर्ताव और रवैए पर स्वाभाविक ही सादगी के अभियान का सबसे ज्यादा ध्यान था। तभी इंडियन एक्सप्रेस में खबर आई थी कि विदेश मंत्री एम.एम. कृष्णा और विदेश राज्यमंत्री शशि थरूर मई में मंत्री बनने के बाद से पाँच सितारा होटलों में रह रहे हैं क्योंकि उन्हें जो सरकारी आवास दिया गया है वह अभी रहने के लायक नहीं है।

सब जानते हैं कि मंत्री बनने के बाद सांसद अपने को मिले आवास में अपनी पसन्दगी से कई फेरबदल करवाते हैं। अपने दफ्तरों को भी वे अपनी मर्जी और शौक

के मुताबिक बार-बार बनवाते हैं। इनमें निजी पसन्दगी से लेकर अपने-अपने ज्योतिष और वास्तुशास्त्री का भी कहा बताया चलता है और केन्द्रीय लोक निर्माण विभाग को इन सब बातों को एडजस्ट करना पड़ता है। इसमें लाखों बल्कि कुल मिलाकर करोड़ों का खर्च होता है। मंत्री पहले से चले आ रहे बँगलों और दफ्तरों में फिट नहीं होना चाहते। वे उन्हें अपने मुताबिक करना चाहते हैं। शायद अपने निजी निवासों और कार्यालयों पर वे उतने दिल खोलकर खर्चे नहीं करते जितने सरकारी आवासों पर करवा लेते हैं। इसे वे अपने मंत्री होने का विशेषाधिकार मानते हैं। सार्वजनिक धन के प्रति उनका यह रवैया और दूसरी चीजों और जगहों पर भी खुलकर प्रकट होता है।

इसे देखते-समझते हुए विदेश मंत्री कृष्णा और उनके सहायक शशि थरूर का पाँच सितारा होटलों में रहना कोई बड़ी बात नहीं थी लेकिन सवाल यह है और सही है कि जब आपकी पार्टी और सरकार सादगी का अभियान चला रही हो तब आप मंत्री की हैसियत से पाँच सितारा होटलों के सूइट में कैसे रह सकते हैं? मंत्रियों की तरफ से कहलवाया गया कि हम तो वहाँ अपने निजी खर्च से रह रहे हैं, सार्वजनिक फड़ से नहीं। बाद में यह दावा गलत निकला क्योंकि मंत्री कोशिश कर रहे थे कि उनके रहो का खर्च सरकार उठाए। पर मान लीजिए कि आपके पास पाँच सितारा होटलों में महीनों तक रहने के पैसे हों भी और आप शाही अन्दाज में खर्च करने के आदी भी हों तो भी यह कैसे भुलाया जा सकता है कि आप जनता के प्रतिनिधि हैं और यह जनता पाँच सितारा क्या मामूली झोंपड़ी में भी नहीं रहती। आप उसके प्रतिनिधि हैं तो आपको कुछ तो उसकी हालत का सम्मान करना चाहिए।

इंडियन एक्सप्रेस की खबर पक्की थी और निश्चित ही सरकारी सूत्रों से मिली होगी। इसके बाद वित्त मंत्री प्रणब मुखर्जी ने इन मंत्रियों को सलाह दी और वे पाँच सितारा होटल छोड़ने पर लोकमत के कारण मजबूर हुए। तभी अंग्रेजी अखबारों और टी.वी. चैनलों को बुरा लगा कि एक अखबार की खबर के कारण इन मंत्रियों को डाँट पड़ी और अपमानित होना पड़ा। लेकिन अगर आप अफोर्ड कर सकते हैं तो वैसी जीवन शैली के आदी हैं तो आपको क्यों नहीं पाँच सितारा होटलों में रहना चाहिए। आखिर जो सरकारी आवास और सुविधाएँ मंत्रियों और सांसदों को मिलती हैं उन सबको बाजार के व्यापारिक दामों से आँका जाए तो वे पाँच सितारा रहन-सहन से भी महँगी पड़ेगी। लुटियन की दिल्ली के घरों में रहना और सुविधाएँ भोगना कोई सादगी में जीना नहीं है। इसलिए मंत्रियों को पाँच सितारा होटलों से निकलवाना और सादगी का आग्रह करना पाखंड है। मंत्री के नाते काम करने और रहने के लिए जो भी जरूरी हो, उसे मान लेना चाहिए और सादगी की झूठी कसौटियाँ नहीं लगानी चाहिए।

इस बहस में वे सरोजिनी नायडू की वह प्रसिद्ध टिप्पणी भी लेकर आए कि

गांधीजी को गरीबी और सादगी में रखने के लिए व्यवस्था को कितना खर्च करना पड़ता है। शशि थरूर ने ट्वीटर पर इकोनॉमी क्लास को कैटल क्लास और सोनिया गांधी और राहुल गांधी को होली काउज कह दिया। उनसे कांग्रेसियों ने इस्तीफा माँगा और सोनिया गांधी ने नसीहत देकर माफ कर दिया। देश में सार्वजनिक जीवन में सादगी और पारदर्शिता और जवाबदेही के नाते महात्मा गांधी आदर्श कायम कर चुके हैं। उन्हीं को इस बहस में पाखंडी बताने की कोशिश की गई। और कहते हैं कि ट्वीटर पर थरूर को लाखों लोगों ने अच्छा मजाक करने वाला कहा और माना कि राजनीति में ऐसे लोग होने चाहिए।

सवाल यह है कि इस देश में विमान की इकोनॉमी क्लास में कितने लोग यात्रा कर पाते हैं जो उसकी भीड़ को केरल से निर्वाचित एक सांसद ने कैटल क्लास कह दिया। और अगर वह मवेशी की तरह यात्रा करना है तो हमारी रेलगाड़ियों और बसों में जो ठूसमठूस होती है उसे तो आप कीड़े-मकोड़ों से भी बदतर बता देंगे। और अगर इस देश के आम लोग कीड़े-मकोड़े और मवेशी हैं तो आप उनके कैसे तीस मार खाँ प्रतिनिधि हो गए जो पाँच सितारा होटल के बिना रह नहीं सकते और जो विमान में खूब जगह में सुख-सुविधाओं के साथ यात्रा करें तभी यात्रा पर जाएँगे। एक गरीब देश के आप कैसे राजशाही प्रतिनिधि हो सकते हैं? यह लोकतंत्र है या राजतंत्र?

लेकिन आप देखिए कि इस देश के अंग्रेजी मीडिया में बहस यह नहीं है कि सूखे और मन्दी के जमाने में सादगी से रहना चाहिए या नहीं?

भारत जैसे गरीब लोकतंत्र के प्रतिनिधि राजकीय ठाठ और विलासिता में कैसे रह सकते हैं? भारत जैसे देश में जहाँ चौरासी करोड़ लोगों को छह से बीस रुपए रोज भी नहीं मिलते, आप अमेरिकी या यूरोपीय जीवन-शैली कैसे अपना सकते हैं? भारत में सच्चा जीवन तो सादगी का जीवन ही हो सकता है। अगर सूखे और मन्दी के साल में मंत्रियों और सरकार से आप सादगी की उम्मीद करें तो यह पाखंड कैसे हो सकता है?

अंग्रेजी मीडिया इसे नहीं मानता। उसका आग्रह है कि सादगी अपने आप में कोई सार्वजनिक मूल्य नहीं हो सकता। सरकार का काम चलाने और मंत्रियों की जिम्मेदारियों को देखते हुए उन्हें वे तमाम सुविधाएँ दी जानी चाहिए जो उनके काम और दक्षता के लिए जरूरी हैं। ऐसी ही सुख-सुविधाएँ वे उद्योगपतियों, व्यापारियों और नौकरशाहों के लिए भी जरूरी मानते हैं। सादगी को वे पाखंड कहते हैं क्योंकि सभी क्षेत्रों में राज करने वाले लोगों को सुख-सुविधाओं के बिना वे सक्षम और स्मार्ट नहीं मानते। सक्षमता और स्मार्टनेस वे उपभोग के स्तर से तय करते हैं। आखिर विकसित देश अपना जीवन स्तर उपभोग के अपने स्तर से निर्धारित करते हैं। हमारा अंग्रेजी मीडिया उस बाजार का एजेंडे है जो उपभोग को लगातार बढ़ाते जाने को ही बेहतर

अर्थव्यवस्था और बेहतर जीवन मानता है। उसे यह चिन्ता थोड़े है कि इस देश के 80 प्रतिशत से ज्यादा लोग दो जून दाल-रोटी भी नहीं पा सकते। उनके लिए निर्बाध उपभोग का तो कोई मतलब ही नहीं है।

भारत का उपभोगी मध्यवर्ग अमेरिका की कुल आबादी से भी बड़ा है। इन्हीं का उपभोग वह बाजार है जिस पर अमेरिका समेत सभी विकसित देशों की आँखें टिकी हैं। इस मध्यवर्ग ने भूमंडलीकरण के दौर में दुनिया के अमीरों के साथ अपना भूमंडलीकरण किया है। पहले इसकी राष्ट्रीय चेतना हुआ करती थी जिसने हमारे महान नेता पैदा किए। अब यह इस गरीब देश को दमघोटू बोझ मानता है। उपभोग में कटौती इसे पसन्द नहीं। अगर नेता सादगी में रहकर थोड़े में गुजारा करे तो लोकमत निर्बाध उपभोग के खिलाफ जाएगा और खाते-पीते मध्यवर्ग की सुरक्षा खतरे में पड़ जाएगी। इसलिए सादगी पाखंड है। भ्रष्ट उपभोगी नेता इस वर्ग को चाहिए। गरीब हिन्दी वालों को नहीं, समझे कि नहीं आप?

(तहलका, 15 अक्तूबर, 2009)

दिवाले के बावजूद दिवाली

एक देश की सुव्यवस्था और समृद्धि उसके खबरपतियों की गिनती से नहीं आँकी जा सकती बल्कि ये उसमें किसी के भी भूखे न रहने से तय होती है।

मन्दी हो कि महामन्दी, और दिवाली का त्योहार मनाने के लिए सभी जरूरी चीजों के दाम मेहनतकश आदमी की पहुँच से भले ही बिलकुल ऊपर निकल गए हों। भारत के गरीब आदमी ने फिर भी दिवाली की रात दीया जलाया।

कवियों और अध्यात्म वालों ने इसे अँधेरे पर आदमी की अटूट और अमर उजियारी आत्मा की विजय आदि कहा है। लेकिन भावना और आत्मा की बातें एक बार आप छोड़ दें और दीये को आप लक्ष्मी और समृद्धि की भौतिक कामना ही मानें तो भी यह कम महत्त्व की बात नहीं है कि अपने देश में दिवाली धनपतियों का विशिष्ट त्योहार नहीं है। एक कहावत में अपने यहाँ त्योहारों का कुछ वैसा ही जातिगत बँटवारा चला आ रहा है जैसा साहित्य की विधाओं का कहते हैं कि राजेन्द्र यादव ने हाल ही में किया है, जैसे–रक्षाबन्धन ब्राह्मणों का, विजयादशमी क्षत्रियों का, दिवाली वैश्यों का और होली शूद्रों का त्योहार कहा जाता है। लेकिन लोक-जीवन में तो ऐसा बँटवारा और जातिवाद अपन ने कहीं और कभी देखा नहीं। राखी भाई-बहन का, दशहरा राम-रावण का, दिवाली दीयों का और होली रंगों का त्योहार है कहीं भी चले जाइए।

गरीब आदमी दीया जलाता है तो अंबानी बनने के लिए नहीं। और अंबानी भी दीवाली का दीया जलाता है तो बफेट या बिल गेट्स से आगे निकलने के लिए नहीं। लक्ष्मी ईर्ष्या बढ़ाने वाली देवी तो कही गई है लेकिन वह मात्र धन की देवी नहीं है। ऐसा होता तो धन तेरस और लक्ष्मी पूजन दो अलग-अलग दिनों पर नहीं होता। धन और लक्ष्मी एक ही होती तो उनकी पूजा एक ही दिन होती। ऋग्वेद का श्री सूक्त पढ़ें और मनन करें जिससे कि लक्ष्मी उपासना का चलन चला तो आप पाएँगे कि श्री, धन से कहीं अधिक है, बल्कि श्री के ऐसे कई रूप हैं जो धन से खरीदे ही नहीं जा सकते।

धन और लक्ष्मी को एक किया है पूँजीवाद ने। श्रम को पूँजी से ज्यादा महत्त्व

देने वाले मार्क्सवाद या साम्यवाद या समाजवाद ने भी लक्ष्मी को गाय के खुर या गोबर में रहते हुए नहीं दिखाया है जैसा कि धन-धान्य को लक्ष्मी बताने वाली भारतीय परम्परा ने। मार्क्स को पूँजी के अकूत भंडारण या जमाव से कोई एतराज नहीं है। वे बस उस पर नियंत्रण कुछ पूँजीपतियों का नहीं समाज या राज्य का चाहते हैं। उन्हें उत्पादन की ऐसी ही टेक्नोलॉजी चाहिए जो खूब और अतिरिक्त पूँजी बनाती हो। इस माने में पूँजीवाद और साम्यवाद दोनों ही औद्योगिक क्रान्ति की देन हैं। एक ही सिक्के के दो पहलू। दोनों ही मानने से इनकार करते हैं कि असमानता और अन्याय पूँजी के इस भंडारण से अनिवार्य है और वही समता, न्याय, बन्धुत्व और स्वतंत्रता का सपना पूरा नहीं होने देता।

लेकिन यहाँ मेरी चिन्ता पूँजीवाद या साम्यवाद नहीं है। मैंने बात दीवाली की रात जले गरीब के दीये से की थी। गरीब का दीया हर आदमी की सर्वव्यापी, सार्वकालिक और सर्वविद्यमान इच्छा है जो लक्ष्मी पर अपने मनुष्य होने भर से अधिकार जताती है। इस इच्छा को आप नकार नहीं सकते और इसलिए आपको ऐसी व्यवस्था बनानी पड़ेगी जो हर घर को जगमगाए और सबमें लक्ष्मी का वास हो। ऐसी व्यवस्था पूँजी का कुछ तिजोरियों में भंडारण होने से नहीं बन सकती। इसके लिए तो आपको विकेन्द्रित उत्पादन और विकेन्द्रित वितरण चाहिए। केन्द्रित उत्पादन और केन्द्रित वितरण लक्ष्मी को हर घर में पहुँचने नहीं देता। विषमता उसके मूल में और अनिवार्य है।

जिस व्यवस्था में से दीवाली का त्योहार निकला और चला वह कृषि संस्कृति है। खेती में से पूँजीवाद नहीं निकला है। खेती में से उतनी तेजी से और इतना विशाल उत्पादन नहीं हो सकता कि खूब पूँजी जमा हो सके। औद्योगिक क्रान्ति से यह सब सम्भव हुआ और औद्योगिक सभ्यता ने खेती को जीवन शैली और संस्कृति नहीं रहने दिया। अनाज पैदा करने का साधन मात्र बना दिया। धरती माता नहीं रह गई अनाज पैदा करने की मशीन बना दी गई। यूरोप से किसान निकले और एशिया, अफ्रीका, अमेरिका जहाँ कहीं भी जमीन दिखी उस पर कब्जा करके वहाँ के किसानों को गुलाम और मजदूर बना लिया। कारखाने की तरह खेती करवाने वाले नए मालिकों को अपनी नई जमीन से वह लगाव नहीं था जो उनके मूल निवासियों का था। इसलिए खेती तो रही किसानी धीरे-धीरे समाप्त हुई। डेढ़ सौ साल में मशीन और उद्योग ने अपनी कोई संस्कृति तो बनाई नहीं, कृषि संस्कृति को नष्ट जरूर कर दिया।

साम्राज्यवादियों के कोई डेढ़ सौ साल तक किए गए औद्योगिकीकरण के बावजूद भारत में किसानी और कृषि संस्कृति बची रह गई। आजादी के साठ साल में खुद हमने अपने पुराने शासकों की नकल में जो कुछ औद्योगिकीकरण किया है उससे खेती और किसानी की जितनी हानि हुई है पिछले दो सौ सालों में नहीं हुई थी।

खासकर पिछले अठारह साल में जब से हम नव उदार पूँजीवाद के रास्तों पर चल निकले हैं। इन वर्षों में खेती और किसानी दोनों ही बर्बाद हुए हैं। गाँव उजड़ रहे हैं। महानगरों में भीड बढ़ रही है। गाँवों से उजड़कर आए ज्यादातर लोग महानगरों के अवैध नागरिक हैं। उनकी बस्तियाँ गन्दी और अवैध हैं। वे कथित औद्योगिक सभ्यता की खुरचन पर जी रहे हैं। नव उदारवाद में पूँजी को तो कहीं भी आने-जाने और कमाने-गँवाने की छूट है लेकिन मजदूर और किसान यूरोप के पुराने किसानों की तरह दुनिया में कहीं भी जाकर उपनिवेश नहीं बना सकते।

ऐसे में आप अपनी खेती-किसानी को बर्बाद करके उसे उद्योग बनाने के लिए उद्योग घरानों को दे तो सकते हैं लेकिन कोई सत्तर करोड़ लोगों का क्या करेंगे। वे यूरोप, अमेरिका आदि विकसित देशों की कुल आबादी से भी ज्यादा है। दुनिया भर के सारे उद्योग मिलकर भी इतने लोगों को उत्पादक रोजगार और इज्जत की जिन्दगी नहीं दे सकते। फिर नव उदारवाद ने दुनिया भर में जो ग्रोथ की है, वह रोजगार को तो घटाकर ही की है। जॉबलेस ग्रोथ, इस ग्रोथ से जो दौलत बनी है उसके समान वितरण की तो कोई व्यवस्था है नहीं। इसलिए भारत में ही नहीं दुनिया में सब जगह अमीर और अमीर, गरीब और गरीब हुए हैं। यह व्यवस्था अमीर को तो हड़पकर तेजी से बल्कि रातोरात कुबेर होने का इन्तजाम और छूट देती है। लेकिन अमीरी के रिसकर नीचे तक जाने के लिए धीरे-धीरे रिसने का धीरज रखने को कहती है। लेकिन यह भी गरीबों का दिल बहलाने के लिए है। दरअसल इस व्यवस्था में ऐसा कुछ नहीं है कि जो ग्रोथ हो रही है वह अपने आप समान रूप से नहीं तो न्यायिक रूप से ही सबमें बँट जाए। पूँजी वाले उसी और उतने ही पानी को रिसने देते हैं जो उनके अमीरी के तालाब में समा ही नहीं सकता है।

इसलिए खेती-किसानी को उजाड़कर और औद्योगिकीकरण से डबल डिजिट ग्रोथ करके इकोनॉमिक सुपर पावर बनने का जो सपना हमारे शासक और मध्यवर्ग के लोग देख रहे हैं, वह दरअसल अपने ही देश को अपना उपनिवेश बनाने की तैयारी है। इसमें अपने ही दस प्रतिशत लोग नए अंग्रेज बनकर बाकी के नब्बे प्रतिशत लोगों पर राज करेंगे। दस प्रतिशत लोगों की सुपर अमीरी किसी देश को आर्थिक सुपर पावर तो बना नहीं सकती। गरीबी के पिरामिड पर अमीरी का त्रिशूल या गरीबी के समुद्र में अमीरी के टापू कब तक टिके रह सकते हैं? दक्षिण अफ्रीका से भारत वापस आने के साल भर बाद ही इलाहाबाद के म्योर कॉलेज की इकोनॉमिक सोसायटी को महात्मा गांधी ने कहा था कि एक देश की सुव्यवस्था और समृद्धि उसके खरबपतियों की गिनती से नहीं आँकी जा सकती बल्कि ये उसमें किसी के भी भूखे न रहने से तय होती है। इस कसौटी को लगाएँ तो अपनी असलियत बिना बताए उजागर हो जाती है।

हम अमेरिकी पत्रिकाओं फोर्ब्स और फॉरचून के चक्कर में अपने खबरपतियों

की दौलत और कम्पनियों के तल ढूँढ़ते रहते हैं। देखना नहीं चाहते कि गरीबी, भुखमरी और बेरोजगारी कितनी बढ़ रही है। कई बार लगता है कि मीडिया और सोच-समझ वाले का ध्यान अमीरों पर है, भले ही वे गिनती के हों और उन अनगिनत लोगों की जैसे जान-बूझकर अनदेखी की जाती है जिनके पास कुछ नहीं है। न खोने के लिए, न पाने के लिए। लेकिन इससे इस देश की वास्तविकता तो बदल नहीं जाती। जब तक सब लोगों के पास लक्ष्मी नहीं आती यह देश लक्ष्मीपति नहीं हो सकता। इंग्लैंड में जा बसे लक्ष्मी मित्तल के लक्ष्मीपति होने से भारत के खरब लोगों की समृद्धि नहीं हो सकती। यूरोप और अमेरिका उद्योग से बन गए होंगे लेकिन भारत में तो खेती-किसानी और औद्योगिकता का सुखद और सुनहरा समन्वय करना होगा नहीं तो यह देश बन नहीं सकता। इसके लिए खेती और किसानी को अलग करना होगा और औद्योगिकीकरण का चला आ रहा साम्राज्यवादी मॉडल भी बदलना होगा, गए साल जब 15 सितम्बर को वॉल स्ट्रीट में वित्तीय नव उदार पूँजीवाद का दिवाला निकला तब मौका था कि हम अपनी आर्थिक नीतियों को रीगन-थैचर की वाशिंगटन सहमति से निकालकर नई भारतीय सहमति से जोड़ें, पर अपने लिए अपना नया रास्ता निकालने की इच्छा और हिम्मत अपने शासकों में नहीं है।

दीवाली की रात जला गरीब का दीया मगर अब भी टिमटिमा रहा है। न उसने अँधेरे से हार मानी है, न अपने नीति-निर्धारकों के अंधत्व से। गरीब के उस दीये ने ही भारत को अँधेरे में डूबने से बचाया है। महानगरों के मॉलों और सुपर बाजारों की चकाचौंध यों तो भी उतर गई है। टिका तो वही गरीब का दीया है। तुम न देखो उसकी ओर। तुम्हें अँधेरे से बचाने की गारंटी तो वही दे रहा है।

(तहलका, 31 अक्तूबर, 2009)

हम नमक सत्याग्रही

अपने ठाठ-बाट पर कोई अपराध भावना न रखना ही मध्यवर्ग में नए आए उपभोक्तावाद का औचित्य है, गांधी उसे लजाते हैं तो वह अपने राष्ट्रपति को ही पाखंडी कहता है।

आखिर उनके पोते गोपालकृष्ण ने ही राष्ट्रपिता महात्मा गांधी की लाज बचाई। दांडी कूच का 100 करोड़ का स्मारक और कोई एक हजार आठ सौ करोड़ की लागत से अहमदाबाद से दांडी तक के उसी मार्ग को राष्ट्रीय राजमार्ग बनाने के प्रस्ताव को प. बंगाल के राज्यपाल गोपालकृष्ण गांधी ने खारिज कर दिया है जिस पर चलकर महात्मा गांधी और उनके अठहत्तर सहयात्रियों ने नमक सत्याग्रह किया था जिसने भारत की ब्रिटिश सरकार की नहीं पूरे दुनिया की आत्मा को झकझोर दिया था। दांडी कूच और उसके मार्ग को आजादी के आन्दोलन की धरोहर बनाकर स्थायी महत्त्व देने पर विचार करने वाली समिति के अध्यक्ष के नेता गोपालकृष्ण गांधी ने कहा कि ऐसा प्रस्ताव और विचार गांधीजी के विचार और जीवन से बिलकुल असंगत होगा।

खासकर ऐसे वक्त जब आधे से ज्यादा भारत अकाल की चपेट में है और गुजरात में ही कोई कम समस्याएँ नहीं हैं तब ऐसी चीजों पर इतना पैसा खर्च करना बिलकुल अनुपातविहीन और असंगत होगा–और गांधी की आत्मा के विरुद्ध भी–गोपालकृष्ण गांधी ने कहा। तय हुआ कि एक सादा-सा स्मारक बने जिस पर दांडी कूच करने वालों के नाम खुदे हों। प्रस्ताव यह था कि गांधी और उनके साथ कूच पर चले सत्याग्रहियों के भव्य मूर्तिशिल्प बनाए जाएँ और उस सड़क को राष्ट्रीय राजमार्ग जिस पर सन् 30 में 12 मार्च से 6 अप्रैल तक चलकर ये समुद्र किनारे दांडी पहुँचे थे। समिति ने कहा है कि उसे धरोहर मार्ग बना दिया जाए जिसका वहाँ रहने वाले सभी लोग इस्तेमाल कर सकें।

मैंने कहा कि गोपाल गांधी ने अपने दादा की लाज बचा ली तो इसलिए कि अभी जब इकोनॉमी क्लास में मंत्रियों और कांग्रेसी नेताओं की हवाई यात्राओं का विवाद चला था तो न सिर्फ मंत्रियों और कांग्रेसी नेताओं को पाखंडी कहा गया था,

एक-दो विचारवान अंग्रेजी अखबारों ने अपने संपादकीय पेजों पर सरोजिनी नायडू का वह कथन भी दिया था कि गांधी को उनकी सादगी और गरीबी में रखने के लिए हमको कितना खर्च और तामझाम करना पड़ता है। वे तीसरे दर्जे में सफर करते हैं तो उनकी सुविधा और सुरक्षा के लिए हमें पूरा डब्बा ही खाली रखना पड़ता है। यानी आखिर तो गांधी की सादगी और गरीबी भी पाखंड थी क्योंकि उसके लिए दूसरों को इतना खर्च करना पड़ता था। इन जानकार और विचारवान लोगों ने सरोजिनी नायडू की बात तो याद रखी लेकिन यह पड़ताल करने की कोशिश नहीं की कि इसके बावजूद गांधी ने कैसा जीवन जिया और उनका व्यवहार कैसा रहा। गांधी तक को पाखंडी बताने की कोशिश में लगे ये लोग पहले ही तय कर चुके हैं कि सादगी पाखंड और गरीबी अभिशाप है। जो लोग ठाठ से जी सकते हैं, उन्हें जीना चाहिए और अपने ठाठ-बाट पर कोई अपराध भावना नहीं रखनी चाहिए। अपने मध्यवर्ग में नए आए उपभोक्तावाद का यही औचित्य है। गांधी उसे लजाते हैं तो वह अपने राष्ट्रपिता को ही पाखंडी कहता है।

जहाँ गांधी की अत्येष्टि की गई थी दिल्ली के उस राजघाट को स्मारक के नाते बनाए रखने और उससे लगे दूसरे नेताओं के स्मारकों के जगह घेरने की बात उत्तर प्रदेश की मुख्यमंत्री और बहुजन समाज पार्टी की सुप्रीमो मायावती ने भी कही है। वे अपनी, कांशीराम और दूसरे दलित नेताओं की मूर्तियाँ लगाने के लिए दिल्ली के पास के नोएडा और लखनऊ में बड़े-बड़े पार्क बनवा रही हैं। फिलहाल सुप्रीम कोर्ट ने अलग-अलग कारणों से उसे रोक रखा है लेकिन बहन मायावती ने गरीब उत्तर प्रदेश की जनता के कोई ढाई करोड़ रुपए इन मूर्तियों और पार्कों पर खर्च करने को इसी से तो उचित ठहराने की कोशिश की है कि राजघाट और उससे लगे स्मारकों पर कितना खर्च होता है और उनने कितने अरबों की जमीन घेर रखती है। मायावती भले ही अपने को महात्मा गांधी, जवाहरललाल नेहरू और इन्दिरा गांधी से बड़ी नेता समझती हों और उनके इस दावे को दलित चिन्तक ताली बजाकर मन्जूर करते हों, अपनी और कांशीराम की मूर्तियों पर जनता के इस पैसे के खर्च को कौन उचित बताएगा? लेकिन महात्मा गांधी मायावती के सबसे प्रिय निशाने हैं और उस पर वार करने का मौका वे बेचारी नहीं चूकतीं, अपना आत्मभोगी और स्वयंसिद्ध मध्यवर्ग भी गांधी के उदाहरण को मिटाना जरूरी समझता है।

इन दोनों के लिए गोपालकृष्ण गांधी ने उस अविनाशी गांधी को कुछ मूर्त करने की कोशिश की है जो मूर्तियों, स्मारकों, मार्गों, संग्रहालयों और पोथियों से परे है। खुद गांधी ने कहा था–''मेरे लिखे हुए की मेरे शरीर के साथ ही अन्त्येष्टि कर दी जानी चाहिए। मैंने जो किया है वही टिकेगा, मेरा बोला या लिखा हुआ नहीं। दांडी कूच भी तो गांधी का किया हुआ है इसलिए उसे टिकाए रखने के लिए

मूर्तियों और राजमार्ग की जरूरत नहीं है। वह एक कृतज्ञ राष्ट्र के इस तरह टिकाए नहीं टिकेगा। दांडी कूच अन्यायी कानून को तोड़ने और तोड़ने में हर उस व्यक्ति को लगाने के लिए हुआ था जो उससे प्रभावित होता है। नमक ऐसी चीज है जिसका इस्तेमाल हर आदमी तो करता ही है, पशु भी करते हैं। ऐसी सर्वव्यापी और सार्वकालिक वस्तु को आजादी के 'आन्दोलन से जोड़ना ही गांधी विचार और कर्म की विशिष्टता है। दांडी कूच और नमक सत्याग्रह ने इसीलिए दुनिया को हिला दिया। गांधी ने इस देश के नमक को जगा दिया। अन्यायी कानून को तोड़ने में हर व्यक्ति को लगा देना ही दांडी कूच का अविनाशी सन्देश है। इसलिए उसका सच्चा स्मारक तो यही है कि क्या इस देश के सभी लोग मिलकर अन्यायी कानूनों को तोड़ रहे हैं? अगर हाँ तो वे दांडी कूच कर रहे हैं।

गांधी के काम की गांधीय कसौटी तो यही है। उनके पोते गोपाल गांधी ने इस अविनाशी तत्त्व को पत्थर बनने से रोक लिया। उनने अपने दादा का कुछ नमक चुकाया है लेकिन क्या इससे सरोजिनी नायडू और मायावती की नसीहत कुछ कम होगी? शायद नहीं, क्योंकि जो उसका इस्तेमाल कर रहे हैं, वे गांधी को समझने के लिए नहीं, अपनी बात समझाने के लिए कर रहे हैं। रेल के तीसरे दर्जे में यात्रा करने की ही बात लीजिए। क्या गांधी ने कभी कहा था कि मेरी सुविधा और सुरक्षा के लिए वह पूरा डब्बा खाली रखा जाए जिसमें मैं यात्रा करता हूँ? आप पाएँगे कि गांधी ने इसका विरोध किया और इसके बावजूद उन्हीं के साथियों व मानने वालों ने ऐसा किया। इसकी सच्चाई समझना हो तो एक किस्सा सुनिए।

भारत के वायसरॉय को महात्मा गांधी से कुछ जरूरी बातें जल्दी ही करनी थीं। उनने मालूम किया तो पता चला कि गांधी पुणे में हैं। उन्हें पुणे से दिल्ली बुलवाने के लिए वायसरॉय ने विशेष रेलगाड़ी यानी एक इंजन में एक डिब्बा लगवाकर पुणे भिजवाया। गांधी अपने साथियों के समेत दिल्ली आए। आते ही उनने अपने और अपने सभी साथियों के पुणे से दिल्ली आने के तीसरे दर्जे के किराए का हिसाब लगवाया और जो रकम बनी वो वायसरॉय के दफ्तर में अपने एक साथी के हाथों भिजवा दी। वायसरॉय का सचिव उसे देखते ही आगबबूला हो गया। उसने गांधी के साथी से कहा—तुम्हारा बुढ़ऊ समझता है कि उसे यहाँ बुलाने में हमने इतना सा खर्च किया है? तुम जानते हो पुणे रेलगाड़ी भेजने और उसे वापस दिल्ली लाने में कितना पैसा खर्च होता है? ले जाओ इसे और अपने बुढ़ऊ को दे दो। वह गांधी के पास आ गया। सचिव की सारी बातें सुनने-समझने के बाद गांधी ने उसे कहा कि उन्हें कहो गांधी अपनी मर्जी से और अपने कार्यक्रम के मुताबिक आता तो इतना ही किराए पर खर्च करता। चूँकि वायसरॉय को जल्दी थी और जरूरी बात करनी थी इसलिए उनने विशेष रेलगाड़ी भिजवाई। वे

वायसरॉय हैं अपने काम पर कितना ही खर्च कर सकते हैं। मैं तो इतने ही किराए पर आता हूँ और अपना किराया जरूर देता हूँ। इसलिए मेरा किराया मंजूर किया जाए और रेलगाड़ी भेजने का खर्च वायसरॉय भरें।

गांधी का साथी फिर वायसरॉय के दफ्तर पहुँचा और गांधी की दलील सचिव को सुना दी। बात इतनी सही और सच थी कि सचिव उसे काट नहीं सकता था। गांधी को दिल्ली बुलाना और जल्दी बुलाना वायसरॉय के लिए जरूरी था। गांधी अपना पहले से तय कार्यक्रम रद्द करके आए थे और वे अपना किराया जरूर देते थे। सचिव को गांधी का भेजा किराया लेना पड़ा। अब समस्या यह कि उसे जमा कहाँ करवाए? वह पैसा रेलवे कर्मचारी कल्याण कोष में जमा किया गया।

एक और दुर्घटना लीजिए।

20 जनवरी, 1948 के दिन गांधी प्रार्थना सभा में बोल रहे थे कि बिड़ला हाउस में बम फटा। जहाँ से वे बोल रहे थे वहाँ से कोई पच्चीस गज की दूरी पर बम फटा जो उन पर फेंका गया था। इतिहास जानता है कि बम नाथूराम गोडसे के एक शरणार्थी साथी मदनलाल ने फेंका था। गांधी पल भर भी विचलित नहीं हुए। वे समझे थे कि धमाका सैनिक कवायद में हुआ होगा। उनने लोगों से कहा–सुनो, सब सुनो, कुछ भी हुआ नहीं है। और बोलते रहे। दूसरे दिन उन्हें पता चलता कि बम उन पर फेंका गया था और बम फेंकने वाला कुछ बिन फूटे बमों के साथ पकड़ा गया। दूसरे दिन की प्रार्थना सभा में उनने कहा कि मुझे तो कोई अन्दाज ही नहीं था। भगवान ही जानता है कि उन्हें मालूम होता कि बम उन पर फेंका गया है और फिर उसके फटने पर वे क्या करते। इसलिए मेरी तारीफ की कोई जरूरत नहीं है। उन्हें तो प्रमाण-पत्र तभी दिया जा सकता है जब वे ऐसे बम के फटने से मरें और फिर भी उनके चेहरे पर मुस्कान बनी रहे और बम फेंकने वाले के लिए मन में कोई मलाल न हो।

उनने सरदार पटेल गृहमंत्री की कोई सुरक्षा मंजूर नहीं की। भगवान ही मेरा रक्षक है। मैंने अपने को उसे सौंप दिया है। वह चाहेगा तो कोई मुझे मार नहीं सकता। वह मारेगा तो कोई बचा नहीं सकता। उनने ऐसा कई बार कहा था। 30 जनवरी को प्रार्थना सभा में जाते हुए नाथूराम गोडसे ने बिलकुल पास और सामने से तीन गोलियाँ मारीं। वे हे राम कहते हुए गिरे बिलकुल वैसे ही जैसा कि चाहते थे।

कौन उनकी सुविधा और सुरक्षा करना चाहता था? हम, और हमारी व्यवस्था जो गांधी को मंजूर नहीं थी, लेकिन उसके लिए हम गांधी को दोषी मानते हैं। पाखंडी कहते हैं, राष्ट्रपिता का नमक चुका रहे हैं ना!

(तहलका, 15 नबम्बर, 2009)

आगे अन्धी गली है

भाजपा को सच्ची राजनीतिक पार्टी बनाने की कोशिश करने वाले को या तो मधोक की तरह बाहर फेंक दिया गया या उसे आडवाणी की तरह शर्मसार होना पड़ा। संघ ने भाजपा को राजनीतिक पार्टी बनने के लिए तो बनाया नहीं है। उसे लोकतंत्र में हिन्दुत्व का मुद्दा बनाए रखने के लिए एक मंच चाहिए जिस पर वह सदा अपना नियंत्रण रख सके।

टी.वी. वालों के लिए 'मुगले आजम' फिल्म का यह डायलॉग मुझे इस्तेमाल करना पड़ा क्योंकि भारतीय जनता पार्टी और राष्ट्रीय स्वयंसेवक संघ के सम्बन्धों को यह बड़े सटीक और लोकलुभावन तरीके से बताता है। फिल्म में अकबर कहता है, "अनारकली, हम तुम्हें जीने नहीं देंगे और सलीम तुम्हें मरने नहीं देगा।"

इसे फिल्मी डायलॉग मानकर यों ही हलके में खारिज नहीं करना चाहिए। 2004 के बाद 2009 में भी भाजपा की पराजय उसके और भारतीय लोकतंत्र के लिए कितना ही गम्भीर मामला हो और उसमें चाहे जितना घमासान मचा हुआ हो, वह सचमुच भारतीय राजनीति की अनारकली है। जो आज वह है–वैसी हालत में यह देश उसे जीने नहीं देगा। यानी सत्ता की सहज स्वाभाविक पार्टी बनने नहीं देगा। और राष्ट्रीय स्वयंसेवक संघ उसे मरने नहीं देगा।

ऐसा कोई यों ही नहीं होता है कि भाजपा जब भी हारती है दो तरह की आवाजें अन्दर से निकलने लगती हैं। भाजपा हारी क्योंकि उसने हिन्दुत्व का एजेंडा छोड़ दिया था। भाजपा हारी क्योंकि हिन्दुत्व उसका भौगोलिक और सामाजिक आधार बहुत सीमित कर देता है और जब तक वह हिन्दुत्व की विचारधारा और राष्ट्रीय स्वयंसवेक संघ से अपने सम्बन्धों को फिर से परिभाषित नहीं करेगी, उसका भविष्य उजला नहीं हो सकता। पाँच साल पहले हारने पर भी यही दो बातें कही गई थीं और अब भी उसके सिद्धान्तकार यही बातें कह रहे हैं। दरअसल 29 साल पहले जब जनता पार्टी में विलीन हुआ जनसंघ भारतीय जनता पार्टी बनकर जन्मा था तब भी कारण यही था। पराजित जनता पार्टी में दूसरे घटकों–खासकर समाजवादियों–ने जनसंघ से आए लोगों को कहा था कि वे संघ से अपने सम्बन्ध तोड़ें। जनसंघ वाले भारतीय

जनता पार्टी बनाकर जनता पार्टी से बाहर आ गए लेकिन संघ से उनने अपना नाता नहीं तोड़ा।

भाजपा के अन्दर से ये दो आवाजें–खासकर पराजय में–इसलिए निकलकर आती हैं कि उसमें दो प्रकार के लोग हैं। एक वे जिनके लिए हिन्दुत्व और संघ ही निष्ठा है और राजनीति देश भर के हिन्दुत्व को अंगीकार करवाने का एक तरीका, दूसरे वे जिनका धर्म राजनीति है और हिन्दुत्व उसे आगे बढ़ाने का एक माध्यम, पहले प्रकार के लोग हिन्दुत्व को पुनः परिभाषित करने या उस पर पुनर्विचार करने की सोच तक नहीं सकते। वे मानते हैं कि हिन्दुत्व की विचारधारा में कहीं कोई खोट नहीं है। भाजपा की निष्ठा में कमी है इसलिए वह आम लोगों को उसे ठीक से समझा नहीं पाती और इसलिए चुनाव में हार जाती है। उसे अपनी निष्ठा को मजबूत करना चाहिए और और भी ज्यादा समर्पण और मेहनत के साथ लग जाना चाहिए। भारत एक हिन्दू देश है जो एक दिन हिन्दू राष्ट्र होकर रहेगा। इन लोगों के माने हिन्दुत्व ही राष्ट्रीयता है।

आज जो भाजपा के सिद्धान्तकार बने अखबारों में हिन्दुत्व पर पुनर्विचार की जरूरत पर लिख रहे हैं, आप पाएँगे कि वे मूलतः संघ से निकलकर नहीं आए हैं। वे भारतीय जनता पार्टी को एक राजनीतिक पार्टी मानते हैं और हिन्दुत्व को उसकी विचारधारा। वे कहते हैं कि जब परिस्थिति के अनुसार कांग्रेस ने भारत में, लेबर पार्टी ने इंग्लैंड में और समाजवादी देशों में कम्युनिस्टों ने अपनी विचारधारा में संशोधन कर लिये और चुनाव लड़कर फिर सत्ता में आ गए तो भाजपा हिन्दुत्व पर पुनर्विचार क्यों नहीं कर सकती। लोकतंत्र में राजनीतिक पार्टियों को समय और परिस्थिति के अनुसार अपनी सैद्धान्तिक और विचारधारात्मक स्थिति में परिवर्तन करने पड़ते हैं क्योंकि समाज और जमाना लगातार बदलता रहता है। वही लोकतांत्रिक राजनीतिक पार्टी सच्ची राजनीतिक पार्टी है जो समाज और जमाने में आए बदलाव को आत्मसात् करके अपनी सैद्धान्तिकी, वैचारिकी और राजनीति में फेरबदल करती रहती है। राजनीतिक पार्टी विचार पर राजनीति करने वाली पार्टी है, वैचारिक और सैद्धान्तिक संगठन नहीं।

आप आसानी से देख सकते हैं कि भाजपा में मचा हुआ घमासान इन्हीं दो तरह के लोगों में है। लेख लिखने और टी.वी. पर बोलने वाले सिद्धान्तकारों को छोड़ दें तो जसवन्त सिंह, यशवन्त सिन्हा आदि राजनीतिक लोग हैं और वे चाहते हैं कि भाजपा एक राजनीतिक पार्टी की तरह अपनी पराजय पर विचार करके अपने भविष्य की योजना बनाए। ये पार्टी में जिस 'मौन के षड्यंत्र' की बात कर रहे हैं वह उन लोगों का है जो हिन्दुत्व और संघ से पार्टी के सम्बन्धों पर कोई खुली बहस नहीं करना चाहते। इसलिए नहीं कि इस तरह की खुली बहस नहीं होना चाहिए बल्कि इसलिए

कि उन्हें लगता है कि इससे कुछ भी हासिल नहीं हो सकता। ये संघ से भाजपा के सम्बन्धों को गर्भनाल के मानते हैं और माँ या पिता से अपने सम्बन्धों पर बहस कैसी? वे कहते हैं इसलिए तो हम हैं।

भाजपा का यह घमासान एक पार्टी का अन्दरूनी मामला है या यह एक सार्वजनिक राजनीतिक विवाद है जिसमें बाहर के कहे और माने जाने वाले लोगों को भी पड़ना चाहिए? भाजपा अगर एक लोकतांत्रिक राजनीतिक पार्टी है तो वह भारत के राजनीतिक समाज की सम्पत्ति है और उसे अधिकार ही नहीं उसका कर्तव्य है कि भाजपा में जो होता है उस पर खुली बहस करे क्योंकि इसी से उसके लोकतांत्रिक चरित्र का निर्धारण होगा और अपने लोकतंत्र का भी। भाजपा प्रमुख विपक्षी पार्टी ही नहीं है वह भारत के वैकल्पिक विचार की भी पार्टी है। उसके विकल्प बने रहने से ही अपने लोकतंत्र को सत्व और जीवनशक्ति मिलती है। आप और मैं उसके विरोधी हो सकते हैं, लेकिन वह एक विकल्प की तरह जनता के सामने रहे यह अपने लोकतंत्र के लिए जरूरी है।

इसलिए हिन्दुत्व पर विचार करने के पहले हमें भाजपा पर ही विचार करना चाहिए। जनता पार्टी के पेट से निकलने के कारण उसने अपना नाम भारतीय जनता पार्टी रखा। इसमें यह कोशिश भी थी कि बिहार, गुजरात में जो जे.पी. आन्दोलन चला था और जिसके कारण पहली बार दिल्ली में गैर-कांग्रेसी सरकार बनी थी उस जनता प्रयोग की धरोहर पर अपना अधिकार जताया जाए। इसके पहले जो जनसंघ जनता पार्टी में विलीन किया गया था। उसका कोई दावा देश में चले आ रहे जनता आन्दोलन पर नहीं था। वह आन्दोलन समाजवादियों का था और जे.पी. उसके सहज स्वाभाविक नायक थे। जनसंघ न सिर्फ संघ आन्दोलन से निकला था सन् 51 में उसकी स्थापना ही उन लोगों ने की थी जो राष्ट्रीय स्वयंसेवक संघ के चलाए जा रहे हिन्दू राष्ट्रीयता आन्दोलन के नेता और कार्यकर्ता थे। जनसंघ की स्थापना का अध्ययन करने वाले क्रिस्टोफर जेफ्रीलॉट ने अपनी प्रसिद्ध पुस्तक 'द हिन्दू नेशनलिस्ट मूवमेंट इन इंडिया' में लिखा है—''राजनीतिक घटनाओं और अपने 'सक्रिय' स्वयंसेवकों के दबाव में राष्ट्रीय स्वयंसेवक संघ राजनीतिक क्षेत्र में उतरा लेकिन कुछ गारंटियों के साथ। आन्दोलन ने जनसंघ की नीतियों पर नियंत्रण के उपकरण अपने पास रखे। जनसंघ के संस्थापकों में से जो 'राजनीतिज्ञ' थे उनने जब भी लाइन बदलनी चाही या संघ के नियंत्रण से अपने को मुक्त करने की कोशिश की, राष्ट्रीय स्वयंसवेक संघ ने पार्टी में कमान अपने हाथ में लेने में कोई हिचक नहीं दिखाई।''

संघ ने भारतीय जनसंघ और भारतीय जनता पार्टी की लाइन को किस तरह नियंत्रित किया, इसके अनेक उदाहरण दिए जा सकते हैं। लेकिन एक जो अब भी आपको याद होगा वह है लालकृष्ण आडवाणी का। दुनिया जानती है कि

लालकृष्ण आडवाणी से ज्यादा वफादार शायद ही कोई स्वयंसेवक होगा। फिर भी जब वे पाकिस्तान गए और जिन्ना की मजार पर फूल चढ़ाने के बाद उन्हें उनके एक भाषण के आधार पर सेकुलर बताने लगे तो संघ इतना नाराज हुआ कि पार्टी में उनके खिलाफ विद्रोह करवा दिया और कुछ महीनों बाद अध्यक्ष पद छोड़ने को मजबूर कर दिया। संघ जिन्ना को कट्टर मुस्लिम सम्प्रदायी और भारत विभाजन का सबसे बड़ा अपराधी मानता है। मुसलमानों के वोटों के लिए लालकृष्ण आडवाणी जिन्ना के चाहे जिस अवतार का आविष्कार करें संघ अपनी ऐतिहासिक दृष्टि और अपने निष्कर्ष बदल नहीं सकता। जिन्ना प्रकरण के बाद आडवाणी ने अपनी अध्यक्षता ही नहीं खोई पार्टी में अपना सारा रुतबा भी खो दिया। ऐसा कि प्रधानमंत्री पद के उम्मीदवार बन जाने के बाद भी उन्हें संघ के पदाधिकारियों को अपने घर बुलाकर पार्टी के अपने साथियों को कहलवाना पड़ा कि जो ये कहें चुनाव में माना जाएगा।

एक नहीं सैकड़ों उदाहरण दिए जा सकते हैं कि संघ ने पार्टी के 'राजनीतिक' नेताओं के अलग लाइन लेने के प्रयासों को किस तरह ठंडा किया। अब लोकतंत्र की एक राजनीतिक पार्टी के सर्वोच्च नेता भी जब पार्टी की रीति-नीति को बदलते समय के साथ बदल नहीं सकते तो वह राजनीतिक पार्टी कैसे हुई? अटल बिहारी वाजपेयी तो जनसंघ भाजपा के सबसे लोकप्रिय, उदार और सर्वमान्य नेता माने जाते थे। लेकिन उनके समय में भी यह धारणा स्थिर और सिद्ध थी कि संघ की अनुमति के बिना कोई बड़ा काम नहीं हो सकता। वाजपेयी प्रधानमंत्री हुए और उनने अपने मंत्रिमंडल के मंत्रियों और इनके मंत्रालयों की सूची राष्ट्रपति को भेजी। संघ ने जसवन्त सिंह का मंत्रालय बदलवा दिया। अब हर लोकतंत्र ने यह प्रधानमंत्री का विशेषाधिकार होता है कि वह किसे मंत्री बनाए और उसे कौन-सा मंत्रालय दे। लेकिन संघ ने भाजपा के पहले प्रधानमंत्री की भी नहीं चलने दी। जो कहते हैं कि संघ भाजपा के रोजमर्रा के कामों में दखल नहीं देता, वे छल करते हैं, संघ तय कर ले तो भाजपा के किसी भी फैसले को कभी भी बदल सकता है।

इन्दिरा गांधी ने सन् 69 में कांग्रेस का विभाजन किया और फिर अपने गुट को ही असली कांग्रेस बना दिया। तब से इन्दिरा गांधी जो चाहतीं पार्टी में करती। उनके जाने के बाद उनका परिवार कांग्रेस की प्रथम और अन्तिम सत्ता का हो गया है। इन्दिरा जी और उनके वंश के कारण कांग्रेस सही मायने में एक लोकतांत्रिक पार्टी नहीं रह गई है। खुद राहुल गांधी ने सार्वजनिक रूप से मंजूर किया है कि राजनीति में आज उनका स्थान उनके परिवार और वंशवादी राजनीति के कारण है। अब जो लोग भारतीय लोकतंत्र की इस विडम्बना से विचलित हैं और इसकी सही आलोचना करते हैं, उन्हें भारतीय जनता पार्टी पर राष्ट्रीय स्वयंसेवक संघ के

नियंत्रण को भी देखना चाहिए। इन्दिरा, संजय, राजीव, सोनिया और राहुल अपने वंश की सत्ता पर टिके हुए भी कम से कम जनता के सामने गए और बार-बार अच्छी तरह से चुनकर आए और इस तरह अपनी सत्ता की लोकतांत्रिक वैधता प्राप्त की। संघ का सरसंघचालक संघ में भी चुना नहीं जाता है। स्वतंत्र चुनाव संघ में सम्मानीय और अनिवार्य प्रक्रिया नहीं माने जाते। संघ देश की जनता के सामने जाकर जनादेश नहीं माँगता। भारत के संविधान को उसने माना नहीं है। फिर भी आप देखिए कि राजनीतिक और लोकतांत्रिक कही जाने वाली एक पार्टी को वह किस तरह नियंत्रित करता है और किस तरह उसके निर्वाचित नेता अपने को संघ के प्रति उत्तरदायी और जिम्मेदार मानते हैं। गांधी-नेहरू परिवार की सत्ता अगर लोकतंत्र के नाम पर कलंक है तो राष्ट्रीय स्वयंसेवक संघ के भाजपा पर नियंत्रण को आप क्या कहेंगे?

यह दलील और उदाहरण कांग्रेस पर गांधी-नेहरू परिवार का औचित्य बताने के लिए नहीं दे रहा हूँ। मेरा निवेदन है कि लोकतंत्र के लिए यह वंशवाद से भी ज्यादा खतरनाक है। आर.एस.एस. जो हिन्दू राष्ट्रीयता आन्दोलन सन् 1925 से चला रहा है उसने भारतीय लोकतंत्र में हस्तक्षेप करते रहने के लिए एक पार्टी बनाई है–भारतीय जनता पार्टी। यह सिर्फ नाम के लिए राजनीतिक पार्टी है। वास्तव में और किसी भी व्यावहारिक काम के लिए यह अपने को सांस्कृतिक संगठन कहने वाले संघ का राजनीतिक मंच है। इसके जरिए संघ अपना राजनीतिक कार्य करता है। यह भी बताना जरूरी है कि संघ के लिए राजनीतिक कार्य उतना महत्त्वपूर्ण और विधायक नहीं है जितना राष्ट्र के चरित्र निर्माण का। इसलिए संघ वाले भाजपा के राजनीतिज्ञों को कोई सम्मान और श्रद्धा से नहीं देखते। वो यह भी मानते हैं कि सत्ता के पीछे भटकने वाले चंचल राजनेताओं की लपलपाती महत्त्वाकांक्षा को नियंत्रित करके रखना चाहिए।

बलराज मधोक से लेकर लालकृष्ण आडवाणी तक जनसंघ-भाजपा के कई बड़े नेताओं ने संघ से अलग लाइन लेने और उसके नियंत्रण से मुक्त होकर पार्टी को लोकतंत्र की सच्ची राजनीतिक पार्टी बनाने की कोशिश की है। वे या तो मधोक की तरह बाहर फेंक दिए गए या आडवाणी की तरह बार-बार संघ की शरण में लौट आए। कोई भी नेता जनसंघ या भाजपा को राजनीतिक पार्टी नहीं बना पाया क्योंकि संघ और उसके पारिवारिक संगठनों का जो बल और विस्तार है उसकी बराबरी कोई भी नेता नहीं कर सकता। एक महात्मा गांधी और कुछ हद तक जयप्रकाश नारायण के अलावा इस देश में कोई जननेता नहीं है जो जनता में अपनी अपील के बल पर संघ को अप्रासंगिक कर पाया हो। जवाहरलाल नेहरू के पास तो लोक-समर्थन और लोकसत्ता दोनों थी। फिर भी संघ को रोकने में उन्हें आंशिक सफलता ही मिली। इन्दिरा गांधी के पास वह नैतिक हैसियत नहीं थी जो उन्हें संघ को ललकारने

के लायक बनाती। फिर भी इमरजेंसी में उनने संघ वालों से माफी तो मँगवा ली।

भाजपा के नेता हर पराजय के बाद कितना ही हल्ला करें कि हिन्दुत्व को फिर से परिभाषित करना और संघ से अपने सम्बन्धों पर फिर से विचार करना चाहिए। उनके पास न तो इतना जनसमर्थन है, न इतनी नैतिक-राजनीतिक शक्ति कि वे भाजपा को विचार के लिए मजबूर कर सकें। भाजपा के हर नेता कार्यकर्ता को संघ की शक्ति और सर्वव्यापकता का खूब अन्दाज होता है। वह जानता है कि संघ से पंगा नहीं लिया जा सकता। ज्यादातर भाजपाई तो संघ के रास्ते ही भाजपा में आते हैं और जानते हैं कि पार्टी में ऊपर उठने और सत्ता का पद पाने की सम्भावना संघ के आशीर्वाद से ही मिलती है। जिन्ना के मामले में आडवाणी की जमीन खिसकाने वाले वही लोग थे जो उनके लाए और बनाए हुए हैं। हर संकट में ये लोग अपने नेता के साथ होने की बजाय संघ के साथ होते हैं। यह कई बड़े नेताओं के कार्यकाल और जीवन में हो चुका है। संघ की कृपा के बिना भाजपा में कोई टिका नहीं रह सकता। जो कहते हैं कि देखो संघ कोई दखल नहीं देता। हम वही करते हैं जो हमें ठीक लगता है। वे भी जानते हैं कि संघ उन्हें ऐसा करने और बोलने दे रहा है।

ऐसी स्थिति में बताइए कि जसवन्त सिंह और यशवन्त सिन्हा क्या कर लेंगे और कितनी दूर जा सकेंगे। सुधींद्र कुलकर्णी और स्वपनदास गुप्ता का तो शोर भी नागपुर की संघ समाधि में कोई खलल नहीं डालता। संघ राजनीतिक सत्ता के लिए उतावला नहीं है। लोकसभा के दो चुनावों में भाजपा की लगातार पराजय संघ को विचलित नहीं करती कि वह भाजपा को अपने से अलग करने की सोचे। वह पार्टी का कायापलट जरूर करेगा क्योंकि लगातार दो पराजयों को वो भाजपा के मौजूदा नेताओं की विफलता मानता है। जो लोग हिन्दुत्व पर पुनर्विचार और संघ और भाजपा के सम्बन्धों की समीक्षा की बात कर रहे हैं, उन्हें संघ फालतू के सत्तापरस्त बौद्धिक मानता है। संघ में प्रचारक का तो बड़ा सम्मान है। आपने कभी सुना कि विचारक का भी कोई पद होता है। संघ में ऐसी चंचल बुद्धि वाले विचारक रहे होते तो वह 84 साल से हिन्दुत्व को भारत की राष्ट्रीयता बनाने के असम्भव कार्य में पड़ा नहीं रहता। हिन्दुत्व के बिना संघ का और संघ के बिना भाजपा का कोई अस्तित्व नहीं हो सकता।

इस यथार्थ को स्वीकार करते हुए भी कहना पड़ेगा कि जब तक भाजपा हिन्दुत्व को अपनी मौलिक विचारधारा और सैद्धान्तिक आधार मानती रहेगी, वह पूरे भारत और सभी लोगों के समर्थन की पार्टी नहीं हो सकती। लालकृष्ण आडवाणी ने हिन्दुत्व को सांस्कृतिक राष्ट्रवाद की पत्री में लपेटकर बेचने की बहुत कोशिश की लेकिन वह हिन्दुओं के भी गले नहीं उतरा। बाबरी मस्जिद के ध्वंस को खुद उन्हीं ने

अपने जीवन का सबसे दुखद दिन कहा है। उसी को हटाने के लिए वे सोमनाथ से रथ लेकर निकले थे और जब वो गिराई जा रही थी तब वो वहीं बैठ हाथ मल रहे थे। भारत की बहुलता और विविधता वाली संस्कृति की कोई भी परम्परा इस ध्वंस को उचित नहीं ठहरा सकती। उसे गिराने के बाद राम के ही प्रदेश ने भाजपा को बहुमत नहीं दिया। बाबरी मस्जिद के विवाद के समय से मैं कह रहा हूँ कि हिन्दू समाज में ही हिन्दुत्ववादी घोर अल्पसंख्यक है। उनका विचार और व्यवहार इस देश के दूसरे अल्पसंख्यकों से भी गया-गुजरा है। जिस हिन्दू समाज का प्रतिनिधित्व करने का वे दावा करते हैं, वह उन्हें पासंग भी नहीं मानता। सावरकर ने हिन्दू की अन्तिम पहचान यह बताई थी कि हिन्दुस्तान उसकी पुण्यभू होना चाहिए। पुण्य और पाप कहीं भी और किसी भी भाषा में सांस्कृतिक संज्ञाएँ नहीं है। वे धार्मिक हैं। इसलिए सावरकर का हिन्दू राष्ट्रवाद दरअसल साम्प्रदायिक राष्ट्रवाद है, और इसलिए संघ और भाजपा को उन्हीं का समर्थन मिलता है जो किसी न किसी कारण साम्प्रदायिक के फेर में पड़ गए हैं। यह समर्थन स्पष्ट है कि उसे देश की सहज स्वाभाविक सत्ता की पार्टी नहीं होने देता।

इसलिए इस हिन्दुत्व को छोड़े बिना भारतीय जनता पार्टी सही माने में एक लोकतांत्रिक राजनीतिक पार्टी नहीं हो सकती। लेकिन राष्ट्रीय स्वयंसवेक संघ ने उसे राजनीतिक पार्टी बनने के लिए तो बनाया नहीं है। उसे लोकतंत्र में हिन्दुत्व का मुद्दा बनाए रखने के लिए एक मंच चाहिए जिस पर वह सदा-सर्वदा अपना नियंत्रण रख सके। भाजपा ने इतनी ताकत नहीं है कि वह संघ और हिन्दुत्व से मुक्त हो जाए। आप देखेंगे कि अभी जो इस तरह की बातें कर रहे हैं, शाम तक पटिए पर बैठे होंगे। भाजपा भी जैसी है वैसी ही उसे बनाए रखने की इच्छाशक्ति और समता संघ में है। इसलिए मैंने शुरू में कहा कि भाजपा भारतीय राजनीति की अनारकली है। जिसे इस देश का अकबर जीने नहीं देगा और सलीम नाम का संघ मरने नहीं देगा। अनारकली का अतीत पूरी दुनिया जानती है भविष्य आप और मैं देखेंगे। संस्कृत में कहावत है–प्रारब्ध क्षय होने तक बढ़ता है।

(तहलका, 30 जून, 2009)

परिशिष्ट

[प्रभाष जोशी की जिन्दगी के अन्तिम दो आलेख और एक टिप्पणी। आलेख 25 अक्टूबर और 1 नवम्बर 2009 को 'कागद कारे' के अन्तर्गत छपे हैं तथा टिप्पणी 1 नवम्बर को ही 'जनसत्ता' की लीड के रूप में। अक्टूबर '09 के अन्तिम हफ्ते में लिखा उनका एक आलेख 'प्रथम प्रवक्ता' के लिए था जो उनके निधन के बाद इस पत्रिका के 16 नवम्बर '09 के अंक में छपा। इस पुस्तक में वह लेख पृ. 200 पर संकलित है।–सु. श.]

ओडीशा क्यों नहीं

भारत सरकार ने मान लिया है कि अब उड़ीसा का नाम ओडीशा और उड़िया का नाम ओडीया होगा। कैबिनेट की इस मंजूरी को जल्दी ही संसद भी मान लेगी। इसके लिए पहली और आठवीं अधिसूची में संशोधन करना पड़ेगा। राज्य का नाम ओडीशा और उसकी भाषा ओडीया लिखी जाए इसका फैसला अगस्त में वहाँ की विधानसभा ने किया था। भारत सरकार और संसद तो विधानसभा के निर्णय पर मुहर ही लगा रही हैं।

जनसत्ता के पुराने पाठक जानते हैं कि हम पूरब के इस राज्य को ओडीशा और उसकी भाषा को ओडीया ही लिखते थे। हमने तय किया था कि देश के जिस राज्य और भाषा को उसके लोग जैसा उच्चारित करते हैं वैसा ही हम लिखेंगे। अंग्रेजी के या अंग्रेजी से हिन्दी में आकर जो उच्चारण प्रचलित हो गए हैं, उनका उपयोग नहीं करेंगे। ऐसा अंग्रेजी से किसी खुंदक के कारण नहीं कर रहे थे। हम मानते थे कि हिन्दी का अपनी बहन भारतीय भाषाओं से सीधा सम्बम्ध और लेन-देन सदियों से चला आ रहा है। अंग्रेजी के जरिए उनसे मिलने के बजाय हम उनसे सीधे ही मिलेंगे।

ऐसा करने के कारण कई मुश्किलें हुईं। जनसत्ता में काम करने वाले कुछ साथियों को ही नहीं, हिन्दी में कई पाठकों और विद्वानों को यह अटपटा लगा और हमें उनने अपनी गलती ठीक करने और सही उच्चारण करने की सीख भी दी। सबसे मजेदार मामला हुआ अमदाबाद को लेकर। लखनऊ के किसी राजेंद्र यादव छाप सेक्युलर सज्जन ने हम पर जगहों के नाम का सम्प्रदायीकरण करने का आरोप लगाते हुए कहा कि सबको मान्य और सारी दूर चलने वाले अहमदाबाद को हम जान-बूझकर अमदाबाद लिख रहे हैं क्योंकि हमारी हिन्दू मानसिकता हमें उस शहर को बसाने वाले अहमद शाह से अलग करवाना चाहती है।

हमने उनसे कहा कि भाई साब उस शहर को वहाँ रहने और गुजराती बोलने वाले ही अमदाबाद लिखते और बोलते हैं। और उन सबको साम्प्रदायिक नहीं कहा जा सकता। अहमद शाह को अलग गुजराती अस्मिता देने वाले सुलतान के रूप में

गुजरात के लोग गर्व और प्रेम से याद करते हैं। अब इसका क्या किया जाए कि गुजराती ह और ब का वैसा उच्चारण नहीं करते जैसा कि हम हिन्दी और उर्दू बोलने वाले करते हैं। बिहार और बंगाल में तो व उच्चारित नहीं होता। वह ब और भ हो जाता है। बोली और भाषा की इस प्रकृति में साम्प्रदायिक कुछ नहीं है। लोग जैसा बोलते हैं वैसा ही उसे मान लेना चाहिए ऐसी व्यवस्था तो दुनिया के पहले व्याकरणकार पाणिनि दे गए हैं। इसमें आप साम्प्रदायिकता क्यों देख रहे हैं?

यह बात मैं कोई यों ही नहीं उठा रहा हूँ। उड़ीसा को ओडीशा और उड़िया को ओडीया मान लेने के भारत सरकार के फैसले की खबर देते हुए टाइम्स ऑफ इंडिया कहता है कि इससे उलझन बढ़ेगी। टाइम्स यह भी कहता है कि ऐसा इसलिए किया जा रहा है कि राजनीतिक रूप से सही दिखने के इस जमाने में असुविधाजनक सवाल कोई पूछना नहीं चाहता। उड़ीसा की सरकार और विधानसभा ने तय किया तो भारत सरकार ने चुपचाप मान लिया। फैंसी ब्रिटिश नाम मिटाकर उनकी जगह जमीनी भारतीय नाम रखना लोकप्रिय राजनीतिक लीला है, हालाँकि इससे क्या लाभ होता है, यह साफ नहीं है। ऐसी ही राजनीतिक मजबूरी के चलते बॉम्बे का मुम्बई, कैलकाटा का कोलकाता, मद्रास का चेन्नई, बैंगलोर का बंगलुरू ओर ट्रिवेंड्रम का तिरुवनंतपुरम कर दिया गया है। जैसे टाइम्स विज्ञापन और खबर में फर्क नहीं करता वैसे ही इस खबर में खबर और अपनी राय में उसने कोई फर्क नहीं किया है।

लेकिन जैसे ही अमदाबाद में कोई साम्प्रदायिकता नहीं है वैसे ही ओरिसा या उड़ीसा को ओडीशा बनाने में कोई राजनीति नहीं है। सब जानते हैं कि उड़िया लोग अपने राज्य को ओडीशा और अपनी भाषा को ओडीया कहते हैं। लोग अपने राज्य और अपनी भाषा को जिस तरह जानते और बोलते हैं वही वे अपने को कहें और जनवाना चाहें तो वह उनका जन्मसिद्ध अधिकार है। बाकी दुनिया भी उनको वैसा ही कहे और जाने उनकी इस इच्छा से भी किसी को कोई शिकायत क्यों नहीं होनी चाहिए? सब जानते हैं कि भारत पर राज करने वाले अंग्रेजड और ड़ का सही उच्चारण नहीं कर सकते थे। उनकी जबान पर जो आसानी से आता और उच्चारित होता था वैसा ही बोलते और लिखते थे। चूँकि वे मानते थे कि उनने हमें जीता है इसलिए हमारे उच्चारण और हमारे सोच को वे कोई सम्मान से नहीं देखते थे। हमारे नाम, हमारी जगहें, हमारी भावनाएँ और हमारे विचारों को वे एक साम्राज्यवादी अहंकार बल्कि दंभ से बिगाड़ते थे। ओडीशा को ओरिसा और ओडीया को ओरिया उन्हीं ने बनाया।

अब अगर अंग्रेजी साम्राज्य के समाप्त होने के बासठ साल बाद ओडीशा के लोग अपने राज्य और अपनी भाषा को वही कहना और कहलवाना चाहते हैं जो कि

वे हैं और कहते हैं तो इसमें राजनीति है या अपने वही होने और वही कहलवाने का जन्मसिद्ध और बिलकुल वैध अधिकार? हम भारतीयों को अपने ही लोगों की ऐसी इच्छा और फैसले का सम्मान करना चाहिए या इसमें घटिया राजनीति की लीला देखनी चाहिए, वह भी हिकारत से? क्या ब्रिटिश साम्राज्य और अंग्रेजों के तौर-तरीकों और परम्पराओं को स्वीकार करके अपना लेना आसानी और समझदारी का काम है? और अपने वही होने और कहलवाने पर जोर देना कि हम वही मानें और कहे जाएँ जो कि हम हैं और अपने को कहते हैं? अगर हम मानते हैं कि हम वह नहीं हैं जैसा कि हमें अंग्रेजों ने देखा और कहा तो हमें पूरा अधिकार है कि हम उनकी दी हुई पहचान को खारिज करें और अपनी अस्मिता को स्थापित करें। यह अपने स्वतंत्र और लोकतांत्रिक होने की पहली शर्त है।

लेकिन टाइम्स इसकी मखौल उड़ाता है। उसकी मानसिकता वाले और अंग्रेजी में पढ़ने-लिखने वाले भारतीयों को यह ठीक नहीं लगता कि लोग अपनी वाली पर आएँ और अपनी भाषाओं और बोलियों में अपने को वही बताएँ जो कि अपने को मानते और कहते हैं। ये चाहते हैं कि हम अपनी औपनिवेशिक पहचान, स्वरूप और परम्परा को बनाए रखें। पहले अंग्रेजी साम्राज्य की इन भारतीय सन्तानों को ऐसी बातें कहने में थोड़ी शर्म और हिचक होती थी। लेकिन जब से मनमोहन सिंह ने भारत की अर्थव्यवस्था को भूमंडलीकरण के नाम पर पश्चिम की विकसित और अमीर अर्थव्यवस्थाओं से जोड़ा है, भारत में ब्रिटिश राज की धरोहर और अंग्रेजी का ज्ञान फिर से बहुमूल्य और महत्त्वपूर्ण हो गया है। फिर से कहा जा रहा है कि अगर हमें ज्ञानवान और समृद्ध होना है तो अंग्रेजी जानना और ब्रिटिश साम्राज्य की चीजों को बनाए रखना अनिवार्य है। एक अज्ञान आयोग के अध्यक्ष सैम पित्रोदा की सिफारिश है कि बच्चों को पहली कक्षा से अंग्रेजी पढ़ाई जाए और एक आईटी कंपनी के मुखिया नीलेकणि किताब लिख देते हैं कि नए भारत का विचार तो अंग्रेजी में ही किया जा सकता है। सैम पित्रोदा और नीलेकणि दोनों को ही मनमोहन सिंह की सरकार का समर्थन और प्रोत्साहन प्राप्त है। खुद मनमोहन सिंह ऑक्सफोर्ड में अंग्रेजों से कहकर आए थे कि आपसे हमने अंग्रेजी सीखी इसलिए हम आई.टी. में विश्व-शक्ति बने हुए हैं।

आर्थिक महाबली होने की लालसा हमें फिर से उस ब्रिटिश साम्राज्य का उपनिवेश बनने को ललचा रही है जिसका मुखिया आजकल अमेरिका है। पिछले अठारह साल की ग्रोथ रेट और आर्थिक समृद्धि इसका सबसे बड़ा औचित्य बता रही है। जबकि आप हम सब जानते हैं कि समृद्धि कुछ घरानों और आठ-दस प्रतिशत लोगों की हुई है। 80 प्रतिशत लोग पहले से और गरीब हुए हैं और गरीबी की रेखा से नीचे गुजारा करने वाले लोग भी पहले से कहीं ज्यादा बढ़ गए हैं। देश में कुल

बेरोजगार और बेरोजगारी का प्रतिशत भी पहले से बढ़ गया है। यानी आर्थिक तरक्की वैसी ही हो रही है जैसी अंग्रेजों के राज में होती थी। फर्क यही है कि पहले उसके फल अंग्रेजों के पास जाते थे। अब भारतीय अंग्रेजों के पास जाते हैं इसलिए मान लिया गया है और प्रचारित किया जा रहा है कि अंग्रेजी जानना और अंग्रेजी धरोहर को सँभालकर रखना आर्थिक समृद्धि और ज्ञानवान होने का सिद्ध रास्ता है।

ऐसे में बताइए कि अंग्रेजों की दी गई पहचान ज्यादा मूल्यवान है या अपनी देसी और भाषाई पहचान? अंग्रेजों का अंग्रेजी में बिगाड़ा गया ओरिसा ज्यादा काम का है या उड़िया का ओडीशा? अपनी देसी पहचान अब अपने सहज देसी होने के गर्व का कारण नहीं रह गई है तो ओडीशा होना तो हिकारत भरी राजनीति कहा ही जाएगा। अव्वल तो अपनी देसी पहचान की खोज ही सम्मान की नजर से नहीं देखी जाती। फिर उसकी प्रतिष्ठा को सम्मान से क्यों देखा जाएगा?

माना जाएगा कि अपनी देसी पहचान, देसी बोली और देसी बने रहने की इच्छा पिछड़ेपन, पुराणपंथी और दकियानूसी बने रहने की प्रतिक्रियात्मक प्रवृत्ति है। और ऐसा मत मानिए कि ऐसा कहना अंग्रेजीपरस्त पूँजीवादी साम्राज्यवादी लोगों का है। राममनोहर लोहिया ने ठीक कहा है कि मार्क्स के कारण भारत में समाजवादी विचारों का यूरोपीयकरण हुआ। देसी पहचान, देसी बोली और देसी परम्पराओं का भारत के मार्क्सवादियों में भी उतना ही निरादर है जितना अंग्रेजी बोलने वाले पूँजीवादी साम्राज्यवादियों के यहाँ। भारतीय और देसी होना तो हिन्दुत्ववादियों को भी गवारा नहीं है। वे हिन्दू होना चाहते हैं जो कि अरबी-फारसी बोलने वाले विदेशियों की दी गई पहचान है।

(जनसत्ता, कागद कारे, 25 अक्टूबर, 2009)

पच्चीस साल बाद भी

चर्चा के बाद उसमें भाग लेने वाले कम-से-कम तीन मित्रों ने पूछा–तो क्या इन्दिरा गांधी के बारे में आपने अपनी राय बदल ली है?

क्या करें? पच्चीस साल में पूरा संदर्भ ही बदल गया है। उनके बाद के नेताओं और प्रधानमंत्रियों ने उनका कद और उनकी जगह इतनी ऊपर चढ़ा दी है कि इन्दिरा गांधी महान लगने लगी हैं। अब आप भ्रष्टाचार, तानाशाही और गलत नीतियों के लिए किसके पीछे पड़ें? किसकी आलोचना करें? इन्दिरा गांधी अपने स्वभाव और ढंग से देश को बनाने की कोशिश कर रही थीं। इसलिए उनसे बहस थी, विवाद था, झगड़ा था। अब तो लगता है कि हमने अपने आपको संसार की शक्तियों को सौंप दिया है। वे चाहे जैसा हमें बनाएँ। कोई हम अपने को थोड़ी बना रहे हैं। किसका विरोध करें? भूमंडलीकरण का? अपनी अर्थ और राजनीतिक नीतियों के अमेरिकीकरण का? भारत के अपने मैकाले पुत्रों का अपने ही देश को एक उपनिवेश बनाने का? भारत का आज अपना पराक्रम क्या है? हम वैसे ही बनते और बनाए जा रहे हैं जैसा कि अमेरिका और यूरोप है। जबकि सब जानते हैं कि हमारी बुनियादी समस्याएँ बिलकुल अलग हैं और वे सब की सब बनी हुई हैं। जैसा अंग्रेजों ने अपना एक भारत बनाया था वैसा ही साम्राज्यवाद की भारतीय सन्तानें अपना इंडिया बना रही हैं। उसमें देश के लोगों–करोड़ों भूखे, नंगे, बेघर, बेरोजगार और वंचित लोगों को लगातार हाशिए पर धकेला जा रहा है। हमारे बहुसंख्यक लोग हाशिए पर और थोड़े से लोग पूरा पन्ना घेरे हुए हैं। देख लीजिए अपने सार्वजनिक जीवन और मीडिया को। उसमें किसकी चर्चा है?

मैं तो बोलता चला जाता लेकिन दूरदर्शन वाले ने दस्तखत के लिए कागज आगे कर दिए। वह चर्चा इन्दिरा गांधी को उनके पच्चीसवें शहीदी दिवस पर याद करने की थी। उसमें एक लड़की ने फिर भी पूछा था कि इन्दिरा गांधी के बाद गरीबी हटाने की बात कौन कर रहा है? किसी ने उसे जवाब नहीं दिया। वह चर्चा इन्दिरा गांधी को श्रद्धांजलि चढ़ाने के लिए थी। असुविधाजनक सवाल पूछने और उनके जवाब देने के लिए नहीं। इस जवान मित्र को उत्सुकता थी कि मैं भी कैसे चुप रहा। उसकी

जिज्ञासा सही थी। लेकिन क्या आप किसी औपचारिक श्रद्धांजलि सभा में किसी के बखिए उधेड़ते हैं? नहीं, आज जो हो रहा है उसके लिए आप इन्दिरा गांधी की आलोचना कैसे कर सकते हैं? उनके जाने के बाद बारी-बारी से सभी राज कर चुके हैं। उन्हीं ने तो इन्दिरा गांधी को ऊँचे ओटले पर खड़ा कर दिया है।

अब तो आप यही कर सकते हैं कि इन्दिरा गांधी के होने और न होने के प्रभाव का आकलन करें। उनके जैसा कोई नेता और प्रधानमंत्री उनके बाद नहीं हुआ। इन्दिरा गांधी के पहले भारत की पार्टियों में कोई सर्वोच्च नेता नहीं हुआ करता था। जवाहरलाल भी प्रधानमंत्री और कांग्रेस अध्यक्ष दोनों रहे लेकिन वे सर्वोच्च नहीं थे। उनसे पार्टी और सरकार दोनों में सवाल पूछे जा सकते थे। चुनौती दी जा सकती थी। वे कमजोर दिखने की हद तक लोकतांत्रिक थे। इन्दिरा गांधी ने कांग्रेस तोड़ी और अपनी वाली कांग्रेस को ही सच्ची कांग्रेस पार्टी बना दिया। उसके बाद वे उसकी सर्वोच्च नेता–सुप्रीमो–हो गईं। पहले कांग्रेस से आंतरिक लोकतंत्र गया और फिर एक-एक कर सभी पार्टियों से। अब हर पार्टी में सर्वोच्च नेता हैं। जैसी कांग्रेस में सोनिया गांधी वैसी बसपा में मायावती। कबीर जैसी उलटबाँसी है कि भारतीय लोकतंत्र को ऐसी पार्टियाँ चला रही हैं जिनमें किसी में भी आन्तरिक लोकतंत्र नहीं है। सर्वोच्च नेताओं के संतुलन और राजनीतिक मजबूरियों और सद्‌भावना से हमारा लोकतंत्र चल रहा है। कोई एक पूरा तानाशाह नहीं हो सकता क्योंकि सब छोटे-छोटे तानाशाह हैं। भारतीय राजनीति में यह इन्दिरा गांधी के होने का प्रभाव और परिणाम है।

इन्दिरा गांधी के पहले शासन का सबसे बड़ा उपकरण मंत्रिमंडल का सचिवालय हुआ करता था। क्योंकि सत्ता मंत्रिमंडल में हुआ करती थी। इन्दिरा गांधी ने प्रधानमंत्री कार्यालय को मंत्रिमंडल सचिवालय से ज्यादा शक्तिशाली और निर्णायक बनाया क्योंकि उनके होने से मंत्रिमंडल नहीं प्रधानमंत्री ज्यादा सत्तावान हो गया और वे अपनी सत्ता को अपने कार्यालय से चलाती रहीं। प्रधानमंत्री मंत्रियों को प्रधान होने के कारण सबसे सत्तावान हुआ करता था। इन्दिरा गांधी के कारण मंत्रिमंडल उनके होने का उपकरण हो गया। इमरजेंसी लगाने जैसा अहम फैसला रात में उनने किया। सवेरे मंत्रिमंडल ने उस पर स्वीकृति की मुहर लगाई। वे कोई भी निर्णय खुद लेती थीं और अपने कार्यालय के जरिए उस पर अमल करवाती थीं। मंत्रिमंडल उनके निर्णय पर लोकतांत्रिक सांस्थानिक मुहर लगाता था। उनके होने के कारण मंत्रिमंडल था और वह विचार उनकी मर्जी और रियायत से करता था। सत्ता चलाने का यह निजी तरीका इन्दिरा गांधी ने विकसित किया था। लेकिन उनने इसे इतना सफल बनाकर दिखा दिया कि बाद के सभी प्रधानमंत्रियों ने ऐसे ही सत्ता चलाई।

और तो और, अटल बिहारी वाजपेयी तो चौबीस पार्टियों के गठबन्धन के

भाजपाई प्रधानमंत्री थे। वे अपनी सरकार, अपने गठबन्धन और अपनी पार्टी के वैसे सर्वोच्च नेता नहीं थे जैसी इन्दिरा गांधी हुआ करती थीं। फिर भी प्रधानमंत्री अटल बिहारी वाजपेयी की सत्ता प्रधानमंत्री कार्यालय से ही चलती थी। उसके मुखिया ब्रजेश मिश्र अपने पूरे कैरियर में कभी उतने शक्तिशाली नहीं रहे जितने अटल जी के प्रधानमंत्री कार्यालय के मुखिया के नाते। यह इन्दिरा गांधी का प्रधानमंत्रीय योगदान ही है कि वाजपेयी जैसे अधिक लोकतांत्रिक और उदार नेता के बावजूद उनका कार्यालय ही इतना शक्तिशाली और प्रभावी था कि उसकी सत्ता क्षीण करने को राष्ट्रीय स्वयंसेवक संघ तक उत्सुक रहा करता था। सब जानते हैं कि मनमोहन सिंह प्रधानमंत्री जरूर हैं, पर राजनीतिक सत्ता उनके पास नहीं है। फिर भी सरकार का काम उनके कार्यालय से ही चलता है। इन्दिरा गांधी का यह योगदान उनके बाद के सभी प्रधानमंत्रियों को फला है।

जरूरी नहीं कि इसे आप उनका नकारात्मक प्रभाव मानकर ही चलें। सभी पार्टियाँ सर्वोच्च नेता चाहती हैं इसीलिए पार्टियों को सर्वोच्च नेता चला रहे हैं। उन्हें अगर यह मॉडल मंजूर नहीं होता तो वे ज्यादा लोकतांत्रिक या पूरी तरह तानाशाही मॉडल विकसित करतीं। लेकिन आप भाजपा को देखिए। कुछ वर्षों से उसमें सर्वोच्च और सर्वमान्य नेता नहीं है तो राष्ट्रीय स्वयंसेवक संघ के बावजूद वह कितनी बिखरी हुई और दिशाहीन है। उसमें भी आंतरिक लोकतंत्र कहाँ है? क्यों उसके अंदर से ही आवाज उठती है कि राष्ट्रीय स्वयंसेवक संघ उसका टेकओवर कर ले। सब जानते हैं कि संघ संसदीय लोकतंत्र में विश्वास नहीं करता, न वह अपने को राजनीतिक संगठन कहलवाने देता है। फिर भी संघ के उसके ले लेने की बात इसलिए उठती है कि कोई शक्तिशाली नेता या संगठन ही किसी पार्टी को ठीक कर सकता है। यह भाजपा में इन्दिरा गांधी की जरूरत की माँग है। है ना आश्चर्य। संघ के होते हुए भाजपा को कोई इन्दिरा गांधी चाहिए।

इसी तरह कैबिनेट के बजाय प्रधामंत्री सरकार चलाए इसे भी भारतीय लोकतांत्रिक व्यवस्था ने स्वीकार कर लिया है। आप कह सकते हैं कि यह निर्गुण और सांस्थानिक व्यवस्था से ज्यादा सगुण और व्यक्तिपरक व्यवस्था की चाह में हुआ है। यानी इन्दिरा गांधी ने लोकतांत्रिक सत्ता के मध्य में अपनी निजी सत्ता की जो स्थापना की थी और जो उन्हें इमरजेंसी लगाने जैसे तानाशाही रास्ते पर ले गई उससे भी भारतीय व्यवस्था को कोई सख्त और बुनियादी एतराज नहीं है। इसलिए प्रधानमंत्री कार्यालय के उपकरण को उनके बाद के हर प्रधानमंत्री ने स्वीकार किया। हर प्रधानमंत्री अब मंत्रिमंडल का प्रधान होने के नाते नहीं, प्रधानमंत्री होने के कारण सरकार चलाना चाहता है। सच है कि इन्दिरा गांधी के बाद कोई भी प्रधानमंत्री उतना सत्ताधिकारी नहीं रहा जितनी वे थीं, लेकिन सब उन्हीं के गढ़े उपकरण से काम करते

रहे। यह भी भारतीय शासन व्यवस्था में इन्दिरा गांधी का स्थायी योगदान है। इससे पार्टी और शासन में लोकतंत्र की जो हानि हो रही है, वह तो सही है। लेकिन लोग और उनके नेता अपने ढंग से ही अपना लोकतंत्र गढ़ते हैं ना!

लेकिन इतना कह देने के बाद यह मत मान लीजिए कि अपन ने इन्दिरा गांधी को इमरजेंसी लगाने और लोकतांत्रिक सत्ता को तानाशाही ढंग से चलाने के पाप से मुक्त कर दिया है। उनने यह सब करके देश के लोकतंत्र के लिए जो खतरा पैदा कर दिया था वह कोई उन्हें हटाने पर अड़े उनके राजनीतिक विरोधियों और प्रतिद्वंद्वियों की डरपोक कल्पना नहीं थी। जरा सोचिए कि सन् 77 के चुनाव में वे किसी तरह जीत जातीं तो क्या होता। क्या वे उन सभी नागरिक आजादियों को वैसा ही रहने देतीं जैसी वे इमरजेंसी के पहले थीं? इन्दिरा गांधी को अयोग्य इलाहाबाद उच्च न्यायालय ने ठहराया था, जे.पी. और राजनीतिक नेताओं और पार्टियों ने नहीं। वे चुनाव में भ्रष्टाचारी तरीके अपनाने की दोषी पाई गई थीं। कोई भी प्रधानमंत्री इस तरह दोषी पाया जाए और उच्च न्यायालय उसे अयोग्य ठहरा दे तो वह पद से चिपका नहीं रह सकता क्योंकि संसदीय लोकतंत्र में प्रधानमंत्री राजनीतिक नैतिकता का भी रक्षक और प्रेरक होता है। उच्च न्यायालय ने उन्हें सुप्रीम कोर्ट में अपील का रास्ता दिया था और वहाँ से उनके वोट देने के अधिकार पर मामले के फैसले तक पाबंदी लग गई थी।

उच्च और सर्वोच्च न्यायालय के फैसले विपक्षी दलों और जयप्रकाश नारायण के राजनीतिक षड्यंत्र के परिणाम नहीं थे। इन्दिरा गांधी ने उनका सम्मान न करके राजनीतिक लड़ाई के जरिए प्रधानमंत्री बने रहने का फैसला करके न्यायालयी कार्रवाई और नतीजों का राजनीतीकरण किया और इस तरह न्यायपालिका को अपने स्वतंत्र और स्वायत्त स्थान से खींचकर सत्ता राजनीति के दलदल में घसीट लिया। लोकतांत्रिक व्यवस्था को यह इन्दिरा गांधी का आघात था जिसके स्थायी घाव आप अब भी उस पर देख सकते हैं। क्या किसी का लगातार सत्ता में बने रहना इतना अनिवार्य होता है कि लोकतंत्र को भी निलंबित कर दिया जाए? इन्दिरा गांधी के सत्ता के भागीदार कहेंगे कि हाँ। वे इतिहास और लोकतंत्र के सामने झूठ बोल रहे हैं। उनकी बात पर मत जाइए।

इन्दिरा गांधी इस सबके बावजूद महान और शक्तिशाली नेता थीं। उन्हें याद करके हम अपने को धन्य ही करते हैं।

(जनसत्ता, कागद कारे, 1 नवम्बर, 2009)

युवराज और धोनी ने जिता दिया

कोटला के इस धीमे और कम उछाल वाले पिच पर ऑस्ट्रेलिया भारत से बेहतर नहीं खेल सकता था। ऐसे पिच भारत के अपने घर और ऑस्ट्रेलियाई खिलाड़ियों के लिए वीराने होते हैं। इसलिए कोई बड़ी बात नहीं कि तीसरे वन डे में भारत आराम से और छह विकेट से जीत गया। जॉन्सन की गेंद पर ग्लांस करके रैना ने चव्वा मारकर भारत को जिताया तब दस गेंदें और खेलने के लिए बची थीं। धोनी 71 रनों पर नाबाद रहे हालाँकि मैन ऑफ द मैच युवराज को बनाया गया जिनने धोनी के साथ 173 गेंदों पर 148 रनों की भागेदारी में 78 शानदान रन ठोके थे। मैच दरअसल युवराज और धोनी की इस साझेदारी ने ही जितवाया।

पहले बल्लेबाजी करने वाली आस्ट्रेलियाई टीम ऐसी कोई साझेदारी खड़ी नहीं कर पाई। पोंटिंग ने वॉटसन के साथ पहले विकेट के लिए 72 रन बनाए और फिर हसी ने भी अपने कप्तान का अच्छा साथ दिया। लेकिन पोंटिंग 58 रनों पर गए। उनके बाद हसी आखिर तक खेलकर 81 रनों पर नाबाद रहे लेकिन और कोई भी बल्लेबाज उनका साथ नहीं दे पाया। वे एक के बाद एक आउट होते गए और 50 ओवर में उनसे सिर्फ 229 रन ही बने। आस्ट्रेलिया वाले अपने विकेट हाथ में रखकर आखिर में हल्ला बोलने की रणनीति से खेल रहे थे। लेकिन जैसे ही वे माने जाते, आउट हो जाते।

इस पिच पर आस्ट्रेलियाई बल्लेबाज मार भी नहीं सकते थे। उनके यहाँ के पिचों पर गेंद टप्पा खाने के बाद तेजी से आती है और अच्छी उछलती है। इसलिए वे लोग कट, पुल, हुक आदि आड़े बल्ले के शॉट अच्छे मारते हैं। लेकिन इस पिच पर तो धीरज और सीधे बल्ले से ही खेला जा सकता था वह भी आगे बढ़कर। ऐसी बल्लेबाजी में भारतीय प्रवीण होते हैं। इसलिए 53 रनों पर तीन विकेट गिरने के बाद भी धोनी और युवराज ने पहले जमकर और फिर पिच की गति और उछाल पकड़कर मार के खेला। युवराज को पसन्द आता है कि गेंद उनके बल्ले पर तेजी से आए। लेकिन कल रात वे पहले जमे और फिर उनने मारना शुरू किया तो मारते ही गए। जब वे आउट हुए तो जीत के लिए सिर्फ 28 रन बचे थे। उनको मौका देने के लिए

अब तक रुके हुए कप्तान धोनी ने हाथ खोले और चार चव्वे ठोक दिए। आखिरी चव्वा रैना ने मार दिया।

आस्ट्रेलिया के खिलाड़ी घायल हो रहे हैं। और अब एक-दो से पिछड़ने के बाद लगता नहीं कि वे जीत पाएँगे। इसलिए वन डे में भारत नंबर एक होने के रास्ते पर चल निकला है।

(जनसत्ता, 1 नवम्बर, 2009)

अन्त में

['तहलका' में प्रकाशित प्रभाष जोशी का यह लेख पूरी किताब छप जाने के बाद प्राप्त हुआ। इसलिए इसे परिशिष्ट के भी बाद 'अन्त में' के अन्तर्गत दिया जा रहा है। वैसे भी इस लेख के लिए क्रम में यही स्थान सही है क्योंकि यह 'तहलका' में 'शून्य काल' कॉलम के अन्तर्गत नहीं छपा है, स्वतंत्र लेख के रूप में छपा है। अतः इसे कॉलम के साथ देना ठीक भी नहीं रहता।–सु. श.]

कुरुक्षेत्र के कई सव्यसाची

बीसवीं सदी के आठवें दशक में अमेरिका के राष्ट्रपति रीगन और ब्रिटेन की प्रधानमंत्री थैचर ने मिलकर वित्तीय पूँजीवाद का नया मॉडल बनाया जो नवउदारवादी वाशिंगटन सहमति के नाम से जाना गया। दशक का अन्त होते-होते सोवियत संघ बिखर गया। इसे समाजवाद का अन्त और पूँजीवाद की अन्तिम निर्णायक विजय घोषित करके अमेरिका ने पूरे संसार में नई नवउदार व्यवस्था लागू करने का अभियान चलाया। भारत इसका पहला रंगरूट बना क्योंकि यहाँ का परजीवी मध्यवर्ग सोवियत संघ में विघटन के बाद ऐसी विश्व-व्यवस्था से जुड़ना चाहता था जो उसे उसकी आत्महीनता में भी आश्वस्त रख सके। आपने देखा होगा कि पश्चिमी विद्या कौशलवाला मध्यवर्ग नौवें दशक में ऐसे अवसर प्राप्त कर सका जो उसे पूरी सदी भर ऐतिहासिक कारणों से मिला नहीं था। राज्य के संरक्षण में मुटियाए उद्योगपति और बड़े व्यापारी नवउदार व्यवस्था में पश्चिमी वित्तीय पूँजी के एजेंट हो गए। भूमंडलीकरण के साथ नियोग से भारतीय पूँजी ने गजब की उर्वरता दिखाई और भारत में भी अमेरिकी पूँजीपतियों को मात देते पूँजीपति और फार्चून कम्पनियों में शामिल हो सकनेवाली कम्पनियाँ बन गईं। वृद्धि और विकास के लिए कॉरपोरेट्स को आगे करनेवाली मनमोहनी नीतियों ने धीरे-धीरे उद्योगपतियों, पूँजीपतियों के बीस घरानों को देश के सकल घरेलू उत्पाद का बाईस प्रतिशत हिस्सा दे दिया।

अर्थव्यवस्था के इस तथाकथित भूमंडलीकरण से राजनीति अछूती नहीं रह सकती थी। पिछली सदी के नौवें दशक में राजनीति मंडल और कमंडल के दो शक्तिशाली ध्रुवों से चल रही थी। सामाजिक-सांस्कृतिक रूप से देखें तो यह भारतीय समाज के दो पुरातन तत्वों, जाति और सम्प्रदाय के निरन्तर संघर्ष का नतीजा था। मंडल यानी जाति की शक्तियों को विश्वनाथ प्रताप सिंह ने निर्बन्ध और निर्बाध किया था और लालकृष्ण आडवाणी जी कमंडल लेकर निकले थे, उससे साम्प्रदायिक शक्तियाँ सारे परदे फाड़कर प्रकट हो गई थीं। बीसवीं सदी का आखिरी दशक जाति और सम्प्रदाय की पहचान की राजनीति से तहस-नहस होता रहा।

लेकिन मनमोहन सिंह ने भूमंडल की ताकतों का जो नल सन् इकानबे में खोला था वह मंडल और कमंडल के अनिवार्य संघर्ष के दौरान पहले नाला बना और फिर इक्कीसवीं सदी के पहले दशक में नदी बन गया। यह संयोग नहीं है कि कमंडल के कर्त्ताओं को भूमंडल के सबसे बड़े भारतीय एजेंट अंबानी के राजनैतिक एजेंट प्रमोद महाजन ने मरवाया और गुजरात, मध्य प्रदेश, राजस्थान और छत्तीसगढ़ विधान सभाओं में विजय के रथ पर बैठाकर लोकसभा के मैदान में उतार दिया। मंडल और कमंडल दोनों क्षीण हो रहे थे। भूमंडल और भारतीयता का नया संघर्ष चल निकला। भाजपा की अगुवाईवाला कमंडली राष्ट्रीय लोकतान्त्रिक गठबन्धन हार गया। कांग्रेस की अगुवाई में नया गठबन्धन बना– यूपीए। उसी ने सत्ता सँभाली। यह भी संयोग नहीं था कि इसके प्रधानमन्त्री का पद मनमोहन सिंह को मिला जो भूमंडल की आर्थिक-राजनीतिक शक्तियों के अग्रणी पहरुए थे। यह भी संयोग नहीं था कि भारत के भूमंडलीकरण पर अंकुश लगानेवाले वामपंथी इसे बाहर से समर्थन दे रहे थे।

वामपंथियों को भारतीयता की नई शक्ति कहना तो हास्यास्पद होगा क्योंकि वे अपने वामपंथी चोले से बाहर नहीं आ सकते थे। उनमें इतनी रचनात्मक ऊर्जा ही नहीं थी कि भूमंडलीकरण के वित्तीय पूँजीवादी हमले के सामने खड़ी हो रही भारत के किसानों और मजदूरों की नई भूमि में वैचारिक हल चलाकर नई फसल उगा सकें। उन्होंने सिर्फ वित्तीय पूँजी के भूमंडलीकरण से पैदा हुए नए इंडिया पर राजनीतिक अंकुश अमेरिका से अणु करार करके भारत में नवउदार आर्थिक सुधारों के लिए नई भूमि हथियाने का निश्चय किया।

लेकिन उन्हें पूँजी से की गई खरीद-फरोख्त से मिली जीत का जश्न मनाने को डेढ़ महीना भी नहीं मिला। 22 जुलाई को जीते और पन्द्रह सितम्बर को वित्तीय पूँजीवाद की राजधानी वॉल स्ट्रीट का दिवाला पिट गया। वित्तीय पूँजीवाद के नवउदारवादी सारे काशी, मक्का और काबे ढह गए। उनमें बैठे देवी-देवता और भगवान झूठे साबित होकर डूब गए। मनमोहन सिंह डूबते अमेरिकी जहाज से भारतीय नौका को अलग करके बचाने में मजबूरन लग गए। बीस हजार के पार उछलता सेंसेक्स आठ हजार पर उतर आया। एक अमेरिकी ने कहा कि कितने ट्रिलियन डॉलर डूबने से कितने धनपति कंगाल हुए हैं इसका पता तो तभी चलेगा जब ज्वार उतरेगा क्योंकि तभी दिखेगा कि समुद्र में कौन-कौन नंगे तैर रहे थे। सन् 30 से भी बड़ी महामंदी आ गई है और भारत मंदी के भूमंडलीकरण से बचने में लगा है। मनमोहन सिंह अपनी सबसे बड़ी विजय अमेरिका से अणु करार के बाद अब मंदी के भूमंडलीकरण से भारत को बचाने में लगे हैं। उनकी नदी मंदी के रेगिस्तान में मिल गई है।

इक्कीसवीं सदी का पहला दशक अपने नौवें साल में भूमंडलीकरण से उपजे भस्मासुर, इस्लामी आतंकवाद को गेट वे ऑफ इंडिया के ताजमहल और ओबरॉय होटलों में ले आया है। नकली ईडन गार्डन से आदमी तो निकाल दिया गया है और बड़े-बड़े नखों और दाँतोंवाला राक्षसी जानवर बैठा दिया गया है। समझदार लोग जानते हैं कि यह राक्षसी जानवर ही भूमंडलीकरण की औरस सन्तान है। इसलिए आपने देखा कि ताज और ओबरॉय में गिन-गिनकर और चुनकर अमेरिकी और यूरोपीय नागरिकों को मारा गया और नरीमन हाउस में यहूदियों को। यह इस्लामी अन्तर्राष्ट्रीय आतंकवाद का भारत पर, खासकर भूमंडलीकृत इंडिया पर हमला था। आपने देखा कि इस इंडिया ने पाकिस्तान के रास्ते आए राक्षसी जानवर का कैसा विरोध किया और इंडिया के राज्य ने नए इंडिया से माफी माँगी और सख्त तानाशाही कानून तैयार किए। क्या इंडिया पाकिस्तान पर सैनिक हमला चाहता है जैसा बुश ने इराक और अफगानिस्तान पर किया था। उसे बुश की पराजय और ओबामा की जीत का मतलब समझ में नहीं आता। समझदार भारत नए इंडिया की नपुंसक आक्रामकता को रोके हुए है।

ऐसे में नौ का साल लग गया है। नौ पूर्णांक और शुभ माना जाता है। क्या इस साल नई राजनीति आएगी? जम्मू-कश्मीर में जनता ने अलगाववाद, आतंकवाद और पार्टियों की मौकापरस्ती को पराजित करके लोकतन्त्र को नई ताकत और नया विश्वास दिया है। लोकसभा चुनाव बराबरी के एक सेमीफाइनल के बाद फाइनल की तरह हो रहा है। तीनों संगठित और राष्ट्रीय पार्टियाँ—कांग्रेस, भाजपा और वामपंथी—क्षेत्रीय मददगारों की तलाश में हैं। यूपीए, एनडीए और वामपंथी बनने और टूटने की प्रक्रिया में हैं। क्या यह चुनाव कोई नई और स्वायत्त भारतीय शक्ति को प्रक्षेपित कर सकता है?

क्षितिज पर दिखता तो कुछ नहीं है। लेकिन राजनीति के साथ चित्रकारी करनेवाले विश्वनाथ प्रताप सिंह कहा करते थे कि राजनीति लैंडस्केप की तरह नहीं बदलती। राजनीति स्काईस्केप है। देखते-देखते बादल झूम के घिरते और बरसते हैं और उजली धूप नीचे स्वच्छ आकाश को चमका देती है। फिर कहीं से एक बादल आता है और सारा दृश्य बदल जाता है। बादल कहाँ से आता है और कहाँ चला जाता है, कोई नहीं जानता। कोई भविष्यवाणी नहीं होती। कोई भविष्यवाणी सही नहीं निकलती।

अब बताइए कि कौन जानता था कि राष्ट्रपति पद का चुनाव हारे और उप राष्ट्रपति पद से रिटायर हुए भैरोसिंह शेखावत एक पाँव राजस्थान और एक पाँव दिल्ली में रखते हुए लोकसभा चुनाव में अपनी सतरंगी पगड़ी उछाल देंगे? एक चुनौती की तरह।

अगर वे सचमुच लड़ गए तो भाजपा और एनडीए लाख हथेली लगा लें लालकृष्ण आडवाणी को प्रधानमन्त्री नहीं बना सकते। कौन जानता था कि आडवाणी के रास्ते में भैरोसिंह शेखावत हनुमान की तरह लेट जाएँगे। शेखावत एनडीए को ही हिला नहीं सकते, वे यूपीए को भी चमका सकते हैं। उनके आने से शरद पवार, मुलायम सिंह आदि की महत्वाकांक्षाओं को नए पर लग सकते हैं। भारत की दक्षिणपंथी शक्तियाँ राष्ट्रीय स्वयंसेवक संघ से मुक्त हो सकती हैं। यानी पूँजीवाद साम्प्रदायिकता के ग्रहण से बाहर निकल सकता है। वामपंथी भी नई जमीन खोद सकते हैं। शेखावत जेपी और वीपी दोनों की भूमिका में उभर सकते हैं।

और शेखावत तो इतिहास के एक सव्यसाची हैं। कई सव्यसाची अभी कुरुक्षेत्र में खड़े लड़ूँ कि न लड़ूँ की दुविधा में हैं। राजनीति स्काईस्केप है।

(तहलका, 31 जनवरी, 2009)